DIET OF PREHISTORIC RESIDENTS OF THE HAMI BASIN

哈密盆地
史前居民食谱

董惟妙 ◎ 著

复旦大学出版社

目 录

第一章　绪论 ………………………………………… 1

第二章　研究方法 …………………………………… 10
　第一节　同位素食谱重建原理 …………………… 10
　第二节　同位素食谱重建研究材料和方法 ……… 26
　第三节　同位素食谱重建国内外研究应用和
　　　　　拓展 …………………………………… 33

第三章　新疆考古学相关研究背景 ………………… 66
　第一节　新疆考古发现和研究 …………………… 66
　第二节　新疆考古学文化发展脉络 ……………… 168

第四章　哈密天山北路墓地居民食谱重建 ………… 177
　第一节　哈密天山北路墓地考古背景 …………… 177
　第二节　哈密天山北路墓地居民食性 …………… 185

第五章　哈密柳树沟遗址居民食谱重建 …… 198
第一节　哈密柳树沟遗址考古背景 …… 198
第二节　哈密柳树沟遗址居民食性 …… 204

第六章　哈密艾斯克霞尔南墓地居民食谱重建 …… 216
第一节　哈密艾斯克霞尔南墓地考古背景 …… 216
第二节　哈密艾斯克霞尔南墓地居民食性 …… 220

第七章　哈密盆地史前居民食谱结构特征 …… 227
第一节　哈密盆地自然环境和气候背景 …… 227
第二节　哈密盆地青铜时代居民食谱结构特征 …… 232
第三节　哈密盆地早期铁器时代居民食谱结构 …… 242

第八章　结语 …… 251
第一节　哈密盆地史前居民食物构成及生计特点 …… 252
第二节　展望 …… 253

参考文献 …… 255

后　记 …… 346

第一章 绪 论

人类文明演化受到气候变化的强烈影响。当前我们正处于第四纪冰期-间冰期循环的间冰期阶段,距离上次冰期的结束不过1万多年。随着末次冰盛期(Last Glacial Maximum,LGM)的结束,地球进入了冰消期阶段,陆续出现了B/A暖期(Bolling-Allerod),YD事件等剧烈的气候波动,而"新仙女木事件"(the Younger Dryas Event,YD)(12.8—11.5 cal ka BP)期间,地球气候经历了巨大的变化,产生了全球性的深远影响,考古记录显示高纬度大型哺乳动物大量灭绝的时段正好与此吻合(e.g. Barnosky et al.,2004;Guthrie,2006),然而紧接着的"全新世"(Holocene)的开始却是各地农业繁荣发端的时代。距今约1万年,大量的动植物在地球各地开始被驯化,借助于被驯化的各类资源以及后续的有利影响,人类参与改造、适应自然的能力大幅度增强,因此,全新世又被称为"人类世"(Anthropocene),以强调人类在这一时代不同于地球历史上以往各时代的强大影响力(Smith and Zeder,2013)。

现代化工材料出现以前，人的衣、食、住、行或全部或部分地依赖于农业的生产，农业包括种植业和畜牧业，所以农业的起源既包括农作物的起源又包括家养动物的起源。植物被驯化需要同时满足几个条件：高产、稳定、易收割、易储藏(Diamond, 2002)，史前时期全球范围内最为重要的几种农产品——水稻、小麦、大麦、粟、黍、玉米均满足以上条件。近来的研究发现早在1.1万年前，死海附近就有人类有意建造的用以储存谷物、防止其他动物侵害的储物坑(Kuijt and Finlayson, 2009)。作物的驯化地点受制于原始祖本的地理分布，目前比较统一的认识为大麦、小麦种植起源于距今约1.1万年的新月地带(Heun et al., 1997; Badr et al., 2000; Zeder, 2011)，粟、黍种植最早出现在全新世初期中国的北方(Lu et al., 2009; Yang et al., 2012)，水稻稍晚出现于中国的长江下游(Liu et al., 2007; Fuller et al., 2009)，玉米的驯化比上述几种则要晚得多，约起源于6 000年前的中美洲(Piperno and Flannery, 2001)。与以食用为目的的植物驯化不同，动物除将人所能消化的或不能消化的材料转化为肉食资源外，也可以用作骑乘、驮运等其他目的(Diamond, 1999; Marshall et al., 2014)，然而与植物相似，动物能否被驯化依然取决于几个因素：高食物转换率、高生长速率、易繁殖、性情温和、胆小、社会性(Diamond, 1999)，同时原始祖本的分布限制了其可能被驯化的地点。全球几种重要的大型家养动物有牛、马、山羊、绵羊、骆驼、猪、狗、驴和羊驼，山羊和绵羊最早大约1.2万年前在西亚开始被驯化(Zeder and Hesse, 2000; Chessa et al., 2009)，牛大约同时期分别在西亚和南亚被驯化(Loftus et al., 1994)，家猪有两个独立的早期起源中心，分别为中东和中国北方，驯化时间均在距今1万年前后(Vigne et al., 2009; Cucchi et al., 2011)。关于狗的驯化时间，目前还没有定论，有零星证据表明早在3.3万年前的阿尔泰地区即有驯化的狗(Ovodov et al., 2011),但之后的很长一段时间缺乏确凿的证据,直到早全新世才又有大量的驯化证据产生,因此可以确定的是狗的驯化不晚于早全新世(Skoglund et al., 2015),狗在中国新石器时代以来的遗址中一直是重要的组成部分(武庄等,2016)。以上为第一批被驯化的几种大中型动物,此外,马的驯化起源于距今6 000年前后的中亚草原(Outram et al., 2009),驯化的驴最早在北非出现(Beja-Pereira et al., 2004; Rossel et al., 2008),大约同时期早期的南美土著驯化了羊驼(Goñalons, 2008),骆驼驯化约在5 000年前的中亚干旱区完成(Peters and Driesch, 1997)。学界普遍认可的地球上几个农业起源的中心(Price, 2009; Larson and Fuller, 2014),包括西亚、中国黄河流域和长江流域、中美洲、安第斯山脉,以及一些小规模的"非中心"地带(Harlan, 1971),其中中东新月形地带附近贡献了史前最为重要的几种农作物和家养动物(Zeder, 2011),尽管有观点认为不该把该地区笼统地归为同一个起源点(Fuller et al., 2011)。

关于农业起源的动因,有学者提出不同的假说,概括起来,一类主张来自外部压力,认为更新世末期环境的不稳定性以及环境变化导致的人口资源失衡触发了人类开始放弃固有的采集狩猎模式,转为主动的生产,开始利用原先不作为选择的一些低等级食物,实现了所谓的"广谱革命"(broad spectrum revolution)(e.g. Flannery, 1969; Richerson et al., 2001; Gupta, 2004; Bar-Yosef, 2011);另一类主张社会内部驱动,认为农业的产生是社会发展到一定程度后的必然产物,一定人群对资源的实际占有和控制欲触发了最初的实验性农业生产(e.g. Hayden, 1990, 2009),然而目前尚无实际的证据支持这一假说。

且不论为何起源,但农业的起源的确带来了人类社会的巨大变革。农业的出现提供了稳定的食物来源,尽管在发展的初期,由于技术、经验等的限制，农业生产的收益、效率相对于原来的狩猎采集都更加低下（Bowles，2011；Bowles and Choi，2013），但从长远来看却保障了人口的长足增长（Biraben，2003；Bocquet-Appel，2011a，b；Gignoux et al.，2011；Lee，2013），促进了定居的产生（Bar-Yosef and Belfer-Cohen，1989）和社会复杂化的进程（Kuijt and Goring-Morris，2002）。然而与之伴随的却也有诸多不利，比如农业出现后农产品的大量摄入使得人类营养水平（Larson，2003，2006；Rothschild，2012）和体质发生改变，身高大幅降低（e.g. Lambert，2009；Auerbach，2011；Mummert et al.，2011），人口密度的增加和大型聚落的兴起提供了流行病爆发的人群基础（Pearce-Duvet，2006；Wolfe et al.，2007；Eshed et al.，2010），并在之后的数千年里多次严重地削减地球上的人口（Shennan and Edinborough，2007；Shennan et al.，2013）。

农业经起源，发展到一定阶段后，传播问题成为讨论的重点，一般认为农业随着掌握其资源的人口一起向外扩散（e.g. Bramanti et al.，2009；Haak et al.，2010；Skoglund et al.，2012），即农业扩散为表象，实质是人群的迁徙和扩散。针对农业的扩散速率，有不同学者通过实物证据和模型做过尝试和猜测（e.g. Pinhasi et al.，2005；Bocquet-Appel et al.，2012），一般认为相似环境下农业的传输速率高，比如纬向传输比经向传输更容易实现，东西和南北广阔的欧亚大陆为史前的农业快速传播提供了可能，与此相对应的是，南、北美洲东西狭窄而南北跨度大的地理环境非常不利于史前农业的传播（Diamond，1999）。此外，主要依据欧洲的研究发现，河流分布、海岸线等对于农业的传播发挥了重要的作用（Davidson et al.，2006）。

欧亚大陆的史前物质文化交流及交流带动的生活方式转变一直是学术界极为关注的问题，比如早期新石器时代欧亚大陆广泛分布的是定居农业人口,进入公元前 4 千纪后则被"颜那亚文化"(Yamnaya Culture)替代,文化面貌出现了巨大的变革,颜那亚文化的中心原本在里海和黑海之间的地带,得益于优质的环境,这个人群发展出了强势的畜牧业经济,之后人群向东西方大幅度扩张,影响抵达欧亚大陆中西部的绝大部分地带,取代或严重改变了一些地方原有的人群和生业经济(Narasimhan et al.,2019)。随着青铜技术的广泛传播,人群从铜石并用时代进入青铜时代,在马、车的带动下,伴随语言的传播,欧亚大陆的草原地带进入了文化、人口、技术高频交流的时代(Di Cosmo,1994;Kuzmina,1999;Anthony,2010),促进了草原地带一体化经济形态的形成,如后期所谓的"斯基泰三位一体":青铜武器、马具和动物风格美术纹样,加强了东西文化的交流。DNA 研究表明,青铜时代人口的广泛、大规模扩散即已初步决定了现代欧亚人群的分布格局,欧亚草原人群已经有了显著的基因交流(Allentoft et al.,2015),比如塔里木盆地早期青铜时代遗址居民业已显示出东西融合的基因特征(Li et al.,2010)。在此大背景下,目前已知在距今 4 000 年前后,农业完成了在欧亚大陆的双向传播(Jones et al.,2011),即东亚起源的粟、黍在此时广泛地出现在中亚乃至欧洲的遗址中(Motuzaite-Matuzeviciute et al.,2013;Ventresca Miller and Makarewicz,2019),而西亚起源的麦类和羊至此则被东方人群接纳并在后期越发显示出重要性,然而具体的传播路线尚无定论(Dodson et al.,2013;Barton and An,2014;Betts and Jia,2014),主流观点倾向于认为沿陆路东西向传播(Zhao,2009),即在"丝绸之路"(Silk Roads)开始以前,就存在大致相同路径的"草原之路"(Steppe Roads)(Christian,2000),或更早的"青铜之路"和"彩陶之路"(刘学堂和李文瑛,2012,2014;韩建业,2013),欧亚草原在史前文化交流中的地位不言自明。

强调植物利用的农业是生业经济的重要组成部分,却并非全部,除此之外还有牧业、渔猎、采集等其他获得生产、生活资源的诸多形式。然而作为一类史前在欧亚草原以及其间山区广泛存在的经济生活形态,对于牧业的认识相较于定居农业却欠缺很多。"牧业经济"(pastoralist economies)以多种形式体现,概括起来有多样的"混合型经济"(mixed economy)、完全倚重所放牧动物资源的"游牧"(herdsman husbandry,transhumance)和半定居的"畜牧"(agro-pastoralism)(Khazanov,1994;Chang,2017),总体来说相较于狭义的农业,牧业对动物资源的依赖程度更高,移动性更强,与定居农业依赖的动物资源——猪、狗不同,牧业的畜产组成倾向于选择与人不存在直接的食物竞争的动物,典型的畜产组合为羊、牛、马及骆驼,其单位土地面积产出远低于农业,然而却是一种在特定环境下最为适宜的经济形式,也是一种生态适应性行为选择,正如王明珂(2008)对此的解读:农业出现之后,游牧作为一种经济方式,是对农业所不能直接利用的边缘化资源的使用。如前所述,牧业倚仗的动物资源——马和骆驼本就最先在中亚的草原被驯化,而羊和牛早在青铜时代之前就已经从西亚的起源地传至此处(Frachetti and Benecke,2009),即满足了牧业发展的畜群基础。

在此基础上,进入青铜时代后,中亚各地整体上先后经历了从渔猎到畜牧业再至游牧全面发展的经济类型转变过程,当然,具体到小的区域发展脉络各有不同(Masson,1999)。近期对中亚多地跨时段遗址进行的系统全面的植物浮选工作揭示,青铜时代以及以后的早期铁器时代可能并非像原先认识的一样——中亚各地普遍进入牧业经济时代,而是多样的生计模式共存,其中不乏较多的从事种植农业的定居人群,因此需要重新审视青铜时代之后中亚的农业生产方式(Spengler,2015;Wu et al.,2015;Taylor et al.,2018,2020;Wilkin et al.,2020a、b),同位素证据亦支持此种结论（Murphy et al.，2013；Ventresca Miller et al.，2014；Lightfoot et al.，2015；Motuzaite Matuzeviciute et al.，2015）。

新疆在地理位置上处在中亚干旱区与亚洲季风区之间，文化上亦起到了桥梁作用，沟通西方与东方各文化要素。通过广泛存在于中亚各地的山链和山间谷地形成的天然通道，即"中亚山间走廊"（Inner Asian Mountain Corridor）（Frachetti，2012，2015；Frachetti et al.，2017），新疆得以持续受到来自西方草原文化的影响，而河西走廊沟通新疆和甘青文化区。青铜时代起，新疆东部紧邻的甘青文化区齐家文化兴盛，其农耕发达程度虽不及之前的马家窑文化时期，然而对于多数该文化类型的居民而言，农耕依然是主要的生活方式（An，1999）。

对于在东西两个文化系统及其代表的不同的生活方式的共同影响下，新疆青铜时代及以后的早期铁器时代居民的生计模式会走向何方，到底是"东风"（农耕）压倒"西风"（畜牧），还是"西风"压倒"东风"，抑或是借"东西风"之优势，发展出自己独特的适应类型，目前所知甚少。根据以往的认识，由于新疆各地墓葬中普遍随葬动物身体部件，陶器等指示定居农耕文化的因素较少，因此笼统地将新疆归入畜牧业文化居于统治地位的区域（An，1999），对其农业发展的具体程度、历史等不甚了解。周新郢等（Zhou et al.，2020）在阿勒泰地区的通天洞遗址系统的采集土样，浮选出了小麦、青稞、粟以及黍四种农作物的种子，此外还发现有一些野生草本植物的种子。对种子直接测年，证实在5 200年前，青稞和小麦就已经传播到了新疆北部地区。赵克良等（2012）在和静新塔拉遗址距今3 900至3 600年的文化堆积中发现小麦、青稞、黍和豆科植物的种子，对小麦直接测年，得到的结果为3 921—3 682 cal BP，显示至少在这一时段，麦类作物栽培已经在新疆中部出现；贾伟明等（Jia et al.，2011）对准格尔盆地南缘的乱葬岗子遗址剖面采样浮选,证实在距今约 3 000 年的青铜时代堆积中发现小麦、粟和大麦。以上浮选结果证实,至少在 3 000 年前,粟、黍、小麦、大麦已在新疆出现,然而由于种子保存、发现的难易程度不同,故各自在食物中所占的比重难以明确给出。此外,对于新疆大多数遗址来说,缺乏连续的文化堆积,很难找到合适的浮选材料,仅依靠少量的遗存,对于农业发展的规模、在人群经济中的重要性难窥究竟。李宇奇(Li,2021)系统地收集了新疆目前能找到的所有植物考古相关的研究成果,认为新疆最早期的农业发展可能受到了中亚的影响,这一时期的遗址点非常少,距今 4 000 年以后,尤其是 3 300 年之后,农业种植得到了大范围的扩展,不仅表现在发现作物的遗址数量增加、分布范围扩大,还表现在作物的种类更加丰富。然而,尽管如此,从事强化农业生产的人群可能从始至终不见于新疆史前时期,该地区的先民发展出了农牧兼营的混合经济。安成邦等(2017,2020a、b)则主要基于考古发现和研究,结合新疆的自然环境特征以及过去环境背景,认为在环境和史前人群交流共同作用下,新疆各地区发展出了适合自身环境的生计类型,且不同的时期农业分布和发展程度差异较大。整体而言,大约在距今 3 000 年左右,现今新疆的农牧格局即已成型。

人和动物的骨骼同位素食性分析可以弥补以上浮选结果的不足。根据"我即我食"(you are what you eat)原理(Tykot 2006;Lee-Thorp,2008),人和动物骨骼会记录其生前一段时间所食食物的信息。其中碳同位素值主要反映植物性食物的来源,可以有效区分 C_4 植物(粟、黍、玉米等)和 C_3 植物(大麦、小麦、水稻等),而氮同位素值会沿着食物链产生富集,反映动物性食物如猪、狗、牛、羊的摄入水平(Tieszen,1991;Hedges and Reynard,2007)。骨骼同位素组成能够较全面地反映过去人类的食谱构成信息。通过骨骼碳、氮稳定同位素分析能够揭示无植物遗存保留的人群食物组成,补齐认识,另外也可与考古遗迹材料中具体植物、动物遗存分析结果相互印证。在过去40年里,骨骼同位素分析已被广泛地应用于全球各地各时段的古人类食谱重建,在分析人群的迁徙、交流甚至在社会结构组成等方面也发挥着重要作用(Richards,2020)。得益于新疆干燥的自然环境,骨骼较易保存,材料的可得性高于植物大化石。通过骨骼稳定同位素分析,不仅能够得知食谱中各类食物所占的份额,而且可以根据大量数据获知人群之间以及人群内部食物组成的差异,进而探究差异背后的经济、文化、社会等级等问题,与植物大遗存结果相辅相成。

本书主要介绍作者近年来在哈密盆地青铜时代和早期铁器时代遗址开展的同位素食谱分析工作,结合其他同行的相关研究基础,探索哈密盆地史前时期居民的食物构成及其反映的生计形态信息。首先,作为一个较独立的地理单元,哈密盆地的自然环境几乎能够涵盖新疆主要的环境类型,不失为一个很好的"以点及面"的研究点,且哈密地处进出新疆的东方要道,东西方不同的文化在此产生碰撞,影响和改变当地原有的生活面貌,在食谱中留下清晰的痕迹。其次,哈密盆地至今无完整的关于某个遗址的动物遗存分析报告,仅根据墓葬中陪葬器物和动物的情况来分析,器物普遍不发达,随葬动物以羊为主,从保存较好的人骨可以看出当时的人身着皮毛制品,判断农业在这一地区并不发达,普遍流行的是畜牧业经济,饮食中自然是畜产品为主,或报告中出现的关于动植物遗存的只言片语很难全面地了解史前时期该地区居民的饮食构成,及其反映的其他深层次社会发展信息。最近几年虽然有植物考古报告发表(Zhang et al.,2017;Wang et al.,2021),但分析的材料仅限于墓葬中的保存。由于墓葬环境的特殊性,尽管是优秀的参考,但恐难揭示人群日常生活中真实的植物利用状况;最后,本书选择的不同时段、不同环境背景遗址的同位素组成可以一方面反映环境对于生计的影响,另一方面揭示人群食物组成在时间上的变化情况。

第二章 研究方法

本书主要采用碳、氮稳定同位素分析的方法揭示哈密盆地史前居民的食物构成,并且在材料可得的情况下同时采用了浮选的方法以获得大植物遗存数据,两者结合使得关于史前居民食物构成的认识更加可信。另外,为了了解不同文化发展阶段哈密盆地先民食物构成及其变化趋势,本书大量采用了 AMS ^{14}C 测年数据,为不同遗址建立了可信的年代框架,使得食谱历时性变化的分析有理有据。除此之外,因为本书讨论的是过去生活在哈密盆地的人群的食物构成,而过去环境条件如降水、温度、植被状况等对其生活、生产的影响无疑是非常显著的。因此,在本书中还大量引入了哈密以及周边地区的过去环境重建结果。为了突出重点,本章仅重点介绍同位素食谱分析的原理、方法及应用。

第一节 同位素食谱重建原理

质子数相同、中子数不同的同一元素的不同核素互称同位素,同一元素的两个或多个同位素往往有相同或相似的化学性质,在元素周期表中不相区分。同位素有自然成因和人工合成之分,另外又可根据有无放射性分为放射性同位素和稳定同位素,对于地学年代断代非常重要的 ^{14}C 即为碳(化学符号为C)的放射性同位素,而 ^{13}C 则为碳的稳定同位素。因化学键能、传导速率的不同,轻、重同位素参与化学反应的强度不同,一般轻的同位素较容易参与化学反应,所需的能量较少,因此在元素的传递中会发生轻重同位素的分馏,表现为反应前后物质的同位素组成发生变化。

常见元素的稳定同位素以及各自在自然界中的相对丰度如表 2-1 所列,其中相对丰度的计算方法为同位素的原子百分数。计算同位素比值一般采用重的比轻的,如 $^{13}C/^{12}C$,因其比值往往过小,实际应用中会选择一个标准物质的同位素比值,例如碳同位素计算采用的国际标准物质为 VPDB,根据样品的同位素比值与标准物质同位素值的相对差异得出样品的相对碳同位素值,当样品的同位素值高于标准物质时,其同位素值表述为正值(+),低于标准物质时,表述为负值(-)。

表 2-1　常见元素的稳定同位素及各自的丰度*

元素	稳定同位素	测试对象	自然丰度(%)	同位素变化范围(‰)	参 考 标 准
氢	^1H $^2H/D$	H_2	99.985 0.015	-500—+50	V-SMOW
碳	^{12}C ^{13}C	CO_2	98.888 1.112	-120—+15	V-PDB
氮	^{14}N ^{15}N	N_2	99.634 0.366	-20—+30	AIR

续 表

元素	稳定同位素	测试对象	自然丰度(%)	同位素变化范围(‰)	参考标准
氧	^{16}O ^{17}O ^{18}O	CO_2/O_2	99.759 0.037 0.204	−50—+40	V-SMOW/V-PDB
硫	^{32}S ^{33}S ^{34}S ^{36}S	SO_2/SF_6	95.02 0.75 4.21 0.014	−65—+90	CDT

* 资料来源：参考(Hoefs，1997)

一、稳定碳同位素原理及影响因素

绿色植物利用叶片中的叶绿素将空气中的水和二氧化碳(CO_2)固定，转化为可供有机体吸收的能量，释放出氧气的过程称为植物的光合作用。因光合作用中同化CO_2后最初产物的不同，其中利用Calvin-Benson循环羧化CO_2，产物为3碳化合物PGA磷酸甘油酸的称为C_3类植物，利用Hatch-Slack途径固定CO_2，羧化产物为4碳化合物苹果酸或天门冬氨酸的称为C_4类植物。一般情况下，C_4类植物对CO_2的利用率高，光合反应效率高于C_3类植物，较好的适应高光、高温、低CO_2浓度以及干旱的生境(Sage et al.，1999)。自然界中多数草本以及全部的木本植物和蔬菜为C_3植物，常见的作物中C_3植物有水稻、大麦、小麦、豆类、马铃薯等，常见的C_4类植物有粟、黍、玉米、高粱等。此外，自然界还有一类多汁的植物遵循CAM光合作用途径，称为CAM植物，一般生境为荒漠地带，常见的代表性植物有仙人掌、甜菜、菠菜等。

现代大气CO_2的$\delta^{13}C$值约为−8‰，CO_2分子经由气孔向叶片扩散，在胞间溶解，以及光合作用中羧化酶对其固定、同化的过程中均存在碳同位素的分馏效应(Farquhar et al.，1989)。植物固定 CO_2 的途径不同，各自对 C 同位素的分馏系数不同，C_3 植物的分馏系数为 1.026，C_4 植物为 1.013(郑淑蕙，1986)。因轻的同位素优先发生反应，植物固定的 $^{12}CO_2$ 比率高于 $^{13}CO_2$，结果导致 C_3、C_4 植物的 $\delta^{13}C$ 值差异显著(O'Leary，1988)。陆地 C_3 类植物的 $\delta^{13}C$ 值变化范围较大，从 -35‰ 至 -20‰，平均值约为 -26.5‰。C_4 类植物变化范围稍小，从 -16‰ 至 -7‰，平均值约为 -12.5‰。CAM 植物的 $\delta^{13}C$ 值介于两者之间，变化范围为 -22‰ 至 -10‰，平均值约为 -16‰(Marino and McElroy，1991；Tieszen，1991)。C_4 类植物中根据进入维管束鞘 4 碳化合物的种类和脱羧反应依赖酶的不同，又分为三种类型。一类是 NADP-ME 苹果酸酶型，偏好适中、低盐的环境，代表性的作物为粟和玉米，$\delta^{13}C$ 平均值约为 -11.4±0.1‰。另一类是 NAD-ME 苹果酸酶型，偏好较为干旱和含盐量高的生境，代表性作物有黍和马齿苋，$\delta^{13}C$ 平均值约为 -12.7±0.2‰。还有一类是 PEP CK/PCK 羧激酶类型，$\delta^{13}C$ 居中，平均值约为 -12±0.2‰(Hatch et al.，1975；Hattersley，1982；Shulze et al.，1996；Codron et al.，2005)。黍相对粟水分利用率高，生境适应性强，同位素偏负约 1‰(Ghannoum et al.，2001，2002；An et al.，2015a)。

海洋生态系统中绝大多数生物所依赖的碳源不同于陆地生态系统，其碳同位素的初始值决定于海洋碳库中的碳同位素值。海洋碳库 ^{13}C 值约为 -1‰，高于现代大气 CO_2 的 $\delta^{13}C$ 值。作为海洋生态系统中的主要生产者，浮游生物利用碳的过程中也会产生碳同位素分馏，其分馏的效率约为 -19‰，约相当于陆地生态系统中 C_3 植物的分馏效果。碳同位素初始值的差异造成海洋生态系统中的所有参与者碳同位素值高于陆地生态系统中的 C_3 植物，而低于 C_4 植物(Chisholm et al.，1982)。

除光合作用途径不同带来的同位素值的原始差异,植物的碳同位素值还受其他各类因素的影响,概括起来有来自所处环境的影响和植物自身的影响。自然环境中的光照、温度、水分、CO_2浓度、盐分等条件(O'Leary,1981)均可以通过不同机理一定程度上影响植物的碳同位素组成。法科等人(Farquhar et al.,1982)提出自然界中最常见的C_3植物叶片与大气CO_2同位素关系的经典模型:

$$\delta^{13}C_p = \delta^{13}C_a - a - (b-a)(C_i/C_a)$$

公式中,$\delta^{13}C_p$代表C_3植物的叶片的同位素组成;$\delta^{13}C_a$代表组成稳定的现代大气CO_2的同位素,其值定为$-7.8‰$;a为CO_2经过气孔向叶片扩散时对碳同位素的分馏效应,其值相对固定,约为$-4.4‰$;b为光合作用过程中RuBPCase羧化酶固定、同化CO_2产生的分馏效应,其值约为$-29‰$;C_i代表胞间CO_2的浓度,相应的C_a代表大气CO_2的浓度。

其中,光照强度的不同会影响与光合作用有关的植物叶片气孔导度、向光性、叶绿素分布以及酶的活性等,从而最终影响植物碳同位素的组成(冯虎元等,2000);温度通过影响分馏强度从而改变植物的同位素组成,然而温度对植物碳同位素的影响目前并无一致的结论,有研究表明温度与植物的$\delta^{13}C$值变化趋势一致(Smith et al.,1976;Stuiver and Braziunas,1987;An et al.,2015b),也有结果表明两者反相关(Körner et al.,1988;赵丹等,2017),另有研究认为两者无明显的相关(王丽霞等,2006)或有非常复杂的响应(An et al.,2015a,b);水分条件通过影响植物的蒸腾作用、叶片导度来影响植物的碳同位素组成,一般认为,在干旱缺水条件下,空气中的水汽含量减少,同样土壤的含水量也降低,植物的水分胁迫加重,迫使其增强对水分的利用效率,$\delta^{13}C$变高(Francey and Farquhar,1982),然而,目前的研究尚无一致的结果(e.g. Stewart et al.,1995；Schulze et al.,1996；Hartman and Danin,2010；Kohn et al.,2010；Szpak et al.,2013)；空气中CO_2的浓度影响植物气孔的开闭程度,从而影响植物的碳同位素组成(Farquhar et al.,1982；Polley et al.,1993),研究表明C_3植物的水分利用效率与CO_2浓度的变化呈正相关,即随着CO_2浓度的升高,植物的$\delta^{13}C$值亦升高(Polly et al.,1993)；盐分对植物碳同位素的影响来自随着土壤中盐分的增多,植物的气孔导度下降,胞间CO_2的浓度降低,光合作用中羧化酶对碳同位素的分馏效应减弱,$\delta^{13}C$值升高(Brugnoli and Lauteri,1991；韦莉莉等,2008)；此外,土壤矿质营养条件(Högberg et al.,1993)、纬度(Körner et al.,1991),甚至海拔(Körner et al.,1988,1991)也可影响植物的碳同位素组成,但近期在天山地区的研究显示至少对于干旱、半干旱区,海拔的影响微乎其微(Chen et al.,2017)。在以上环境因子的共同作用下,植物的碳同位素值变化约为3‰—5‰(O'Leary,1988；Feng et al.,2014)。

值得注意的是,在森林生态系统中,光强在林内产生梯度变化,越接近地表,光强越弱,胞间CO_2的浓度与大气CO_2浓度的比值升高,同时因林下动植物和土壤的呼吸作用释放出较低的$^{13}CO_2$,导致"林冠效应"(canopy effect),越近底层,植物叶片的碳同位素贫化现象越明显(Medina and Minchin,1980；Schleser and Jayasekera,1985；van der Merwe and Medina,1991),此规律被广泛地应用于区分林区周边有不同取食喜好的动物(France,1996；Bridault et al.,2008；Bonafini et al.,2013)。此外,植物的不同组织,对碳的吸收利用不同,也可以产生较大的$\delta^{13}C$分异(e.g. An et al.,2015a；Lightfoot et al.,2016)

另外,因工业革命后大量的化石燃料燃烧,空气中CO_2的$\delta^{13}C$值较之前偏负约1.5‰,相应地进入食物链的$\delta^{13}C$值普遍偏负,因此，在对待古代样品时应相应地减去1.5‰再与现代同类样品进行比较(van der Merwe et al., 1981; Tieszen and Fagre, 1993)。

二、碳同位素的食谱研究中的意义和影响因素

植物作为生产者，处在食物链金字塔结构的最底端，作为第一生产者为上层结构中的各类草食性、肉食性动物提供最原始的能量来源。能量在食物链中的传递呈单向流动，逐级递减，传播效率约为1/10到2/10，即大约只有1/10的能量能够从初始一级传递到其消耗者被同化、利用，而更多的能量则以能耗、排泄物等形式被消耗。生态系统中能量的利用效率决定了一个食物链的一般长度，一个稳定的食物链大约由4—5个营养级构成，超过这个长度，其初始的能量供给就需要10倍的增长。有研究猜测，猪作为最早被驯化的家养动物之一，直至目前，仍然是最主要的肉质供应者，除因为其符合易驯化动物的特征外，可能还源于其拥有相对其他动物高得多的食物转化率(Rauw et al., 1998)，现代饲料饲养的猪，对食物的转化率高达30%以上。

生态系统中简单的食物链往往不容易观察到，而是以错综复杂的食物网的形式存在，比如，猪吃草，人吃猪，形成简单的三级营养结构，然而人也可以吃草(粮食作物)，猪可以消化除牙齿、头发之外的人的其他组织，这就构成了一个简单的食物网。生态系统中，食物网的结构越复杂，抵御外界变化的能力越强，从而使得该食物网系统越趋稳定。

食物链的长度和食物网的结构主要由初级生产力决定，陆地上森林生态系统拥有比草原生态系统大得多的初级净生产量，所以能够为更多的消耗者提供能量，支撑更大的生物量。海洋具有比陆地生态系统庞大得多的生物量，能够支撑更长的生物链，其食物网结构也比陆地生态系统复杂得多。

动物通过摄入植物作为食物,其组织严格地记录所食入植物的碳、氮同位素信号,即"我即我食"原理(Lee-Throp,2008)。食物在进入动物身体组织时,同位素会发生分馏,不同的组织分馏的强度不同,比如草食性动物的肌肉组织记录的碳同位素信号较食物本身即植物的碳同位素富集约 1‰(Tieszen et al.,1983;McCutchan et al.,2003),血液富集约 0.5‰(Roth and Hobson,2000),毛发及指甲组织因同样主要由角蛋白构成,富集约 3‰(O'Connell et al.,2001;Sponheimer et al.,2003a),而骨骼和牙齿胶原质记录的则要比原始碳同位素富集约 4.5‰—5‰(见图 2-1)(Lee-Thorp et al.,1989)。在此基础上,已知 C_3、C_4 植物各自的同位素范围和从食物到组织碳同位素的富集程度,通过对陆地动物不同组织碳同位素的测试,便可了解其食物中 C_3、C_4 各

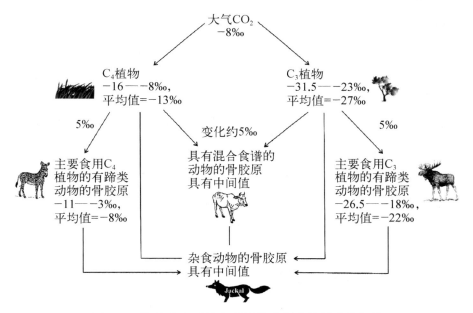

图 2-1 陆地生态系统中碳同位素沿食物链分馏规律

(改自 http://archaeology.about.com/od/stableisotopes/ss/foodchain.htm,最后浏览日期:2013 年 3 月 15 日)

自的比例。以上为针对从植物到动物碳同位素产生的分馏，食物链中，肉食性动物捕食比它低一个营养级的草食性动物，同样产生碳同位素的分馏，该阶段 $\delta^{13}C$ 一般富集 0‰—2‰（Bocherens and Drucker，2003），具体应用中，如果食物同时包含 C_3、C_4 类植物，产生的差异远较此明显，这一过程的分馏往往不再考虑。

受到种属、年龄等因素的影响，动物和人不同部位组织的生长、更新周期不同，其记录的碳同位素反映的时段长短也有很大的差别。以人为例，头发的生长速率一般为 1—1.5 cm/月，指甲稍慢，为 1 mm/周，以头发和指甲样品为材料，可以获知个体过去一周至几年的以周或月为分辨周期的食谱变化信息（e.g. White and Schwarcz，1994；White et al.，1999，2009；Cerling et al.，2006；Knudson et al.，2007；Ehleringer et al.，2020），甚至有对非洲山地大猩猩的跟踪研究，收集其排出的粪便，基本可以做到实时监测（Blumenthal et al.，2012）。与这一类代谢更新快的材料相比，骨骼记录的则是过去几年、甚至几十年的平均信息（Sealy et al.，1995；Hedges et al.，2007），而且不同骨骼类型更新周期不尽相同，长骨的更新周期约为 10—20 年，肋骨的更新周期约为 10 年（Hedges et al.，2007），因此，取自同一个体不同部位的材料可能会得出不同的食谱信息。与骨骼在生命的各个阶段会不断生长、更新不同，牙齿一旦长成便不再继续更新，因此，其仅反映萌生阶段的食谱信息（Smith and Tafforeau，2008；Beaumont et al.，2013），已知每个牙齿对应的生长时段（Hillson，1996），选择个体牙齿记录的食物信息与骨骼记录的信息对比，可知两个材料各自所代表的时段食物结构的异同，结合个体所处的社会、自然环境，可以大体判断其生前是否在不同的饮食环境中生活。如有条件同时知道样品的氧同位素或锶同位素，则更能肯定先前的判断。

考古样品中因毛发、指甲等一般难以保存，更多情况下，仅涉及牙齿和骨骼样品,极端寒冷(e.g. Macko et al.,1999)、干旱(e.g. White,1993;Schwarcz and White,2004)条件下除外。

对于骨骼样品,骨胶原记录的碳同位素并非来自整个食谱,其主要来源为食物中蛋白质提供的碳(e.g. Susan et al.,2006;Froehle et al.,2010;Fernandes et al.,2012),其他诸如碳水化合物、脂肪等必要营养物质虽然也贡献碳,但所占比重很低。与骨胶原主要记录食物中的蛋白质成分的碳同位素结果不同,羟基磷灰石记录整个食谱的碳同位素信息(Ambrose and Norr,1993),两者的结果对比有助于判断食物中少量胶原质未作出记录的 C_4 成分的比例(Hu et al.,2006)。与骨胶原一样,羟基磷灰石也会随着骨骼细胞的更替而发生更替,更替周期也会因骨骼部位的不同而不同。具体到应用中,如果样品采自沿海地带,还需要考虑海产品的摄入,因海产品的碳同位素值与陆地 C_3 植物有一定的重叠(Chisholm et al.,1982),比较不容易区分,可以借助硫同位素的测试,以帮助区分个体是否摄入海产品以及摄入的比例(Corr et al.,2005;Salazar-García et al.,2014a)。

三、稳定氮同位素原理及影响因素

在维持生命有机体的各项组成中,氮元素为蛋白质的主要构成元素之一,此外还是叶绿素、酶、维生素等的重要组成成分。不同于自然界中以多种形式广泛存在的碳,自然界99％的氮(化学符号为N)以 N_2 的形式存在于大气中或溶解在海洋中,其余则和其他元素结合形成各种氮的化合物,空气中 N_2 的氮同位素值作为国际通用标准,其 $\delta^{15}N$ 值被认定为0。生物获取氮的来源不同,对氮同位素的分馏效果不同。少数植物依靠与其共生的根瘤菌直接固定 N_2,将其转化为 NH_3,进而同化、吸收和利用,在这一过程中几乎不存在氮同位素的分馏,因而此类植物的 $\delta^{15}N$ 值约为0,通过这一途径固定氮的主要为豆科植物,此外有一些藻类和菌类也可以直接将 N_2 转化为 NH_3。

$$N_2 + 6H^+ + nMg\text{-}ATP + 6e^- (酶) \rightarrow 2NH_3 + nMg\text{-}ADP + nPi$$

其他植物则必须利用化合物中的 N,首先将 NH_3 转化为 NO^-_3 和 NH^{+}_4,进而吸收、利用,N 从 NH_3 转化为 NO^-_3 和 NH^{+}_4 的过程中发生同位素的分馏,导致 ^{15}N 的富集。

$$NH_3 + H_2O \rightarrow NH^{+}_4 + OH^-$$
$$NH_3 + 硝化细菌 \rightarrow NO^-_2$$
$$NO^-_2 + O_2 \rightarrow NO^-_3$$

因此,陆生非自身固氮类植物拥有比自身固氮类植物高的 $\delta^{15}N$ 值,前者 $\delta^{15}N$ 值约为 4 ± 3.6‰,后者约为 1.5 ± 1.9‰(Shearer and Kohl,1978;Virginia and Delwiche,1982;Schoeninger and DeNiro,1984)。C_3、C_4 植物的 $\delta^{15}N$ 值无明显差别(DeNiro and Hastorf,1985;Heaton,1987)。

陆地植物氮同位素的值除受是否为自身固氮植物的固有影响外,还因环境条件的改变而改变。纬度、温度、降水量和土壤条件等共同影响植物氮同位素的组成。根据特克孜和霍奇斯(Tcherkez and Hodges,2007)的研究,C_3 植物叶片氮同位素的值与其吸收的氮源的关系模型为:

$$\delta^{15}N_p = \delta^{15}N_a - a - (b-a)(n_i/n_a)$$

模型中,$\delta^{15}N_p$ 代表 C_3 植物叶片的氮同位素;$\delta^{15}N_a$ 代表所吸收氮源的氮同位素;a 为植物吸收 NO^-_3 或 NH^{+}_4 过程发生的分馏效应,其值约为 0;b 为将 NO^-_3 或 NH^{+}_4 同化为可供利用的有机质发生的分馏,其值约为 15‰—17‰;n_i 代表叶片内的 NO^-_3 或 NH^{+}_4 浓度;n_a 代表氮源的 NO^-_3 或 NH^{+}_4 浓度。

植物的氮同位素的变化与所处的土壤环境中的氮同位素的变化趋势一致,土壤 $\delta^{15}N$ 值由其成土母质,以及土壤微生物的活动情况等决定,变化范围为 $-4‰—+17‰$,远较降水中的 $\delta^{15}N$ 值高,后者的变化范围为 $-17‰—+4‰$,一般来说,成土时间长,有机质丰富以及淋溶作用强的土壤 $\delta^{15}N$ 值高,生长于其上的植物相应的拥有较高的 $\delta^{15}N$ 值(Shearer and Kohl,1996),以动物粪便作为肥料会显著增加土壤的 $\delta^{15}N$ 值,从而影响其上生长植物的 $\delta^{15}N$ 值(Choi et al.,2002,2005;Bol et al.,2005;Bateman and Kelly,2007;Bogaard et al.,2007,2013;Fraser et al.,2011),可以此来帮助判断土地的管理历史。此外,距离地表越深的土壤往往越富集 ^{15}N(Högberg,1997;Adams and Grierson,2001);周围温度的变化与植物的 $\delta^{15}N$ 变化趋势一致,降水则与其相反(Ambrose,1991;Handley et al.,1999;Amundson et al.,2003;Aranibar et al.,2004;Swap et al.,2004;Hartman and Danin,2010;Szpak et al.,2013),表现为在冷、湿的环境里,土壤和植物的 $\delta^{15}N$ 值均低。相反,在干、热的环境里,土壤和植物均表现出对 ^{15}N 的富集(Heaton,1987)。此外,纬度、海拔甚至作物生长所处的小地貌亦可以通过影响水、热的分配,土壤微生物的活动,土壤净硝化能力的变化等,从而影响植物氮同位素的组成(Garten et al.,1998;Cheng et al.,2010)。如研究表明,天山南坡植物叶片 $\delta^{15}N$ 值显著高于北坡(Chen et al.,2018)。

综上所述,普遍规律为植物的 $\delta^{15}N$ 值变化与土壤的变化一致,与温度变化趋势正相关,与降水变化趋势负相关。

四、氮同位素在食谱研究中的意义和影响因素

与碳同位素相同,动物取食植物、动物,同样会记录作为食物的植物、动物的氮同位素值。氮的同位素值沿着食物链逐级升高,

即"营养级效应"(trophic effect),然而对于每一营养级之间富集的程度目前并无一致的认识,有针对动物的研究认为,食物本身的蛋白质质量和氮元素的含量影响其下一级消耗者的^{15}N富集程度(Robbins et al.,2005;Leticia et al.,2006),在食谱研究中一般认为,营养级每升高一级,^{15}N富集2‰—5‰(Bocherens and Drucker,2003,McCutchan et al.,2003;Hedges and Reynard,2007),也有研究认为富集程度可达6‰(O'Connell et al.,2012)。因此,从植物到草食性动物再到肉食性动物,δ^{15}N值逐渐升高,杂食性动物(人、猪等)氮同位素值落在草食性动物和肉食性动物之间。海洋生态系统拥有比陆地生态系统长得多的食物链,处在海洋食物链顶端的肉食性动物拥有最高的δ^{15}N值(Hobson and Welch,1992),生活在极地的因纽特人以捕食海洋中的顶级食肉者为食,因此拥有更高的δ^{15}N值,可达20‰(Buchardt et al.,2007),海洋生物链中δ^{15}N在营养级间的跃升幅度与在陆地生态系统中相似(Minagawa and Wada,1984;Vander Zanden and Rasmussen,2001),陆地淡水产品的食用也会一定程度上使得氮同位素值发生跃升,但程度较低(Vander Zanden et al.,1997)。研究中涉及可能食用了水产品的个体时,需考虑水产品带来的δ^{15}N值的升高,判断时可通过与同一营养级的、仅摄入陆地食物的动物(如狗)相比较(Schoeninger et al.,1983;Schoeninger and Deniro,1984;Walker and Deniro,1986;Richards and Hedges,1999;Fischer et al.,2007)。氮同位素值随营养级逐级递增还表现在母-婴哺乳行为中,婴儿因吸吮母乳,相当于在母亲的营养级水平上跃升一级,因此有较母亲高的δ^{15}N值(Fuller et al.,2006),该规律被广泛地应用于研究古代婴儿断奶的年龄(e.g. Sealy et al.,1995;Katzenberg et al.,1996;Schurr,1997,1998;Clayton et al.,2001;Dupras et al.,2001;Richards et al.,2002;Schurr and Powell,

2005；Dupras and Tocheri，2007；Jay et al.，2008；Triantaphyllou et al.，2008；Eerkens et al.，2011；Waters-Rist et al.，2011；Burt，2015；Ventresca Miller et al.，2017a），抑或动物的断奶时间（Balasse and Tresset，2002）。此外，临床比照研究还发现孕妇与胎儿的碳、氮同位素水平保持非常高的相关性，表现为胎儿头发的碳、氮同位素均高于母亲的头发（de Luca et al.，2012）。

除营养级带来的普遍适用的氮同位素富集规律外，影响动物氮同位素组成的还有环境（干旱），自身身体条件（年龄、压力、疾病、营养水平等）等。干旱环境下，人和动物的氮同位素值显著高于其他环境，除因干旱环境中最基础的食物来源——植物的氮同位素偏高，导致以其为基础的整个食物链的 $\delta^{15}N$ 值增高（Heaton et al.，1986；Hartman，2011）外，还可能因为在干旱环境下，动物和人身体机能出现适应性改变，影响其 $\delta^{15}N$ 的组成（Ambrose and DeNiro，1986；Sealy et al.，1987；Schwarcz et al.，1999；Sponheimer et al.，2003b），但墨菲和鲍曼（Murphy and Bowman，2006）对澳大利亚袋鼠的研究表明，仅有水的供给条件影响其骨骼 $\delta^{15}N$ 值的变化，自身的代谢水平不对其产生影响。霍布森和克拉克（Hobson and Clark，1992）对鸟进食采取控制实验，结果表明，鸟组织的 $\delta^{15}N$ 值因禁食和压力而出现增大，对其他动物同样适用（Deschner et al.，2012；Hatch，2012）。有研究表明，人在极端饥饿状态下，为维持身体机能，除极大限度地加大对蛋白的利用率外，还会利用身体自身的代谢产物，使得其机体 $\delta^{15}N$ 值变高（Fuller et al.，2005；Mekota et al.，2006），同样的现象在动物身上也曾被观察到（Haubert et al.，2005）。另有研究指出，严重的、持续时间较长的疾病、外伤、复原会在身体里留下痕迹，表现为氮同位素值猛烈升高，随着病情的稳定，身体的恢复，氮同位素值逐渐下降（Katzenberg and Lovell，1999）。有研究观察到皮肤和肌肉组织会比骨胶原富集 ^{15}N，可能也与身体的应激反应有关(Finucane，2007)。另有研究结果显示，妇女孕期身体组织的 $\delta^{15}N$ 值会比正常情况低 0.3‰—1.1‰，可能是孕期体内氮平衡被打破而导致的(Fuller et al.，2004)。

总体说来，$\delta^{15}N$ 值高，反映个体在食物链中居于较高的营养级水平，然而并不能据此给出其食物中蛋白质所占的比重。此外，不同环境背景下的同类样品不能简单地进行比较。

五、其他非常规同位素食谱重建原理

大气降水中的稳定氧(化学符号为 O)同位素因温度、海拔、湿度以及距海远近的不同产生分异。重的同位素参与化学反应时需要更多的化学键能，海水在蒸发过程中优先蒸发轻的同位素，留下较多重的同位素，水蒸气中的重同位素在运移过程中优先降落，因此，距海越远、海拔越高、温度越低，降水中的稳定氧同位素越轻(Gat，1996)。人和动物通过饮用水及吸收食物中的少量水分记录了环境中降水的稳定氧同位素信息。对人类和动物骨骼遗存的稳定氧同位素分析可提供个体生前的地理起源、居住场所等信息(Turner et al.，2009)。在生命初期，第一臼齿就已经开始形成，所以，第一臼齿反映的是个体从出生到 2.5—3 岁时摄入环境水的氧同位素信息，第三臼齿形成于个体的少年时期，反映的是个体 7—16 岁时期的环境水氧同位素信息。与臼齿不同，骨骼的同位素值随个体生长而变化，其同位素值指示的是个体生前 10—20 年的氧同位素平均水平(Schour and Massler，1940；Smith and Tafforeau，2008)。同一生活背景的群体有相对稳定的 ^{18}O 的组成，通过对大量样本的 ^{18}O 测试，得出本地起源的人和动物的 ^{18}O 变化范围，超出该范围的即为外来者，借此可知遗址居民中的外来人口比例。形成于不同年龄阶段的牙齿真实地记录各自形成时期的环境 ^{18}O 信息，将其结果与骨骼的相比对，可知该个体在生命各阶段有无迁移行为(Pederzani and Brittonm，2019；Britton，2020)。整体而言,该项工作在中国的开展相对有限(王宁等,2015)。

尽管并非人体必需元素,但因为锶(化学符号为 Sr)的原子半径与钙相当,因此,锶进入人体的方式与钙类似。自然界中存在 4 种锶的稳定同位素,分别是 0.56% 的 ^{84}Sr,9.87% 的 ^{86}Sr,7.04% 的 ^{87}Sr 和 82.53% 的 ^{88}Sr,其中 ^{88}Sr 占比最高。锶同位素比值考察的是样品中 $^{87}Sr/^{86}Sr$ 的比值,而 ^{87}Sr 的含量会因基岩自形成之后 ^{87}Rb 以一定速率不断衰变而增多,岩石年龄越老,衰变越完全,副产品 ^{87}Sr 越多。常见的含 ^{87}Rb 比较多的矿物类型有斜长石、黑云母、钾长石、云母。Rb 的衰变规则可用来追踪富含钾的变质岩的结晶化和火成岩的形成时间。因 ^{87}Sr 和 ^{86}Sr 比例相近,常以其比值判断岩石的年龄。一般来说,古老的岩石样品 $^{87}Sr/^{86}Sr$ 会大于 0.71,而新形成的岩石值小于 0.704,尤其是 Rb/Sr 低的矿物类型。因 Rb 的半衰期长达 488 亿年,因此认为考古样品与现代样品 $^{87}Sr/^{86}Sr$ 可直接比较。除基岩外,改变区域锶同位素比值的还包括大气、土壤和河流带来的影响。其中最主要的影响来自矿物质和不同的风化速率下,导致因风化形成的土壤有不同的 $^{87}Sr/^{86}Sr$ 值。河流搬运和沉积又是另一个重要的影响因子。不同来源的物质沉积到沉积平原中,会使得这一地区的沉积物 $^{87}Sr/^{86}Sr$ 与原本的基岩母质 $^{87}Sr/^{86}Sr$ 不同。有报道称大江大河流域会因沉积物的多种来源而产生比较高的 $^{87}Sr/^{86}Sr$,对应的,小河流域的沉积物更多地反映当地基岩母质的同位素信号。生命体中的 $^{87}Sr/^{86}Sr$ 反映生存环境中的 $^{87}Sr/^{86}Sr$ 平均状况,且不随生物过程发生同位素分馏,即:生活在相同环境中的植物、草食性动物、肉食性动物拥有相似的 $^{87}Sr/^{86}Sr$,处在较高营养级水平的动物因食物来源多种多样,所以被认为更能反映区域整体状况(Bentley,2006)。因此,我们可以通过测试广泛范围内的土壤、植物、动物等的 $^{87}Sr/^{86}Sr$ 而获

得 $^{87}Sr/^{86}Sr$ 空间分布特征（Bataille et al.，2018），对于考古遗址中的样品，我们则可以通过大量的测试来判断其是否为本地来源（Britton，2020）。与碳、氮同位素类似，锶同位素的测试材料同样可以是骨骼，也可以是牙齿。目前通常对牙釉质进行序列采样，进行同位素分析，结合牙齿的生长规律，判断迁徙行为的发生等（尹若春和张居中，2007；王学烨和唐自华，2019；赵春燕，2019）。除了测试样品本身的锶同位素变化，环境背景值是解读锶同位素所代表的意义的关键。通过多年的努力，中国目前已经建立了较粗分辨率的全国的锶同位素变化地图（Wang et al.，2018；Wang and Tang，2020）。在此基础上，对于先民的迁徙、交流等相关工作也在同步展开（赵春燕等，2016a，2019；Wang et al.，2016，2020，2021；侯亮亮等，2021）。

第二节　同位素食谱重建研究材料和方法

同位素食谱分析常见的研究材料有骨骼、牙齿、头发等，具体选择依据材料的保存情况和所需要解决的问题而定。在材料允许的情况下，样本种类越多，研究就越细致和深入。

一、材料选择

目前研究中最多采用的是骨骼材料，其次是牙齿，包括牙本质和牙釉质。另有部分研究者将目光投入指甲、毛发和血液中。

以人为例，人类一生中会有两套牙齿，幼年时期发育的称为乳齿，其后，恒齿萌出，乳齿掉落。牙齿的发育和更换遵循普遍的规律（Scott and Irish，2017），我们可以根据牙齿的萌生情况、磨损状况等判断该个体死亡的年龄，年龄越小，精确度越高。牙齿的主要构成由内而外分别为牙髓、牙本质和牙釉质。因牙髓腔中充满血管和神经,长期的埋藏之后这些物质难以保留,因此不做考虑。牙髓外侧牙本质的组成与骨骼类似,同样是由大量无机质和少量有机质构成,因此,在进行同位素食谱分析时处理方式与普通骨骼样品无异(Burt and Garvie-Lok,2013)。断奶在一个人的早期发育中是一件非常重要的事,断奶前后幼儿的饮食构成会有比较大的差异。因为牙齿的萌生时间相对稳定,对不同阶段萌生的牙齿进行序列采样,进行碳、氮稳定同位素测试,就可以知道不同阶段该个体食物结构的变化,一般认为脱离母乳后,幼儿的 $\delta^{15}N$ 值会发生比较显著的降低,而对于大量个体的断奶发生时间研究就可以获得群体断奶模式(Fuller et al.,2003;Tsutaya and Yoneda,2014;King et al.,2017),当然也可以与通过大量骨骼样本所获得的断奶模式相比较来获得(Reynard and Tuross,2015)。牙齿最外侧牙釉质的主要成分是羟基磷灰石,是人体最坚硬、致密的部分,在漫长的埋藏之后,其保存的概率一般大过其他骨骼。牙釉质自形成之后就不再更换,因此,牙釉质保存了其形成阶段的生命信息。因为其主要成分为无机质,因此牙釉质样品一般测试其碳、氧同位素组成,又因为牙齿的萌生遵循普遍的规律,因此,对不同牙齿的测试可以获知其生命不同阶段的食性、居住地等信息(Pellegrini et al.,2016),而序列采样可以揭示这一发育阶段经历的变化(Balasse,2002),与骨骼或其他身体组织的对比则可以反映其幼年时期饮食、居住环境与死亡前一段时间的异同(Wright and Schwarcz,1999)。

除了上述牙釉质和牙本质外,牙齿表面附着的结石也可以记录个体生前一段时间的食物构成。除了观察牙结石中包含的食物残留,对牙结石进行取样测试其同位素组成同样可以了解该个体的食物摄入情况。在骨骼样品不可得或不能破坏骨骼或牙齿本身的情况下是一个良好的替代选择(Henry et al.,2011; Scott and Poulson,2012; Warinner et al.,2015; Weyrich et al.,2017; Emanuela et al.,2018)。然而也有研究并不支持此种结论(Salazar-García et al.,2014b)。

同样以人为例,毛发主要指头发,其成分主要是角蛋白。尽管一般考古遗址里不见毛发保存,但是一些特殊埋藏环境里毛发可以保存。与骨骼、牙齿等仅能揭示较长一段时间的生命史不同,毛发的生长速度快,可以"及时"的记录生命活动及其变化。怀特等(White et al.,2009)对秘鲁北部沿海地区 Pacatnamu 遗址出土的人的头发的序列研究显示,同一个个体不同时段食谱的变化程度远远大于不同文化时期群体的差异,且男性个体的变化尤为显著,这种变化甚至不与季节变化同步,更有可能是由个体不停地变换生活的区域从而进食不同类型的食物而导致。克努森等(Knudson et al.,2012)则对阿塔卡马沙漠一个异乡人的多部位进行了多种同位素分析,观察到他的头发和骨骼的碳、氮同位素指示有不同的食物摄入,氧同位素和锶同位素数据进一步证实他的旅人身份。

指甲主要是由几丁质构成的,在漫长的埋藏过程中往往会分解,因此,除极特殊的情况外,一般考古遗址中指甲很难保留。目前通过测试指甲同位素研究其食性和迁徙等行为的案例多数都是针对现代样品的。纳多托等(Nardoto et al.,2006)对比了大量指甲样本,发现即使是在食物全球化的今天,生活在美国西部的人群其食物构成与巴西东南部的人群依然存在显著的差异。曼库索和埃勒林格(Mancuso and Ehleringer,2018a、b,2019)更是将取样范围和测试方法进一步扩充,发现指甲样品的多种同位素组成可以指示其生活的环境,而序列采样则可以揭示个体的迁居历史。

在考古遗址里,血液几乎不可能保存,现阶段对血液同位素的讨论更多地集中在禽类(Cherel et al.,2005; Barquete et al.,2013)

和鱼类(Federer et al.,2010),且重点关注的是食物转化为血液、脂肪或其他身体组织同位素发生分馏的情况。

本书重点讨论骨骼材料。骨骼是人和动物身体的支撑组织,其主要功能是运动,同时兼有保护体内器官的功能。以人体为例,成年人共有206块骨头(见表2-2、图2-2),婴儿的骨骼构成区别于成人,很多骨骼在成长过程中融合成为一个整体,未融合前,个数可高达305块。

表2-2　人体骨骼构成

8颅骨	2顶骨	2颞骨	1额骨	1筛骨	1蝶骨	1枕骨		
72躯干骨	36脊椎骨	10颈椎骨	24肋骨	1胸骨	1骶骨			
64上肢骨	16腕骨	10掌骨	28指骨	2肩胛骨	2锁骨	2肱骨	2桡骨	2尺骨
62下肢骨	14跗骨	10跖骨	28趾骨	2髋骨	2股骨	2髌骨	2胫骨	2腓骨

骨骼有不同的形状,一般分为五类,即长骨(如肢骨、掌骨)、短骨(如腕骨)、扁平骨(如胸骨)、不规则骨(如椎骨)和种子骨(如髌骨),骨骼之间以韧带和关节相连。以长骨为例,骨骼由三部分组成:骨质、骨髓和骨膜。其中骨髓充填丰富的血管和神经组织,婴幼儿的骨髓呈红色,有造血功能,随着年龄的增大,造血功能逐渐消失,变成黄骨髓。骨膜是一层覆盖在骨表面的结缔组织膜,富含血管和神经,为骨质提供营养,同时因有成骨细胞,当骨组织受损时,可以产生新的骨细胞,帮助骨骼愈合。骨质由骨组织构成,分为骨松质和骨密质。

可以通过特征部位(头骨的眉弓、前额坡度、乳突、眶上缘、下颌角等和髋部的骶骨、耻骨联合等)骨骼的形状等判断个体的性别,该方法仅适用于成年人。根据骨骼的愈合(头骨缝合线、长骨骨骺)、磨损(牙齿、耻骨联合面)等大致给出个体的年龄范围,年龄越大误差范围越大。结合牙齿的萌出和磨损程度,给出的未成年人的年龄误差可以控制在 1—2 岁。此外还可以根据个体的肢骨长度,利用公式推算出生前的身高。

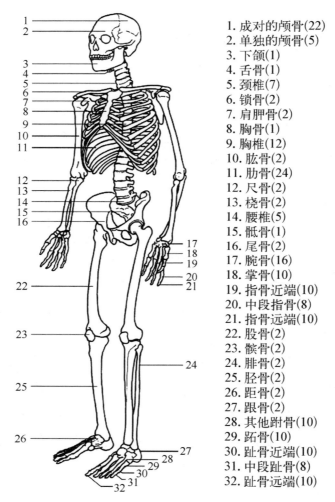

1. 成对的颅骨(22)
2. 单独的颅骨(5)
3. 下颌(1)
4. 舌骨(1)
5. 颈椎(7)
6. 锁骨(2)
7. 肩胛骨(2)
8. 胸骨(1)
9. 胸椎(12)
10. 肱骨(2)
11. 肋骨(24)
12. 尺骨(2)
13. 桡骨(2)
14. 腰椎(5)
15. 骶骨(1)
16. 尾骨(2)
17. 腕骨(16)
18. 掌骨(10)
19. 指骨近端(10)
20. 中段指骨(8)
21. 指骨远端(10)
22. 股骨(2)
23. 髌骨(2)
24. 腓骨(2)
25. 胫骨(2)
26. 距骨(2)
27. 跟骨(2)
28. 其他跗骨(10)
29. 跖骨(10)
30. 趾骨近端(10)
31. 中段趾骨(8)
32. 趾骨远端(10)

图 2-2　人体骨骼图(改自:White and Folkens,2005,p.71)

　　成年人骨骼中约有 30% 属于有机质——骨胶原,其功能为骨骼的养分,增加骨骼的弹性,其余的 70% 为骨骼的结构支撑——羟基磷灰石,保证了骨骼的硬度。随着年龄的增长,骨骼中有机质的比例不断下降,相应的无机成分增多,骨骼脆性增大。

骨骼的保存状况和本身的特性会影响同位素分析时的骨胶原产率和结果的可靠性。比如对于严重风化的骨骼,骨胶原的提取几乎不可能,即使勉强获得,也达不到要求的水平。再者,严重风化的骨骼较容易受外界环境的影响,受污染使得其骨胶原记录的信号已不再是个体本身的食物信号(Nelson et al.,1986;Wang and Cerling,1994;Hedges,2002;Lee-Thorp,2008)。同理,采样尽量避免易受污染的股骨头、肱骨头之类的松质部位。

对于人骨样品的选择,受限于本书第四、五、六章描述的各个研究点骨骼保存状况普遍较差,且存在二次扰乱现象,同位素分析普遍选择的长骨、下颌等致密骨并不一定能够保存。在此情况下,为了保证胶原的提取,只能选择可得的、保存最好的骨样,同时作好记录工作。

与人骨不同,动物骨骼保存情况普遍良好。然而,由于墓葬、遗址中很难发现完整的动物骨架,在可选择的情况下尽量统一采样部位。本书中所选用的动物部位主要来自距骨、跗骨、肢骨等。

本书所用样品中柳树沟为野外实时、实地采样所得。艾斯克霞尔南墓地发掘较早,样品采自新疆文物考古研究所库房。绝大部分的样品在采样时即已完成种属以及身体部位的鉴定,少部分不常见的样品鉴定为实验室测量、图谱比照后的结果。为力求精确,采样部位多数具体到骨骼名称,少数样品因残断、无特征部位,无法给出具体部位。天山北路墓地仅根据发表数据展开分析,未新增样品。

因研究涉及的人骨样品在埋葬中多遭遇扰动等,骨骼保存不全面,据以判断性别、年龄等的特征部位往往缺失。因此,对人骨样品仅精确到成年人或未成年人,具体的年龄阶段不作涉及,性别亦未做区分。

二、样品前处理

从最初朗金(Longin,1971)介绍的方法开始,各代研究者不断尝试用不同方法更有效地提取骨胶原,旨在从最小的、保存最差的样品中获取足够的胶原质(e.g. Ambrose,1990;Brown et al.,2006)。

在本书中样品处理主要参考西利等(Sealy et al.,2014),过程中细节部分稍有调整。实验步骤如下。

(1)在通风橱中电磨机切割和打磨骨骼样品,至所有暴露出来的均为新鲜面为止。

(2)将打磨好的样品超声震荡 5—10 分钟,用去离子水冲洗至无明显杂质,在烘箱中加热至恒温,利用电子天平称重、记录。

(3)将样品浸泡入 0.5 M 的 HCl 溶液中,置于冰箱,调节温度至 4℃。每天更换新的 HCl 溶液直至骨样变软且无气泡产生,表示骨骼中的无机质已基本去除。此过程所需时间视样品的情况而不同,大约需要 2—3 周。

(4)用去离子水清洗样品至中性,加入 0.125 M 的 NaOH 溶液,在 4℃的冰箱中反应 20 小时,去除样品中可能存在的腐殖质酸。

(5)用去离子水清洗样品至中性,加入约 15 ml 0.001 M 的 HCl 溶液置于烘箱,在 70—80℃的条件下反应 48 小时,趁热过滤,所得滤液用试管保存。待样品完全冷却后用封口膜封口,放入冰箱冷冻。根据经验,试管应稍微倾斜放置。

(6)将完全凝固的样品取出,在封口膜上刺 4—5 个小孔后放入冷冻干燥机。48 小时后取出,称量、记录所得骨胶原的重量,计算骨胶原产率。

(7)同位素测定之前密封保存于干燥器避免其再次吸水。

三、样品测试及工作原理

测试中上述所得样品的称量精确到 0.01 mg。碳、氮稳定同位素测试由气体稳定同位素质谱仪(Finnigan DELTA^{plus} Isotope Ratio Mass Spectrometer)完成。

以碳稳定同位素为例,δ¹³C 值的单位为‰,计算公式为:

$$\delta^{13}\mathrm{C}(‰) = \left(\frac{^{13}\mathrm{C}/^{12}\mathrm{C}_{sample} - ^{13}\mathrm{C}/^{12}\mathrm{C}_{standard}}{^{13}\mathrm{C}/^{12}\mathrm{C}_{standard}}\right) \times 1\,000$$

其中,sample 代表所测样品,standard 为国际通用的 VPDB(Vienna Pee Dee Belemnite)。

同样的方式可得 δ¹⁵N 的值,其所采用的国际标准为 AIR(Ambient lnhalable Reservoir)。

碳、氮同位素的仪器给定误差均小于 0.2‰。

碳、氮百分含量测试由元素分析仪(Elemental Analyzer vario EL Cube)完成。仪器给定误差一般不大于 0.1%。

测试结果由仪器自带的软件给出,具体分析中用到 Excel、SPSS Statistics 22 和 Origin 2018 等。成对数据之间的相关性以 R^2 的形式呈现,两组独立数据之间的差异利用 Mann-Whitney 检验,三组及以上的数据利用 Kruskal-Wallis 检验得出。图件的生成利用 Origin 2018、Adobe Illustrator CC 2018、Global Mapper 20、GeoMapApp 等完成。

第三节 同位素食谱重建国内外研究应用和拓展

全球范围内,骨骼碳、氮稳定同位素分析方法被广泛地应用于古代居民食谱的重建,并借此探寻除食谱之外的有关农作物的起源、生业模式、社会构成、男女分工等社会、生产问题,取得了显著的成效。此外,同位素食谱技术还被应用在法医鉴定中(e.g.

Benson et al.,2006)。因为同位素研究一方面体现技术,一方面严重依赖材料,因此在分类叙述其在国际、国内研究中的应用时,国际指主要针对国外的材料,国内指对于中国出土的考古材料的研究。且考虑到对于骨骼同位素数据的分析和解释往往还需要结合动植物考古、年代等多方面的配合,因此,在引用文献时尽量仅选择公开发表的数据,这一原则贯穿全书。

一、同位素食谱重建研究历史

第二次世界大战期间,因为战备需要,美国集结世界各地优秀的科学家,研发原子弹,启动曼哈顿计划(1942—1945)。芝加哥大学是该计划的重要实施单位,阿尔弗雷德·尼尔(Alfred Nier)设计出了第一台同位素质谱仪,用以检测自然界材料以及哈罗德·尤里(Harold Urey)进行核试验产生的废品中的 $^{13}C/^{12}C$。这次战争结束后,曾经在芝加哥大学 Urey 实验室做过博士后研究,之后在加州理工大学工作的著名地球化学家塞缪尔·爱泼斯坦(Samuel Epstein)意识到此前测试的自然界中的植物 $^{13}C/^{12}C$ 表现出的双峰模式正好匹配新认识的植物 C_3、C_4 光合作用模式,发现 C_3、C_4 不同光合作用类型植物的碳同位素有显著区别且无交集,C_3、C_4 作物各自适合不同的生境。之后,爱泼斯坦的一个博士后迈克尔·德尼罗(Michael DeNiro)进一步证实动物通过进食,可以在组织中记录其所食用植物的同位素组成,这一发现使得通过测试动物组织碳同位素,即可获知其摄入的植物性食物的光合作用途径,通过对比则可以追踪不同动物、人植物性食物来源的差异。进入 80 年代之后,更多的学者意识到了同位素的研究潜力,关注到不同植物类型的氮同位素有显著差异,以及氮同位素在不同生态系统中的差异。这一系列的发现奠定了后续广泛开展同位素食谱分析的理论基础。进入 90 年代之后,同位素食谱分析研究队伍壮大,关注到的地理范围大幅度扩张,应用领域增多。学者们开始不满足于简单的食谱重建,开始更多地讨论自然、生理过程对同位素分馏的影响。21世纪以来,随着研究的深入和数据的积累,研究者们进一步拓宽同位素分析可能的应用范围,思考如何提高研究的精度和深度。如开始采用非传统同位素探讨栖居地的不同、陆地海洋生态系统的同位素差异,分子层面揭示的食物来源等。

二、同位素食谱重建在国际上的应用

利用C_3、C_4植物原始的$\delta^{13}C$值差异,20世纪70年代,沃格尔(Vogel)和范德梅尔维(van der Merwe)率先利用人骨材料,提取其胶原蛋白,根据获取的$\delta^{13}C$值,得出来自南美洲的C_4植物——玉米被引进到原生植物类型以C_3植物为绝对优势的北美史前居民食谱中的过程(Vogel and van der Merwe, 1977; van der Merwe and Vogel, 1978),开启了利用骨骼同位素重建食谱的先河。在之后的几十年里,同位素食谱研究工作不断完善和壮大,已经发展成为一个成熟的研究领域(Schoeninger, 2014; Hu, 2018; Richards, 2020),同位素食谱研究的案例不断增多,研究遍及除南极洲之外的其他6大洲,然而具体到各地,应用的程度差异很大。

下文将根据地域,将过去的研究案例归类,具体分为欧洲、美洲、非洲、亚洲(除中国外)和大洋洲。由于自然环境、人类发展历史尤其是农业的进程等不同,各地的研究侧重点不同,对于不同时代人群的关注重点亦各有区分。

欧洲:根据关注的时段,欧洲的同位素食谱研究概括起来有讨论尼安德特人(Neandertal)食谱特征以及与现代人的差异、铁器时代以及之前的一段时间人群食谱的组成和改变、铁器时代直至中世纪时期食谱组成等。理查德等(Richards et al., 2000)利用骨骼同位素数据,判断克罗地亚的尼安德特人的营养级水平处在顶级肉食者地位,其食谱中几乎不见植物性食物,该团队(2008)对时代较晚的尼安德特人的食谱分析结论延续了以往的认识,认为该时期尼安德特人的主食仍然是大型的草食性动物,对比不同时期的尼安德特人食谱和早期现代人(Modern Human)食谱,认为从早到晚,尼安德特人的食物构成保持稳定,主要捕食大型草食性动物,使其保持顶级肉食者的地位,而早期现代人则不同,食谱中显示可能食用了淡水鱼类资源,揭示了从尼安德特人到现代人,食谱的变化以及反映的生业模式的改变(Richards et al.,2001,2008;Richards and Trinkaus,2009)。伯诚司等(Bocherens et al.,2014)根据人和动物群落广泛存在^{15}N富集,认为现代人之所以比尼安德特人显示更加多的肉食摄取,可能是环境干旱化的结果,而非早先认为的更加进步的猎食技术。理查德等人(Richards et al.,2003)对新石器时代英国居民的食谱研究发现,在距今5 000年前后,随着农业的引入,不论沿海居民还是内陆居民,均经历了食谱的巨大转型,从以海洋食物为主食变为以陆地植物为主食。胡雷和舒特科夫斯基(Huray and Schutkowski,2005)对采自捷克和奥地利不同时期的人骨进行同位素测试,结果显示不同阶层的人群拥有分异的食谱结构。杜瓦彻特等人(Dürrwächter et al.,2006)研究德国"线陶文化"(Linearbandkeramik,LBK)时代的墓葬,与预期结果不同,人群的同位素组成并未显示出分化的进食差异,表明该时代社会组织尚未发生分级。费舍尔等人(Fischer et al.,2007)研究了丹麦从中石器时代到新石器时代人群和动物骨骼同位素构成,提出在两个时期,沿海和内地的人和动物(狗)均或多或少地食用了海生资源,且可能存在季节性的沿海-内地迁徙行为。莫哈丹等人(Moghaddam et al.,2016)对晚期铁器时代瑞士的人骨同位素研究显示,性别差异导致对肉食资源的利用程度显著不同,表现为男性更容易获得比女性多的肉类食物,δ^{15}N值高于同一人群中的女性个体。沃特曼等人（Waterman et al.，2016）对采自葡萄牙西南部的 7 处墓地的人骨进行同位素测试，结果显示这些属于新石器时代或红铜时代的居民整体食谱一致，均以 C_3 类来源食物和海洋性食物为主，然而不同地点的各类食物比例稍有不同，此外还观察到可能与年龄相关的同位素分异。普莱维特等人（Privat et al.，2002）研究英国早期盎格鲁-撒克逊时代墓地居民可能与身份、地位有关的食谱差异，结果显示，根据墓葬规格、随葬品的富裕程度判定为贫穷、富有人群的，各自的同位素组成确实显示出一定的区别，得出其时贫富分化的社会现象。普劳斯等人（Prowse et al.，2005）利用大量人骨胶原质和羟基磷灰石的同位素数据，对比不同年龄组人群的食谱特征，得出罗马帝国时代，意大利成年男子的饮食构成随着年龄的增长表现出分异。另外，成年人的食物中可能有橄榄油和酒的摄入，而未成年人的食谱中则未检测出除陆地食物外的其他来源的食物信息。克杰斯特伦等人（Kjellström et al.，2009）对采自瑞典的三个中世纪时代墓葬人群的同位素测试结果显示，三地居民 $\delta^{13}C$ 值始终保持稳定，显示陆地 C_3 来源的食物居于主要地位的情况不变，然而社会地位高的有更高的 $\delta^{15}N$ 值，代表对肉食资源更多的获取，此外还发现男性食谱的广度高于女性。盖德等（Guede et al.，2017）同样选择了西班牙东北部中世纪时期的墓地 Tauste，由于 Tauste 是一处穆斯林墓地，因此无任何随葬品，研究者对墓地中出土的人骨进行了碳、氮、氧、锶同位素分析，认为该墓地人群整体以本地来源为主，有少量外来人口，且迁居模式并不统一，有些属于归还人员，其他属于外来人员，食谱信息则表明这一人群主要依赖当地的淡水资源。英国南部巨石阵附近的遗址中发现了非常多的动物骨骼，猪骨的数量尤其引人注目，而巨石阵被认为是 4 000 年前一处重要的宗教集会场所，为了厘清这些猪骨的来源并且确认巨石阵的功能,马德威克等(Madgwick et al.,2019)对这些遗址出土的猪骨进行了同位素分析,包括碳、氮、氧、锶,结果显示,这些猪的来源非常广泛,猜测当时的人群从岛上各地赶着自己的猪前来巨石阵所在地区参加集会。目前已经基本确认粟、黍从起源地中国北方西传至欧洲的时间在距今 4 000 年左右(Motuzaite Matuzeviciute et al.,2013),为了确认粟、黍何时进入生活在欧洲的人群的食谱中,以及其重要程度,波什盖兹尼等(Pospieszny et al.,2021)系统地采集了东欧波兰和乌克兰的 33 个青铜时代遗址出土的 100 例人骨,对其进行碳、氮稳定同位素分析,并对每一个个体都进行了测年。结果显示,明确的粟、黍食用迹象出现在距今 3 500 年以来,且似乎仅有生活在海拔相对较高的地方的人群才会显示出对粟、黍的青睐,与人骨碳同位素中出现 C_4 信号不同,动物骨骼中不见明显的 C_4 信号,表明人群是直接食用了粟、黍本身,这一结果正好与最近利用黍直接进行 AMS ^{14}C 测年所得结果一致(Filipovi et al.,2020)。

美洲:美洲同位素食谱的关注重点更多地体现在玉米在各地的出现时间以及重要性的变化上。施瓦茨等人(Schwarcz et al.,1985)研究认为,在公元 400 年至公元 1650 年期间,玉米在安大略省土著居民的食谱中所占比例是不断变化的,至公元 1400 年前后达到顶峰,约占食谱总量的 50%。怀特和施瓦茨(White and Schwarcz,1993)的研究表明,玉米在不同时期玛雅居民食谱中的重要性不断变化。此外,不同年龄、性别以及地位的人群对玉米的食用也表现出一定的差异。卡森伯格等人(Katzenberg et al.,1993)对位于北美洲东北部的一个主要种植玉米的部落进行人骨同位素测试,结果显示,不同年龄组的人群在同位素构成上有差异,主要表现在儿童和成年人之间的区别。舒尔和舒宁戈(Schurr and Schoeninger,1995)对俄亥俄峡谷古代居民的食谱研究结果和社会复杂化程度作对比,发现社会越复杂,对应农业越繁荣,表现为玉米的食用程度越高。安布罗斯等人（Ambrose et al.，2003）研究美国 Cahokia 遗址出土的多个人骨样品，与考古学及病理学等相关认识结合，得出该遗址人群有明显的等级差异的结论，与此相关地显示出食谱在不同等级、地位人群中的区别。哈里森和卡森伯格（Harrison and Katzenberg，2003）利用骨骼胶原质和羟基磷灰石 $\delta^{13}C$ 的数据对比分析，发现在南安大略，玉米与当地的 C_3 植物同为居民的食物选择，且玉米的出现时间可能比先前认为的早一些，而在圣尼古拉斯岛，当地居民始终未选择玉米作为食物。芬努卡内等人（Finucane et al.，2006）根据秘鲁公元 1 千纪后期羊驼和美洲驼骨骼 $\delta^{13}C$ 值的变化，认为当时人对这些动物有不同的饲喂方式，而施巴克等（Szpak et al.，2014）则专注于美洲驼，系统的同位素分析表明他们长期处在小规模粗放式管理的模式下。顿等（Tung et al.，2020）选择了秘鲁北部沿海地区两个时代相当的人群，对他们的牙釉质和牙本质进行了同位素分析，配合牙齿微痕分析，共同探讨他们的饮食结构。研究显示，尽管两个人群生活的空间相距仅几百米，但是他们的食物结构却有天壤之别，其中一个人群主要以海产品为食，当然也摄入少量的陆生资源，而另一个人群却主要以玉米为主食，饮食习惯的不同可能免去了他们之间因资源争夺而产生竞争，促进了两个人群的和谐共处。

非洲：伊卡明等（Iacumin et al.，1996）采集尼罗河中游埃及南部史前不同时段的人骨，骨胶原同位素揭示了人群食物中既有 C_3 类植物又有陆地动物和淡水鱼类，并且不同社会等级的人在同位素水平上不存在明显的差异。汤普森等（Thompson et al.，2005）采集埃及境内尼罗河谷地不同时段人骨和动物骨骼，分析显示该人群骨骼 $\delta^{15}N$ 值异常高，指示食用了大量 C_3 类的动物性食物，超出了所检测的动物群落能提供的 $\delta^{15}N$ 值，猜测可能食用了其他高 $\delta^{15}N$ 值的食物资源，可能是鱼类。之后对尼罗河上游肯尼亚境内的两个史前遗址人骨和动物骨骼分析显示，人群食用了部分 C_4 类食物来源。尤其值得注意的是，根据人群 $\delta^{13}C$ 值分布高度分散，研究者认为这指示了人群的来源多样（Thompson et al.，2008）。特纳等人（Turner et al.，2007）专注未成年人中不同年龄阶段的食谱变化信息，得出中世纪时期苏丹人保有断奶习俗的结论，以及在接下来的几年甚至十几年的食物构成显示，随着年龄的增长，未成年人倾向于越来越多地食用 $\delta^{15}N$ 值和 $\delta^{13}C$ 均偏负的蛋白质资源。肯利赛德等人（Keenleyside et al.，2009）采集突尼斯沿海 Leptiminus 四个罗马帝国控制下的殖民地人骨，同位素研究显示这一地区的人群主要食物来源为陆地动植物，海产品也有显著的摄入，同时观察到人群不同年龄组同位素有显著差异。

亚洲：伯诚司等（Bocherens et al.，2006）报道土库曼斯坦南部考古遗址中出土人和动物的同位素组成，结果显示植物性食物在人的食谱中占很大比例，此外，人还摄入了啮齿类动物和一些奶制品，总体来看，动物性食物仅作为补充性食物来源。卡森伯格等（Katzenberg et al.，2009）采集贝加尔湖东岸青铜时代的人骨进行测试，显示狩猎和渔猎为该人群的主要生计，高的 $\delta^{15}N$ 指示该人群很可能捕食了湖内的海豹，将同位素组成与葬俗结合发现不同葬俗的人拥有不同的同位素组成。蔡等（Choy et al.，2010，2015）对韩国多个地点，分属于不同时代的遗址进行同位素分析，整体显示食物来源中 C_3 类食物占主导地位，人群内部的同位素差异可能源于社会地位的不同。米田等（Yoneda et al.，2002，2004）对绳文时代早期人群的骨骼同位素分析显示其食谱中含有大量的鱼类资源。库萨卡等（Kusaka et al.，2010）报道了日本绳文时代中期至晚期中南部滨海人群的同位素组成，结果显示人群的食物来源既有海产品又有陆生的 C_3 类食物，不同遗址点人群的同位素组成显著不同，可能指示食物来源的不同，同时还观察到男女分工带来的同位素组成差异。堀内等（Horiuchi et al., 2015）对绳文时代末期北部沿海遗址出土陶器残留物的同位素分析也显示这些容器烹煮了大量的海产品，此外也有一些陆生资源，这一结果显示该遗址居民的食谱与南部的居民相近。米田等（Yoneda et al., 2019）对日本中部地区多个遗址出土的陶器的残留物进行了同位素分析，结果亦是如此。斯维亚特科等（Svyatko et al., 2013）和墨菲等（Murphy et al., 2013）系统地采集了南西伯利亚米努辛斯克盆地多个遗址的人骨和动物骨骼，文化属性上从阿凡那谢沃、奥库涅夫、安德罗诺沃、拉卡苏克一直延续至塔加尔及图瓦的"乌尤克"（Uyuk）文化。通过骨骼同位素数据判断，在这2 000多年里，这一区域的人群一直保持比较高的蛋白摄入水平，尤其需要注意的是淡水鱼可能一直是比较重要的食物来源之一，而人群对C_4来源食物的稳定摄入可能始于青铜时代卡拉苏克文化时期（距今约3 500年），且这种习惯一直延续至早期铁器时代。这一发现表明至少在青铜时代，粟、黍已经抵达了米努辛斯克盆地。温特斯加·米勒等人（Ventresca Mille et al., 2014, 2017b）选择位于哈萨克斯坦北部的两处分属于青铜时代中-晚期的遗址，利用骨骼同位素数据证明，该地区在青铜时代并未发生如以往的认识一样的从半定居农业向游牧的生业模式的转变，而是前后基本保持一致，碳同位素显示这一人群食谱中几乎不见C_4来源的食物，在这一区域更早一些时代的人群中，同样未见C_4类食物进入人群食谱中（Motuzaite-Matuzeviciute et al., 2016）。莱特福特等（Lightfoot et al., 2015）对哈萨克斯坦中部地区多个青铜时代遗址出土人和动物骨骼的研究表明，尽管这些时代相近的人群均被笼统地认为是畜牧经济人群，但他们的食谱依然表现出明显的差异，倡议在今后的研究中给予畜牧人群更多的关注，至于粟、黍类食物，至少在青铜时代尚未进入该地区人群的食谱中。莫图扎特-马图泽维丘特等人（Motuzaite-

Matuzeviciute et al., 2015)采集哈萨克斯坦全境 25 个青铜时代至突厥时代遗址的人骨和动物骨骼,同位素结果显示粟、黍自始至终未被北部人群食用,而南部地区居民从青铜时代起即已开始消耗粟、黍,至铁器时代以后变得普遍。阿纳耶夫斯卡亚等(Ananyevskaya et al., 2018)进一步充实数据,证实了青铜时代晚期至早期铁器时代人群对粟、黍类产品的广泛摄入。斯维亚特科等(Svyatko et al., 2015, 2017)、莫图扎特-马图泽维丘特等(Motuzaite-Matuzeviciute et al., 2016)对哈萨克斯坦东北部和西伯利亚西南部地区新时代晚期至青铜时代多个遗址出土人骨和动物骨骼的研究显示,随着畜牧化的到来,人群的食物结构表现出了一定程度的改变,主要是因为其食物来源——草食性动物食谱的转变,但始终未见粟、黍类食物进入人群的食谱中。值得注意的是在上述亚洲内陆各地区、各时代的人群中,研究者均留意到淡水鱼的广泛摄入。相对于哈萨克斯坦及其周边地区,蒙古国的相关研究较少,但近几年也有一些数据产出。根据现有研究结果,粟、黍类产品最早出现在蒙古国中部和南部区域人群食谱中的时代应该在早期铁器时代(Fenner et al., 2014),而至北部地区,则可能要晚至匈奴时期(Fenner et al., 2014; Makarewicz, 2014)。

大洋洲:瓦伦丁等(Valentin et al., 2006)采集斐济近代人骨,同位素分析显示性别不影响同位素组成,人群食物来源包括陆生 C_3 植物和海产品,同位素异常值的出现可能指示人群社会结构分层的产生。菲尔德等(Field et al., 2009)对斐济不同时期的人骨和猪骨采样,同位素分析显示随着时间的推移,人对海洋资源的依赖逐渐转向对陆地资源的依赖,而距今 1 500 年是一个显著的时间节点。琼斯和奎因(Jones and Quinn, 2009)分析斐济史前人群和动物群落骨骼,认为人群早期更多的依赖陆生食物来源,而晚期较多地开发近海食物。与此同时,人群还食用了诸如芋头一类的本地起源的农作物。

三、同位素食谱重建在中国的应用

蔡莲珍、仇士华两位前辈率先将骨骼同位素食谱重建的方法引入国内(蔡莲珍和仇士华,1984),测定了当时发掘过的几个重要遗址的人骨碳同位素数据,肯定了同位素用于食谱重建的可靠性。然而之后的很长一段时间,都没有新的数据产生,稳定同位素重建食谱陷入了停滞阶段。后来,张雪莲将方法应用于新获得的一批材料中,并开始尝试测试骨骼的 $\delta^{15}N$ 值,遗憾的是囿于当时落后的设备和严重的人手不足,新方法的应用依然进展缓慢,然而正是在这些有益的尝试下,建立了中国史前时期食谱"南稻北粟"的基本格局(张雪莲等,2003),与目前植物考古的诸多发现不谋而合(赵志军,2014)。仅仅是明确中国史前农业发展的南北格局显然不能够满足学科发展的需要,更不能满足日益精进的考古学研究需要。在最近的20年里,多个研究团队从同位素的基本理论、与之相关的应用、研究中应该注意的问题、骨胶原提取方法的改进等方面,不断地充实和完善同位素食谱分析在中国的应用。

由于中国古代很长一段时间内,在麦类作物传入以前,即大约4 000年前,北方居民以粟、黍为主要粮食来源,南方居民多食水稻。如前所述,稳定同位素分析的一个显著优势在于分辨食物中 C_3、C_4 作物各自的大致比例,即理论上来说,北方居民 $\delta^{13}C$ 值应偏正,显示 C_4 植物主导的植物性食物来源,南方居民 $\delta^{13}C$ 值应偏负,显示 C_3 植物即水稻为其主要的食物来源,当然,应用中还应该注意是否有非陆地来源的食物成分的加入。骨骼同位素食谱分析对骨样的保存状况有较高的要求,南方雨水充沛,土壤多为酸性,非常不利于骨骼的保存,极大地限制了骨骼稳定同位素研究的开展,目前更多的研究来自北方地区,南方的相关工作相对零散不成体系。由于本书研究的时段大约在距今 2 000 年,而内地在距今 2 000 年以后史书资料丰富,一定程度上减少了同位素食谱重建的必要性,因此本书主要关注北方汉代以前遗址的同位素食谱重建工作,并将中国的北方划分为六个区域,分别为东北、内蒙古、海岱、中原、甘青(包括河西走廊)和新疆(在第三章第一节中展开),择重要工作简要介绍如下。

对东北地区汉代及以前时段骨骼同位素分析较少,有:董豫等(2007)对辽宁三燕文化喇嘛洞出土的人骨进行了同位素分析,认为这一时期中原汉文化中强势的粟黍农业因素已经明显抵达了东北。张全超等(2008)对林西井沟子东周时期人骨的同位素分析表明,这一人群植物性食物主要来源于 C_4,偏高的氮同位素值表明其动物蛋白摄入较多,结合墓葬中陪葬的动物骨骼数量较多且种类丰富,研究者认为该人群的生业经济以畜牧业为主,渔猎为辅,同一区域(大山前遗址)稍早时段(夏家店上层)的生业经济也基本如此,同样体现了畜牧业经济在人群生活中的重要性(张全超等,2015)。张全超等(2012c)采集双塔一期出土的猪骨和狗骨测试其同位素组成,认为此时段即距今约 1 万年前后猪尚未被驯化,而狗已经被驯化。刘歆益等(Liu et al.,2012)对赤峰周边的早期遗址进行全面采样并分析同位素组成,得出早在距今 7 000 多年,粟、黍即已成为该地区居民食谱中的重要组成部分的结论,分析还显示直到青铜时代,粟、黍在猪的食谱中才表现出明显的重要性,即粟、黍的食用在人和猪群体中并不同步进行。张雪莲等(2017)分析了敖汉旗兴隆沟遗址兴隆洼文化时期的人骨和夏家店下层文化时期的动物骨骼,数据结果显示早在距今约 8 000 年的兴隆洼文化人群食谱中粟、黍已经占了相当的比例,除了粟黍农业和家猪饲养外,该人群可能还通过狩猎、采集补充所需。张全超等(2018b)对营口贝壳墓出土的汉代人骨和动物骨骼的同位素研究表明,这一时期人群植物性食物主要来源于C_4植物,也摄入了少量的C_3植物,氮同位素值偏高且变化明显,结合墓地中有大量的海洋元素,认为人群食物中应该有比较多的海产品。

内蒙古地区史前遗址的同位素研究相对较少,有:张全超等(2006)对新店子东周时期墓地出土的人骨进行同位素分析,结果显示该人群食谱中可能包含了大量的肉类资源,结合墓地出土的其他材料,认为新店子东周时代人群以畜牧经济为主。张全超等(2010b)对新石器时代庙子沟遗址出土人骨进行食谱分析,结果显示该遗址居民植物性食物来源主要是C_4类植物,且食用了大量的动物性食物,并进一步推断当时主要的经济活动包括农业、狩猎、采集和少量渔猎。该团队还对察右前旗呼和乌素汉墓出土的人骨进行同位素分析,显示人群主要以粟、黍为食,蛋白摄入非常有限,表明其经济类型以粟黍农业为主(张全超等,2012a),而同一时期纳林套海汉墓人骨却有比较高的氮同位素值,显示其食谱中包含了大量的肉类资源(张全超等,2012b)。张昕煜等(2018)分析了内蒙古南部战国晚期大堡山墓地出土的人骨材料,研究认为这一时期中原农耕文化对内蒙古南部区域产生了比较大的影响,骨骼同位素表明这一人群兼营农牧,其中农业为粟作农业。近期侯亮亮等(Hou et al.,2021)在鄂尔多斯福路塔墓地进行的人和动物骨骼同位素分析的工作进一步证实,在秦汉之交,内蒙古南部地区的人群可能在中原文化的强势冲击下,生业模式显现出以农耕为主的特征。

海岱地区的同位素研究数据较多,齐乌云等(2004)率先对这一地区出土的人骨进行了食性分析的尝试,同时采用了碳、氮稳定同位素分析和元素分析,但是因为样本量偏少且选择了不同时代的样本,因此用现在的眼光来看仅是一次有益的尝试,随后研究者又补充进行了遗址调查、动植物遗存浮选和鉴定、植物微体化石鉴定等工作,认为大汶口时期已经有了社会分层,在食物摄取方面表现为富有者食谱中包含了更多的水稻,而下层人群更多的食用了粟(齐乌云等,2006)。胡耀武等(2005)对西公桥大汶口文化时期的人骨进行采样、测试,认为当时居民食谱结构中同时有粟、稻的加入,并且个体之间变化明显,由于样本量和保存情况的限制,未能得到更加肯定、明确的结论;该团队又对后李文化时期的两个遗址——小荆山和月庄分别采集人骨和动物骨骼进行稳定同位素分析,显示约8 000年前,粟、黍在人的食谱中仅占比较小的部分,直到距今7 000年前后,粟、黍的重要性才逐渐突出(Hu et al.,2008)。莱恩哈特等(Lanehart et al.,2011)对两城镇出土的人骨和动物骨骼采样,根据羟基磷灰石和骨胶原的同位素数据判断,至龙山时代,粟已不再是当地居民的主食,取而代之的是水稻的大量食用,以及对海产品的倚重。张雪莲等(2012)选取了滕州前掌大商代时期墓葬出土的人骨进行了同位素分析,数据显示该人群植物性食物以粟、黍为主,兼有少量C_3来源的食物,但是无法分辨是来自水稻还是小麦,人群氮同位素值普遍偏高,表明有比较多的肉类蛋白摄入,甚至可能有部分个体日常食物中包含鱼,对墓主人和殉人的比较发现,殉人的食物中包含了更多C_4来源的食物,且蛋白摄入明显低于墓主人。王芬等(2012,2013)对北阡大汶口文化时期的人骨和动物骨骼采样,分析认为,在这一时段,人的食谱中粟、黍占很大比例,与此形成鲜明对比的是同时期的猪骨同位素显示食谱中植物性食物来源主要为C_3植物,根据同位素结果,结合遗址周边环境,研究判断先民经济活动除农耕、驯养、渔猎外,还有少量狩猎活动。董豫等(Dong et al.,2019)对江苏北部大汶口文化晚期梁王城墓地出土的人和动物骨骼进行了同位素分析,注意到这一时期女性个体,尤其是年长的女性个体可能在社会中有较高地位,同位素和DNA分析结果显示相似的情况还出现在广饶大汶口文化晚期傅家遗址中(董豫和栾丰实,2017),推测在当时的社会关系中,血缘起到了更重要的作用。陈松涛等(Chen et al.,2019)对泰安附近多个大汶口时期的遗址进行了综合研究,同位素结果显示整体而言他们的食物中包含了比较大量的 C_4 来源食物,并且随着时间的推移,C_4 来源食物在食谱中的比例有微弱的上升趋势。董豫等(Dong et al.,2021)进一步增加样本量,发现在大汶口时期,先民的食物结构不仅仅在不同遗址间表现出明显的差异,甚至在同一人群内部也有显著差异。除此之外,似乎还显示出一定的历时性变化,认为社会和环境背景同时影响先民的食物选择。总体而言,海岱地区环境宜粟、宜稻、宜渔猎。正因如此,这一地区古代居民的食谱也显示出丰富的食物来源和与之相对的多样的生产方式。

中原地区在史前时段即呈现文化兴盛的状态,同位素工作开展也较为丰富。佩琴基纳等(Pechenkina et al.,2005)对关中东部 4 个仰韶-客省庄二期遗存出土人骨和动物骨骼进行分析,整体显示出对 C_4 植物的很大程度的依赖,而且从同位素数据来看,猪比人更多地摄入了 C_4 植物即粟、黍的产物,研究得出,种植农业与家畜饲养有密切的关系;胡耀武等(Hu et al.,2006)对贾湖遗址出土的人骨骨胶原和羟基磷灰石进行测试,显示不同的粟黍食用状况,其中骨胶原的结果显示该时期即距今 8 000 年前后贾湖居民的植物性食物来源以 C_3 植物为主,而羟基磷灰石的同位素测试结果则显示一定量的粟、黍摄入,推测当时粟、黍在食物中的比例仅占很小的部分,由于骨胶原主要记录食谱中蛋白质的构成,而粟、黍等植物类食物主要为碳水化合物,因此,少量摄入粟、黍很难在骨胶原同位素中被检出。此外,该团队还对这批骨骼样品进行了元素分析,揭示出贾湖遗址先民不同阶段生计形态的变化,指出某些个体可能是新近迁入贾湖的外来者(胡耀武等,2005),而基于锶同位素的分析结果进一步明确了上述推论,指出贾湖遗址有较大比例的人群非本地来源(尹若春等,2008)。付巧妹等(2010)对沟湾遗址不同时期的人骨采样进行分析,指出中原处在南北交流频繁地带的人群的农业发展水平不同,对粟、稻各自倚重程度也不同。裴德明等(2008)研究了山西内阳垣春秋时期的人骨,数据显示尽管其文化上属于中原农耕文化,但因为与当时的戎狄文化区域接壤,因此在食谱上明显地受到戎狄畜牧经济的影响。巴顿等(Barton et al.,2009)对大地湾遗址从早到晚不同阶段人骨、动物骨骼的系统采样分析,认为尽管在距今 7 200 年以前黍已成为当地居民的食物组成,并有证据显示曾被用来饲喂狗,然而真正强化的粟黍农业直至距今 5 900 年之后才变得显著。潘建才等(2009)采集河南固岸南北朝时期墓地出土的人骨和牙齿进行对比,发现这一时期人群食物中包含了大量的肉类资源,成长过程中食物构成变化不大。张雪莲等(2010)为了获得比较明确的先民肉食资源的同位素基线,选取中原地区仰韶文化时期的西山、鱼化寨和西坡遗址出土的人骨,还选取了该区域内龙山文化时期古城寨和瓦店遗址出土的动物骨骼进行古食谱重建,数据结果显示仰韶时期中原地区的粟黍农业已经非常发达,人骨碳同位素数据表明人群的主要食物来源于粟、黍以及以粟、黍为食的动物。凌雪等(2010a、c,2019)对关中地区出土的战国时期秦国多个墓地(孙家南头、建河、关中监狱)出土人骨的系列研究显示,这一时期关中地区居民饮食结构显现出的生计形态应为粟黍农业为主,辅以畜牧活动,这与我们对秦国早期阶段生活方式的认识是一致的,甚至不仅仅是关中地区,甘肃中东部地区(毛家坪)的秦人也显示出类似的生计形态特征(王奕舒等,2019),而稍早的西周晚期梁带村芮国贵族墓葬人骨同位素数据则显示出更大比例的肉食摄入,可能指示畜牧业经济的比重稍重(凌雪等,2017)。凌雪等(2010)对山西清凉寺遗址出土的人骨的研究显示,从仰韶文化时期到龙山文化时期,居民食谱中主要的植物性食物来源均为粟、黍,但是到了龙山文化时期,动物蛋白的摄入量有增多的趋势,可能意味着随着农业生产的稳定增长,家畜饲养持续发展提供了更多的肉量。此外,墓葬形制显示仰韶时期中原地区已经产生社会等级分化,而这种差异在食谱中也有所反映(Zhang et al.,2011)。郭怡等(2011a)对关中仰韶时期姜寨遗址出土的人骨进行稳定同位素分析,并与已经发表的周边同时期各遗址的食谱结构进行对比,认为在整体均为粟黍农业环境下,小环境的不同可能导致了各遗址居民食性表现出微妙的差异。侯亮亮等(2012)对申明铺遗址战国至两汉时期出土的人骨和动物骨骼样品进行同位素分析,结果显示人群食物中 C_3 作物的比例有显著升高,可能是麦类作物的重要性逐渐强化。侯亮亮等(Hou et al.,2013)分析先商文化刘庄墓地不同葬俗人群的同位素组成,结果显示尽管各自可能代表不同的文化来源,食谱中却未见明显的区别,均是以粟黍农业为主要生计的定居人口。一般认为阶级差异会导致食物获取的难度不同,在同位素组成上会有所区分(张国文,2015),然而王洋等(2014)对山西聂店夏代平民的大量同位素分析数据却显示,尽管他们在考古学意义上地位相近,普遍缺乏大量的陪葬品,墓葬规格相近,应该都属于平民,但是食物构成方面依然表现出比较明显的差异,由此可见,同位素表达出的人群食物差异不一定指示其地位的阶级差异,也有可能只是饮食习惯或偏好不同。胡耀武等(Hu et al.,2014)基于骨骼形态学判定和同位素证据,认定猫在距今 5 000 年的泉护村即已与人形成伴随关系,帮助抵御粮仓鼠害的发生。张·克里斯汀等(Cheung et al.,2017a)利用骨骼同位素数据,结合墓葬的规格等信息,揭示同位素可能能够反映社会构成的不同,比如殷墟新安庄人骨的食谱研究表明,男性的 $\delta^{15}N$ 值显著高于同一人群的女性个体,可能反映了性别带来的分工不同,硫同位素能够揭示来源的异同,对新安庄出土的墓主人以及殉人的硫同位素分析显示部分殉人可能并非本地人,但是死前在本地生活了一段时间(Cheung et al.,2017c)。为了进一步明确这些殉人可能的来源,该团队选取了同时期多个遗址(殷墟、周原、石鼓山、占旗、莲花台和下海石)的人骨进行碳、氮、硫同位素分析,数据证实殷墟称得上当时的政治中心,其殉人可能来自很多受控于商王朝的方国(Cheung et al.,2017b)。陈相龙等(Chen et al.,2016a)对龙山文化晚期瓦店遗址人骨和动物骨骼的测试发现,从食物组成看,人群分为两组,其中一组以粟、黍为食,较少摄入肉类蛋白;而另一组显示粟-稻混合的食物信息,并且摄入了一部分牛羊等提供的肉类资源,显示了龙山晚期文化复杂性带来的食谱结构多样性,该遗址龙山晚期地层出土的动物和人的锶同位素组成同样支持上述人群有多种来源的推论(赵春燕等,2012a;赵春燕和方燕明,2014)。紧接着,该团队又分析了瓦店王湾三期的人骨和动物骨骼,通过碳、氮稳定同位素揭示了先民对于不同的家畜采用了差异化的饲喂策略,表现为猪和狗食用了与人相似的食物,即粟、黍为主,水稻为辅的食物组合。牛的食谱中也有少量C_4作物的贡献,但羊则表现出完全的放养模式。上述食物结构的差异反映了瓦店新石器晚期居民具有多样的生存策略,而复杂的生计选择可能促进了复杂社会的产生(陈相龙等,2017)。李伟等(Li et al.,2021)对比了龙山时期瓦店和郝家台两个相邻遗址动物和人骨骼同位素反映的生计模式,进一步明确了龙山时期中原地区先民多种生计模式共存的复杂态势。陈相龙等(Chen et al.,2015,2017)对陕北木柱柱梁和神圪垯梁遗址出土的人和动物骨骼进行同位素分析,认为距今4 000年前后陕北当地的生业经济仍然以粟黍农业为主,畜牧经济尽管存在,但比重不突出。陈相龙等(2016b)对渭河流域几个遗址出土的人和动物骨骼进行了稳定同位素分析,观察到从距今6 000多年到距今约4 000年,渭河流域先民食谱中粟、黍的比重有上升的趋势,且这种增多的趋势甚至也反映在家养动物的食谱中。马颖等(Ma et al.,2016c)通过大量样本的同位素分析,考察了河北南部先商居民的饮食结构,结果表明,这一时期的人群主体食物结构为C_4来源的食物,但是也发现个别个体体现了明显的C_3-C_4混合信号。马颖等(Ma et al.,2016b)对埋葬在秦始皇陵周边的两个地点的人群进行同位素分析,结果显示被认为是秦陵本地工匠的人群食物结构以C_4类食物为主,而另一个群葬地点人群被认为是修陵的俘虏,他们的食物中有明显的C_3信号,且动物蛋白摄入较少,从同位素组成的角度证实之前两种来源人群的猜测。舒涛等(2016)分析了豫西晓坞遗址两个仰韶时期的群葬墓中出土的大量人骨,结果显示人群食物中C_4来源的食物占了比较大的比重,但是也有少量C_3信号,综合分析可能来自采集和渔猎。此外,还观察到两性食物结构可能有微弱的差别。郭怡等(2016a,2017b)通过对关中北刘遗址出土的人骨的同位素分析,结合周边地区已有的研究结果,认为从仰韶文化早期至晚期,粟作农业在关中地区整体呈现强化趋势,但也有衰落的阶段,可能与气候变化有关。针对同一个地区的骨骼同位素食谱重建结果,屈亚婷等(2018)也有相似的认识。周立刚(2017)通过对河南5个龙山文化时期遗址(贾庄、煤山、郝家台、平粮台和下寨)出土人骨的分析,发现这一时期存在两种不同的饮食习惯,一种是延续了本地以往的以粟、黍为主食的习惯,另一种是以水稻为主食的习惯,且在同一个遗址中有两种饮食习惯共存的现象,对比发现两者共存时,以水稻为食的人群地位高于以粟、黍为食的人群,这一发现揭示了龙山时期南北方文化的交流和博弈。张雪莲等(2017b)对比了殷墟M54墓主人和殉人之间的同位素食谱差异,研究结果表明墓主人食物中包含了

更多 C_3 来源的食物,可能体现了更为丰富的食物种类。此外,氮同位素值也证实该个体相对于殉人食物中摄入了更大量的肉类资源。对殷墟出土的马进行锶同位素分析,同样显示作为一个大都城,殷墟的殉马可能有非常多样的来源(赵春燕等,2015)。董豫等(Dong et al.,2017)分析中原地区东周时期居民的饮食构成,发现麦类作物在人群食谱中的出现恰好与女性社会地位下降处于同时期,表现为女性较男性食物中麦类成分更多而动物性蛋白更少,结合体质人类学的证据,女性面临更大的生存压力,认为不同于以往仰韶文化时期男女相对平等,东周时期女性在食物获取方向明显居于劣势。孙蕾等(2017)对河南两周时期的天利墓地的人骨同位素结合牙齿磨耗研究虽然也发现两性之间有比较大的差别,且男性食物中包含了更多的肉食,但是不同之处在于后者的研究认为男性居民的生存压力比女性大。通过追踪对比中原地区东周至东汉结束近1 000年间人群食物构成的特点和时间上的变化情况,周立刚等(Zhou et al.,2017,2019)发现东周时期人群动物性蛋白的摄入量普遍较低,且仅有少部分贫困的人群食物中显示有麦类,至东汉时期,人群的食物结构发生了显著的改变,尽管社会各阶层的人均开始食用麦类,然而底层依然是主要消费者,显示了麦类一开始并不受大众欢迎,仅在食物危机时才会被选择,更多的人骨同位素数据显示,甚至可能不只是东周时期和中原地区,更早一些时段接触麦类作物的中国西北地区先民对麦类可能也有过比较长时段的观望(田成方和周立刚,2020)。而对河南宋庄东周时期墓主人和殉人所代表的不同阶层人群的对比分析更加显示墓主人的植物性食物主要来自粟、黍,食物中肉类占比较大的比重,而殉人则不同程度地摄入了小麦,且相比较而言肉食摄入比例较低,与普通市民阶层的饮食构成类似,推测这些殉人生前长期陪伴贵族阶层生活在城市(周立刚等,2021)。在宋庄之外进一步增加观察的样本,对比城阳城、辛庄以及兴弘贵族墓葬的人骨和兴弘、陈家沟平民墓葬的个体,发现东周时期河南楚国贵族主粮来自水稻,而中原贵族则是粟(周立刚,2020)。至于这一时期的动物饲养方案,研究表明中原地区东周时期的农人在饲喂猪和狗的时候比较随意,表现为这些杂食性动物的同位素食谱构成表现出比较大的变化。而对于牛,东周时期的先民继承了青铜时代以来的饲喂模式,同位素数据显示牛的食物来源主要是 C_4,应该是大量地食用了粟、黍的秸秆,但是相对于青铜时代而言,还是能观察到一定的变化,表现为氮同位素值整体升高,可能与东周时期的农田管理中更注重施肥有关(Zhou et al.,2018)。刘晓迪等(2017)对河北北部姜家梁遗址出土的人骨进行了分析,旨在通过同位素食谱重建探究这一区域小河沿时期粟黍农业活动是否较早些时段的红山文化时期衰落,然而结果并不支持先前的认识,同位素数据显示小河沿时期先民的食物结构中 C_4 来源的食物依然占有很大的比重,显示出粟黍农业的强盛。唐淼等(2018)分析了晋中小南庄东周墓地出土的人骨,认为这一时期存在两种人群,一种从事该地区传统的粟、黍种植业,另一部分则可能以畜牧业为主,并且摄入了少量的小麦。陈相龙等(2019)对洛阳盆地中沟和王圪垱两个遗址出土的人和动物骨骼进行了同位素分析,认为在新石器时代晚期至青铜时代早期社会发生剧变,不同人群间食谱的差异可能体现了其社会地位的不同,证实了这一时期分层社会已经出现。侯亮亮等(2020)利用同位素分析手段,结合植硅石证据,探讨了距今约4 000年山西辛章遗址人群的食物结构,结果显示这一时期人群主要从事粟、黍种植,兼有猪、牛、羊等家养动物饲喂,未见小麦进入该人群食谱的证据。胡耀武等(2020)选取关中庙底沟时期兴乐坊遗址出土的人和动物的骨骼进行同位素食谱分析,数据结果显示当时的人群植物性食物主要来自 C_4,尽管遗址中也发现不少野生动物的骨骼,但是先民的主要肉食来源依然是家猪,根据其中一例梅花鹿骨骼碳同位素表现出偏正的信号,研究者认为当时的人群可能在尝试驯化鹿科动物。杨凡等(2020)系统地分析了河南西金城龙山时代、汉代以及唐宋时期的人和动物骨骼,同位素数据显示龙山时期居民的植物性食物主要来自粟、黍,可能有少量的水稻,伴人动物——猪和狗具有与人相似的食物构成。至汉代,随着小麦种植在本地区的广泛推行,家畜的食谱中也加入了更多的C_3来源食物,至唐宋时期,虽然小麦的种植更加广泛,但是家畜的食谱中并未表现出相应的C_3来源食物增多的趋势。张国文等(Zhang et al.,2020b)对河南南洼遗址二里头、殷墟以及东周时期的人骨的同位素分析补充了上述龙山至汉代的研究,结果显示从二里头至东周,虽然居民植物性食物主要来源于C_4食物,但C_3来源的食物有增多的趋势,显示越到晚期,作物的种类越多,与上述认识(杨凡等,2020)基本一致,陶大卫等(Tao et al.,2020)在老道井墓地的工作进一步证实,东周时期可能是小麦大规模进入中原人群食谱的重要时期。无独有偶,李昕等(Li et al.,2020b)在山西南部新安庄遗址的同位素食谱工作同样发现了这个重要的转折时期,并且认为这样的变化是人群对环境恶化、生存压力增大的适应。郑州小双桥遗址是一处商代中期的城址,可能是文献中出现的都城"傲"。王宁等(Wang et al.,2017,2020)利用碳、氮、氢稳定同位素分析手段,测试了该城址中出土的人和动物骨骼,发现这些人群可能有不同的来源,体现为食谱构成差异明显,一些出现在特殊遗迹中的个体,如地层或灰坑,可能非商王朝臣民,而是被俘虏的东夷人。另外,通过对小双桥遗址的研究,证实了氢同位素在食性分析、溯源方面的应用潜力。王宁等(2021)以郑州晚商时期高等级墓葬中出土的人骨和殉葬狗为研究对象,利用同位素食谱分析的办法揭示出这一墓地居民食谱尽管仍以C_4来源的食物为主,但

已经显示出一定的 C_3 来源食物摄入,通过梳理周边地区同一时期已经发表的同位素和大植物遗存数据,他们认为晚商时期麦类作物在中原核心区域尚不普及,高等级的聚落最早在农业中引入了新来的麦作农业,而多样的作物类型促进了社会的复杂化进程。

总体来说,中原地区的稳定同位素工作早期的关注重点在于厘清粟作农业在该地区最早开展的时间,不同阶段人群对于粟、黍的依赖程度变化等,而近几年更多地转为对同位素反映的生业模式的探讨。

因河西走廊地区与甘青地区在文化上的紧密联系性,在此,甘青地区同时包括河西走廊地区。崔亚平等(2006)对宗日遗址不同时段的人骨进行采样分析,得出的结论是宗日文化人群食谱中粟黍占很大的比例,不同时段人群的同位素差异则显示出定居农业在该地区发展的不同阶段。任乐乐等(Ren et al., 2020)更进一步的研究则显示这里可能生活着不同的人群。阿瑟等(Atahan et al., 2011)采集了火石梁和缸缸洼出土的青铜时代的动物骨骼,同位素食谱分析显示其中的杂食性动物如猪碳同位素表现出明显的 C_4 信号,结合大植物遗存的发现,认为这一时期河西地区尽管已经出现了西亚起源的麦类作物,但是尚未大规模地被当地的人群食用,而草食性动物多变的同位素组成可能表明其经历了长距离迁徙。马敏敏等(Ma et al., 2014)对甘肃中部三个大约距今4000年的遗址出土人骨和动物骨骼采样分析,认为此时人和主要家养动物摄入了大量的粟、黍作物,直至稍后的齐家坪遗址时期,这一以粟黍农业立足的状况在食谱中依然得到延续(Ma et al., 2015)。刘歆益等(Liu et al., 2014)系统分析甘肃多个遗址的食谱构成,观察到在4000年之前,与同时期中国北方其他地区一致,本地居民的植物性食物均指向 C_4 类植物——粟、黍,转折发生在距今4000—3800年,即麦类作物刚出现不久,这一地区的居民就开始广泛地食用,对比中原地区明显滞后的适应过程,甘肃地区这一时期的先民对麦类的接受度更高,猜测可能是环境压力伴随的传统粟、黍粮食不足量供给导致。张雪莲等(2015)对张掖西城驿遗址出土的人和动物骨骼以及植物种子的碳、氮稳定同位素分析显示,尽管小麦在 4 000 年前就已经出现,但在距今约 3 800 年的四坝文化时期,西城驿先民的植物性食物仍然主要来自粟、黍。张雪莲和叶茂林(2016)对青海喇家遗址齐家文化晚期居民的同位素食谱分析表明这一人群的生业结构为典型的粟、黍旱作农耕,严格区别于中国西北常见的牧业文化人群,对该人群的锶同位素测试同样证实这一人群来源和生活方式较为统一(赵春燕等,2016b)。董惟妙等(Dong et al.,2016)对甘肃中部山那树扎马家窑文化遗址出土的动物骨骼进行了同位素分析,发现尽管该遗址海拔较高,但其主要生计模式依然是从事粟黍农业,兼有家畜饲养和狩猎活动。马颖等(Ma et al.,2016a)对甘肃南部前秦时期西山墓地出土的大量人骨进行了系统的同位素分析,从他们的骨骼同位素特征上可以明显地看到多种来源人群存在的痕迹,既有传统的以 C_4 来源食物为生的农人,又有明显摄入了更多 C_3 食物的人群加入,表明了这一时期文化交流的深入。马敏敏等(Ma et al.,2016)通过同位素食谱分析,发现河湟地区古代居民在距今 3 600 年前后饮食构成发生了重要的转变。在此之前,植物性食物主要为 C_4 的粟、黍,而此后,C_3 的麦类作物地位越来越重要,区域文化也从统一的粟黍农业为主的齐家文化过渡为经济类型更加多样的卡约、辛店文化,并且认为当时这一地区气候的冷干化可能是影响食物转变的重要原因。陈相龙(2018)则从同位素表现出的动物饲养方式的差异探讨了距今 4 000 年前后开始的甘青地区与中原地区的分化。李昕等(Li et al.,2020a)主要通过同位素分析手段,研究了甘肃黄湾汉墓出土的人和动物骨骼,结果显示这一人群主要从事粟、黍种植，这一发现可能体现了汉朝中原文化在这一区域的强烈影响。综上，对于甘青地区的食谱重建工作，研究人员关注重点始终在东西两个文化系统在食物方面的表达上，即粟黍作物与麦类作物的对弈。

除了上述在相对集中区域的同位素食谱分析工作外，其他区域也有比较零星的工作开展。

张全超等（2011）对云南石寨山文化（战国时期）金莲山墓地出土的人骨进行了碳、氮同位素分析，数据显示该人群植物性食物几乎全部来自C_3，结合植物遗存，认为其主要生业经济为水稻种植。张兴祥等（Zhang et al.，2014）对云南麻玉田墓地青铜时代的人牙进行了碳、氧和锶同位素分析，结果显示这一人群植物性食物既包括C_3，又包括C_4，且其中一座等级较高的墓葬中出土的个体可能是外来人口。任乐乐等（Ren et al.，2017）对云南石岭岗青铜时代遗址出土的人和动物骨骼开展了同位素分析，研究显示该人群植物性食物来源主要为C_3，兼有小部分C_4来源食物摄入，通过与周边同时期遗址对比，认为这一地区环境的多变使得人群的食物构成同样多元。

郭怡等（2011b）对稻粟混作区湖北青龙泉遗址出土的人骨和猪骨做了同位素分析，结果显示该遗址居民食物中来自水稻的比例整体高过粟，但是从屈家岭文化时期至石家河文化时代，食谱表现出了一定的转变。为此，研究者进一步引入了硫同位素，用以揭示这种差异是否是由迁移导致，然而结果并不支持先前的推论（Guo et al.，2018a）。陈相龙等（2015）对该遗址石家河文化时期的墓葬中随葬猪等动物骨骼的同位素分析显示，其中同一个墓葬中随葬的猪中既有野猪也有家猪，且即使是家猪也表现出不同的食谱构成，因此推测这一时期已经有了明显的社会分层。针对同一个遗址出土的东周时期人骨材料，张全超等（2012d）同样对其进行了同位素食谱分析,结果显示这一时期人群植物性食物同样表现为稻粟混合模式,且研究显示人群对动物性食物的摄入量偏低。郭怡等(2016b)对另一个稻粟混作区——江苏盱眙东阳军庄出土的人骨的同位素分析显示,西汉时期,这一地区的农业形式已经由传统的稻粟混作转变为稻麦混作。

张国文等(2015)利用同位素分析重建了浙江塔山新石器时代先民的食物结构,研究结果表明,尽管塔山遗址滨海,但是先民食谱中来自海洋的食物并不明显,推测人群的生业经济为淡水渔猎采集,可能也进行家畜饲养和水稻种植。吴梦洋等(2016)分析了福建沿海新石器时代晚期昙石山遗址出土的人骨,同位素数据显示该海洋性聚落的人群可能食用了比较多的海产品,推测该人群主要从事渔猎活动,可能兼营水稻种植。

胡耀武等(2010)对广东新石器时代鲤鱼墩遗址出土的人骨进行了同位素食谱分析,结果显示该地区先民食物中包含了大量的海产。而朱思娟等(Zhu et al., 2020)对新石器时代顶蛳山出土的人和动物骨骼的同位素研究则表明该区域的居民主要摄食淡水资源。

夏阳等(2018)对安徽西周时期薄阳城遗址出土的人骨进行了分析,重点通过对比同一个体肋骨和肢骨的同位素值探讨该遗址儿童断奶行为发生的时间以及断奶期前后食物的差异。数据显示,这一时期薄阳城遗址先民主要以种植水稻为生,大约在儿童2岁左右的时候在其食物中添加辅食,3—4岁完成断奶,之后食物中植物的比重会逐渐增加到成人的标准。与动物骨骼同位素的对比还发现,薄阳城成人的动物性食物主要来自猪和鹿,但是个体之间摄入量有显著的差异(Xia et al., 2018)。易冰等(2020)对四川宝墩文化高山古城出土的人骨进行了碳、氮同位素分析,并且与牙齿序列采样结果相对照,数据显示这一遗址的居民主要从事水稻种植,相对于骨骼,牙齿的碳同位素明显偏正,表明其在幼年时期摄入了一定量的粟、黍。牙齿同位素的变化规律还揭示出这一人群的断奶行为一般发生在 2.5—4 岁,这一结果还说明粟、黍在这个主要以水稻种植为生的人群中有特殊的作用(Yi et al., 2018)。

在上述主要针对人骨的同位素食谱重建工作外,也有学者将目光投到同位素在揭示动物饲养策略方面的潜力。管理等(2007)率先对吉林万发拨子遗址出土的猪骨进行分析,认为同位素食谱可能对区分家猪和野猪有帮助,并用同样的方法尝试区分江苏骆驼墩遗址出土的猪骨(管理等,2019),这对判断动物早期驯化所处的阶段显然是大有助益的。紧接着,该团队又分析了陕北五庄果墚遗址出土的几种动物骨骼,认为动物的同位素一定程度上可以反映其和人的关系(管理等,2008)。胡耀武等(2008)也用同位素手段对山东新石器时代早期月庄和小荆山遗址出土的猪骨进行了有益的尝试。田晓四等(2010)采集了重庆中坝遗址出土的不同哺乳动物,对其进行同位素分析。通过同位素组成复原了这些动物的生境特征,并结合年代结果,根据同种动物在不同时期的同位素组成,探讨了其所反映的环境变化信息。该团队还分析了江苏顺山集遗址出土哺乳动物牙釉质的碳、氧同位素,同时对比现代样本,认为该地区过去自然环境中植被郁闭度更高(田晓四等,2013)。侯亮亮等(2013)对河南郝邓遗址出土的动物骨骼进行同位素分析,探讨先商时期先民对不同家畜采用的不同饲喂策略,其后对同一时期位于河北南部的南马遗址、河北村遗址和滏阳营遗址出土动物的骨骼同位素分析也表明先民采用不同的策略管理不同的动物,因为缺乏人骨材料,而猪和狗与人食谱接近,在必要的情况下可用于代替人骨(侯亮亮,2019),他们还尝试用猪的食谱信息反推人的食物结构以及可能的农业发展程度差异(侯亮亮和徐海峰,2015;侯亮亮和乔登云,2020)。陈相龙等(2012,2014,2015,

2017，2018，2020）分别对山西陶寺、陕西枣树沟脑、湖北青龙泉、辽宁小珠山、河南望京楼和二里头遗址出土的动物牺牲开展了同位素分析，探讨同一遗址内不同动物种属的饲喂模式差异，或同一种属动物内部显示的食性差异。在上述食性分析的基础上，不同学者还对这些遗址出土的动物和人进行了溯源分析，可在基于食性分析的认识的基础上更加明确这些遗址动物和人的来源和屠宰模式，并且对比不同遗址间的差异等（赵春燕等，2011a、b，2012b；司艺等，2014；赵春燕和何驽，2014；赵春燕，2018）。张雪莲和赵春青（2015）以及戴玲玲等人（Dai et al.，2016a、b）分别从不同的角度入手，利用同位素数据，探讨龙山晚期至夏前期新砦居民对野生动物和家养动物的利用方式，其中家养动物食谱表明人群对其有不同的管理方式，认为猪和狗食用了大量的 C_4 类食物，食谱结构跟人类似，跟羊完全靠野外取食不同，牛也食用了一些 C_4 类植物，这可能同时反映了动物在人类生活中的地位的不同。

也有学者依据近些年的研究，总结过去几十年来同位素分析工作在考古学（凌雪和何静，2017）以及各相关研究领域如农业（陈相龙，2017）、生业模式（陈相龙，2018）等方面的研究进展。

郭怡等（2017a）针对南方地区骨骼保存差、目前常用的骨胶原提取办法在面对来自南方地区的大部分样品时束手无策的困境，尝试分析羟基磷灰石来代替传统的骨胶原，并将这种办法用在了浙江良渚文化时期庄桥坟遗址出土的人和动物骨骼上，获得了成功（Guo et al.，2018b）。在一些特殊的埋藏环境下，即使能够保留骨骼中的羟基磷灰石，但是其同位素是否真实反映个体生前的食物组成尚待商榷。刘晓迪和胡耀武（2021）对广西石灰岩地区甑皮岩洞穴遗址出土的动物骨骼羟基磷灰石进行了分析，通过与现代标本的比对，发现喀斯特环境下骨骼羟基磷灰石受污染的概率非常高，为了避免误将埋藏环境的同位素信息当作骨骼反映的食谱构成,有效鉴定和排除污染是利用骨骼重建食谱信息的先行工作。

另有学者开始尝试通过同位素分析,探讨史前先民在田间管理过程中是否存在施肥行为(邬如碧和郭怡,2017;Wang et al.,2018)。

屈亚婷等(2019)总结了影响人体同位素食谱的各种信息,包括作为食物的植物本身的同位素分异、环境不同带来的同位素组成不同以及人本身的身体状况等。

以上各研究主要关注的是有文字记录之前或文字记录尚不普及时期的先民食物结构及其反映的社会构成。事实证明,即使是比较近的历史时期,同位素食谱分析也大有可为。近几年,侯亮亮及其团队成员着眼于山西北部地区,因这一带属于农牧交错带,区别于传统的中原农业区,历史上一直处在农业和游牧交互进行的状态。通过对这一地区北魏时期多个遗址居民的同位素食谱分析,该研究团队注意到食谱的改变可能稍微滞后于政权更替带来的生业模式变化(侯亮亮和古顺芳,2018a、b;侯亮亮等,2017,2019)。张国文及其团队对历史时期,尤其是鲜卑相关的食谱重建的关注历史则更加长久,通过对东北(扎赉诺尔、团结、东乌珠尔、三道湾和叭沟)和山西北部(大同南郊、金贸园)多个遗址人骨和动物骨骼的系统分析,认为鲜卑的农业发展经过了几个阶段,同位素组成方面表现为同位素值升高,氮同位素值降低,表明鲜卑早期以畜牧业为主。张全超和朱泓(2012)在察右前旗七郎山早期鲜卑墓地的研究同样支持此结论。而到晚期,中原(陕西官道、光明以及机场墓地)强势的农耕文化对其影响深远(张国文等,2013),改为以农业为主,考古发现也支持这一转变(张国文,2017,2018;张国文等,2010,2017;Zhang et al.,2015,2020a)。朱思媚等(2020)对北京西屯村墓地出土人骨的研究同样发现,从汉代至北朝,随着民族融合的推进,人群对 C_4 作物的利用显著增强,可能表明这一阶段农业的强化。周立刚等(2019)对比河南荥阳明代周懿王墓地出土的贵族个体和附近平民阶层的同位素食谱差异,结果显示周懿王墓地出土的周懿王本人及其亲属或配偶具有非常一致的饮食结构,植物性食物以 C_3 为主,摄入了比较多的肉类,反映出当时王府内可能有统一规划的食物供给,而平民群体的植物性食物中有少量 C_4 作物,且氮同位素值明显低于周懿王墓出土的贵族人群,表明当时阶层分化严重。

与上述针对一个群体或群体中的某些或某个个体的细致研究不同,易冰等对安徽唐代欧盘窑址出土的一个窑工的生命史进行了细致的探讨,椎骨变形表明其生前长期从事需要弯腰的工作,与其窑工的身份非常吻合,骨骼和牙齿的碳、氮同位素表明其食谱中既有 C_4 来源又有 C_3 来源的食物,与当时该地区的农业生产活动较为吻合,而其牙齿序列和骨骼的氧同位素记录显示在其生活的不同阶段均有迁徙行为,符合其职业性质,也可能反映了其比较低下的社会地位(Yi et al.,2019)。

除了上述工作外,近几年越来越多的学者开始总结以往的工作。胡耀武曾撰文总结了同位素食谱分析方法自传入中国起30多年来的发展历程,并按照现阶段同位素分析所解决的主要问题做了概述,如:更新世晚期现代人的食物转变;新石器时代农业的发生、发展、确立以及人群生业模式的转变;同位素食谱研究助力史前农业全球化进程中粟、黍西传,麦类作物东传的时间,路线研究;不同生计形态的人群在长期的接触中表现出的冲突和融合;同位素方法探讨动物的驯化和饲喂模式差异;同位素反映的身份、社会阶层差异;非常规同位素分析的探索等(Hu,2018)。

屈亚婷(2019)的新书立足全国,进一步细化了同位素食谱分析在中国的应用,从国际、国内同位素食谱分析的发展历史谈起,介绍同位素在不同组织中的分馏以及同位素的影响因素等,最后详细梳理中国各区域已经开展的同位素食谱分析工作以及这些工作的开展对于我们认识不同区域、不同时期先民的饮食结构的积极作用。

周立刚（2020）则立足作者长期关注的中原地区，主要采用同位素方法，结合其他考古证据探究东周至汉代这一时段内中原居民的饮食变化。研究显示，尽管小麦在东周之前就已经传至中原地区，但是在对东周时期人群的同位素食谱研究中发现，这一时期社会地位高的群体依然以中原传统的粟、黍为主食，社会各阶层人群普遍接受小麦作为主食要等到汉代。

刘睿良等总结了中国各地区已发表的2000多组人骨同位素数据，分时段总结了各地区骨骼碳、氮同位素的变化以及其所反映的生计形态特征，以及粟、黍和小麦的相向传播和利用历史（Liu et al.，2021）。

四、同位素食谱分析研究拓展

除了传统的同位素分析外，骨骼中的微量元素也可以用作食谱重建，不少学者采用这个方法重建过一些人群的食谱信息，如甘肃干骨崖（郑晓瑛，1993）、广西冲塘（魏博源和朱文，1994）、河北姜家梁（李法军等，2006）等。

尽管同位素食谱技术操作简单、费用相对低廉，提供的信息丰富，在全球范围内已经非常成熟，应用广泛，然而直至目前，涉及其转化机理、影响因素的问题仍然困扰广大的研究群体。

首先，因作为生态系统第一生产力的植物同位素组成受来自环境多重因素的影响，导致即使是同一种属生活在相同的环境中，其同位素值亦不尽相同，本身会产生较大的变幅，因此很难得到普遍适用的植物同位素基底值，在此基础上讨论同位素在营养级之间的富集程度自然会产生很大的不确定性，而根据富集程度判断出的营养级水平势必会受到影响。不同地区之间同类数据相互比较的意义明显降低。

其次,涉及 $\delta^{15}N$、$\delta^{13}C$ 值在营养级之间富集程度的具体数值,依然不能明确地给出,同位素在营养级之间传递会因环境以及动物本身的新陈代谢等的不同而表现出不同程度的富集,这给数据的分析和对食物类型的判断带来很大的困扰。例如,同位素食谱重建的理论基础是"我即我食",然而越来越多的证据显示在一些特殊情况下,"我非我食"(尹粟和胡耀武,2018),这就给原本困难重重的食谱重建工作设置了更大的障碍,如代谢异常人群的同位素异常(尹粟等,2017)。

再次,由于骨胶原不能如实记录全部食物信息的特征,导致重建的食谱在某些情况下会产生失真,过分地强调某些食物的摄入量而隐藏或缩小一些食物进入食谱的信息,因此,在有条件的情况下应该结合其他的相关信息,对骨胶原同位素食谱给出更加准确的解释。

最后,具体的应用中因人和动物往往会摄食多种来源的食物,加之如上所说植物本身的同位素组成不能一概而论,同位素在营养级之间的富集程度并非一成不变,因此,很难通过简单的模型给出具体的食物类型以及摄入量的多少。

除了上述问题外,现阶段多数的同位素食谱分析研究所用材料都是骨骼等动物和人的身体组织,而这些组织有时候会因为保存不佳等情况而不能有效获得(Sponheimer et al.,2019)。陶器及其残片则普遍得多,对陶器上残留物质的同位素分析同样可以揭示史前居民的饮食构成。郑会平等(2012)率先对河南南部龙山时代的鼎内残留物进行了同位素分析,发现先民炊煮的食物种类丰富。赵春燕和赵志军(2018)也对河南二里头遗址出土的陶容器的残留物进行了稳定同位素分析,根据所获得的结果,他们认为二里头人群植物性食物中既包含有粟,又有稻,此外,他们的动物蛋白来源也非常丰富。

除传统的骨胶原测试外,近年来有研究向更加细致的方向发展,尝试测试骨胶原中不同氨基酸单体的同位素组成(e.g. Corr et al.,2005)。此外,有研究尝试对比不同提取方法骨胶原的产率(Jørkov et al.,2007),开发模型将同位素反映的不同食物组分量化(Fernandes et al.,2012,2014)等。

崔银秋等对河北梳妆楼元代贵族墓地出土的人骨进行常规的DNA分析后仍然无法获知这些个体的身份。但是引入能够揭示其生活史的同位素分析后,结合历史文献中的相关记载,这些未知个体的身份豁然开朗(Cui et al.,2015)。萨拉查-加西亚等(Salazar-García et al.,2016)则是将骨骼同位素反映的食谱特征与牙齿微形态记录相结合,两者互证加深我们对于同一个个体或一个群体不同时间段食物摄入及其变化的认识。

如前所述,骨胶原同位素食谱分析办法适用于绝大多数的中国北方遗址,然而对于中国南方地区,因为保存情况欠佳,骨骼可能完全腐朽,或者虽然看起来保存完好,但依然无法利用传统的方式成功提取骨胶原。王宁等(2014a、b)采用凝胶层析法提取可溶性的骨胶原,测试其同位素,并与传统方法提取的不可溶性骨胶原数据进行对比,结果显示通过凝胶层析法提取出的可溶性骨胶原同位素同样可以反映食谱信息,这为今后在骨骼保存情况不好的地区展开同位素食谱分析工作提供了一个可行的解决方案。

第三章　新疆考古学相关研究背景

　　为了能详细了解和深入体会本研究所在区域的背景资料,加深区域特点对哈密盆地青铜-铁器时期以来食物结构和生业模式的影响,本章主要介绍新疆各地的考古发现和研究,在此基础上探讨新疆各地考古文化发展脉络,重点阐释各地区文化与哈密盆地同时期文化的关系。

第一节　新疆考古发现和研究

　　在张骞凿空之前,史书有关新疆地区的记载很少,对于新疆地区古人类的生产生活状况所知甚少,因此,不同于中原的较细致的划分,一般将新疆西汉以前的历史统称史前时期。因为新疆多山、沙漠的严酷自然环境,史前人群分布集中在宜耕宜牧山前(间)地带和有流水、地下水补给的绿洲附近。又因为新疆疆域广袤,各地自然环境迥异,又多沙漠、高耸的山脉等自然屏障,使得新疆各地史前文化发展较为独立,并未形成统一的考古学文化及谱系。除旧石器时代单独划分外,目前学界较为认可

第三章 新疆考古学相关研究背景

的考古学文化划分方式为根据铁器的普遍使用与否,将新疆的史前文化粗略地分为青铜时代和早期铁器时代,其中早期铁器时代指铁器出现至公元前后,而青铜时代指铁器出现之前的时期(陈戈,1990,1991;张川,1997)。当然也有不同的观点(王炳华,1985;Chen and Hiebert,1995;宋亦箫,2009)。因旧石器文化遗址发现较少,研究尚待深入,因此仅作简要介绍。又因为本书涉及的遗址年代下限已接近或进入历史时期,因此除了青铜时代和早期铁器时代外,本书同时关注汉代及以后的发现和研究。然而新疆多数的考古发现并不仅仅属于某一个时期,经常见到从青铜时代一直延续到历史时期的情况,在对发现的遗址进行时代归类时,主要根据该遗址或墓葬主体时代划分。另外,因现阶段考古发掘和研究更多的是针对墓葬(羊毅勇,1990;刘学堂,1997,2000;王宗磊,2006),居址类遗存发现较少,因此不再作区分。除了考古发掘和发现,本章还关注针对这些发现所做的研究,主要包括体质人类学、分子人类学、动植物考古以及同位素食谱等方面的研究认识。由于新疆多数地区气候干燥,遗址或墓葬中的骨骼保存良好,有效地保障了针对这些骨骼进行多项体质相关测量、研究的可行性。新疆处在欧亚大陆内部,多项研究均表明新疆是史前东西方文化交流的必经之路,其中就包括人群的交流和融合,因此在新疆的考古遗址中进行体质人类学研究不仅可行而且非常重要,这里体质人类学研究包括人种的鉴定、骨骼病理学、创伤分析等。体质人类学对于解决人群的来源问题有很大的贡献,但是对材料的要求也相对较高,对于新疆大多数地区来说,骨骼保存情况较好,体质人类学可以回答很多问题。即使如此,分子人类学依然有它的突出优势,如分子钟的计算方法就可以解决体质人类学难以克服的关于时间的盲区。总之,分子人类学在回答人群来源和构成以及迁徙路线等问题上优势明显,其中线粒体DNA(mtDNA)可以追踪母系来源,而 Y 染色体可以回溯父系来源,近年来发展起来的全基因组信息则能全面反映遗传信息。因此,除了体质人类学研究之外,本章还关注分子人类学的研究结果。如果说人种或遗传因素可能是影响人群食物构成的一个可能原因,古人生活的周边地区分布的动植物资源则可以直接影响先民的食物选择,因为本书关注的时间段在整个考古学研究的时间范围里属于相对晚近的时期,这一阶段,在全球范围内,多数的作物已经完成驯化,甚至早已经扩散至起源地之外的很多地区,多数种类的家养动物也完成了驯化。以欧亚大陆为例,目前已知的证据显示在距今 4 000 年前后,史前食物全球化进程已经完成大半(Spengler et al.,2014,2016,2017;Liu et al.,2016,2017,2019;董广辉等,2017;Long et al.,2018;Hermes et al.,2019)。对于本书关注的时段,新疆各遗址发现的植物,尤其是几种主要作物的有无,及其相对重要程度是关注的重点,遗址中发现的动物的数量和种属组成等同样可以反映很多信息,如家养动物的种类、组成,所有动物中家养动物的比例等。稍显遗憾的是,尽管对于新疆大多数地区而言,保存状况不是影响相关工作开展的主要限制因素,但由本章后面部分可知,新疆目前调查和发掘过的考古遗址多数是墓葬,其记录的植物和动物利用信息都是不全面的,通过这些材料所做的关于古人食物构成的研究结果可信度是大打折扣的,详见本书关于艾斯克霞尔南墓地食谱的讨论。此外,即使是在生活类的遗址中,动植物遗存的发现和相对数量等依然存在一定的偶然性,并不一定能够如实地反映长时间尺度内该作物类型或动物种属在人群生业经济中的重要性,即动植物遗存的发现、组成等并不总能代表其在人群食物中的摄入或占比情况。相比较而言,骨骼同位素分析因其可以有效揭示个体生前一段时间的食物组成,并在群体水平上反映不同个体的营养级水平等信息,已在全球范围内被广泛地用于史前人群食性和生业模式的重建。尤其因骨骼中的碳同位素水平敏感地反映 C_4 来源食物在人群食谱中的摄入比例,是研究粟、黍、玉米等重要 C_4 作物传播、利用历史的重要手段。对于新疆,骨骼碳同位素比值可以反映人群食物中有无粟、黍类产品,其比重为何,是否有随时间的推移减少或增加的趋势等。而骨骼氮同位素比值则可以反映人群食物中动物蛋白的摄入水平。因此,本章除了关注新疆考古遗址中出土的动植物遗存外,还关注骨骼同位素揭示的食物结构信息。

本章的安排是依次介绍新疆各地的考古发现以及针对这些发现所做的研究,然而一些考古遗址尚未有公开发行的报告产出,仅见各项研究结果。对于这一类情况,本书也尽量收集,以期在把握新疆各地史前文化发展整体状况的情况下,提取关于史前人群食物构成、生业模式的信息。

长期以来,新疆全境缺乏明确的新石器时代及以前的文化遗存,尽管有零星的石器文化点发现,但均为地表采集,由于缺乏明确的地层信息,无法得到准确的年代,不足以提供严格的考古学证据而未被采纳,学界一度对新疆是否存在过典型的石器时代不甚乐观(陈戈,1987,1995)。近年来对通天洞以及周边涌现的一批旧石器遗址的调查和发掘彻底改变了先前的认识(高星等,2018;于建军等,2018;仪明洁,2019;朱之勇等,2020)。根据最新的研究结果,新疆北部曾经活跃有多个旧石器文化人群,他们抵达这里的时间距今4.5万年,且采用不同的石器传统(于建军等,2018;仪明洁,2019),暗示他们有多样的生存策略。

一、新疆青铜时代考古发现和研究

(一)阿勒泰地区

阿勒泰切木尔切克墓地

经调查,新疆北部河湖附近广泛分布有一种墓葬,该类墓葬地表伫立石人作为标记(李遇春,1962;李征,1962)。1963年,新疆考古所的工作人员选择了这类墓葬分布最集中的克尔木齐墓地进行了发掘,共发掘墓葬32座。克尔木齐墓地位于阿勒泰市西南,墓葬的地表标识分两类,一类是在墓葬周围树立石头,形成矩形院落,称为坟院制墓葬,一个坟院内往往不止一座墓葬,且这些墓葬大多不见封堆,墓葬形制多为竖穴石棺。另一类墓葬地表不见列石围成的坟院,这一类墓葬地表有无封堆同样不统一,墓葬形制也有竖穴石棺和竖穴土坑两种。部分墓葬地表竖立有石刻人像或条石,因此可以统称石人墓。这些墓葬的葬式同样多样,有屈肢葬、仰身直肢葬、俯身直肢葬、乱骨葬等,屈肢葬出现的比例最高。一般一个墓室中葬多人,最多可达20人以上。出土器物主要有各类石器,尤以石罐最多,另有少量陶器、铜器、铁器、骨器等,其中陶器以橄榄型陶罐最具特色(易漫白,1981)。遗憾的是,该墓地发掘较早,受当时材料积累的限制,发掘者对于这批墓葬所属时代的判断出现了比较大的偏差。随着资料的积累,现阶段学界对于克尔木齐墓地代表的这一类文化的时代已经有了比较统一的认识,一般都认可克尔木齐墓地主体为青铜时代的墓葬,另有少部分墓葬时代较晚。然而对于早期遗存的年代范围意见并不统一,尤其是对于主要影响其文化发展的主流考古学文化类型分歧较大(邵会秋,2008;王明哲,2013)。直到近期对一些拥有类似墓葬形制且出土同样类型的器物的墓葬进行测年,上述争议才得以解决,明确了该类墓葬的时代为距今4 200年前后(于建军和胡兴军,2014),其文化特征主要受到了欧亚草原阿凡那谢沃和奥库涅夫文化的影响,并且该类文化遗存的分布可达天山地区(Jia and Betts,2011;陈爱东,2012;水涛,2016;邵会秋,2018)。目前,学术界倾向于称这一类型的遗存为切木尔切克文化,是一种典型的青铜时代文化(邵会秋,2018)。

阿勒泰-布尔津沿线墓地

2010年,新疆考古所研究人员在阿勒泰市西南部以及布尔津县东北部发掘了一批墓葬,这些墓葬分布比较零星,以地表封堆计共17座,然而有11座封堆下不见墓室,剩余的6座墓葬形制亦多样,有竖穴土坑、竖穴木棺、竖穴石棺以及地面石棺,墓室中人骨多数散乱不全。依据墓葬形制和随葬器物等,发掘者认为这些墓葬主要分两个时期,前一类墓葬体现了明显的切木尔切克文化特征,出土器物有平底的陶罐和石罐等,距今4 000年前后,后一个时期以木棺墓为其主要特征,为汉代前后(胡望林等,2013)。

哈巴河阿依托汗1号墓地

2014年,为了配合工程建设,新疆考古所的研究人员发掘了哈巴河县阿依托汗1号墓地,该墓地位于阿尔泰山南麓的山前地带。共计发掘墓葬27座,其中有2座矮冢石棺墓,出土了蛋形圜底罐和豆形陶器,其中蛋形圜底罐与此前境外发现的阿凡那谢沃文化的同类型陶器非常相似,结合墓室中埋葬人骨的 ^{14}C 测年数据,发掘者认为这两座墓葬属于阿凡那谢沃文化墓葬,距今约4 500年,是青铜时代早期的墓葬,初步的DNA分析结果显示其中一座墓葬的墓主人来自欧亚大陆西部(胡兴军,2017)。对该墓地出土的阿凡那谢沃文化人骨的同位素研究表明,粟、黍类作物早在4 500年前就已经进入该地居民的食谱中,将粟、黍西传发生的时间进一步前推(Qu et al.,2020)。

哈巴河托干拜2号墓地

2013年,新疆考古所研究人员对哈巴河县托干拜2号墓地进行了发掘,共清理墓葬4座,出土遗物11件。4座墓葬基本呈一字型东西向排开,典型特征是墓葬地表有一圈石头围城的坟院,坟院内部有一座或多座墓室,墓室有平地起建石棺墓或竖穴土坑,坑内有大型石板构成石椁,部分石棺上还有刻画符号。出土的器物均为石器,有石罐、石镞等,另有 M4 的坟院内矗立一座石人,与此前切木尔切克墓地发现的石人类似。依据上述发现,发掘者认为这是一处典型的切木尔切克文化墓地,年代测试结果显示该墓地距今约 4 200 年(于建军和胡兴军,2014a)。董惟妙等(2021)采集了托干拜 2 号墓地出土的人和动物骨骼,结合附近同一文化属性的东喀腊希力克别特墓地出土的动物骨骼,同位素分析结果显示托干拜 2 号先民食谱中几乎不含任何 C4 来源的食物,且表现出对动物蛋白的强烈的依赖。

吉木乃通天洞遗址

在前期详细调查的基础上,2016—2017 年,新疆考古所和北京大学联合对吉木乃县通天洞遗址进行了发掘,在洞内和洞外均布设了探方。发掘结果证实,通天洞遗址的最下层堆积年代约为距今 45 000 年,这一层位出土了大量的动物骨骼化石和石器,其中可鉴定的动物种属有犀牛、棕熊、兔、羊、驴等,另有食肉目和鸟纲,这些出土的动物骨骼普遍严重破损,部分骨骼还保存了切割、灼烧、敲击等痕迹。出土石制品数量居多,有石核、石片、石叶、刮削器、尖状器等,从石器工艺而言,其中的一部分体现了勒瓦娄哇和莫斯特技术。除了上述典型的旧石器中期石器外,还有少量细石器出土。在旧石器文化层之上,发现有青铜时代至早期铁器时代的连续堆积,从器物类型上判断,体现了与阿凡那谢沃、切木尔切克以及本地早期铁器时代遗存的关联。在青铜时代文化层中还浮选出小麦,研究人员对小麦直接测年显示其年代早至距今 5 000 年,暗示这一时期阿勒泰地区是重要的文化交流通道(于建军,2018;于建军等,2018)。

(二)准噶尔盆地西部

近年来,随着研究力量的壮大和技术、资金的支持,如 GIS 技术的引入(贾笑冰,2017),研究人员陆续开展了很多的考古调查工作,发现了一批青铜时代的遗址。如韩建业和陈晓露(2017)调查发现的双河市泉水沟遗址,他们推测其为一处安德罗诺沃文化遗址。丛德新等(2018)在博尔塔拉河流域开展了多年的调查,发现一批位于山顶的建筑遗址,推测其主要功能为侦察和防御,体现了青铜时代这一地区社会复杂程度较高。

温泉阿敦乔鲁遗址和墓地

阿敦乔鲁遗址和墓地位于天山西段的温泉县西部。中国社会科学院新疆考古队自2010年以来完成了对该遗址以及周边地区的调查和发掘,清理出了3座相互连接的大型房址以及几十座墓葬。房屋和墓葬的建筑材料均采用大大小小的石块,其中房屋外墙采用双层石围结构,可能是出于保暖的考量,石围之间相距1米以上,保存较完整的F1保留有朝东南的门道、数个窖穴以及一些形状规则的石块堆积遗迹。墓葬形制多数为竖穴石棺,并在地表以石板构建石圈,骨骼保存整体较差。根据出土器物和建筑形制,发掘者认为房屋和墓葬形成于同一时期。依据出土的包金喇叭口铜耳环和平底罐等典型器物,结合^{14}C测年数据,研究人员认为阿敦乔鲁遗址体现了安德罗诺沃文化因素,是一处距今3800—3500年的青铜时代遗址(丛德新等,2013,2017)。结合对遗址周边现代游牧人群的民族学观察以及对现代和古代阿敦乔鲁周边地区的环境情况的把握,研究人员认为阿敦乔鲁遗址居民主要从事畜牧业生产,被发现的房屋遗址可能充当了夏季之外该游牧人群和所放牧羊群的共同居所(丛德新和贾伟明,2019),且这种模式在欧亚草原地带相当普遍(贾伟明,2018;丛德新和贾伟明,2020;Jia et al.,2020)。邵孔兰等(2019)采集了阿敦乔鲁房址内的堆积物、羊粪化石,并用遗址周边现代羊粪和自然地层作为参照,进行了植硅体和孢粉分析,研究显示阿敦乔鲁遗址的农作物以黍和大小麦为主,兼有少量粟,与现代样本的对比显示出土的羊粪应该产生于秋冬季,与遗址属于冬季营地的判断一致。

温泉呼斯塔遗址

呼斯塔遗址位于温泉县东部,同样为一处大型的聚落,虽然尚未揭露完毕,根据目前调查以及初步的考古发掘,该处遗址可能是西天山北麓青铜时代最大的聚落遗址,面积约 12 平方千米。遗址的核心区已经揭露出土的部分显示有大型的房屋建筑,甚至还有院落、院墙等配套设施。与居住区相配套的还有调查发现的几处山顶瞭望遗存,推测其功能应与军事守备有关。另外还发现了一些同时期的墓葬。根据发掘出土的遗物的类型、风格等,发掘人员倾向于认为呼斯塔遗址与安德罗诺沃文化有千丝万缕的关联,且测年结果显示该遗址为距今 3 500 年左右,也支持上述推论。遗址中还发现了羊、牛、马、狗和鹿等动物骨骼,磨盘上提取出了大量禾本科淀粉粒,疑似有粟、黍以及麦类作物。据此,发掘者认为呼斯塔遗址人群生计方式既有畜牧业,又有农业,并以狩猎作为补充(贾笑冰,2019)。更早时期,贾伟明(2013)采用聚落形态理论,结合民族考古学的方法,对博尔塔拉河上游一些高海拔季节性固定居址进行研究,探讨其生业模式,认为博尔塔拉河流域在青铜时代已经显现出畜牧业为主的特点,区别于定居农业。呼斯塔遗址和阿敦乔鲁遗址的发掘和研究都为该推论提供了实证。

(三)伊犁河谷地区

尼勒克乌吐兰墓地

2013 年,为了配合建设,新疆考古所的研究人员对尼勒克县乌吐兰墓地进行了抢救性发掘,共发掘墓葬 17 座,祭祀遗址 3 处。墓葬地表均有土石构成的封堆,封堆大小不一,揭开封堆后,可见不同形制的墓室,有竖穴土坑、竖穴石棺、竖穴木椁、竖穴偏室等。依据出土器物和墓葬形制等判断,这些墓葬可分为三个时期。早期墓葬有 7 座,墓葬形制有竖穴土坑、竖穴木椁、竖穴石棺等,有土葬也有火葬,葬式为侧身屈肢,个别墓主人胸前撒有赭石粉。值得一提的是,其中一座墓葬拥有多达16座祔葬墓呈半圆形排列在其周围,主墓室填土中出土有羊骨、鸡骨以及犬类骨骼。早期墓葬中出土的器物主要为陶器,以小平底罐为主,另有喇叭口铜耳环。除了墓葬外,3处祭祀遗迹也属于早期遗存。祭祀遗迹的建造方式为先在地面挖方形回廊,然后在方形建筑内部挖出米字型凹槽,接着在米字型凹槽中部挖出圆坑,在圆坑内竖立木桩,最后用卵石将所有凹槽填平。祭祀遗迹内仅发现一些石饼形器物、石杵及铜饰件。依据上述发现,发掘者认为这些早期遗迹属于青铜时期,文化上与安德罗诺沃关系密切。中期墓葬共8座,多数为竖穴偏室墓,且偏室均开在墓室的北壁,葬式均为单人仰身直肢葬,随葬品置于墓主人头部右侧。出土器物有通体彩绘的单耳杯及陶壶,另有铁器等。从墓葬形制到出土器物均与附近的穷科克一号墓地有明显的关联,但是发展更加成熟,因此推断中期墓葬应为早期铁器时代,年代约为公元前1千纪上半叶。晚期的墓葬共2座,均为竖穴石棺墓,但盗扰严重。依据现场发现,考古人员推断这两座墓葬的时代为战国至汉代(阮秋荣等,2014)。

尼勒克吉仁台沟口遗址和墓地

2015年以来,新疆考古所的工作人员连续多年在尼勒克吉仁台沟口遗址进行考古发掘,取得多项重要考古发现。工作的前两年为配合基建的抢救性发掘,之后随着工作的深入,意识到该遗址非常重要,申请了主动发掘,中国人民大学的团队也加入到了发掘工作中,累计发掘了房址37座以上,窑、灶等遗迹300余座,以及墓葬80多座,另在遗址和墓葬区南侧发掘一处大型高台遗存。房址遗存中不乏大型单体建筑,面积达100—400平方米,墓葬同样可以体现分明的等级差异。通过多年的发掘,考古人员确定了这是一处主体为青铜时代文化的大型聚落,器物、葬俗、葬式等均与安德罗诺沃文化有明显的关联，年代测试结果显示吉仁台沟口青铜时代的年代范围在公元前 1 600—前 1 400 年，处在安德罗诺沃文化期间，但是同时也需要指出包括吉仁台沟口和周边乌吐兰、阔克苏西 2 号以及汤巴勒萨伊等伊犁河谷地区的安德罗诺沃文化遗存均与安德罗诺沃文化主体有显著的差异。因此，考古人员提出"吉仁台沟口文化"的概念，这一文化的典型变化在于墓室西侧出现斜坡墓道。此外，墓葬结构、规模等体现了强烈的等级差异。祭祀遗迹以及大墓的建造中都强调了放射状石条带从中心引出，并且崇尚红色，体现在墓主人体侧撒赭石粉，墓壁涂红等，暗示了强烈的太阳崇拜。吉仁台沟口遗址除了将用煤历史大大提前外，还发现了铜冶炼的证据，而伊犁河谷及周边地区有多处铜矿，也许正是青铜冶炼、商品交换促进了财富的积累，推动了社会的复杂化进程，同时也造成了显著的贫富差异。除了青铜时代的墓葬和居址外，吉仁台沟口还发现了很多晚期的墓葬，最晚可至宋元时期，表明这一区域地理位置优越，环境适宜，长期以来一直有人类活动（王永强和阮秋荣，2016；阮秋荣和王永强，2017；王永强等，2019；袁晓等，2020）。尼勒克沟口遗址以发现最早的用煤证据而声名鹊起，王伟等对取自各个地层的沉积物进行了浮选，发现的作物类型有粟、黍、大麦（皮大麦），另有疑似小麦的种子。除了上述农作物外，还发现有大麻（Wang et al.，2018）。王清等（2020）采集了沟口遗址出土的安德罗诺沃文化时期的不同石器，提取淀粉粒和植硅石，结果显示这些石器表面加工过的农作物类型有小麦族、粟类作物，另外可能加工过块根块茎类植物，基本与上述基于大植物遗存的发现一致。王伟等（Wang et al.，2018，2021）对该墓地出土的人和动物骨骼进行同位素食谱分析，认为虽然有巨大的时代差异，但沟口各时期的居民生计模式均为农牧混合形式，兼有狩猎，其中农业既有西方体系的麦作，又有东方属性的粟作。

(四) 天山中部地区

和硕新塔拉遗址

和硕新塔拉遗址位于博斯腾湖北部。1979年,村民取土暴露出巨厚的文化层堆积,新疆考古所研究人员随即对该遗址进行了简单的发掘清理,发现的遗迹、遗物数量均非常可观。出土器物类型包括石器、陶器、铜器等,其中石器有磨盘、磨棒、斧、镰、纺轮、带把石臼等,铜器有斧、镞、锥等。出土陶器数量虽多,但是多数残破,均为手制,能判断器型的有双耳罐、单耳罐、钵、杯等,其中多数为彩陶,纹饰有三角纹、网格纹、锯齿纹等,值得注意的是出土了一批黑褐陶。根据上述发现,发掘人员判断新塔拉遗址的时代应为铜石并用时期,可能稍晚于小河墓地,然而因为缺少参照物,所以对于该遗址的考古学文化类型未做深入讨论(吕恩国,1988)。赵克良等(2012)在新塔拉遗址的东侧开挖剖面,间隔约10厘米取土样,分别浮选大植物遗存和进行孢粉分析,结果显示新塔拉遗址先民集中活动的时期为距今3 900—3 600年,这一阶段新塔拉人群种植小麦、大麦、黍和豆类,长期的农业活动可能加剧了这一地区的水资源危机以及土壤的盐碱化,较大程度上改变了原来的地表植被组合,导致距今3 600年之后农业活动的锐减(Zhao et al., 2013)。

和静莫呼查汗墓地

为了配合莫呼查汗水库的修建,新疆考古所的工作人员于2011—2012年对水库涉及的区域进行了较为系统的考古调查和发掘,共计发掘墓葬248座。根据葬俗葬式的演变、出土文物种类的变化等,这批墓葬明显分属于两个不同的时代,分别是青铜时代晚期和汉晋时期,其中青铜时代的墓葬有236座,占绝对多数。青铜时代墓葬的形制特点为:地表有圆形、椭圆形、熨斗形或马镫形石围,墓室一般为竖穴石室,少量竖穴土坑。墓室内一般葬一人,葬式有侧身屈肢、仰身屈肢、俯身屈肢等，有一次葬也有二次葬，一般随葬有马头或羊头。随葬器物有陶器、铜器、骨器、石器、金器、海贝等，以陶器和铜器为主。值得一提的是陶器绝大多数为素面，器型有单耳罐、双耳罐、单耳带流罐等。铜器有兵器、装饰品及马具等。从葬俗葬式到陪葬器物等，莫呼查汗墓地均显现出与察吾呼墓地的强烈的共性，但是两者时代可能稍有不同，另外莫呼查汗沟口不见铁器，而察吾呼出土了铁器，可见莫呼查汗墓地的年代下限早于察吾呼。参考测年结果，发掘者认为莫呼查汗青铜时代的墓葬年代为距今3 000年前后。汉晋时期的墓葬也有近圆形的地面标识，但墓坑相对较浅，且葬式全部为仰身直肢葬（阿里甫江等，2014；新疆维吾尔自治区文物考古研究所，2016）。付昶等（2016）采集了莫呼查汗墓地出土的23例人骨标本，对其进行了人种学研究，指出青铜时代的头骨测量数据表明其来源复杂，既有欧罗巴人种的特点，又有尼格罗以及蒙古人种的特点，但是欧罗巴占主导，而汉晋时期的头骨显示出强烈的蒙古人种特征。对该人群的牙齿进行观察，发掘者发现龋齿罹患率非常低，表明其食物结构中淀粉类食物较少，与墓葬中大量动物骨骼、马具等反映的游牧经济形态相吻合。另外还在一些个体骨骼上发现佝偻病、贫血、老年性骨萎缩、眶顶板筛孔样、牙釉质发育不全、股骨头缺血性坏死、脊柱骨骺炎、氟骨症、大骨节病等骨骼病变，表明这个人群整体健康状况不佳。

奇台半截沟遗址

1974年，新疆考古工作人员在奇台县南部天山北坡的半截沟遗址采集和发掘，发现一些石器、陶片，石器均为磨制，器型有石斧、石锤、石杵、石臼、石环和石球等，陶片均为手制夹砂陶，且多有使用痕迹，器型有釜、罐、盆、钵等，器底多为圜底，亦有少量平底。值得注意的是，研究人员发现不少彩陶片，流行几何纹饰，多为倒三角纹或网纹。根据上述出土器物，研究人员认为这是一处定居农业居址，时代应为新石器时代晚期（陈戈，1981）。

木垒四道沟遗址

1977年，研究人员对木垒四道沟遗址进行了发掘，共发掘探方面积200平方米，揭露出了大量的灰坑、灶、柱洞等遗迹，此外还发掘了4座墓葬，有竖穴土坑墓和竖穴洞室墓两种，人骨多有扰动。出土的器物种类丰富，有大量的石器、陶器、骨器、铜器等。此外还出土了动物的骨骼，包括马、牛、羊、狗等。石器有球、磨盘、杵、锄、铲、臼、纺轮等磨制生产、生活类工具，另有石核、石片等打制、压制石器。发掘人员认为四道沟遗址和墓葬有两个使用时期，分别是青铜时代晚期和早期铁器时代，从出土的大量与农业生产相关的工具类看，四道沟遗址人群应该从事农牧兼营的生产活动（羊毅勇，1982；戴良佐，1989）。早在1959年，新疆考古所研究人员就在木垒县南郊发现过一处细石器文化遗存，采集到了比较多的石器和少量陶片，石器均为打制，有锛、刮削器以及石片、石核等（吴震，1964）。此后的1983年，研究人员又在木垒县南郊清理过6座墓葬，但是墓葬保存较差，根据葬俗葬式和随葬器物，发掘人员判断该批墓葬中的一部分可能与此前发掘的四道沟遗址早期文化有相似的文化属性，属于青铜时代墓葬，而另一部分则属于游牧人群的墓葬（黄小江和戴良佐，1986）。

木垒干沟遗址和墓地

2011年，为了配合水库的修建，新疆考古所组织人员对木垒干沟遗址进行了抢救性发掘，除遗址外，还发掘清理了墓葬62座。干沟遗址的地层堆积较厚，发现的遗迹有石构的墙基、灶址、灰坑、柱洞、红烧土面、活动面等遗迹。出土器物有石、陶、骨等各类器物，以陶器为主，其中有少量彩陶，纹饰为简单的条纹，另外发现的动物骨骼数量较多。发掘者认为干沟遗址出土器物与四道沟、半截沟以及乱葬岗子遗址相似,推测干沟遗址为一处青铜时代的遗址,年代测试结果证实了这样的判断,显示这处遗址距今 3 300—3 100 年。发掘的部分墓葬地表有土石混合的近圆形封堆,墓葬形制有竖穴土坑、竖穴石棺和竖穴偏室三种,其中竖穴土坑数量最多。依据出土器物种类及其组合,发掘人员认为竖穴土坑墓和竖穴石棺墓年代较早,但是晚于遗址。这一类墓葬中葬式以二次葬为主,出土器物以铜器为主,陶器较少,有单耳罐、豆等,通体有纹饰,出土的陶器与洋海墓地以及艾斯克霞尔墓地出土的同类器物表现出强烈共性,推测应为同时期墓葬,年代测试结果显示这些墓葬的时代为距今 3 300—2 800 年,且不见铁器出土,因此属于青铜时代晚期的墓葬。竖穴偏室墓时代较晚,一些墓葬随葬有整马,从出土器物判断时代应该为唐代(田小红等,2013)。

木垒平顶山墓地

2015 年,中国社科院新疆考古队发掘了木垒县平顶山墓群,发现一些大型墓葬以及祭祀遗迹,出土一些陶器、青铜马具、金耳环等。值得注意的是有整马陪葬的现象。根据发掘情况结合以往相关发现,发掘人员认为平顶山墓群应为塞人遗存,时代约为青铜时代中晚期,年代测试结果显示该遗址的时代为距今 3 000—2 500 年。有关该遗址更详细的资料尚未发表,赵欣等(2017)对该遗址出土的马骨进行了 DNA 分析,结果显示这些马的毛色差异很大,有栗色、栗色间有白斑、黑色以及金黄色,多样的毛色暗示这群马有比较复杂的遗传多样性,甚至墓地附近可能就是一个重要的马场。

乌鲁木齐萨恩萨伊墓地

萨恩萨伊(依)墓地位于乌鲁木齐市南郊,是一处大型墓地,发现较早。因需要在附近修建水库,2006—2008 年,新疆考古所工作人员连续三年对该墓地及周边地区进行考古调查和发掘,共发掘清理墓葬 182 座,除去其中 21 座无墓室墓葬外,尚有 161 座。这些墓葬有些地表有明显的隆起的封堆,一般为卵石铺地,形状有圆形石围、石圈石堆、不规则石堆三种,一类墓葬数量较多,另一类墓葬地表无明显标志。墓葬形制有竖穴土坑、偏室、偏洞室、竖穴石室、竖穴石棺五种,其中第一种最多,部分竖穴土坑墓和偏室墓中还带有二层台,此外还发现一座火葬墓。个别墓葬使用了木质或石质葬具。除了墓葬形制多样,萨恩萨伊墓地的葬式同样复杂,有仰身直肢、仰身屈肢、侧身直肢、侧身屈肢葬等,有一次葬也有扰乱葬,有葬一人也有葬多人。随葬器物有陶、铜、铁、银、金、骨、石等各类,其中骨器和铜器数量最多。依据墓葬形制、出土器物种类、组合等,发掘人员将这批墓葬分为 7 类,再依据其所属的时代特征将这些类别合并,最后认为萨恩萨伊墓地的使用可划分为四个相对独立的时代,分别是青铜时代、早期铁器时代、唐以及宋元时期,其中青铜时代和早期铁器时代墓葬数量较多。将萨恩萨伊墓地出土的器物与周边地区同类器物相比,发掘者认为在青铜时代的墓葬中,来自南西伯利亚、外贝加尔等地区的影响明显。具体而言,可观察到奥库涅夫、安德罗诺沃、卡拉苏克等文化典型器物的出现。当然,也有新疆本地同时期其他文化的影响,如新塔拉、切木尔切克等。依据上述对比和年代测试结果,发掘者认为萨恩萨伊第一期的年代为公元前 18 世纪至公元前 6 世纪。早期铁器时代的墓葬中出土器物更多地显示了其与苏贝希文化的密切程度,时代为公元前 5 世纪至汉晋时期。唐及以后的墓葬数量较少,时代较为明确(阮秋荣等,2012;新疆文物考古研究所,2013)。萨恩萨伊(依)墓地出土了大量的人骨,研究人员观察分析了其中属于早期铁器时代的一些头骨,通过牙齿和骨损伤,以及头骨的测量学证据,认为这一人群属于蒙古人种,从牙齿磨耗情况和牙周健康情况判断,这一人群食物中谷物类的摄入较少,因为创伤涉及的标本较少,尚难以据此零散的信息判断这一人群的生存压力(付昶和王博,2009;付昶等,2010)。刘依等(2021)对萨恩萨伊(依)不同阶段的人口规模进行了估算,认为支撑萨恩萨伊(依)墓地的人口数量从始至终保持非常小的规模,约1户家庭,至于预期寿命,约为35岁。贾伟明(2013)采集了萨恩萨伊墓地出土的一些石质工具,观察其使用面上的淀粉粒残留,在青铜时代和早期铁器时代的器物上观察到了小麦、黍、粟和豆类的淀粉粒,认为多种作物组合出现体现了农业在该墓地居民生计中的比重较高,可能出现了农牧结合的经济体。萨恩萨伊墓地出土了大量的铜器,王璞(2013)选取其中的29件进行了测试,结果显示多数为锡青铜,另有少量红铜和镍砷铜。依据器物的类型和使用方式,先民采用了不同的加工处理方式,如对刀刃部分进行热锻处理,銎孔镞为铸造产物,而对扁铤镞的铤部则采用了冷加工捶打的方式处理。

吉木萨尔乱葬岗子遗址

乱葬岗子遗址位于天山北坡,行政上属于吉木萨尔县。2007年,多个单位的研究人员对乱葬岗子遗址进行了抢救性发掘。乱葬岗子遗址文化层厚度接近4米,这在新疆考古遗址中并不多见。连续的文化层堆积可以有效揭示器物以及其他出土遗物的早晚关系,也可以提供不同时期文化发展的比较可信的时间框架。尽管未见明确的遗迹现象,但是地层中包含的器物种类、数量依然可观,依据材质可分为陶器、铜器、石器、骨器等。年代测试结果显示这个遗址的沿用时间为距今3 400—2 800年,属于青铜时代遗址。贾伟明等(Jia et al., 2011)对乱葬岗子遗址进行了逐层采样并测年,植物考古研究显示,在青铜时代,该遗址人群利用的植物主要有粟、小麦和大麦。遗址中还发现有磨盘和磨棒等粮食加工工具,对其表面进行淀粉粒提取,研究人员发现了现代被用作滋补佳品的肉苁蓉,植物遗存结合其他考古材料的发现表明这一青铜时代的居民并非典型的游牧人群,农业活动可能是其生活中的重要组成。张健平等(Zhang et al.,2017)对乱葬岗子遗址地层剖面的土样进行了植硅石提取,除上述作物外,还发现了黍、早熟禾亚科、黍族植物,以及芦苇和莎草科植物,认为多种作物的种植甚至是多种植物的开发利用应属于乱葬岗子青铜时代晚期人群畜牧业经济的重要补充。

(五)东天山地区

伊吾卡尔桑遗址

20世纪中期,新疆考古所的工作人员曾经在伊吾县淖毛湖附近发现卡尔桑遗址,采集到数量较多的石器、陶器、骨器等,其中石器既有打制石器又有磨制石器。根据这些发现,调查者认为这是一处铜石并用时期的遗址,并且依据陶器中有制作相对精美的彩陶,另有磨盘、磨棒等石制品,认为卡尔桑遗址的人群生计方式可能以农业为主,兼营狩猎(吴震,1964)。

哈密天山北路墓地

详见本书第四章第一节。

哈密柳树沟墓地

详见本书第五章第一节。

哈密萨伊吐尔墓地

萨伊吐尔墓地位于哈密市南部的花园乡。2013年,新疆考古所的工作人员对这处墓地进行了抢救性发掘,共清理墓葬14座。这批墓葬以竖穴土坑墓为主,墓葬平面呈椭圆形,墓口有棚木,葬式以单人侧身屈肢葬为主,另有少量合葬墓,葬制以一次葬为主,另有部分二次扰乱葬。随葬器物有陶器、骨器、铜器、金器等,另外普遍随葬羊的胫骨。出土陶器有双耳罐、缸型器、单耳罐、单耳钵等,多数为素面夹砂红陶,根据器物类型,发掘者认为该遗址时代与天山北路晚期、南湾墓地同期,是一处天山北路文化墓地(胡望林等,2014)。

(六) 塔里木盆地北缘

拜城克孜尔水库墓地

1990年,为了配合水库的修建,新疆考古所研究人员对拜城克孜尔水库涉及区域的墓葬进行了发掘,共发掘墓葬27座。墓葬地表均有石堆,墓葬形制均为竖穴土坑,墓室内葬一人或多人,葬式多为侧身屈肢,不见葬具。随葬的器物有陶器、铜器、石器、骨器、料珠等,其中陶器数量最多。陶器中多数为彩陶,纹饰有三角纹、网格纹等,器型有单耳带流罐、钵、釜、碗等。年代测试结果显示克孜尔吐尔墓地的年代为距今3 000年前后(张平和张铁男,2002),随葬器物中不见铁器,当属青铜时代晚期墓地。研究者采集了克孜尔墓地出土的23例人骨,除了对其进行常规的年龄、性别判断外,种系分析显示,这一人群属于欧洲人种,尤其与地中海类型的东支印度-阿富汗类型相近。在新疆境内发现的大致同时期的具有相似人群来源的还有香宝宝墓地,稍晚的山普拉和楼兰墓地人群也有相似的来源(陈靓和汪洋,2005)。伊弟利斯·阿不都热苏勒等(2006)针对克孜尔出土的19件铜器进行了成分分析,结果显示其中4件为红铜,1件为铜锡铅三元合金,剩余14件为锡青铜。除了成分之外,研究人员还探讨了这些铜器的制造工艺,结果显示6件为锻造,另有8件为铸造,1件为铸造后局部冷加工,剩余4件制造工艺不明确。铜器的成分和制造工艺均体现了其与察吾呼文化的强烈的共性,与通过陶器观察到的二者之间的关联一致。一般认为玻璃制品非中国的传统手工艺品,早期玻璃制品在中国的出现反映东西文化交流的深入,除了揭示传播路线外,其材质、添加剂等工艺相关的细节是研究重点。干福熹等(2003)最早对新疆拜城和塔城出土的一批青铜时代晚期至早期铁器时代的玻璃进行了研究,结果显示从材质区分,这些玻璃中存在钠钙玻璃和钠铅玻璃两个体系，他们认为这批玻璃为借鉴中亚和西亚技术后在新疆就地取材生产的本地玻璃。张平等（2006）针对克孜尔出土的玻璃的研究结论也基本如此。近几年，额敏县宋元时期的也木勒遗址出土了比较多的玻璃器皿。温睿等（2019）对其中一部分进行了成分分析，结果显示这批玻璃为钠钙玻璃，可能混入了含有草木灰的混合碱，考虑这批玻璃的制作方式均比较简洁，认为它们可能是新疆本地生产的日常实用器。

（七）帕米尔高原

疏附乌帕尔遗址

1972年，新疆博物馆考古队的工作人员在疏附县进行考古调查时，发现了阿克塔拉、温古洛克、库鲁克塔拉和得沃勒克四处遗址。由于受长期的风沙剥蚀，四处遗址地面建筑均遭到了严重的破坏。但是，考古工作人员依然在地面捡拾到了大量的文物，主要为各类石器。发现的石器类型有刀、镰、磨盘、杵、纺轮等，陶器均为残片，推测体型普遍较大，多数为平底罐、钵等，另外还有少量铜器。根据这些器物，考古人员判断这些遗址属于同一时期的遗存，时代应为铜石并用时期。因发现的石器类型中有明显的与农业生产相关的刀、镰等，他们推测当时这里的先民以农业生产为主要的生计方式（新疆维吾尔自治区博物馆考古队，1977）。因上述四处遗址均位于乌帕尔镇附近，亦可统称乌帕尔遗址群。赵克良等（Zhao et al.，2012）在该遗址附近的序列地层中采集土样，建立了高分辨率的孢粉谱。他们依据孢粉数量、种类以及组合的变化，认为全新世中晚期以来，乌帕尔遗址附近经历了三次比较湿润的时期，分别是距今4 000—2 620年、1 750—1 260年，以及550—390年，其中第一个环境适宜期正好对应乌帕尔遗址早期人类活动的时期。近期，该研究团队又对乌帕尔遗址群的植物类遗存进行了系统的研究，发现的作物有青稞（裸大麦）、皮大麦、小麦、粟、黍和豆科植物，此外还发现有骆驼刺、苍耳等。由于该遗址延续时间较长，研究团队区分不同时代发现的植物种类以及相对数量后，发现后期随着灌溉技术的成熟，豆科植物的比例有所增加，不同时期小麦碳同位素的变化也支持这一认识，研究认为农业技术的进步促进了该地区人口的增长，对于后来丝绸之路的繁荣也有莫大的推动作用（Yang et al., 2020）。

塔什库尔干下坂地墓地

下坂地墓地位于帕米尔高原的塔什库尔干。为了配合附近水库的修建，新疆考古所工作人员分别于2004年和2005年对该墓地进行了发掘，共发掘墓葬178座，其中28座仅有封堆，无墓室亦无任何遗物出土，剩余的150座墓葬时代特征均较为明朗，分别属于青铜时代、汉唐和明清三个时期。青铜时代的墓葬大多有石围、石堆或石围石堆构成的地面标识。一般一个封堆下有一个墓室，偶见两个墓室者，墓葬形制均为竖穴土坑，但墓口形制不一，尸体有土葬和火葬两种形式，土葬者葬式主要为侧身屈肢，另有少量俯身屈肢，多为单人葬，有一次葬，也有扰乱葬。这一时期的墓葬数量最多，多数无葬具，随葬品类型有陶、木、铜、银等各类器物。依据器物种类，发掘者认为尽管均处在青铜时代，但这一时期的墓葬明显分为两个时段，第一时段为距今3 500—3 300年，出土器物中束颈罐、喇叭口耳环、宽带状手镯等明显指示安德罗诺沃文化的影响。后一个时段约为2 600年，文化上与邻近地区的香宝宝墓地类型较为相近，可能体现了中亚塞克、楚斯特文化的影响。汉唐时期的墓葬形制主要亦为竖穴土坑墓，但是出现了竖穴偏室墓，葬式有仰身直肢和仰身上屈肢。这一时期同样可见火葬墓，随葬器物较上一个时期明显变少，种类有陶、木、石、琉璃、铁器等。明清时期不是本书研究重点，故不列出（吴勇，2005，2012；新疆文物考古研究所，2012）。有学者注意到下坂地墓地安德罗诺沃类型的文化遗存除了表现出与七河地区的相似性外,更重要的是显现出了自己的独特性,结合墓地的位置、环境等,作者认为下坂地墓地的安德罗诺沃文化已经是强弩之末,处在青铜至早期铁器时代的变革时代,不同于典型的农耕与畜牧混合经济模式,下坂地墓地的经济形态已经表现出一丝游牧化(谭玉华,2011)。魏东等(2020)对下坂地墓地出土的青铜时代人骨进行了测量分析,数据显示下坂地人群的颅骨特征与东欧洞室墓、木椁墓人群有一定的相似性,表明两者应该有遗传关系,推测下坂地人群为上述两个文化的后裔,在东迁过程中受到强势的安德罗诺沃文化的影响,最终发展成为一支安德罗诺沃变种地方文化。如前所述,下坂地墓地主体年代为3 000多年前,但也有小部分墓葬年代偏晚。宁超等(Ning et al.,2016)对其中一个距今约700年的人的牙齿进行线粒体DNA提取,其单倍型在这一地区非常罕见,主要分布于伏尔加-乌拉尔地区,这一携带不常见基因的个体的发现证实了史前时期人群迁徙的频繁。张昕煜等(2016)对下坂地出土的青铜时代人骨进行稳定同位素分析,结果显示C_4类作物——粟、黍可能在3 500年前即已进入生活在帕米尔高原的人群食谱中。当然,主体人群仍然以摄入C_3来源的动物性食物为主,表明下坂地青铜时代人群既从事畜牧业,又进行一定程度的农业种植。

(八) 塔里木盆地南部

于田流水墓地

于田县流水墓地位于克里雅河上游,处在昆仑山北坡,海拔高度超过2 700米。2003—2005年,社科院考古所新疆队的研究人员对该墓地进行了连续三年的发掘,共发掘墓葬52座。这批墓葬地表多数有石围或石堆构成的标识,而这些石围或石堆外侧还会有一个小石圈,石圈内有火烧痕迹,可能为祭祀相关的遗迹。墓葬形制有竖穴土坑和竖穴二层台两类,葬式主要为仰身直肢葬,另有少量侧身屈肢葬。单人葬较少,多数为多人葬,且扰乱葬居多。多数墓室中不见葬具,少数有木质葬具腐朽后留下的痕迹。出土遗物有陶器、铜器、骨角蚌器、金器、铁器、石器等。其中陶器数量较多,且陶器的类型非常独特,表现为器表装饰有戳刺或刻画形成的三角纹、网纹等图案。器型包括单耳罐、双耳罐、圜底钵、平底杯等。金属器多为马具和武器类器具。根据出土器物和葬俗葬式等,发掘人员判断流水墓地各墓葬体现了不同的时代特征,主体处在青铜时代,另有少部分墓葬已进入早期铁器时代。年代测试结果证实了一些推断,多数墓葬的年代为距今3000年前后,另外一些出土有铁器的墓葬时代为距今2600年前后。依据上述发现,发掘者认为这处墓地除表现出与周边甘青地区、塔里木盆地周边以及欧亚草原和费尔干那盆地等地区同时期文化的一些共性和交流外,更多地体现了自己的独特性,提议将流水墓地主体文化定名为流水文化,推测这一青铜时代的文化主要分布在塔里木盆地南部(巫新华和艾力,2006;巫新华等,2016)。流水墓地因为环境干燥,骨骼材料得以很好地保存。米夏艾勒·舒勒茨等(2008)首先对M26出土的6具保存完好的人骨进行了病理学分析,证据指向这些个体均有长时间骑马导致的骨骼变化,如"骑马人小平面"的出现,另外也观察到有骑马射箭带来的外力损伤,甚至有面部骨骼上显示箭伤等,结合其他证据,研究认为流水墓地的人群生活中与动物的关系非常密切。瓦格纳等(Wagner et al.,2011)结合墓葬中出土器物、动物骨骼以及上述与骑马行为有关的骨骼变化,认为流水墓地所在地区是当时游牧人群的夏季牧场。张建波等(2011)对流水墓地出土的其中20具颅骨进行了61项非连续性观察,对比全球范围内相关研究结果,认为青铜时代的流水人群为欧亚混合人群,谭婧泽等(2012)的研究进一步指出东方来源对该人群的贡献率近80%。其后,张旭等(2014)也对流水墓地出土的108例人骨的牙齿材料进行了19项非测量性状评估,结果显示3 000年前生活在流水地区的古人与很多境外人群有明显的相似性,证实了史前人群迁徙的存在。聂忠智等(2019)的研究进一步指出在两性中,流水墓地男性个体颅骨表现出更统一的形状,而女性个体间差异较大,可能指示复杂的来源。而从整个人群组成来看,与天山北路墓地最为接近。

于田北方墓地

北方墓地位于圆沙古城再往北的塔克拉玛干沙漠深处,因地处克里雅河流域,且位置最北,所以被称为克里雅河北方墓地。2008年,新疆考古所研究人员对这一遗址进行了简单的清理,详细资料尚未发表。从零星的报道可知,北方墓地几乎复刻了其以东约600千米外的小河墓地,墓葬同样处在黄沙中,地表矗立有涂红的木头。地面上可以看到与小河墓地发现的非常相像的木雕人像,从暴露出的干尸可知,北方墓地墓主人同样身披毛毡,头戴毡帽,脚着毡靴,像小河墓地一样使用草编篓。根据上述发现,研究人员断定北方墓地是一处与小河墓地文化面貌一致的青铜时代遗存。像大多数处在沙漠中的遗址一样,克里雅河北方墓地保留了比较多的有机质遗存,其中就包括食物材料。解明思等(2014)选择了三个点心样食物遗存作为研究材料,分别采用植硅石、淀粉粒和表皮横细胞分析的方法对其原材料来源进行探索,结果显示分析的样本均为小麦和黍混合制作的面食,证实了早在青铜时代,南疆地区的先民就已经掌握了上述两种食材的特性。

(九) 塔里木盆地东部

若羌古墓沟墓地

1979年,新疆考古所研究人员进入罗布泊地区,对古墓沟墓地进行了全面的调查和发掘,共发掘墓葬42座。墓葬分两种类型,分别是地表无环形列木的,以及地表有7圈环形立木,圈外再有放射状展开的列木。前一种墓葬的数量较多,埋葬较浅,墓室保存情况相对完整。一般是用两块略有弧度的长木板相向而立,两端各竖立一块挡板,再用不规则的木板平铺,上覆羊皮或其他编织物构成木棺。墓主人裸身裹覆毛织物仰身平躺在无底的木棺中。一般葬一人,男女老少均有,偶见 2—3 人合葬的情况。后一种墓葬中仅见葬男性。得益于极端干燥的保存环境,墓主人尸体以及其他有机质都得到了比较好的保存。打开周身包裹的斗篷,一般可见墓主人头戴尖顶毡帽,一些毡帽上还插有羽毛做装饰,脚上穿皮靴。尸体胸部放置小袋,袋内存放麻黄枝。小包旁边置一草编篓,一些篓内尚存小麦籽粒,或者附着一些白色的糊状物。尸体上一般还有一些装饰物,身侧随葬有日常使用的木质器皿。依据墓葬的叠压关系,考古发掘人员认为两类墓葬的差异主要体现在时代方面,第二类墓葬晚于第一类墓葬,但是文化属性是一致的。因缺乏已知年代的器物可以比对,古墓沟墓地的年代主要依靠 ^{14}C 测年获得,发掘者倾向于认为该处墓地的年代约为距今 3 800 年,是一处文化面貌独特的青铜时代墓地(王炳华,1983a)。韩康信(1986)对古墓沟墓地出土的青铜时代的人骨进行了种系分析,根据颅骨表现出的特征,认为古墓沟墓地人群带有明显的古欧洲人种特征,且个体之间差别不大。张全超和朱泓(2011)对古墓沟出土的人骨样品进行了同位素食谱分析,研究结果显示青铜时代罗布泊地区先民的食物中包含了大量的肉食资源,植物性食物摄入主要为 C_3,推测应是小麦,与此前基于骨骼微量元素分析所得结论一致(金海燕等,2003;张全超等,2006c),因为古墓沟墓地周边环境极端干燥,部分个体甚至保留了头发。屈亚婷等(2013)采集其中一个个体的头发和骨骼,对比显示该个体头发反映的食谱信息与骨骼很好地吻合,证实了其在很长的时段内食物中都含有大量的肉类蛋白。古墓沟墓地同样保留了大量的脱水植物,张贵林等(Zhang et al., 2017)对其进行了鉴定,有小麦、芦苇、胡杨、麻黄以及菖蒲。根据上述发现,研究者认为,在3 000多年前,古墓沟人群生活在一片沙漠腹地的绿洲中,其中小麦既可能充当了其食物,又是葬俗的一部分。解明思等(Xie et al., 2016)在古墓沟出土的草编篓内检测到牛奶蛋白以及微量乳酸菌,结合大量出现的酪蛋白和乳清蛋白,证实古墓沟草编篓内盛放的是过滤酸奶。

若羌小河墓地

20世纪前半叶,瑞典考古学家在当地向导的带领下发现了小河墓地,因其宏大的规模、奇特的葬俗、良好的保存等,小河墓地名声大噪。多年来,小河墓地深居沙漠腹地,难以到达,2002年至2007年,新疆考古所主导的考古工作队连续几年进入罗布泊地区对小河墓地展开了深入细致的考古调查、发掘和保护。根据现场测量,小河墓地处在一处沙山之上,高出周围地表,面积约2 500平方米,沙山之上矗立密密麻麻的木柱,呈菱形、圆形、桨形等。推测墓地最初就选择在突出的沙丘上营建,随着墓葬不断增多,形成的沙山不断增高。2002年至2005年,共发掘墓葬167座,依据保存较好的南区墓葬的层位关系,墓葬至少分了5层埋葬。从早到晚,墓葬的结构基本一致。首先在较平整的沙地刨挖长条形沙穴,将死者用毛织斗篷包裹放入沙穴,身体呈仰身直肢状;其次将预先处理好的左右对称的两块拱形胡杨木放置在尸体两侧形成葬具,两头插入挡板,再在胡杨木上平铺木板,形成棺材的盖板,现宰牛取带毛牛皮将木棺包裹防止木棺各结构散开;最后在棺前插上可能象征性别的不同的立木,女性墓主人棺前立男根立木,男性墓主人棺前立女阴立木,一些立木上还挂有牛角,棺尾插较细的木棍,一些墓穴外还插有一根高大的木柱,木柱涂红。死者一般头戴毡帽,毡帽上装饰有羽毛等,脚着皮靴,腰部有腰衣,入葬时裹毛织斗篷,斗篷边缘捆扎装有植物的小包。一些木棺内以木雕人像代替真人,入葬方式与真人无异。随葬器物有冥弓、带羽木箭、木祖、木雕人面具、皮囊、木梳、牛头等,值得注意的是普遍陪葬有草编篓,草编篓内盛放有粮食,死者身上撒有麻黄枝和动物的耳尖。因尸体普遍保存非常好,呈干尸状,甚至还能看清楚一些尸体面部涂有彩绘。根据出土器物,发掘人员判断小河墓地与此前发掘过的古墓沟墓地时代相近,测年数据证实了这一推算,年代结果显示小河墓地的时代距今3500年,是罗布泊地区一支具有独特文化面貌的青铜时代文化(伊弟利斯·阿不都热苏勒等,2004,2007)。贺乐天等(2014)首先对小河墓地人群的口腔健康情况进行了观察,研究显示这一人群口腔问题较严重,主要表现为严重磨耗、牙结石、关节炎等,根据其生活的环境和所处的时代,认为食物类型、加工技术和风沙环境可能都对上述问题有一些影响。另外,基于观察到的犬齿磨损在两性中存在差异,研究者认为可能体现两性在手工业方面有分工。朱泓等(Zhu et al.,2018)考察了小河墓地出土的36具人骨的牙齿非测量性状,通过与中国北方以及周边区域已发表数据的对比,认为小河人群的形成可能早于小河墓地,应该是在青铜时代之前就已经完成了人群的融合。聂颖等(2020)对小河墓地出土的48个颅骨进行了测量,认为小河墓地早期的居民颅骨特征体现了东西方人群长期的融合,而这种融合在他们抵达小河之前很久就已经完成。因此,我们看到的小河人群是一个相对独立的有稳定遗传属性的混合人群。李春香等(Li et al.,2010)对小河墓地出土的部分人骨个体进行了Y染色体和线粒体DNA分析,结果证实在青铜时代,就已经有一支具备东西方混血特征的人群生活在罗布泊地区的小河遗址,来自线粒体DNA的证据进一步明确其母系来源包括欧洲、西伯利亚、东亚以及南亚,显示了这一人群来源的高度多样化(Li et al.,2015;李春香和周慧,2016)。

此外,对小河墓地出土的金属器的分析显示,这些金属器的材质有铜锡合金、纯铜、铜锡砷合金、纯锡以及金银合金,采用的加工工艺有热锻和冷加工,多样的材质和较早的年代证实了青铜时代生活在小河地区的人群与周边同时期的人群有广泛的交流(梅建军等,2013)。屈亚婷等(Qu et al., 2018)对小河墓地出土的人和动物骨骼、头发、牙齿进行了同位素分析,结果显示他们的植物性食物来源主要是C_3,个别个体摄入了少量C_4来源的食物。此外,分析的个体食谱中均包含比较大量的肉类蛋白,因所采集的人骨来自墓地不同层位,因此,他们认为小河文化不同阶段可能有不同来源的人群活动,从而导致人群的食物结构随着时代的差异而有不同。得益于极端干燥的环境,小河墓地不仅完好地保存了木乃伊、木棺等,而且出土的植物种子甚至都还能够保有光泽,杨瑞萍等(Yang et al., 2014)对小河墓地出土的大植物遗存进行了鉴定,发现有黍、小麦和画眉草属植物。李春香(Li, 2011)首先对小麦进行了DNA分析,结果显示其为常见的面包小麦,又对出土的黍进行了DNA分析,显示小河墓地出土的黍不同于任何现代的黍,可能是在长期的栽培过程中一些基因信号已经损失(Li et al., 2016)。邱振威等(Qiu et al., 2014)对小河墓地出土的4块牛粪进行了孢粉、植硅石、大植物遗存以及同位素分析,结果显示在3 000多年前小河人群生活的时代,这里的环境与现代有明显的区别,当时周边主要生长有各类C_3植物,也有少量C_4植物,发现的植物类型有芦苇、画眉草、菊科以及各种耐寒的藜科和蒿属植物等。张翼飞等(Zhang et al., 2017)在小河墓地附近的地层序列剖面采集了环境标本,分析显示在整个全新世,小河附近的环境都是干旱的,但是其间有3个阶段可能是有水体分布的,包括4.8—3.5 ka期间,即小河先民生存在此的时期,以及2.6—2.1 ka,这一时期正好对应于汉晋时期先民对这里的开发。研究还发现大环境尺度的干湿以及温度变化可能不是影响小河地区开发的主要因素,而是水源的供应,这更多地取决于小环境的影响。而在此前,有研究团队就曾选取了小河墓地保存的植物并提取了泥棺中的孢粉,发现的植物种属有杨属、芦苇、香蒲等,甚至可能有禾本科植物,表明先民生活的时期,尽管周边沙漠广布,但小河墓地这里是一个发育良好的绿洲(Li et al.,2013)。小河墓地草编篓上发现有不明残留物,蛋白质组学分析显示其为牛奶制品,这将新疆先民对牛奶的利用历史向前推进到了青铜时代(梁一鸣等,2012)。杨益民等(Yang et al.,2014)在此基础上鉴定出了马乳酒样乳杆菌,证实小河人群在3 000多年前已经掌握了牛奶发酵技术,制作出了含有大量益生菌且不含乳糖的开菲尔奶酪,这一技术的飞跃显然对于生活水平的提高大有助益,其后该团队又在同一个墓地的一块木质器具上发现有来源于牛的黏合剂(Rao et al.,2015),在化妆棒上检测到来源于牛心的颜料(Mai et al.,2016),结合小河墓地棺材上铺盖牛皮、大量陪葬牛角等现象(伊弟利斯·阿不都热苏勒等,2007),足见牛在小河墓地人群生活中的重要地位。

除了对小河墓地本身的发掘,考古工作人员还对小河墓地周边展开了考古调查,发现多处遗址点。因为均未发掘,所以绝大多数发现均为地面捡拾。发现的器物类型有石、陶、铜、铁等各类器物。依据各个遗址点器物组合特点,考古工作人员认为这批发现时代差异明显,早期遗存可能早到新石器时代晚期,而晚期遗存能到汉晋时期,主要可分为青铜时代和汉晋时期,其中青铜时代的遗存仅见石器和铜器,不见陶器,石器中有大量细石叶。而至汉晋时期,器物种类更加丰富,有来自中原或受汉式风格影响的器物多件。新的调查证实小河周边大约在距今4 000年至1 400年生态环境较为适宜,一直有人类活动(伊弟利斯·阿不都热苏勒等,2008)。

二、新疆早期铁器时代考古发现和研究

(一) 阿勒泰地区

青河三道海子遗址

青河县三道海子附近分布有大量的史前遗迹,包括大型的轮辐状的石围石堆建筑,周边树立的大量鹿石、石人等。中国社科院新疆考古队近年来在附近做了大量的考古发掘和研究工作,初步确定了这一批大型石围石堆类遗迹的时代和性质,认为其属于公元前9至公元前5世纪时期大型游牧王国的高等级祭祀遗迹,其选址和设计均经过了周密的观察和计算(郭物等,2014,2016)。除了对三道海子附近该类祭祀遗迹的调查和发掘,该团队还对周边地区的考古遗迹进行了较为系统的调查和发掘,清理的墓葬有切木尔切克时期的石棺墓,研究晚期人群对早期墓葬的再利用等(郭物,2016)。

哈巴河东塔勒德墓地

为了配合水库的建设,2011年,新疆考古所组织人员对哈巴河县东塔勒德墓地进行了发掘,共发掘墓葬61座。这批墓葬地表均有圆形封堆,墓室开口在封堆下,多数为竖穴土坑墓,墓室内有石板构筑的椁室。大多数墓葬都受到了扰动,少量可判断葬式的墓葬显示流行单人仰身直肢葬。出土器物中以金器数量最多,达800余件,多数为装饰品,金器之外还有少量陶器、铜器、石器、骨器等。依据上述发现,发掘者认为东塔勒德墓地年代较为明确,为公元前一千纪早中期至汉代前后,属于早期铁器时代遗存,从发现的器物上可以观察到与欧亚草原同时期文化之间强烈的联系,如乌尤克、巴泽雷克等。另外,一些墓葬及其遗物也反映出继承了本地区早些时期切木尔切克文化的传统(于建军等,2013;于建军和马健,2013)。

哈巴河加郎尕什和哈拜汗墓地

2012年,同样是因为修建水库,新疆考古所研究人员对哈巴河县加郎尕什墓地和哈拜汗墓地展开了发掘。因两处墓地距离相近,墓葬形制、出土器物组合等共性明显,因此在这里不做细致区分。两处墓地共计发掘墓葬44座,地表均有石堆或石圈石堆标识,墓室有竖穴土坑、竖穴石棺或石椁、竖穴偏室、地表起建石棺等多种形式。墓室内人骨均遭到严重扰乱,仅剩零星骨骼。出土器物有陶器、石器、铜器、金器等。依据出土器物类型、墓葬形制等,发掘者判断这些墓葬分属两个时期,前一个时期的墓葬出土了大量切木尔切克文化的典型器物,推测应属于切木尔切克文化遗存,晚期的墓葬中体现了欧亚草原游牧人群的一些共性,尤其与巴泽雷克文化关系密切,推测应为早期铁器时代遗存(于建军,2013)。

哈巴河喀拉苏墓地

2014年,新疆考古所的研究人员对哈巴河县喀拉苏墓地展开了发掘,共发掘和清理墓葬53座。这些墓葬地面多数有封堆,一些封堆下有石圈分布。墓室形制有竖穴土坑、竖穴偏室、竖穴石棺、竖穴石椁木棺、竖穴木棺等。其中16座墓葬中葬有整马,且其中两座墓葬有多匹整马随葬。出土的器物有铜、铜、铁、金等各类。依据上述发现,发掘人员认为这些墓葬可以分为三个时期,分别是早期铁器时代、汉代前后以及公元7世纪前后(于建军和胡望林,2015)。尤悦等(2017)对M15陪葬的13匹马骨进行了比较全面的研究,13匹马中,可以鉴定性别的有12匹,均为雄性,年龄结果显示这13匹马均成年,骨骼上的一系列损伤表明它们都被用作骑乘,马骨附近陪葬的马具也表明这些马生前均为役使马。喀拉苏早期铁器时代墓地陪葬马匹的现象表明了这一时期马在游牧人群生活中的重要地位。陈相龙等(2017)分析了该墓地出土的人和动物骨骼同位素,旨在通过对大量随葬的马匹的同位素研究,揭示其背后的经济和文化内涵。董惟妙等（2021）补充该墓地早期铁器时代的骨骼材料，研究显示该墓地不同时期的人群植物性食物的构成均主要来自 C_3，C_4 类食物仅占很小的比例。此外，食谱中包含大量的肉类蛋白，据此认为喀拉苏墓地早期铁器时代的居民主要经济形态为游牧，兼营狩猎和渔猎，生计中农业因素较弱。对于先前研究中普遍揭示的相较于青铜时代，进入早期铁器时代后，粟、黍类作物被更多的欧亚大陆内部先民纳入食谱中的现象，结合作物生长积温要求和过去气候重建，研究者认为至少在阿勒泰地区，环境条件不利于发展粟黍农业，推测早期铁器时代人群大规模的流动促进了粟、黍类作物在整个欧亚大陆人群食谱中的流行。

布尔津图瓦新村墓地

2013 年，新疆考古所研究人员对喀纳斯南部山坡上的图瓦新村墓地展开了发掘，共发掘墓葬 9 座，另有祭祀遗迹 1 座。这些墓葬地表均有石堆，部分石堆外侧还有石圈。墓室均为竖穴土坑，葬具有石棺和木棺等。因为盗掘严重，仅从保存较好的墓葬判断，葬式流行仰身直肢葬。出土器物有陶、铜、铁、金、石、骨等各类，其中多数为马具，且多数墓葬中随葬整马。依据上述发现，发掘者认为图瓦新村墓地在文化上主要体现了与巴泽雷克的关联，游牧经济当是这一人群的生计主导，其中一座早期的墓葬则属于切木尔切克文化遗存，另外一个晚期墓葬应属于唐宋时期生活在这里的突厥人的遗存（于建军和胡兴军，2014b）。

（二）准噶尔盆地西部

额敏铁厂沟沿线墓地

2002 年，新疆考古所的工作人员在额敏县境内进行了比较系统的考古调查，因公路施工需要，对其中的 7 座墓葬进行了抢救性发掘。这 7 座墓葬分别位于一碗泉和库拉苏，地表均有土石构成的封堆，有些封堆上还立石。墓葬形制均为竖穴土坑，葬式均为仰身直肢，个别死者指骨或趾骨缺失。出土有带柄铜镜、铜马衔、铜镞、玻璃珠等。发掘人员根据上述调查和发掘所见，推断这些墓葬属于早期游牧部族的墓葬，时代为公元前700至公元前500年间（刘学堂和托乎提，2002）。

塔城白杨河墓地

2010年，为了配合水库修建，新疆考古所组织工作人员对塔城白杨河墓地进行了发掘，共计发掘墓葬51座。这批墓葬地表均有卵石封堆，部分封堆外层再有一层或两层石圈，其中9座揭开封堆后不见墓室或人骨。墓葬形制有竖穴土坑、竖穴偏室、竖穴石棺、竖穴木棺等。葬式有仰身直肢、侧身屈肢等，一个墓室中葬一人或多人。出土遗物数量较少，按照材质区分有陶器、木器、铜器、石器、铁器和金器。根据出土器物特征，可见阿勒泰、伊犁、吐鲁番等多个地区的影响。测年结果显示这一墓地的时代约为战国至西汉，根据随葬器物、墓地周边环境等判断，该墓地人群主要生计形态为游牧（王永强和田小红，2012）。

裕民阿勒腾也木勒水库墓地

2011年，为了配合水库的修建，新疆考古所的研究人员对裕民县阿勒腾也木勒水库墓地进行了发掘，共发掘墓葬100座。所有墓葬均有地表标识，绝大多数为石堆，偶见石围石堆。墓葬形制有竖穴土坑、竖穴偏室、竖穴石棺、竖穴石室等。葬式有仰身直肢、仰身屈肢、侧身屈肢、侧身直肢等。尽管墓葬数量多，但是随葬器物较少，依材质可分为陶器、石器、铜器、铁器、金器、骨器等。依据葬俗葬式、随葬器物等，结合年代测年结果，发掘人员认为这批墓葬时代差异明显，最早期的墓葬出土有切木尔切克文化的典型器物——橄榄型灰陶罐，年代测试结果显示这类墓葬的时代为距今4 200年，另外一些侧身屈肢的石棺墓也属于早期墓葬，时代为距今3 500年前后，文化上体现了与安德罗诺沃的相似性。然而上述早期墓葬数量较少,更多的墓葬属于早期铁器时代,在这些墓葬附近发现有鹿石,体现了欧亚草原游牧文化的影响。此外还有一些墓葬甚至可以晚至汉晋时期(胡兴军和艾涛,2017)。

(三)伊犁河谷地区

察布查尔索墩布拉克墓地

1990年,因发展需要,新疆考古所的工作人员发掘了察布查尔县索墩布拉克墓地,共发掘墓葬33座。这些墓葬均有地面标识,一般为土石结构的封堆,封堆外侧再有一层或两层石圈,多数封堆下有一个墓室,少数有两个,仅有一座封堆下不见墓室。墓室形制有竖穴土坑和竖穴偏室两种。值得注意的是一座封堆下两个墓室可见竖穴偏室和竖穴土坑组合。葬式一般为单人仰身直肢葬,一些墓室中骨骼严重扰乱。出土的器物有陶器、铜器、铁器等,其中陶器中有一定比例的彩陶,彩陶纹饰流行重叠倒三角纹、杉针纹、山脉纹等,器型主要为壶、罐、釜和钵等。依据出土材料中频繁出现的动物骨骼和石磨盘,发掘者认为这处墓地的使用者过着相对定居的生活,以畜牧业为主。年代测试结果显示索墩布拉克墓地的年代为距今2 500年至1 700年,推测属于塞克-乌孙遗存(张玉忠,1999)。研究人员对索墩布拉克古墓群出土的人头骨进行研究,结果显示这个早期铁器时代人群颅型偏短,与欧洲人相似,尤其是中亚两河类型和古欧洲类型(陈靓,2003)。

2001—2004年间,为了配合喀什河上吉林台水库的修建,新疆考古所的工作团队连续几年对库区可能威胁到的墓葬和遗址进行了调查、发掘和清理,累计发掘墓地逾10处,墓葬700多座。这批墓地共性显著,但是每一处墓地的构成性质都不是单一的。以下分墓地对各项发现和认识进行简述。

尼勒克穷科克遗址和墓地

2001年,新疆考古所的工作人员发掘了穷科克墓地,共发掘墓葬55座。这些墓葬普遍有土石构成的地面封堆，一些封堆下面还有石圈。多数情况下，一座封堆对应一个墓室，一些大型封堆下可能有2到3个墓室。墓葬形制有竖穴土坑和竖穴偏室，多数有石棺构成的葬具。葬式一般为单人仰身直肢，部分墓主人缺少指骨或趾骨，另有零星个体有头骨穿孔现象。出土器物有陶器、木器、骨器、铁器等，陶器中有相当比例的彩陶。年代测试结果显示这一处墓地距今3 000—2 000年，其中一号墓地年代较早，二号墓地晚于一号墓地。除了墓葬，发掘过程中还发现一号墓地墓葬之下叠压了一层文化层，有房址、灶等遗迹，出土器物类型、形制等表现出与安德罗诺沃文化之间的联系，时代应为距今3 000年（刘学堂和关巴，2002；刘学堂和李溯源，2002）。针对穷科克墓地出土的牙齿，刘武等（2005）观察了牙齿的磨耗情况和骨质隆突发育情况，认为这一人群食物中淀粉类的比例较低，但食物偏硬，甚至人群可能需要将牙齿用作工具，导致生前脱落较多且磨损严重，因此推断该人群生业经济应为狩猎-采集型。研究人员采集了穷科克一号墓地出土的人骨进行同位素食谱分析，研究认为该墓地早期铁器时代居民食物中含有充足的肉类资源，暗示其畜牧业经济的发达，而植物性食物中包含少量C_4植物类型，表明其在牧业经济外，还发展了粟黍农业（张全超和李溯源，2006）。

尼勒克乌图兰和呼吉尔台墓地

同年，该团队还发掘了乌图兰墓地和呼吉尔台墓地，两个墓地距离较近，文化面貌相当，因此此处合并介绍。两处墓地共发掘墓葬8座，另外清理了一座被严重盗掘的高规格墓葬。与穷科克墓地一致，这两处墓地墓葬地表也都有封堆，封堆下可见石圈和积石。墓葬形制亦为竖穴土坑和竖穴偏室，偏室的墓口多用大型条石封堵。被盗的墓葬形制相对特殊，地表是大型石圈，而石圈是由40个小石堆构成的，此外墓室也较其他的大得多，推测这座墓葬的墓主人地位显赫。依据这两处墓葬表现出与穷科克墓地相似的葬俗,但是又有进步,发掘人员推断这两处墓地的时代相对较晚,可能在距今2 500—2 000年(刘学堂和李溯源,2002)。

尼勒克加勒克斯卡茵特墓地

加勒克斯卡茵特墓地位于尼勒克县喀什河上游南岸的山前。2003年,多个单位联合对这一片墓地进行了较系统的发掘,共发掘清理墓葬106座。首先,这处墓地的墓葬均有地表标识,有石堆、石围石堆、土堆等,石围的形状以圆形为主,另有小部分呈方形或橄榄形,一些封堆外侧修建有环壕。一般一座封堆下有一个墓室,少数有两到三个墓室,墓葬形制有竖穴偏室、竖穴土坑、竖穴二层台等,葬具有木椁、石棺等。虽然墓室中骨骼遭受明显的扰动,但是依然可以发现一些比较奇特的葬俗,如断指、颅骨变形、颅骨穿孔等,能判断葬式的多数呈仰身直肢状。出土器物有铁器、陶器、金器、骨器、石器等。从墓葬普遍随葬有羊骨,但是又有磨盘、磨棒等推测墓地的先民主要生业模式为游牧,可能也进行小规模的种植业生产。依据上述发现,结合周边已知的考古学文化及其特征,发掘者认为加勒克斯卡茵特墓地这些墓葬时代相对统一,推测年代为公元前5世纪至公元前后(周小明,2004;李溯源等,2011)。有学者注意到带有环壕的墓葬,称之为围沟墓,可能与当时强势的秦文化有关,并且注意到墓葬中发现有山字纹铜镜等中原文化因素的器物,认为这属于秦汉时期东西文化交流的典型例证(谭玉华,2014)。此外还发现有镶红宝石的戒指,戒面上的人物形象显现出希腊风格,证实了西亚乃至欧洲的影响至汉晋时期也已到达了伊犁河流域(李溯源,2006)。

尼勒克别特巴斯陶墓地

同年,新疆考古所的工作人员还对别特巴斯陶墓地进行了发掘,共发掘墓葬93座,另外还有一座大型祭坛。别特巴斯陶墓地的所有墓葬均有地表建筑，一般为土堆或石堆，有些土堆外围还有单层或双层的石圈。根据封堆的大小，这批墓葬可简单地分为大、中、小型，大型墓封堆之下可能有大于一个的墓室，墓室也相对较大，中型和小型墓葬封堆下均有一个墓室，墓室形制有竖穴土坑和竖穴偏室两种。与加勒克斯卡茵特墓地类似，在别特巴斯陶墓地同样发现有断指习俗，表现为死者指骨或趾骨缺失，显示出两个相近的墓地可能为同一批人群的遗存，发掘者推测别特巴斯陶墓地时代同为战国至汉晋时期（刘学堂等，2004）。

新源铁木里克墓地

1981年和1982年，新疆考古所的研究人员就曾分两次对新源县铁木里克墓地进行了发掘，两次共发掘清理墓葬15座。发掘的墓葬地表均有大小不一的封堆，但是墓葬形制区别较大。发掘的墓葬中，形制有竖穴单室木椁、竖穴双室木椁、竖穴填石、竖穴土洞（偏室）四种形式，大多数墓室内骨骼扰乱，未经扰乱的单人葬式为仰身直肢。出土器物种类和数量均较少，有陶器、石器及铜器。陶器均为素面，器型有壶、罐、盆和钵。因发掘墓葬较少，且此前发现的同类器物较少，缺乏对比，仅初步判断铁木里克墓地可能与活跃于这一地区的塞种人有关，时代可能为公元前5世纪左右，晚期可能到西汉之前（张玉忠，1988）。2004年，研究人员再一次发掘了铁木里克沟口墓地，与上述加勒克斯卡茵特墓地类似，铁木里克墓地墓葬也都有地表建筑，墓室形制也比较多样，值得一提的是，出现了圆木掏挖形成的木棺，这类型的木棺此前更多见于塔里木盆地。另外铁木里克墓地出现了轮辐状的地表建筑，表现为从圆形封堆对称地引出四条放射状的石条，但是封堆下不见墓室，推测这属于一种特殊的祭祀性质的遗存。依据上述发现，发掘人员推断铁木里克墓地的年代为公元6世纪至公元前后（周小明，2004），与早些年的认识一致。

特克斯恰甫其海水库墓地

2003年,为了配合恰甫其海水库的修建,西北大学和新疆考古所联合发掘了特克斯县恰甫其海墓地,共发掘清理墓葬73座。这批墓葬地表普遍有圆形或椭圆形的土石封堆,有些石堆外侧再有一圈石圈,有5座封堆之下不见墓室。墓葬形制有竖井偏洞和竖穴土坑两种,一般为单人仰身直肢葬,少数为双人合葬,偶见侧身屈肢葬式。出土器物有铁器、陶器等,铁器多为武器类,陶器器型多为壶和罐。依据出土器物、葬俗葬式等,发掘人员判断这是一处与塞克-乌孙人有关的墓地,时代为公元前4—前3世纪,晚期的墓葬时代可能到东汉时期(陈洪海和吕恩国,2006)。

因为伊犁地区发现和发掘了众多的古代墓葬,出土了数量较多、保存较好的人骨,韩康信和潘其风(1987)最早在这一地区开展研究。他们首先选取了昭苏土墩墓出土的被认为是塞种人和乌孙人的头骨进行了研究,结果显示这些头骨中既有比较明显的高加索人特征,又有少数个体表现出典型的蒙古人种特征。因此,他们认为这个区域汉代前后有不同人群融合和混居现象。2001年至2004年的一系列发掘工作又出土了不少更早一些时段的人骨。研究者对上述穷科克一号和二号墓地、库吉尔沟墓地、阿克布早沟墓地、萨尔布拉克沟墓地、吉仁托海墓地、别特巴斯陶墓地、加勒克斯卡茵特墓地、铁木里克墓地、彩桥门墓地9个墓地出土的较完整的179具颅骨进行了测量,结果显示尽管这些墓地时代上有较大差别,但人种结构无太大差别,与通过考古学材料判断其属于同一个文化体系——索墩布拉克文化的认识是一致的。此外,研究还显示吉林台地区人群颅骨特征与新疆其他地区的颅骨特征有明显的差异,反倒是与中亚地区的有一些相像,证实了这一地区青铜时代晚期至早期铁器时代文化交流的深入(张林虎,2014;张林虎和朱泓,2013)。在上述伊犁河谷的人骨样品中,张群等(Zhang et al.，2018)首先报道了一例头骨穿孔现象,穿孔位于该中年男性个体的枕骨上部,呈不规则状,无明显的愈合痕迹,穿孔周围有切割痕迹,推测穿孔的目的是手术治疗,因为在同一颅骨的右侧顶骨上发现有骨折。张全超等(Zhang et al.，2019)又报道了一例头骨左侧生长有骨赘的病例,该年轻的男性个体出自早期铁器时代的穷科克墓地,繁花一样的骨赘生长于颞骨部位,推测该骨赘可能伴随了这一个体的大半生。

除了大量出土的人骨材料,伊犁河谷地区众多的遗址中还出土了大量的各种类型的金属器,尤以铜器数量最多。有研究团队分析了伊犁河谷地区多个遗址出土的各类铜器,结果显示,在不同的发展阶段,伊犁河谷的铜器成分始终以锡青铜为主,然而伊犁本地就发现有奴拉塞铜矿遗址,该矿区的典型产物是铜砷铅三元合金,至于为什么在本地遗址中不见消耗奴拉塞铜矿产物还需要更深入的研究。此外,研究还提出新疆存在至少两种铜镜合金工艺,包括铜锡铅三元合金和铜锡合金(凌勇等,2008b),并据此提出在今后的研究中不仅应该重视成分的检测,还应该重视对矿料来源的追溯以及对铜矿本身的深入研究(凌勇,2008)。然而,陈藩等(2016)对伊犁博物馆内收藏的 25 件铜器进行了研究,结果显示多数为红铜和锡青铜。值得注意的是发现了一件铜锌锡铅四元合金铜器,不同的器物类型可能有不同的配比,而这批铜器的制造工艺包括铸造、热锻和冷加工。针对以上发现,该团队提出至少在伊犁地区,可能并不像以往的研究者认为的以铜锡合金为主(凌勇等,2008b),情况可能复杂得多。为此,该研究团队后续做了更深入的研究,系统分析伊犁河谷地区 4 个遗址的铜器和矿源信息,认为在青铜时代,伊犁地区的铜器以铜锡合金为主,可能为外地生产的,至早期铁器时代,铜器中锡的比例明显下降,变成铜砷铅合金,可能为利用本地奴拉塞铜矿出产所制造。从加工工艺来看,多数为铸造，一些特殊的器物加入了热锻工艺或冷加工技术，这一研究证实了青铜至早期铁器时代伊犁河谷地区存在铜器、原料、技术等迁移（Wang et al., 2019）。该团队还研究了稍晚时期昭苏波马古城出土的精美金器，除了合金成分外，主要关注其焊接工艺，认为他们在焊接过程中可能利用温度的变化提高工艺的牢固度（Yang et al., 2020）。不仅仅是铜器，金属器作为早期丝绸之路上的重要生产、生活用品，也可以揭示出很多重要的东西文化交流信息（陈坤龙等，2018）。如，铜鍑一般出现在游牧部落活动的区域，是欧亚草原文明的重要产物，主要用作炊煮器，在中国北方有广泛的分布。新疆的铜鍑多数发现于北疆地区，其中伊犁河谷最多，多数学者认为铜鍑与斯基泰人相关（王博，1995；郭物，2003，2012）。李溯源等（2013）从考古学的角度研究了伊犁河谷地区发现的铜鍑，认为铜鍑的时代具有连续性，表明了伊犁河谷地区文化的稳定性。同时，他们对比中原黄河流域的发现，认为两地的文化交流发生较早，而同一区域阿尕尔森铜器类型的发现又证实了伊犁地区与欧亚草原各文化很早就建立了联系（李溯源，2014），展示了铜鍑及其他铜器类型在关联考古学文化交流方面的优势。梅建军等（2005）对北疆 5 个地点出土的 5 件铜鍑进行了成分分析，认为新疆早期的铜鍑是用红铜铸成，而晚期铜鍑的成分为铜锡铅合金，有使用了本地矿源的可能性。

2010 年，为了配合各项基础建设，新疆考古所再次组织人员对尼勒克县、特克斯县以及新源县的 5 处墓地进行了集中发掘，其中 3 处墓地（汤巴勒萨伊、别斯托别和阔克苏西 2 号）已有独立简报发表。另外位于尼勒克县的铁勒克萨依和铁列克布拉克墓地破坏严重，出土器物较少，未专门报道。在铁勒克萨依墓地，考古工作人员共清理墓葬 12 座，地表均为石堆或石圈石堆构成的地面标识，封堆下一般为竖穴偏室墓，葬式均为仰身直肢，出土器物有各类材质的装饰品等。研究推断这些墓葬属于游牧文化人群,时代约为公元前后。在铁列克布拉克墓地,共发掘墓葬5座,这些墓葬地表均有圆形石堆,墓室结构为竖穴土坑,葬式为单人仰身直肢,推测其与铁勒克萨依墓地时代相当,亦属于公元前后的游牧人群遗存(阮秋荣,2011)。

尼勒克汤巴勒萨伊墓地

新疆考古所组织人员于2010年对尼勒克县汤巴勒萨伊墓地进行了发掘,共发掘墓葬26座。因汤巴勒萨伊墓地所在区域草场发育良好,墓葬上均覆盖有草皮,揭开草皮后可见卵石或黄土构成的封堆。依据墓葬形制、葬俗葬式、出土器物等,发掘人员判断这些墓葬时代差异明显,大致可分为三个时期,分别是青铜时代、铁器时代和唐代甚至更晚。属于青铜时代的墓葬共9座,地表均为土堆,多数为单人葬,葬式均为侧身屈肢,另有一座火葬墓。随葬的器物主要为陶器和铜器,多见喇叭口耳环、平底罐等明显带有安德罗诺沃文化特征的器物,由此可以推知汤巴勒萨伊早期墓葬属于安德罗诺沃文化遗存。中期墓葬共11座,均为石堆墓,单人仰身直肢葬,随葬器物有陶器、铜器、铁器、骨器、金器等。依据伊犁地区此前发现的此类墓葬的时代特征,发掘人员认为汤巴勒萨伊墓地中中期墓葬属于公元前5—前3世纪的塞克-乌孙人遗存。另有晚期墓葬6座,出土器物中发现有唐代风格的铜镜残片。发掘人员据此认为这一类墓葬最早不会早于唐代(阮秋荣,2012a)。王伟等(Wang et al.,2021)采集汤巴勒萨伊墓地最早期的1例人骨及1例马骨进行同位素食谱分析,数据结果显示所分析的人骨个体食物来源几乎全部为C_3食物,与附近沟口墓地出土的同时期的人骨表现出明显的差异。

新源别斯托别墓地

2010年,新疆考古所研究人员发掘清理了新源县别斯托别墓地,共发掘墓葬3座。墓葬均有直径在20米以上的封堆,封堆下为竖穴二层台墓室,墓室中一般埋葬多人,葬式多呈仰身直肢。随葬器物有壶、单耳罐等陶器,另有铜镞、铁镞等金属器,此外还出土了一些金器,主要类型是装饰品。依据上述发现,结合周边此前的考古发现和年代认识,发掘人员认为这处墓地同属于塞克-乌孙遗存,时代应为公元前一千纪下半叶,年代测试结果显示这一墓地约为公元前4—前3世纪(阮秋荣,2012b)。

特克斯阔克苏西2号墓地

同年,新疆考古所的工作人员还对特克斯县阔克苏西2号墓地进行了发掘,共发掘墓葬93座。墓葬地表均有土或石构成的封堆,其中10座封堆之下不见墓室,因此,实际发掘墓葬数量计83座。墓室结构有竖穴土坑、竖穴偏室和竖穴石室,第一种数量最多。依据墓葬形制和出土器物,发掘者认为这些墓葬分属青铜时代和早期铁器两个时代。青铜时代的墓葬共7座,地表主要为黄土封堆,墓室有竖穴石室和竖穴木椁两种,其中竖穴石室墓西侧出现斜坡墓道,这属于一种新的文化现象。而竖穴木椁墓墓室底部东侧有一小偏室,偏室内葬人。出土器物主要为各类平底罐,另有少量铜饰件。发掘者认为这些墓葬出土器物和埋葬习俗均反映了安德罗诺沃文化传统,年代测试结果显示这些墓葬距今3300年前后。发掘的早期铁器时代墓葬共76座,地表封堆主要由卵石构成,一般一个封堆之下有一个墓室,个别为双墓室。墓葬形制主要为竖穴土坑,另有少量竖穴偏室墓,葬式以单人仰身直肢葬为主。出土器物有铜器、陶器、铁器、石器等。年代测试结果显示这一类型的墓葬时代约为公元前8—前4世纪,属于早期铁器时代遗存(阮秋荣等,2012)。

(四)天山中部地区

昌吉努尔加墓地

2012年,新疆考古所的研究人员对昌吉市努尔加墓地进行了抢救性发掘，共发掘清理墓葬 53 座。墓葬地表多数有卵石堆积成圆形，有些石堆外围还有方形的石围。一个石堆下一般有一个墓室，少数有两个墓室。墓室形制多数为竖穴土坑，另有竖穴偏室墓，甚至是双偏室。葬式多为单人仰身直肢葬，少数为侧身屈肢。出土器物数量较少，种类有陶器、铜器、铁器、骨器、石器等，另外还发现有桦树皮缝制的箭囊。陶器数量虽少，但是器型较多，有单耳带流罐、单耳罐、钵等。依据上述发现，发掘人员认为努尔加墓地所处的时代应为青铜时代至早期铁器时代，生业经济以畜牧业为主，石磨盘的发现可能也指示农业生产活动的存在（于建军和阿里甫，2013）。

石河子南山墓地

1998 年，新疆考古所与多家单位联合对石河子南山墓地进行了抢救性发掘，共发掘墓葬 13 座，均有封堆，其中有两座封堆下未见墓室或人骨，剩余的 11 座墓葬存在竖穴土坑和竖穴偏室两种墓室形制，墓室内一般葬一人，仰身直肢。随葬器物有陶器、铁器、铜器等，几乎所有墓葬都随葬有羊的某个部位。根据葬俗葬式和随葬器物，发掘人员认为南山墓地属于一处早期铁器时代墓地，同时体现了吐鲁番盆地和伊犁河谷地区同时代文化对它的影响（刑开鼎等，1999）。陈靓（2002b）对南山墓地早期铁器时代墓葬出土的人骨的种系分析也显示该人群主体表现出欧洲人种的特征，但也有个别个体表现出明显的蒙古人种特征，显示出人群组成的复杂性。

呼图壁石门子墓地

2008 年，为了配合水库的建设，新疆考古所主导了对呼图壁县石门子墓地的发掘工作。地表有封堆为判断标准，共发掘墓葬 56 座，其中 20 座揭去地表封堆即现生土，不见任何骨骼或遗物，排除这一类后计发掘 36 座墓葬。墓葬形制以竖穴土坑为主，另外少量竖穴石棺、竖穴石室墓，或之间在封堆下地表葬人，无墓室。葬式以仰身直肢葬为主，偶见侧身屈肢，一般为单人葬或两人合葬。随葬器物中陶器数量较少，主要是铜器，另有少量的铁器、金器、骨器和石器。铜器多数为马具和武器，展示了浓郁的草原文化。依据上述发现，发掘人员判断石门子墓地的主体文化应属于早期铁器时代的畜牧人群，而其中两座屈肢葬的墓葬被认为可能与安德罗诺沃文化有关(张玉忠等，2014)。王璞等(2014)对石门子墓地出土的27件铜器进行了分析，数据显示在石门子墓地早期铁器时代的墓葬中随葬的多数铜器为铜锡合金，但是不同功能性质的铜器原材料不同，表现为马具使用了性能更好的原材料，而箭镞则较普通，制作工艺包括铸造和热锻，相对比较简单。

阜康西沟墓地

2010年，为了配合基建，新疆考古所的研究人员对阜康市西沟附近的遗址和墓葬进行了清理和发掘，共发掘遗址两处，墓葬23座。遗址中遗迹类型单一，均为灰坑。发现的遗物主要来自地表捡拾，多为碎陶片和各类石器。根据器物类型判断，遗址当属青铜时代晚期遗存，距今3 000年前后。墓葬地表均有小石堆，墓葬形制主要有竖穴土坑和竖穴偏室两类，葬式主要为仰身直肢葬，偶见侧身屈肢葬，偏室墓中一般随葬有马匹。竖穴土坑墓中出土的器物类型有单耳罐、单耳杯、壶等，彩陶数量较多，纹饰有竖线纹、三角纹等。竖穴偏室墓中出土了大量的铜器，多为车马饰件，另有铜镜等。依据上述发现，发掘人员认为西沟墓地的墓葬分早晚两期，早期应为公元前1千纪中叶的早期铁器时代遗存，与苏贝希文化有显著的关联，晚期墓葬时代应为公元7—8世纪，文化来源非常复杂(党志豪和索琼，2016)。

吉木萨尔大龙口墓地

为了抢救一批遭到严重损毁的墓葬，新疆考古所研究人员于

1993年对吉木萨尔县大龙口墓地开展了考古发掘,共发掘清理墓葬10座。根据发掘前地表情况判断,所有墓葬均有封堆,封堆大小差异较大,有些封堆外围还有石圈。墓葬形制有竖穴土坑、竖穴木椁、竖穴石室以及竖穴二层台墓。墓室内葬一人或完全不见人骨,流行仰身直肢葬。出土器物有陶器、铜器、铁器、银器、金器及玛瑙,另外在大型石堆石圈带竖穴二层台墓中发现有一块鹿石。陶器有双耳罐、单耳罐等,小部分为彩陶,纹饰为竖条纹或网纹。依据上述出土的器物类型、墓葬形制等,发掘人员判断大龙口墓地的时代约为公元前1千纪,主体文化处在早期铁器时代,最晚可能到汉代早期。出土的器物反映了来自多个区域的影响,有哈密盆地、吐鲁番地区、伊犁河谷等,甚至有欧亚草原地区的影响,推测该墓地的使用者应该是塞克人(张玉忠等,1997)。

沙湾宁家河水库墓地

2011年,新疆文物考古研究所的研究人员对沙湾县宁家河水库淹没地区进行了抢救性发掘,共发掘墓葬115座。根据墓葬形制,可将这批墓葬分为竖穴石室墓、竖穴偏室墓、竖穴土坑墓以及无墓室墓四种形式,葬式以仰身直肢葬为主。根据出土器物、葬俗葬式等,发掘人员认为这一墓地墓葬分属于不同的时代,有不同的文化属性,其中有少量青铜时代的墓地,当属安德罗诺沃文化遗存,大量的墓葬属于早期铁器时代,与天山中部各类型文化相关,另有少量墓葬属于汉代前后以及唐至元,这些发现显示宁家河水库墓地有非常复杂的文化构成(胡兴军等,2020)。

沙湾大鹿角湾墓地

2014年和2015年,新疆考古所的研究人员对沙湾县大鹿角湾墓地展开了考古发掘,共发掘墓葬69座。墓葬形制有竖穴土坑、竖穴偏室、竖穴二层台三类,竖穴土坑墓中一部分有木质葬具,其他的一般在墓底铺一层小石子。所有类型的墓葬地表均可见圆形封堆。多单人葬,葬式有仰身直肢、侧身屈肢等。竖穴二层台墓葬的二层台上一般随葬有羊、马和狗,竖穴偏室墓墓道一般随葬马、牛、羊,或者狗。出土器物有陶、铜、铁、金、木等类器物,此外还有皮制品得以保存。器型有刀、镞、锥、罐、壶等生产生活类物品,亦有项链、耳环等装饰品。根据出土器物、墓葬形制,以及与周边已知年代的遗址的对比,发掘人员认为大鹿角湾墓地的主体文化应处在早期铁器时代,墓葬中普遍大量随葬的动物,表明该人群经济形态以游牧为主(张杰和白雪怀,2016)。

吐鲁番艾丁湖墓地

艾丁湖古墓葬因长期强烈的风蚀而暴露出地表并遭到盗掘,为了抢救这批墓葬,多家单位联合于 1980 年对其进行了发掘和清理。共清理墓葬 50 座,墓口全部遭到破坏,根据残留的部分判断,形制均为竖穴土坑,流行单人仰身直肢葬。出土文物类型有陶器、石器、铜器、铁器、金器,陶器数量多,器型多变,流行单耳罐,且彩陶占了很大的比例,纹饰流行三角纹、网格纹等。因当时该类型墓葬发掘较少,原报告中将艾丁湖墓地的时代定为汉代前后(李遇春和柳洪亮,1982)。随着对吐鲁番地区不断的考古发现,目前学术界倾向于认为艾丁湖墓地的文化属性应为苏贝希文化,主体时代应处在早期铁器时代(邵会秋,2012;孙少轻,2018)。

吐鲁番加依墓地

2013 年年底至 2014 年初,吐鲁番学研究院和新疆考古所联合发掘了加依墓地,共发掘墓葬 217 座。墓葬形制主要为竖穴土坑,另有少量竖穴偏室,有一些墓葬依然可见地面上有土坯砌成的墓垣。流行仰身屈肢葬,多数墓室葬有一人,亦有多人合葬的情况。大多数墓室底部保留有木质葬具,与洋海墓地的葬具类似,同样为四角由圆木支撑制成木质尸床,有榫卯结构。出土的器物中,陶器、木器数量最多,其次有骨器、铜器、金器以及纺织品、料珠、海贝等。陶器中又以彩陶为大宗,器型有单耳罐、圈足器、立耳杯、钵、盘等,彩陶的纹饰有三角纹、流线纹、涡纹等。因多数墓葬保存较好且仅葬一人,男性墓葬中多陪葬有弓、箭等,暗示其生活中多进行与动物相关的工作,女性墓葬中多陪葬有纺轮、陶罐等,指示其主要从事手工业生产,结合墓葬中多陪葬羊,另有少量马,以及流行用植物种子陪葬的习俗,发掘人员认为加依墓地人群生业模式以畜牧和狩猎为主,兼营小范围的园圃式农业。从加依墓地出土的大量具有鲜明苏贝希文化特色的彩陶罐以及墓葬形制等判断,其文化属性为苏贝希文化应是确认无疑的(王龙等,2014)。吐鲁番加依墓地出土了大量的青铜至早期铁器时代人骨材料,张全超等(2017)对这一批人骨材料的牙齿磨耗、口腔疾病和骨质隆起情况进行了评估,结果显示加依墓地先民牙齿磨耗程度较重,龋齿罹患率较低,牙结石较重,骨质隆起明显,认为加依墓地青铜至早期铁器时代人群食物中包含了大量的肉类,兼有一定量的谷物摄入。除了上述常规的体质人类学研究工作外,张雯欣等(Zhang et al.,2021)报道了对吐鲁番地区三个苏贝希文化墓地出土的头骨的创伤检测结果。研究发现,在洋海、胜金店和加依墓地的人群头骨上创伤多有发现,且多数不见愈合痕迹,可见这些创伤与受伤个体的死亡密切相关。研究还发现头骨创伤涉及的部位非常多,且多数创伤可能是金属武器袭击所致。根据对受伤人群的年龄、性别等的综合分析,研究者认为这些创伤非战争导致,更可能是因外来游牧人群袭夺财物而产生的肢体冲突,而这一类因争夺资源而产生的剧烈冲突在中国北方两种经济类型交汇的地带历来不鲜见(Zhang et al.,2019)。吐鲁番加依墓地同样因为气候干燥,墓葬保存条件优越,其中一些墓主人身上依然可见明显的植株覆盖,蒋洪恩等(Jiang et al.,2016)对其中一些植株进行了研究,发现有十多株完整的大麻。此外,一些随葬的陶罐中也有磨碎的大麻,可见大麻对于当时生活在加依的人群一定有非常特殊的意义。先怡衡等(2020a)对加依墓地出土的绿松石文物进行了化学成分分析,结合已经建立的数据库,认为其源于中原地区的可能性很小,可能是本地出产的绿松石。

托克逊英亚依拉克墓地

1983年,吐鲁番地区文管所的工作人员对托克逊县英亚依拉克墓地遭到严重盗扰的墓葬进行了清理并对暴露的文物进行收集,共清理墓葬9座,从其中一座墓葬底部清理出了一件装饰有网格纹的单耳壶,此外还发现有素面陶罐、皮毛制品等。根据有限的发现,发掘人员认为这一处墓地与此前发掘过的艾丁湖以及苏巴什墓地文化属性相似,时代应为春秋战国时期,晚期可能已进入汉纪年(柳洪亮和张永兵,1985)。

托克逊喀格恰克墓地

1983年,考古工作人员清理了托克逊县遭到破坏的喀格恰克墓地,共清理了15座墓葬。后期破坏使得发掘现场无法判断一些墓葬是否有地表标识,甚至无法确认墓葬形制和葬式,但是根据保存较好的墓葬情况看,当时墓口应该有棚木,棚木上可能铺了芦苇编织的毡席及其他杂草,最后封土。本次清理发现了数量众多的陶器,其中彩陶数量尤其多,流行三角纹、网格纹、涡纹等,器型以单耳罐、杯、壶为主,此外还发现有石器、草编物等。根据出土器物等,发掘人员认为喀格恰克墓地的时代与苏巴什墓地的早期阶段相当,应该为公元前1千纪中叶的文化遗存(柳洪亮等,1987)。

鄯善苏巴什墓地

研究人员于1980年对鄯善苏巴什墓地的8座墓葬进行了发掘和清理,这8座墓葬的形制并不一致,有竖穴土坑墓和竖穴偏室墓,但是共同点在于墓地底部均保留了木框搭建的尸床,不见榫卯结构,墓室内均葬有多人。两类墓葬中的随葬器物也表现出明显的差异,竖穴土坑墓中一般随葬有彩陶罐和铜器,不见铁器,而竖穴偏室墓中不见彩陶,随葬有铁器。根据上述发现,结合吐鲁番地区已经发掘过的墓葬中的发现,发掘者认为前一类墓葬偏早,时代约为中原的春秋战国时期,而后一类偏室墓大概时代为西汉晚期(柳洪亮和阿不里木,1984)。1985 年,该墓地周边经历了一次严重的盗掘,考古人员赶赴现场时仅发现一些被遗弃的器物,包括大量的陶器、铜器、金器、木器、骨器等,此外还采集到了大量的皮毛制品,其中有保存精良的毛毯,推测原本应该是覆于尸床之上的(柳洪亮,1988)。

鄯善三个桥墓地

1990 年,多家单位联合对鄯善三个桥墓地进行了发掘,共发掘清理墓葬 27 座以及陪葬坑 7 座。墓葬形制有竖穴土坑墓、竖穴偏室墓以及带斜坡墓道的洞室墓,葬式有侧身屈肢和仰身直肢,每个墓室葬一人或多人。发掘出土的器物除了大量的皮毛制品外,有陶器、木器、铜器、石器等。发掘人员根据出土器物和葬俗葬式等,认为三个桥墓地的墓葬分为两个时期,前一时期与苏贝希文化同时,后一个时期约为唐代,而动物殉葬属于第一个时期,殉葬的动物有马、骆驼等。此外,在三个桥属于晚期的墓葬中还发现有点心类食物制成品以及枣和葡萄等(刑开鼎和张永兵,2002)。

鄯善苏贝希墓地

1999 年,研究人员在吐鲁番鄯善苏贝希发掘清理出 3 座房址和 35 座墓葬,其中房址包括居室、牲畜圈和窑址等,墓葬包括竖穴土坑墓和少量的竖穴偏室墓,出土遗物有陶器、木器、石器、铜器、铁器、皮毛制品等。陶器中大部分为彩陶,纹饰有三角纹、网纹等,器型有单耳杯、钵、豆等。年代为距今 2 500—2 300 年(吕恩国和郑渤秋,2002)。因在苏贝希遗址附近多有发现类似文化因素的墓地,而苏贝希墓地为其中较早受到关注的(常喜恩,1983),因此,学术界将这一类文化遗存定名为苏贝希文化(陈戈,2002b;邵会秋,2012;孙少轻,2018)。苏贝希遗址和墓地出土了黍、面条和点心,龚一闻等(Gong et al.,2011)对其进行淀粉粒和植硅石分析,研究显示面条和点心的制作材料均为黍,食物的制作方法包括磨碎后烤制、蒸煮等,而蛋白质组学分析补充证实所谓"面包"为黍和大麦的混合产物(Shevchenko et al.,2014),"面包"实物现在于新疆维吾尔自治区博物馆展出。苏贝希遗址发现有黑色的块状物体,洪川等(2011)利用酶联免疫吸附测定法对其进行了分析,结果显示该块状物体为牛奶或牛奶制品,该研究证实至少在早期铁器时代,新疆先民已经开始利用牛奶。

鄯善洋海墓地

鄯善洋海墓地是一处规模超大的史前墓地,因历年来盗掘活动盛行,对墓地造成了非常严重的破坏。2003年,多家考古单位联合对墓地被盗扰严重的墓葬进行了发掘和清理。共发掘墓葬521座,尚留2 000余座未被盗扰的墓葬未发掘,足见该处墓地规模之大。尽管多经盗扰,但是洋海墓地的发掘依然带来很多惊喜:首先,墓地体量宏大,墓葬形制多样,葬俗葬式多变,时代延续较长;其次,出土器物数量巨大,种类丰富,保存完好,尤其是各类容易腐朽的木器;再次,正因为上述各优势,洋海墓地的发掘能够为明晰吐鲁番地区,乃至整个新疆地区史前文化序列提供非常大的帮助。依据墓葬形制,洋海墓地主要有竖穴二层台墓、竖穴土坑墓以及竖穴偏室墓,地表均不见明显标识。葬式有一次葬和二次葬,二次葬较流行,一个墓室中有葬一人的情况,也有葬多人的情况。从未扰乱的骨骼排布情况看,有仰身屈肢、侧身屈肢以及仰身直肢。保存下来的葬具有四根圆木撑起的木床,带榫卯结构,或用草席、毛毡等盛殓尸体。洋海墓地出土了数量巨大的各类随葬器物,由陶、木、铜、铁、金、银、石及骨角等材质制成,另有大量保存完好的草编器、皮毛制品等,此外还出土有海贝以及各类动物、植物,动物有羊、马、牛、狗等,植物有小麦、青稞、粟、黍等。陶器依器型有釜、罐、杯、壶、钵、盆、豆等,素面居多,彩陶的纹样有网格纹、三角纹、锯齿纹、涡纹等。木器的种类更多,常见的有桶、撑板、纺轮、取火板以及各类碗、盆、钵等。值得注意的是,不少木器上可见刻画有跟彩陶相同或相似的图案,甚至同类型的纹样还能在织物上发现。依据墓葬形制、随葬器物的种类及其变化,发掘人员认为洋海墓地的时代为青铜时代晚期(距今约3 200年)至汉代,主体应处在早期铁器时代,经济形态中既包含畜牧,又有农耕和狩猎的成分。洋海墓地的发现和大量的测年数据显示,像周边其他几个文化类型一样,苏贝希文化也应是始于青铜时代晚期,兴盛于早期铁器时代,且与周边同时期各文化交往密切(吕恩国等,2004,2017;李肖等,2011;吐鲁番市文物局等,2019)。洋海墓地出土了大量的人骨,且保存状况良好。刘武等(2005)首先发表了关于洋海墓地居民牙齿磨耗情况的观察,认为由于生存环境和食物种类的关系,洋海墓地的先民龋齿发病率较低,但牙齿生前掉落的概率偏高,且普遍磨损严重,骨质隆突发育,显示食物较硬且杂质较多,暗示洋海人群的生业经济为非农业。刘政等(2006)与李海军和戴成萍(2011)同样对洋海墓地青铜时代人群的牙齿进行了研究,结果显示洋海墓地青铜时代的居民牙齿患病率较现代居民低,可能与其饮食结构有关,牙齿微痕分析进一步证实他们的饮食结构中肉类占比较高,与采集狩猎人群相似(张全超等,2018)。张全超和朱泓(2006)对洋海出土的61例人骨个体进行了眶顶板孔样病变筛查,结果显示在各个性别和年龄组中均为高发,认为这与洋海居民相对单一的饮食结构、低营养水平、不良的卫生条件等有关,这一结论得到了另一项研究的支持。近期,郝双帆等(2020)选取了洋海墓地出土的未成年个体的颅骨,对这些颅骨观察和测量结果显示,该墓地未成年个体颅骨发育与其年龄相比表现出比较明显的滞后,即发育不良。这一结果显示这些儿童个体面临比较大的营养、健康问题,与当时比较低的生产力水平相关。张林虎和朱泓(2009)针对洋海墓地出土的部分人骨进行了颅骨损伤观察,证实损伤全部发生在成年个体,男女均有,且在人群中损伤出现的频率较高,证实洋海人群面临较大的生存压力。考虑到洋海墓地所处的地理位置,推断高频率的打斗伤可能与抢夺或保卫生存环境相关。李海军(2012)则从下颌圆枕发育的角度探讨了洋海居民可能面临的生活压力,认为比较大程度和比率的下颌圆枕发育与人群的生存环境密切相关。在上述扎实详细的体质人类学工作基础上,刘依等(2021)对洋海墓地不同阶段的人口规模进行了估算,认为支撑洋海墓地的约为3—5户家庭的人口,且该人群预期寿命不到30岁。司艺等(2013)系统采集洋海墓地各时期的人骨对其进行同位素食谱分析,结果显示从青铜时代直至两汉,在肉食资源摄入量整体较高的状态下,不同时期人群对C_3、C_4植物倚重的程度不同,猜测某一时期同位素反映的人群食物结构的统一程度可能与该时期人群构成的复杂性有关(司艺等,2013)。

因为气候极端干旱,吐鲁番盆地的墓葬中得以保存大量的植物遗存,甚至有成型的食物保留,如洋海墓地出土有点心"糜饼",还有面条,即黍米制成品(吐鲁番市文物局等,2019)。

蒋洪恩等(2007)对洋海墓地出土的粮食作物进行了鉴定,发现有黍、青稞和小麦,其中黍的数量最多,可能是洋海人群的主要粮食作物。此外,还发现有胡杨、柳属以及云杉木材,表明洋海人群生活时期这里的环境是显著优于现代的。除了上述常见的植物类型外,洋海墓地还发现有刺山柑(新疆野西瓜),并与大麻共出,推测当时被作为药用或因宗教原因保留了下来。此外还在保留的木盆上观察到小花紫草,研究认为属于装饰(Jiang et al., 2006,

2007a、b)。而葡萄藤的发现则表明洋海人群已经掌握了葡萄种植技术,发展出了园艺(Jiang et al.,2009)。研究人员对洋海墓地出土的一些有火烧痕迹的陶器残片进行了孢粉和植硅石提取,除了上述植物外,还发现有百合属、廖科、豆科、蒿属、菊科、藜科、榆属、麻黄属、龙胆科、桑科和禾本科植物的花粉(Yao et al.,2012)。郑会平等(Zheng et al.,2015)对洋海墓地出土的面食进行了显微观察,结果证实这些面食是将小麦和青稞磨成粉后混合制成的,且未经过发酵。洋海墓地保留了大量的生火装置,有火杆、板等,蒋洪恩等(Jiang et al.,2018)对这些钻木取火装置所用的木材种属进行了鉴定,主要有云杉属、杨属、铁线莲属、马兜铃属和柳属,而马兜铃属甚至可能不是本地生长的树木种类。经实验研究发现,当时取火的方式可能是双手转动取火棒取火。赵美莹等(Zhao et al.,2019)依据上述发现,认为距今 2 000 多年,洋海墓地人群生活的时代,这里的环境尚属湿润,使得人群能够定居于此,从事畜牧业以及园艺。

　　鄯善洋海墓地除了保存上述提及的骨质、木质、皮质等多种材料外,还有部分墓葬人骨上尚存有衣物,黎珂等(2015)对其中的有裆裤的衣物进行了研究,认为分腿裤的出现是对骑马、战争、迁徙等的良好适应,大大地增加了行动的便利,马衔、马镳等马具的大量出土证实了这一时期洋海居民已经开始骑马(艾克拜尔·尼牙孜,2012a、b)。皮铠甲的发现则反映了生活在洋海的居民有防御的要求(陈新勇,2019)。有学者从洋海墓地发现的大量土坯着手,认为土坯反映了吐鲁番盆地与哈密盆地、焉耆盆地同时期人群的文化和技术交流(李春长等,2017),而大量飞去来器的发现证实了狩猎经济对洋海人群的重要性(罗丰,2009)。施罗德等(Schröder et al.,2016)对洋海墓地出土的皮质品进行了 DNA 分析,测试结果显示这些皮质品皮料均来源于山羊、绵羊和黄牛,据此认为,家养动物在洋海墓地先民生活中发挥了非常重要的作用。

凌勇等(2008a)对吐鲁番地区发现的几件苏贝希文化时期的铜器和铁器进行了研究,结果显示鄯善洋海墓地的铜器样品为锡青铜,而托克逊乌斯提沟出土的铜器为红铜,制作工艺均为锻打。此外,他们还分析了洋海墓地出土的一件铁器,结果显示样品为低碳钢类。

鄯善胜金店墓地

2007年至2008年,鄯善胜金店因公路修建取土暴露出一批墓葬,吐鲁番学研究院的考古工作人员对这批墓葬进行了抢救性发掘,共发掘清理墓葬31座。墓葬形制有竖穴二层台、竖穴土坑以及竖穴偏室三种,其中竖穴土坑墓最多。墓口或二层台一般会用圆木或木板作为盖板,并在其上覆毛毡或苇席,最上层在封土之前用枸杞、芦苇、黍、香蒲、麦类植物的秸秆覆盖一层,少数墓葬保留了木质尸床,尸床上甚至还保留有细木条和牛皮条编制的棺罩,再在棺罩上铺设毛毡。墓内多数葬一人或两人,葬式有仰身直肢和仰身屈肢。因极端干燥的气候条件,胜金店墓地随葬的大部分器物得以保存,除了发现的大量木器以及皮毛制品外,还有陶、铜、铁、金、石、玻璃等制品。木制品中除了大量生活用品,如碗、杯、盘、钵等,还出土有生产工具,如橛、纺轮、弓箭等,甚至还有木板结合牛角制成的义肢出土。根据墓葬形制以及出土器物等,发掘人员判断胜金店墓地为一处早期铁器时代的墓地,主体文化面貌与苏贝希文化相同,晚期已进入西汉纪年,生计形态既有明显的游牧,又有农业及狩猎(张永兵等,2013;张永兵和李肖,2013)。胜金店墓地一具保存较好的尸体上保留了毛织物,推测可能同时发挥衣物和毯子的作用,研究人员采用了显微镜、色差仪、台式扫描电镜、能谱仪、高效液相色谱仪等对该织物进行了成分和染料等分析,结果显示其成分为毛,染料中采用了新疆本地生长的植物染料西茜草,此外还有矿物质来源的胭脂虫,新疆并非其原始产地(陈玉珍和赵静,2018)。值得注意的是胜金店墓地同时出土了纺织用具——腰机的部件(陈新勇,2013),有可能是采用了进口的染料,但是在本地完成了生产加工环节。胜金店墓地中还发现有仿绿松石的玻璃珠,王栋等(2020)对其成分进行分析,确认其材质实为中国本土生产的铅钡玻璃,并且有可能是从中原地区传至新疆的。胜金店墓地发现了大量的植物遗存,经鉴定,农作物有小麦、黍、皮大麦、裸大麦(青稞)和粟,其他类型的植物包括葡萄、刺山柑、苍耳、香蒲、芦苇和灯芯草等,不同用途的植物的发现表明植物在胜金店人群的生活中发挥着重要的作用(Jiang et al.,2015)。生膨菲等(Sheng et al.,2018)通过实验观察鱼儿沟和胜金店出土的苍耳的外壳,认为它们的破碎可能是用金属尖锐物品完成的,并且认为大量苍耳的发现可能与其医用价值有关。

王超等(2018)选择吐鲁番地区三处苏贝希文化遗址出土的青稞为材料,对其脱粒方式进行研究,包括手搓、徒手摔打和木棍击打,结果显示洋海、胜金店(李晶静等,2015)和鱼儿沟墓地先民均采用木棍击打的方式对青稞进行脱粒处理。

乌鲁木齐乌拉泊墓地

1983年和1984年,因修建水库,研究人员对乌鲁木齐南郊的乌拉泊墓地进行了发掘和清理,共发掘墓葬46座。所有墓葬均有地面标识,一般为聚石做封堆。均为竖穴土坑墓,有些墓葬有石棺作为葬具。葬式有仰身直肢和仰身屈肢等,一个墓室中葬一人或多人。随葬器物有各类陶器、铜器、铁器、金器、石器等。其中陶器的类型和纹饰与吐鲁番盆地发现的彩陶非常相似,另外还发现凡随葬彩陶的墓葬皆不见铁器,铜器一般与彩陶共出。发掘人员判断乌拉泊水库墓地可能有早晚两期,时代可能为春秋至西汉中晚期,推测乌拉泊水库墓地可能为车师遗存(王明哲和张玉忠,1986)。

乌鲁木齐鱼儿沟和阿拉沟墓地

鱼儿沟遗址和阿拉沟墓地均位于乌鲁木齐市南郊,现属吐鲁番。20世纪七八十年代,考古工作人员就曾经对这两个遗址展开过发掘,清理了几十座墓葬。阿拉沟墓地中包括4座竖穴木椁墓,出土了数量比较多的金饰,此外有银器、铜器、漆器以及丝织品等。结合年代测试结果,发掘人员认为这是一处与塞种人有关的遗址,时代应为早期铁器时代。2008年,新疆考古所的研究人员再一次集中对这两个遗址进行了发掘。在鱼儿沟遗址清理出了石构房屋等建筑遗址,并在房内发现有火塘等遗迹,出土了大量的陶器、石器等。在阿拉沟墓地清理墓葬3座,均为竖穴土坑墓,墓室内有大块卵石构建的石室,石室上架圆木,地表保留有石围、石堆。墓室内葬多人,葬式为仰身直肢。陪葬器物有木器、陶器、铜器、铁器、金器、骨角器等。依据出土器物的组合,尤其是陶器的器型普遍以高颈微敞口彩陶罐、单耳罐等为主,且纹饰以三角纹及其各类变体为主,发掘人员认为鱼儿沟遗址和阿拉沟墓地属于同时期遗存,所属时代应为早期铁器时代(田小红等,2014)。韩康信(1991,2009)对阿拉沟墓地出土的早期铁器时代人骨进行了种系分析,结果显示这批人骨中,绝大多数表现出西方人种的特征,但其内部并不统一,可能是西方不同支系人种混杂的结果,此外有少数个体主要表现出蒙古人种的特征,这一结果证实在早期铁器时代,天山中部地区已经出现了不同来源人群的混居。对早期铁器时代鱼儿沟墓地的植物考古研究中发现小麦、大麦、黍和粟均存在,但粟数量较少,除上述作为主食的粮食作物外,还发现有枣核,此外,一些野生植物如苍耳和稗草也因各种原因保留在了墓地中,而大量云杉木材的发现表明它可能被用作了柴薪(Jiang et al.,2013)。

库尔勒上户乡墓地

研究人员于1995年对库尔勒市上户乡的三座墓葬进行了抢

救性发掘,其中两座为椭圆形竖穴土坑墓,另外一座为甲字形竖穴土坑墓,均为多人葬,前一类型墓葬中人骨未经火烧,而后者甲字形墓葬为火葬,陪葬了马、牛、羊和未经鉴定的禽类。出土器物有陶、铜、铁、金、石、骨等各类器物,此外还发现有海贝。陶器中流行带流器物。根据上述发现,发掘人员认为上户乡新发现的墓葬与群巴克墓地有紧密的文化关联,但时代可能晚于群巴克墓地,属于一处察吾呼文化晚期墓地(何德修等,1999)。

和静察吾呼沟口墓地

和静察吾呼沟口墓地位于天山中部南麓,是一处有千余座墓葬的大型墓地。新疆文物考古研究所领衔的考古工作团队在1983年至1989年间多次对该墓地进行系统的发掘,共发掘墓葬448座,出土了大量的文物。察吾呼墓地分布范围较大,墓葬形制多样,有圆角长方形竖穴土坑墓、竖穴石室墓、洞室墓等,最早期为单人葬,后来逐渐流行多人二次葬,葬式主要为仰身屈肢或侧身屈肢,头朝西或西北。多数墓葬地表有明显的石围标识,多呈弧腰三角形,后期逐渐转变为石堆。随葬器物有陶器、石器、骨器、木器、铜器、铁器、银器、金器等,此外还出土了少量毛织物。出土器物中尤以陶器最多,并且有大量的彩陶,纹饰以三角纹、网格纹为主,器型多样,以带流器为其特色。研究认为,该墓地的主体文化属于青铜时代晚期至早期铁器时代,这一文化面貌区别于之前认识的所有文化,属首次发现,因此,将这一文化类型定名为察吾呼(沟口)文化,时代约为公元前1千纪上半叶。而上述偏室墓或洞室墓代表的文化则稍晚,可能与匈奴有关(周金玲,1988;孙秉根和陈戈,1988;丛德新等,1990a、b;新疆文物考古研究所,1999)。察吾呼沟口墓地墓葬数量众多,其中大量的墓葬有动物陪葬,安家瑗和袁靖(1998)对其中一号和三号墓地出土的一些动物骨骼进行了鉴定,发现有马、牛、羊等,另有少量鹿科动物,依据骨骼和牙齿的发育、磨损情况,认为发现的马、牛、羊年龄较小,应该均属于家养动物,在这些动物里,马的数量最多。然而该数据和结论受到了其他研究人员的质疑(陈戈,2001),因为多数墓葬都随葬有羊。除了上述直接的骨骼证据,察吾呼墓地出土的彩陶上还绘有骆驼(周金玲,1998),上述发现均反映了鲜明的游牧经济特征。察吾呼墓地出土的器物中虽不见农业生产工具,但有磨刀石、纺轮等,更重要的是陶器数量众多,且在陶器残留物中鉴定出由粟、小麦和青稞制成的食物(于喜凤,1999),人群龋齿罹患率较高等证据说明存在农业,而弓、箭等的发现则说明该人群同时还进行狩猎。综合上述发现,研究者认为察吾呼文化属于一支农牧兼营的定居人群(周金玲,1998)。

根据周边地区一系列的考古发掘,陈戈(2001)认为察吾呼沟口文化分布非常广泛,察吾呼沟口墓地仅代表了察吾呼沟口文化的其中一个类型,与之相近的文化类型还有群巴克类型和扎滚鲁克类型。察吾呼沟口墓地包含墓葬数量众多,出土了大量的人骨。韩康信等(1999)对其中三号和四号墓地出土的部分人骨进行了体质人类学研究。首先,从人种类型上看,察吾呼沟口墓地人群主要表现出与欧洲人种的相似性,且在时代较早的四号墓地该相似性尤为突出。其次,对其死亡年龄进行了推算,显示该墓地人群平均死亡年龄约为30岁出头。值得注意的是,在检测的头骨中发现了较大数量的头骨穿孔个体,穿孔有圆形、方形、不规则形等,多数出现在男性个体头上,且穿孔一般大于一个,所有穿孔均未见愈合痕迹,伴随头骨穿孔现象的还有较大比例的其他外力损伤。头骨穿孔现象似乎在察吾呼文化遗存中广泛流行(Zhan et al.,2019)。戴青云(2015)对察吾呼沟口墓群的人口分析显示,青铜时代晚期至早期铁器时代,焉耆盆地周边的人口预期寿命仅有28岁左右。尽管墓地规模庞大,但是生活在附近的聚落人口仅50—60人,且男女比例严重失调。结合墓葬材料,作者认为察吾呼沟口生产力水平较低,可能主要是以家庭为单位组织农业种植、畜牧以及狩猎等活动,未见明显的等级分化。谢承志等(2005)成功提取察吾呼沟口墓地出土的 9 个人的线粒体 DNA,分析得出青铜时代晚期至早期铁器时代,新疆境内的天山中段地区已经生活着一支东西方混合人群。

2015 年,和静县文管所对莫呼查汗沟口遗址群进行了调查,发现 7 处沿莫呼查汗河两岸分布的遗址,并利用无人机、卫星影像资料对其中的 4 号遗址展开比较深入的调查,其后还进行了实地踏查。调查发现这一遗址内分布 10 余座房屋,另外有农田、灌渠、蓄水池等农业生产相关设施。调查人员在遗址内捡拾到大量的陶片等遗物,根据这些陶片的特征初步判断属于察吾呼文化时期,结合年代测试结果,确认了这是一处早期铁器时代的农业聚落。这一发现证实察吾呼文化人群中可能有部分从事农业生产。从这些灌渠需要的人力、物力判断,应该需要长久的劳力投入,因此推测至少有一部分人群长期定居于此(王忻和李宇奇,2017)。

和静哈布其罕萨拉墓群

2013 年,为了配合铁路和公路的建设,新疆考古所的研究人员对工程穿过的和静县以及和硕县大批墓葬和居址进行了调查和发掘。共计调查和测绘 40 多处遗址(包含墓地),并发掘了其中的 9 处墓地,包括大西沟 1 号和 4 号、那仁哈布其罕、乔恩恰克勒德克、熊库勒乌兰、大布鲁斯台阿门、依开布鲁斯台沟口、西外里和哈布其罕萨拉墓地(阿里甫江·尼亚孜和王永强,2015)。根据墓葬形制特征、出土文物性质等,研究人员认为这一批墓葬多数属于青铜时代晚期至早期铁器时代,与察吾呼文化关系密切,表现为地面有石圈、石围等标志,墓室多呈椭圆形竖穴,一般葬有多人,且人骨严重扰动,随葬品以带流陶器为主,另有少量墓葬可能晚到战国甚至唐宋,文化面貌上受到伊犁河谷地区的影响(吴勇等,2014)。

和硕红山墓地

2015年,新疆文物考古所研究人员对和硕县红山古墓群进行了抢救性发掘,共发掘墓葬38座,另揭露房址和各类石构遗存多处。发掘的墓葬中多数为石围石室墓,地面有明显的标识,石围多呈马镫形或椭圆形,石室上部一般有石盖板,流行多人葬、二次葬,部分墓室底部保留有木质尸床或以芨芨草编制的草席作为葬具,出土有陶、铜、铁、金、骨、木、石等各类材质器物,其中陶器既有察吾呼类型的,又可见苏贝希类型的,推测这一类墓葬为早期铁器时代墓葬。另一类墓葬由竖穴土坑墓和带圆形石围的石室墓组成,出土器物以木器为主,与周边多处东汉时期的墓地出土的器物类似。发掘的石构房址类遗迹出土器物较少,但根据其中出土彩陶残片的纹饰,发掘者认为房址应与早些阶段墓葬同期,同样属于早期铁器时代游牧人群的遗迹(侯知军,2016)。

(五)东天山地区

巴里坤黑沟梁墓地

1993年至1994年,因为公路修筑的需要,研究人员发掘和清理了黑沟梁墓地,共发掘墓葬64座。黑沟梁墓地位于巴里坤东部天山北坡的一处山梁上,墓葬地表普遍有地面标识,一般为小石堆。墓室形制有竖穴土坑和竖穴偏室两种,一些墓葬还保留了石质葬具。流行仰身直肢葬,多数墓室内葬有多人,少数葬一人,殉人现象较多。出土遗物种类和数量均比较丰富,有陶器、铜器、铁器、金器、银器等。依据出土器物和墓葬结构等,发掘人员认为黑沟梁墓地的年代约为距今2500年,属于早期铁器时代遗存(新疆文物考古研究所和哈密地区文物管理所,1994)。从文化属性上来讲,黑沟梁墓地与巴里坤、伊吾等东天山北麓大量发现的早期游牧人群文化有比较突出的共性(磨占雄,2010;张凤,2010)。针对黑沟梁墓地出土的人骨,魏东等(2012)主要进行了病理学分析,认为该人群中有部分人长期骑马,导致股骨发生性状改变,人群中出现一定比例的尖锐器物导致的创伤,结合出现的部位,认为在进入铁器时代后,因为对资源、利益的竞争,不同来源的人群以及人群内部个体之间存在激烈的身体冲突,这与从考古发现角度认识到的新人群的入驻相吻合。张全超等(2009)对黑沟梁早期铁器时代墓地出土的人骨进行了分析,认为黑沟梁早期铁器时代的居民食用了大量的动物性食物,植物性食物来源以 C_3 类植物为主,另外还发现人群同位素组成较为稳定,暗示人群对食物的分配不存在区别对待某些个体的现象。在此基础上,王婷婷等(Wang et al.,2016)增加了样本量,对黑沟梁墓地更多的个体进行同位素分析,不仅如此,还增加了对动物样品的同位素分析,得到的结论大体相似,认为人群整体上摄入 C_4 植物比例较小,尽管从群体水平上墓主人与殉人的同位素食谱信息无显著差异,但是单个比较的话依然能够发现差异,尤其是那些有骨骼创伤的殉人。除了骨骼同位素分析外,该研究还提取了牙结石中的淀粉粒,鉴定出了小麦族和禾本科淀粉粒,然而由于淀粉粒鉴定精确程度的限制,无法明确到具体的种。

巴里坤草原分布着数量众多的游牧人群居址和墓葬。2000年起,西北大学开始在巴里坤以及附近的区域进行广泛的调查,发现了一系列的遗址、墓葬以及岩画等,并选择其中重要的遗址进行了发掘。

巴里坤东黑沟遗址和墓地

位于巴里坤县城东部的东黑沟遗址是东天山地区一处游牧文化大型聚落遗址。自 2005 年起,西北大学主导的调查和发掘工作取得了巨大的进展,发现和发掘了石筑高台、石围建筑、墓葬等各类型遗迹。出土遗物更是种类丰富,数量巨多,有陶器、石器、骨器、铜器、金银器、铁器、玻璃器等,根据考古材料判断,年代约为西汉前期(王建新等,2009;陈新儒等,2006)。张凤(2009)认为石筑高台和居址应为春秋至秦汉时期的活动遗迹,可能与月氏、匈奴人有关。而李雪欣和钟燕丽(2016)的研究认为Ⅳ区的石筑高台和石围建筑稍早,属于南湾类型,而Ⅲ区的石围建筑与墓葬时代相当,与黑沟梁墓地联系紧密(磨占雄,2010),属于西汉前期的匈奴文化遗存(任萌,2011),即东黑沟遗址可能存在两个活跃期。东黑沟遗址和墓葬中均出土了大量的动物骨骼,尤悦(2012)对这些骨骼进行了细致的研究。首先,研究证实该遗址中出现多种家养动物,依据数量,有马、双峰驼、绵羊、牛、狗和山羊。除了家养动物外,研究还发现有种类较多的野生动物,有盘羊、羚羊、野猪、兔、鸟以及各种鹿科动物等。其次,通过对上述动物骨骼发育展现出的年龄结构、性别比例、骨骼发育等的判断,结合考古现象,研究认为该人群的主要肉食来源是绵羊、牛和马,并且认为,这些动物在作为肉食之外,该人群同时利用绵羊的毛和奶,并将马和骆驼用作重要的畜力。结合民族学调查,研究认为东黑沟遗址先民的动物资源利用符合一般游牧人群的习惯。凌雪等(2013)对东黑沟铁器时代墓地出土的人骨进行同位素测试,结果显示该群体有跟黑沟梁先民非常相近的食谱结构。之后他们又补充测试了该遗址出土的大量的动物骨骼的稳定同位素,该测试的主要贡献在于对同一个动物个体不同部位的测试显示其同位素值差异不大,此外还注意到在新疆特殊的自然环境下,动物的骨骼同位素值显著区别于新疆之外的其他地区(凌雪等,2016)。东黑沟遗址发现有10多件铁器,陈建立等(2013)对其制作方式进行了实验观察,认为这批铁器系采用块炼铁、块炼渗碳钢以及铸铁脱碳钢锻打而成。为了准确判断这批早期铁器出现的时间,该团队对同一文化层的人骨和木炭进行了^{14}C测年,结果显示两者有较大的年龄差,并提醒今后在判断铁器年代时应格外注意采用准确的年代结果,提出东黑沟铁器铸造技术可能受到中原稍早开始使用的生铁技术西传影响。凌雪等(2018)对东黑沟遗址出土的玻璃珠做了成分、工艺等分析,认为东黑沟出土的玻璃为中国本土生产的工艺较简单的铅玻璃,一般是生产出特定形状的纯色玻璃,然后与其他色的玻璃进行嵌入形成样式稍复杂的玻璃成品。

巴里坤红山口遗址

继东黑沟之后,多家单位联合于2008年又对红山口遗址进行了调查,发现集中分布于三个区域的成组的石构建筑群,其中两个分布在天山北麓的小山梁上,另外一处在地势相对平缓的山坡上。根据对这些石构建筑基址群的观察,该团队认为这些高居山梁之上的石构建筑可能与军事防御有关,而山坡上的地势更加开阔,也许与大规模的集会有关。总之,这些大型的石构建筑基址共同构成了一个比较大型的聚落,时代约为早期铁器时代。除了建筑之外,调查还发现一批墓葬,这些墓葬均有地面标识,有些呈圆丘形,有些呈方形,其中多数为中央凹陷的圆丘形石堆墓,推测所属时代应为战国晚期至西汉(马健等,2014)。

除了上述几个地点的发掘和调查,该研究团队还调查了巴里坤县城西部天山北麓的山前地带,即岳公台—西黑沟遗址群。调查发现多处石筑高台、石围建筑、石构墓葬以及大量的岩画等,初步判断其年代应为春秋战国时期(王建新等,2005;刘瑞俊等,2009)。根据上述发现,研究认为东天山地区存在两类遗存:第一类是以岳公台—西黑沟遗址群为代表的土著文化,该类遗存分布在天山南北,但规格不统一,属于哈密地区早期铁器时代焉不拉克文化的延续,但已经出现游牧化趋势;另一类遗存以东黑沟遗址为代表,属于外来文化,这一类遗存仅分布在天山北坡。从典型发现判断,两个文化人群有征服和被征服关系。结合文献记载,研究人员推测外来人群为匈奴人,而被征服的土著居民为月氏人(王建新和席琳,2009)。

巴里坤石人子沟遗址和墓地

很早以前,考古工作人员就已经意识到巴里坤县东南的石人子乡附近遗址遍布。1959年,新疆考古所的研究人员再次对这个遗址进行调查和试掘,发现了数量众多的石器和陶器,其中石器有磨盘、磨棒等,另有一些半成品,可复原的陶器仅有双耳彩陶罐,但残片数量较多。此外,试掘还发现有麦粒和羊骨、马骨等。调查者认为与卡尔桑遗址类似,本次石人子乡试掘发现的遗址时代同为铜石并用时期,但是经济类型可能为农牧结合(吴震,1964)。2009年,西北大学与多家单位联合对石人子沟遗址西南部的一座墓葬、一座大型石围居址以及一座小型石围居址进行了发掘,其中小型石围居址F2为近方形四面石墙垒砌的半地穴结构,房屋内发现有数量较多的柱洞,表明其废弃之前应该有木柱支撑,虽有活动面、烧面、灰堆、灰坑等遗迹,但年代结果表明该房屋使用时间并不长。出土的遗物有陶器、骨器、石器、料器、玛瑙等。其中骨器中包括大量的骨甲片成堆放置,另外根据房屋的布局、完整器物的出现等信息,发掘人员认为这一座小型石围建筑可能与军事瞭望相关,并非日常生活的场所。年代为战国晚期至西汉(马健等,2014)。石人子沟遗址和墓地的考古工作进行了多年,一些基础发现尚未发表。陈靓等(2017)对石人子沟遗址出土的11例早期铁器时代的人头骨进行了研究,结果显示这一人群的头骨形态显现出蒙古人种与古欧洲人种的过渡态。宁超和王传超(Ning and Wang,2019)以及王尹辰等(2020)提取了石人子沟遗址古人类的全基因组序列信息,遗传结构显示出高度的融合,由此认为早期铁器时代天山、萨彦—阿尔泰地区等欧亚草原人群的密集交流为后来丝绸之路的开通奠定了基础。田多等(Tian et al.,2018)对石人子沟遗址出土的大植物遗存进行了鉴定，作物类植物主要是青稞，此外还有少量的粟和黍。这一作物组合一方面可能比较适合游牧的时节安排，另一方面可能受限于巴里坤偏低的积温特征，青稞比较耐寒，适于在这样的环境中种植。马志坤等（2021）对石人子沟的粮储设施进行了研究，植物遗存和土壤微形态分析结果显示粮窖主要用于储藏青稞，规模相较于中原地区而言，储量明显较小，且结构和建造方式均较简单。尤悦（2012）对石人子沟的动物遗存进行过全面讨论，经鉴定，石人子沟的大型动物包括绵羊、黄牛、骆驼、马、狗、狍子、羚羊等，此外还有较多的啮齿类动物骨骼出土，反映了牧业主导的经济方式，从动物骨骼多有外力作用痕迹判断，当时主要被用作食物。除了大量被食用后残留的骨骼外，还有很多以骨制品的形式得以保留。李悦等（2020）对石人子沟遗址出土的400多件骨制品进行研究，结果显示这些骨制品多数来源于羊，其次为鹿和马，区别于中原农业人群多数情况下使用牛骨，反映了牧业经济在这一人群生活中的重要性。另外，石人子沟遗址出土的骨制品大多遵守实用、省力的原则，没有太多的劳力投入，可能并不存在像中原地区一样成规模的制骨作坊。对于石人子沟出土的骆驼骨骼，尤悦等（2014）做了系统的研究。首先从形态判断，结合DNA证据，认为石人子沟出土的双峰驼属于家养动物，且在日常生活中被用于驼负重物，导致其关节部位出现相应的病理性改变，与其他家养动物的同位素数据对比，得出骆驼与牛羊的饲喂方式不同的结论，骆驼可能更多地选择去较远的荒漠地带觅食，与现今的管理模式一致。针对石人子沟出土的大量马骨，赵欣等（2014）提取DNA，主要对其毛色进行了研究，认为至少存在栗色、枣色和金黄色三种毛色，体现了较高的遗传多样性。李悦等（2016）则对石人子沟遗址群出土的马脊椎骨进行了研究，认为骑乘行为导致了多发的脊椎异常现象，牙齿磨耗等证据进一步证实在早期铁器时代，巴里坤草原的游牧人群已经掌握了骑术(Li et al., 2020)。石人子沟出土的动物骨骼中家养绵羊占了非常大的比例,尤悦等(2016a)从石人子沟出土的绵羊骨骼和以绵羊骨骼为材料制成的骨器出发,认为新疆青铜时代至早期铁器时代先民对绵羊的利用方式主要有获取蛋白资源——羊肉和羊奶、利用羊皮和羊毛,以及用作祭祀或用羊骨制作骨器,这与基于民族学观察得出的结论基本一致(尤悦等,2016b),均反映了羊以及其他畜类在牧民生活中的重要性。

巴里坤西沟墓地

2012年,同一团队又对石人子沟遗址群中的西沟遗址一处被盗的墓葬进行了发掘和清理。该墓葬地表有规模较大的封堆,墓室为圆角长方形的竖穴二层台,墓室内还有两层椁室,木椁外套石椁,二层台上随葬整马。除了墓室内随葬马匹外,封堆外侧有专门的殉马坑,此外在封堆下有人牲。虽然被盗,但该墓中依然出土了大量精美的文物,有陶器、金银器、铁器、玻璃等各类,主要是做装饰用,显示墓主人的身份地位较高。依据出土器物风格、墓葬形制、葬具等判断,发掘人员认为这一墓葬的时代同为战国晚期至西汉时期,多样的器物及其来源反映了这一时期文化交流的兴盛(马健等,2016)。谭盼盼等(2016)对西沟遗址出土的这批金银器表面进行了无损分析,数据表明金器均非纯金打造,而是金银合金或金银铜合金,推测使用了自然金,其中焊接部位以金银铜合金为主,而银器均为纯银,涉及的金银器加工工艺有捶揲、模冲、焊接、抛光、珠化、镶嵌、包金、拉拔等。作为一种贵重的矿产,绿松石的产地相对有限,对遗址中出土的绿松石进行产源分析有助于研究先民的交换网络。先怡衡等(2020a)对西沟墓地出土的绿松石进行化学成分分析,结合已经建立的数据库,认为其源于中原地区的可能性很小,可能是本地出产的绿松石。为了进一步明确其产源,该研究团队又利用激光剥蚀电感耦合等离子体原子发射光谱法

(LA-ICP-AES)判别其来源,结合团队此前在哈密以及周边多年的调查结果(李延祥等,2019,2020),对比中原以及新疆本地的矿源,认为西沟出土的绿松石可能就来自哈密黑山岭或天湖东绿松石矿源(先怡衡等,2020b)。温睿等(2016a、b)对西沟遗址和石人子沟遗址出土的一批玻璃珠进行了成分分析,数据结果显示西沟遗址出土的玻璃珠均为钠钙玻璃,以植物灰作助熔剂,绿色玻璃珠中检测出乳浊剂锑酸铅,可能是在中亚或新疆本地制作,而石人子沟遗址的玻璃珠为铅钡玻璃,以含铅矿物为助熔剂,可能是在中原的同一个工坊内制作生产。时代、位置均相似的两个早期铁器时代遗址中不同来源玻璃珠的发现证实了这一时期文化交流的频繁。

巴里坤海子沿遗址

海子沿遗址位于巴里坤湖南岸,2017年,西北大学对该遗址进行了发掘,清理出了房址、高台建筑、墓葬等遗迹。出土遗物数量较多,有陶器、石器、骨器、铜器、铁器等。依据遗迹的构造、遗物的性质、组合等,发掘者认为海子沿遗址的主体年代应为公元前13至公元前8世纪,与兰州湾子、石人子沟高台遗迹等同时期。而晚期的遗存可能是公元前8—前5世纪的(任萌等,2020)。

伊吾拜其尔墓地

2004年和2005年,研究人员对伊吾拜其尔墓地进行了发掘,共发掘清理墓葬92座,墓葬形制较为统一,多数为竖穴土坑墓,地表有石圈或石堆标识,墓室内部有些保留了土坯、石质或木质葬具,埋葬人数以单人为主,包含少量多人葬,从保存情况比较好的墓葬判断,葬式流行侧身屈肢葬或二次扰乱葬,墓葬填土中一般可见动物陪葬。出土的器物按照材质可分陶器、木器、玉石器、金属器、骨角器和皮毛制品等。根据墓葬形制和出土材料等信息,结合^{14}C年代测定结果,研究人员认为拜其尔墓地为一处距今3 200—2 500年的早期铁器时代墓地,分早晚两期,文化上与哈密盆地的天山北路和焉不拉克有比较密切的关系,生计形态应为畜牧业为主,墓葬材料中未见明显的农业痕迹(新疆文物考古研究所等,2020)。魏东等(2010)对拜其尔早期铁器时代墓地出土的人骨进行了初步分析,数据显示拜其尔人群可能有比较复杂的来源,其人种学特征与哈密盆地的天山北路墓地和焉不拉克墓地人群有比较大的差异,甚至与甘青地区的人群也不一致,表现出了独特性。尤悦等(2020)在对伊吾拜其尔早期铁器时代墓地陪葬动物的研究中发现羊的数量最多,包括山羊和绵羊,此外还有马、黄牛以及中型鹿科动物被用于陪葬,但是因为是墓葬中出土的动物,所以整体数量均较少。

伊吾峡沟遗址和墓地

峡沟遗址位于伊吾县,2008 年,为了配合水库的修建,多家单位联合对该区域进行了发掘,共发掘墓葬 7 座,房址 3 座。3 座石构房屋保存均较差,且选址各有不同,有在平地上垒砌高台,然后在高台上建造的,也有建在山前坡地的,形状有规整或不规整方形的,亦有近圆形的。从保存的墙体判断,有双层石构的墙体,亦有散乱堆砌的墙体。3 座房址文化层均非常薄,遗物也非常少,可见未经长期利用。7 座墓葬中 4 座为地表起建的积石墓,另外 3 座为竖穴土坑墓,地表有石围,墓室中有石板或土坯构筑的椁室。积石墓中的骨骼多经火烧,无法判断原始葬式,土坑墓中骨骼经过二次扰乱,从现存的状况判断应为侧身屈肢葬,埋葬人数大于 1 人。出土的器物有四系罐、单耳罐、铜管、绿松石管等,数量非常少。依据上述发现,考古人员判断这是一处早期铁器时代游牧人群的小型聚落,这一类型的遗存广泛分布于东天山北部地区,另从石构建筑的分布特征等来看,这些遗存中的房屋建筑军事功能可能超过日常生活功能(马健等,2016)。

伊吾托背梁墓地

2009 年,新疆考古所、西北大学等单位组成的联合考古队对伊吾县托背梁墓地进行了发掘,共发掘墓葬16座、房址1座,以及祭祀遗迹3处。发掘的墓葬地表普遍有大石块围砌的封堆,封堆中央稍下陷。墓葬形制有竖穴土坑和竖穴石椁两类,墓室中葬一人或两人,葬式有仰身直肢和侧身屈肢,有些墓室中骨骼经历过扰动。出土器物有陶器、铁器、铜器、金器、骨器等,陶器中不见彩陶,器型有单耳罐、杯、壶等。出土的铜器和铁器多为马具和兵器类。发掘者从考古发现推断托背梁墓地的文化属性与附近的拜其尔墓地相似,但时代可能稍微晚于拜其尔墓地,年代测试结果显示该墓地的时代为距今2 500—2 000年前后,属于东天山地区早期铁器时代一处典型的游牧人群墓地(习通源等,2014)。

伊吾阔腊遗址

2017年和2018年,西北大学组织的调查团队连续两年在伊吾县西部的阔腊遗址进行调查,遗址主要分布在天山北坡的山前缓坡上。调查发现大型建筑群1组、单体房址67座以及1 000余座墓葬和多处岩画。虽然调查的范围较大,但采集的器物整体而言较少,主要是陶器,另有少量石器和铁器。依据多年来在东天山北麓进行的发掘和调查所得经验,该团队认为阔腊遗址的遗存可能分两期。早期可能与巴里坤石人子沟和红山口遗址的同类遗迹相近,属于青铜时代晚期至早期铁器时代,年代在距今3 300—2 800年前后。晚期遗存的时代应为汉代前后,且两个时期是延续的。调查团队还在大型建筑居址内发现石磨盘和青稞籽粒,推测该人群从事少量的农产品加工活动(习通源等,2020)。

哈密焉不拉克墓地

早在1957年,考古人员就对焉不拉克墓地以及附近的城堡、房屋遗迹等进行了初步的发掘,共发掘墓葬14座,开探方或探沟3处。第一次发掘工作更多地关注的是城堡及其南侧的房屋建筑,城堡虽然残破,但仍然保留西墙和南墙,夯筑墙体,墙基宽约3

米,保留下来的墙体最高约5米,整体呈东西长南北窄的矩形,城堡的面积约为3 000平方米,城堡内有大量的牛羊粪便堆积,另有一些袋状灰坑,在城内西南角开探方,发现的遗物较少。此外,在城的南侧发现有两座相连的房屋遗迹,仅剩土坯墙体,沿着内墙开两个探沟,发现这个房屋可能是套间,出土了少量的遗物。发掘的墓葬主要分布在城堡所在高台的东西两侧,地面无标识,墓坑较浅,流行二次扰乱葬,墓葬形制多为竖穴土坯二层台。依据墓葬出土器物,发掘者认为这些墓葬时代无明显差异,应属于金石并用时期,对比城堡以及房屋内出土的器物,认为应属于同一时代的遗存(黄文弼,1983)。1986年,多个单位联合再对哈密市西部的焉不拉克墓地进行了发掘,共发掘墓葬76座。墓葬形制有竖穴二层台、竖穴土坑以及竖穴土坯墓,其中竖穴二层台有生土二层台、土坯二层台和生土、土坯二层台三类。墓葬地表均不见明显标识。墓室中葬一人或多人,流行二次葬,未扰乱的墓葬中葬式有侧身屈肢葬和仰身直肢葬。出土器物有陶、铜、铁、金、石、骨、木等各类器物,另外保存有少量毛织物。陶器均为手制,以素面为主,器型有单耳罐、单耳杯、钵、腹耳壶、豆等。少数彩陶的纹饰包括折线纹、水波纹、锯齿纹等。根据墓葬的叠压打破关系和器物组合变化等,发掘人员认为焉不拉克墓地可以分为三个时期,时代范围为距今3 100年至2 500年。从焉不拉克墓地出土的陶器中既可以看到来自东部河西走廊的四坝、辛店文化对它的影响,又能看到天山南麓中部地区察吾呼文化的影子。因焉不拉克墓地周边相似文化属性的遗存发现数量较多,且不同于任何已知的考古学文化,因此,发掘者认为应该将这一类广泛分布于哈密盆地西部的遗存命名为焉不拉克文化。此外,根据焉不拉克墓地南侧尚有残断的城堡遗存,堡内捡拾的陶片与墓葬中出土的别无二致,应当是同时期的遗迹,加之相似文化属性的墓葬中多有出土农作物或点心类食物的报道,证实焉不拉克人群为定居的农业人群。墓葬中同样常见动物陪葬现象,比较明确的动物有羊和贝,另外发现有珠、锥、针、纺轮、饰品等各类骨制品,以及毛织物等,这表明人群生活中动物的参与程度很高,符合畜牧业为主的经济类型下先民的生活特点。此外,主要依据有铁器出土的墓葬为该墓地第一期遗存的判断,发掘人员认为焉不拉克墓地所处的时代并非以往认为的青铜时代,其主体文化应该是早期铁器时代(张平等,1989)。韩康信(1990)对焉不拉克墓地出土的人骨进行测量分析,认为测量的 29 具头骨中,属于蒙古人种的有 21 具,剩余 8 具显示高加索人种特征,表明其时东西方人群混居焉不拉克,而东方人群占明显的优势,骨骼中出现较高比例的骨创伤,可能反映了当时人群内部成员或族群之间的激烈冲突。张雪莲等(2003)选取了全国多个遗址的人骨进行同位素分析,其中就包括焉不拉克墓地,然而所分析的样品仅涉及焉不拉克墓地出土的 3 个个体,其中仅一个个体既有碳同位素比值又有氮同位素比值。依靠有限的数据,该团队认为所涉及的研究对象食物中均包含了比较大量的 C_4 来源食物,结合当时五堡水库墓地、古墓沟已经发现的小米及小米制品,认为 C_4 信号应该来自粟、黍,而这些个体明显高出中原同时期个体的氮同位素值则反映了焉不拉克居民食用了更多的动物来源食物。

哈密五堡墓地

五堡墓地位于哈密市西部的五堡乡,墓地旁边即为水库,因此又称五堡水库墓地,共发掘 100 余座墓葬。五堡水库墓地的发掘报告尚未完全发表,根据披露的两座墓葬的情况,可知五堡水库墓地所有墓葬均不见地表标识,墓葬形制多为长方形竖穴土坑,一些墓室修有生土二层台或土坯二层台,二层台上可见胡杨墓盖板。多数墓室内葬一人,流行扰乱葬,从一些未严重扰乱的骨骼情况判断,流行侧身屈肢葬。随葬器物中有陶器、木器、石器、铜器等。其中陶器和木器数量较多,陶器的器型有罐、杯、豆等,少量陶器表面施彩,纹样有三角纹、折线纹等。木器器类有桶、梳、纺轮、车轮等。除上述各类器物外,动物骨骼也常见。另外还发现一些粮食作物和食物遗存(王炳华,1983b;王炳华等,1989)。后对五堡水库M152号墓葬出土的谷穗和麦穗进行鉴定,发掘者认为其为粟和大麦(于喜凤,1993)。近期,王立静等(Wang et al.,2021)对五堡水库墓地出土的植物遗存进行了系统的研究,发现的农作物种类包括粟、黍、青稞和小麦,其中粟、黍的数量大大超过小麦的数量,此外亦发现有胡杨、狗尾草、苦豆子、骆驼刺、芦苇、菖蒲、苍耳等,这些植物的发现显示当时人群生活在距离水源地不远的地方。根据葬俗、葬式、出土器物等表现出与焉不拉克墓地强烈的共性,发掘者判断这是一处焉不拉克文化墓地,几座墓葬棚木的^{14}C测年数据显示这个墓地距今3 400—2 800年(王炳华和张玉忠,1992),又因为五堡水库墓地不见或少见铁器(陈戈,1991),因此可能属于焉不拉克文化的早期墓地。近年来,又有研究人员对五堡水库墓地出土的织物、植物以及其他材料进行了补充测年,校正后,新的年代数据主要集中在距今3 000—2 400年(Schröder et al.,2016;Wang et al.,2021),这就使得五堡水库墓地的时代更加扑朔迷离。值得一提的是,因为保存情况较好,五堡水库墓地出土了大量的纺织物,甚至还保留了干尸,研究人员对其中一个保存比较完好的年轻女性个体进行了全面的医学检查,研究显示该女性个体死亡年龄约为20—30岁,根据其皮肤表面状况判断,死亡原因可能与长期患有消耗性疾病有关,头发中的元素组成表明这一个体的食物构成明显区别于现代生活在新疆的人群(王士平等,1995)。除了以上基于个案的研究,何惠琴和徐永庆(2002)详细研究了五堡水库墓地出土的56具头骨,通过观察和测量,认为这些头骨代表了两类人群,分别是欧洲人种和蒙古人种。与焉不拉克墓地不同的是,在五堡水库墓地中,欧洲人种占比更高。其后,该团队又提取了这些人骨的线粒体DNA,测试结果同样显示这里同时生活着亚欧两个不同来源的人群(何惠琴等,2003),与基于骨骼观察和测量得出的结论一致。五堡水库墓地保存了较多的皮制品,施罗德(Schröder et al.,2016)对其中一些皮制品进行了DNA提取,结果显示这些皮革来自山羊、绵羊和黄牛,且这些家养动物与现代生活在哈密地区的同种动物遗传结构相似。此外,研究还认为,这些皮制品均取自家养动物,可见家养动物在当时人群生活中的重要性明显高过野生动物。王伟等(Wang et al.,2021)选取了五堡水库墓地出土的1例人骨加1例羊骨进行了同位素分析,从数据结果看,该人骨个体生前有稳定的C_4来源食物摄入,与前述焉不拉克、天山北路居民相似,所测试的羊样品也显示了微量的C_4来源食物摄入,表明了哈密盆地居民自青铜时代起即有较大量摄食粟、黍的传统,与植物考古发现相吻合。

哈密寒气沟墓地

为配合基本建设需要,1994年,新疆文物考古研究所和哈密地区文管所联合发掘了寒气沟墓地。寒气沟墓地位于哈密市天山区白石头乡,靠近巴里坤黑沟梁墓地。共发掘墓葬4座,墓葬地表有石堆标志,墓室有竖穴土坑和竖穴石室两种形式,墓口原先可能有木质或石质盖板。流行二次葬,多人葬,葬式以屈肢葬为主。随葬器物有陶器、铜器、骨器。其中陶器主要为素面陶,另有少量彩陶,器型以单耳罐为主,还有单耳杯、腹耳壶、碗、豆、双耳罐、錾耳罐等。根据葬俗、葬式、随葬器物等,发掘者认为寒气沟墓地文化属性与焉不拉克墓地相近,前者地表的石构体现了自身的特色,年代结果也证实寒气沟墓地为一处早期铁器时代墓地。寒气沟墓地中发现有羊、马的骨骼,还有鹿角制成的梳子,骨制的箭镞和马镳,另有双羊形状的铜牌饰(郭建国,1997),体现了动物资源在寒气沟早期铁器时代居民生活中的重要性。崔静和王博(1999)对寒气沟墓地出土的 3 个颅骨进行了测量,认为研究的个体颅骨特征显示其为欧罗巴人种。

上述三个墓地(焉不拉克、五堡以及寒气沟)均属于焉不拉克文化,且时代差异不明显。魏东(2009)总结上述三个墓地人骨相关的研究成果,主张将这种同时包含东西方体质特征的人群称为"过渡人种",并且认为在上述几个焉不拉克文化墓地之间不存在明显的差异。魏东(2017)在新书中补充新近发掘的亚尔墓地出土的颅骨测量结果,认为哈密盆地上述各焉不拉克文化居民整体而言继承了早些时候天山北路文化居民的体质特征,且在长期的共存发展下,显示出比早些时候更强的共性。但是作者也注意到了这一时期人群中存在的多发的暴力冲突,显示出这一时期人群来源的多样和竞争的激烈。

哈密艾斯克霞尔墓地

1999 年,新疆文物考古研究所联合哈密地区文物管理所发掘清理了哈密五堡乡南部戈壁深处的艾斯克霞尔墓地。当时墓地已经遭到严重盗扰,共清理墓葬 32 座,其中 27 座被盗。根据未被盗扰的 5 座墓葬的形制判断,均为竖穴土坑墓,部分墓葬有二层台痕迹,因戈壁沙土黏性较差,部分墓室内壁贴有泥饼加固墓室,防止坍塌。未盗扰的墓室中既有葬单人的情况,也有葬多人的情况,葬式流行侧身屈肢。发掘的墓葬数量虽然较少,但是出土的遗物数量较多,有陶、木、铜、石、骨、角等各类材质器物,并有数量较多的毛织物、皮制品等得以保存。根据墓葬形制、出土器物等,发掘人员认为这是一处焉不拉克文化墓地。值得注意的是,在墓地以西 200 米左右的地方,发掘时尚存一处依突出的雅丹地貌而建的古堡,古堡为土木结构,墙壁上预留有瞭望孔,周围有生活堆积。艾斯克霞尔墓地除了羊骨、海贝外,还出土有骨纺轮、骨针、骨管、骨珠、骨扣和角梳，另有种类丰富的皮制品，如靴、囊、刀鞘、护腕、覆面、袅和皮边角料，皮制品之外有大量毛织物（周金玲等，2002），这些均反映了人群对动物资源的强烈依赖。遗憾的是该墓地一直未公布年代数据。

哈密艾斯克霞尔南墓地

详见本书第六章第一节。

(六) 塔里木盆地北缘

温宿博孜墩墓地

2008年，多家单位联合对温宿县博孜墩墓地进行了发掘和清理，共清理墓葬5座。墓葬多数已经遭到破坏，根据发掘情况判断，墓葬地表一般有平铺的石堆，墓室为竖穴土坑，个别墓室墓底有石砌葬具，流行多人二次葬。出土的器物有陶、铜、铁、石器等。依据墓葬形制、出土器物类型等，发掘人员认为博孜墩墓地的时代为公元前1千纪中叶至两汉时期（艾尼瓦尔·艾山等，2012）。

轮台群巴克墓地

群巴克墓地位于塔里木盆地北缘的轮台县，中国社会科学院新疆考古队于1985—1987年连续三年组织人员对该墓地实施了系统的发掘，共发掘墓葬50余座。墓室结构多为圆角长方形或长圆形竖穴土坑，带有短墓道，墓室和墓道中竖立木作为支架，支架上方有棚木和草，地表有封堆，葬式既有一次葬又有二次葬，既有单人葬，又有多人葬，多数有火烧痕迹。两次发掘出土了大量的陶器、石器、铜器、铁器、金器、骨器以及木器，其中陶器多为带流罐和单耳罐。此外，一些墓葬中还保留有毛织物，个别墓葬中甚至还发现了小麦的麦穗和谷糠类食品，随葬的动物种类有羊、马、牛、骆驼等。根据上述发现，研究人员认为群巴克墓地的文化面貌与察吾呼沟口文化较为一致，属于早期铁器时代文化，^{14}C测年结果显示该墓地的年代为公元前950年—前600年，与基于考古发现的判断相吻合(孙秉根和陈戈,1987;丛德新和陈戈,1991)。

拜城多岗墓地(1)

1999年,中国社会科学院考古研究所主导的发掘团队对拜城多岗墓地进行了发掘,共发掘墓葬100座。所发掘的墓葬地表均有封堆,但大小不一。一般一座封堆之下有一个墓室,个别情况下为双墓室结构。墓葬形制均为竖穴土坑,墓口形状有椭圆形和甲字形。葬式有侧身屈肢、仰身屈肢、仰身直肢等,有单人葬亦有多人葬,部分人骨入葬后经过二次扰动。随葬的器物有陶器、石器、木器、骨器、铜器、铁器等。其中出土的陶器中多见各类带流器,有杯、釜等。多数墓葬中随葬有牛、羊的骨骼,可见牧业经济在该人群中占有重要地位。此外,个别墓葬中随葬有粮食作物,推测多岗墓地的人群可能亦从事少量的农业生产。依据考古发现,发掘者认为这些墓葬多数属于早期铁器时代,另有少量墓葬应属魏晋时期遗存。其中早期铁器时代的墓葬展现出的文化面貌与此前该地区发掘过的群巴克、克孜尔类似,年代测试结果证实这些墓葬的时代为距今2 900—2 500年(中国社会科学院,2014)。张雪莲等(2014)分析了多岗墓地出土的早期铁器时代的人骨同位素,得出该人群肉食摄入比例较高,植物性食物中有相当一部分来自C_4类植物的结论,猜测应为粟、黍,且人骨的同位素组成与墓葬等级无明显相关,敏锐地注意到相对于同时期的中原先民,多岗居民肉食摄入程度明显更高。

拜城多岗墓地(2)

2013年,新疆文物考古研究所的研究人员对拜城多岗墓地进行了发掘,共发掘墓葬210座。多数墓葬在地表有石堆或石围石堆标识,墓葬形制有椭圆形竖穴土坑、斜坡墓道竖穴土坑等,其中以前一种形制最为普遍。墓室内一般葬有多人,葬式有仰身直肢和侧身屈肢。一些墓葬还保留了木质尸床。出土的器物有陶、铜、铁、石、骨、木、金等各类材质器物,陶器数量最多,大多素面,少量彩陶纹饰有三角纹、折线纹等,器型有单耳带流罐、钵、碗等。从出土器物和墓葬形制判断,多岗墓地的主体文化性质与克孜尔水库墓地相近,但时代稍晚,应为早期铁器时代,下限可至魏晋时期,从墓葬中随葬的器物,结合周围的环境,发掘人员认为多岗墓地的人群主要经济形态应为游牧(田小红和吴勇,2013)。

(七) 帕米尔高原

塔什库尔干香宝宝墓地

1976年和1977年,研究人员分两次对塔什库尔干县香宝宝墓地进行了发掘,共计发掘墓葬40座。这些墓葬中的绝大多数都在地表有突出的标识,一般为石围或石堆。石堆多近圆形,而石围形态差异较大。一般一座封堆或石围下有一个墓室,少量有两个墓室,墓室均为竖穴土坑。少数墓室内可见木质葬具,为圆木搭建,不见榫卯结构。葬式有侧身屈肢、仰身直肢等,还有部分为火葬。随葬器物有陶器、铜器、铁器、金器、木器等。陶器均为素面,器型有釜、罐等,铜器多为武器。整体而言,随葬器物种类、数量均较少,体现当时生产力水平较低。依据上述发现以及年代测试结果,发掘者认为香宝宝墓地的年代为春秋战国时期,可能与塞克人在这一区域的活动有关(陈戈,1981a)。韩康信(1991)对香宝宝墓地出土的一具人骨进行了体质分析,从其颅骨形态等判断,认为其属于古欧洲人种,且与地中海类型相近。及至汉晋时期,研究者对该区域叶城县群艾山亚和莎车县恰木萨克墓地出土的人骨进行种系分析,结果依然显示两个墓地的人种与欧洲的地中海类型相近(张全超和陈靓,2003)。

塔什库尔干吉尔赞喀勒墓地

吉尔赞喀勒墓地又称曲曼墓地,位于帕米尔高原上的塔什库尔干县。2013年和2014年,中国社会科学院新疆考古队主导的发掘团队对该墓地进行了连续两年的发掘,共发掘墓葬39座。这些墓葬地表普遍有石围或石堆标识,墓葬形制有短墓道竖穴墓和竖穴土坑墓。一般而言,带墓道的墓室稍大,埋葬的个体较多,竖穴土坑墓墓室相对较小,一般仅葬一人。葬式构成比较复杂,有仰身直肢、侧身直肢等,部分墓室中墓主人骨骼不全。出土器物有木器、陶器、铁器、铜器等,另有玛瑙、贝类等制成的装饰品,毛织物也得以保存。该墓地还出土了不少动物骨骼,初步判断有绵羊、山羊、狐狸、狗、兔、盘羊、鹰等。年代测试结果显示吉尔赞喀勒墓地的时代为距今2 700—2 300年的早期铁器时代,与附近的香宝宝墓地以及下坂地墓地同时期文化都有一些联系(巫新华,2014;巫新华等,2015;巫新华和覃大海,2017)。除了上述发现,吉尔赞喀勒墓地最值得关注的发现是墓地地表放射状分布有多条黑白相间的石条带,可以指示光影的变化。此外,不少墓葬都随葬有盛放黑白卵石的火坛,并且从墓葬中骨骼的保存情况推断有捡骨葬习俗。结合其他一系列的相关证据,发掘者认为这体现了琐罗亚斯德教文化印记(巫新华,2018)。王明辉等(2019)对吉尔赞喀勒早期铁器时代墓地出土的人骨进行了初步的研究,颅骨测量数据显示这一墓地生活的人群有复杂的组成,既包括古代欧罗巴人种类型,又包括蒙古人种。王学烨等(Wang et al.,2016)对该墓地出土的34具人骨进行了锶同位素测试,利用羊骨锶同位素建立本地锶同位素分布范围,判断出上述测试的人骨中有10个个体为外来个体。研究者结合墓葬中出土的一些明显带有异地风格的器物,认为2 500年前,帕米尔地区就已经是一个具有超高人群流动性的区域。郭怡等(Guo,2020)发表了对吉尔赞喀勒早期铁器时代墓地植物、动物和人骨的同位素分析结果,认为高寒的环境导致该地区植物氮同位素发生明显富集,当地居民的食物来源主要是当地C_3植物及依靠这些植物生活的动物,几乎不见C_4来源食物的贡献。

吉尔赞喀勒遗址被认为含有强烈的拜火教因素（巫新华，2018），墓地中出土了为数不少的火坛以及箜篌等木制品。沈慧等（Shen et al.，2015）对该墓地出土的木材类遗物进行了树种鉴定，发现有桦树、杨树、柳属、圆柏、忍冬以及白蜡，且似乎这些先民有意识地在做某一类器物时倾向于选择某一种树种，可见他们已经对这些树种的性能有了比较清晰的认识。任萌等（Ren et al.，2019）在对火坛类遗物的检测中发现其中一些烧过大麻，而大麻除了食用外，还可以作为药物吸食。结合大量的年代数据，研究认为这些发现可以将帕米尔地区先民吸食大麻的传统前溯至2500年前。吉尔赞喀勒墓地出土了大量的蚀花玉髓，包括天珠和蚀花红玉髓。研究人员主要通过显微观察研究了这一批玉髓的制作工艺和受沁机制，认为蚀花是在白玛瑙表层进行黑、白两次蚀花完成，至于受沁则主要是当地特殊的次生埋藏环境导致（巫新华，2016）。

（八）塔里木盆地南部

且末扎滚鲁克墓地

20世纪20年代，研究人员就发现了且末扎滚鲁克墓地，其后进行了多次发掘。因墓葬暴露地表，盗掘活动盛行，1996年，工作人员再次对这一墓地展开系统的发掘，共发掘清理墓葬102座。墓葬形制有长方形竖穴土坑、长方形竖穴土坑棚架、单墓道长方形竖穴棚架以及洞室墓。葬式一般为仰身屈肢，亦有少量仰身直肢，多数为多人合葬。依据墓葬形制和出土物类型、组合等特点，发掘者认为这些墓葬可以明显地分为三个时期。第一期墓葬仅1座，出土器物有陶器和木器，推测时代较早。第二期墓葬占了绝大多数，出土器物有陶、木、石、铜、铁、金、漆、骨角等各类材质器物，其中木器数量和类型众多，主要有木弓、木刀、木纺轮、木梳、木盆、木碗等，此外还出土了大量的各类毛织品，多数为衣物。结合^{14}C数据和周边地区出土的同类器物，发掘人员认为这一时期延续较久，可能从公元前1千纪早中叶一直到西汉时期。出土的器物反映了来自多个区域的影响,比较明显的有察吾呼文化以及苏贝希文化。第三期墓葬出土器物主要有木器和陶器两类,另有漆器、玻璃器等。值得注意的是这一时期出现了木耜。依据出土织物上的花纹,推断第三期的年代当为东汉至南北朝时期(王博等,2003)。因为特殊的保存条件,新疆多个遗址中有大量的骨质、木质器具保存下来。扎滚鲁克墓地就出土了大量的梳篦,根据其材质区分,研究人员指出有木质、骨质和角质,并依据材质、形状等将其分类,并作为典型器物研究扎滚鲁克墓地的分期(鲁礼鹏和万洁,2007)。扎滚鲁克墓地人骨保存情况良好,付昶和王博(2018)对扎滚鲁克墓地出土的早期铁器时代的颅骨进行了系统的研究,认为这一墓地人群的口腔健康问题比较严重。此外,眶顶板筛孔样病变的发病率相对较高,显示该人群面临比较大的营养问题。2020年,有研究人员将关注重点放在了一般容易忽视的未成年个体,对扎滚鲁克墓地出土的未成年人群的骨骼研究显示,该墓地儿童个体颅骨发育与年龄增长表现出不均衡性,而这可能与营养、健康等状况相关(郝双帆等,2020),这一结果与上述针对成年个体的研究认识一致,均反映了扎滚鲁克墓地的先民面临比较严峻的生存压力。除上述形态、病理方面的研究外,葛斌文等(2008)还对扎滚鲁克墓地出土的人牙进行了线粒体DNA提取。分析显示,扎滚鲁克墓地人群的母系来源可能为中亚地区。在对扎滚鲁克墓地出土的植物遗存进行研究时,陈涛等(Chen et al.,2020)鉴定出了目前中国发现的最早的紫花苜蓿,它既是一种重要的豆科植物,同时也是重要的牧草资源。紫花苜蓿的发现证实了丝绸之路上重要植物资源的传播。成倩等(2011,2012a、b)就且末扎滚鲁克汉晋时期墓葬中出土的玻璃珠和玻璃杯进行了系统的分析,数据显示这批玻璃均属于西方钠钙玻璃体系,但是内部有天然碱玻璃和植物灰玻璃两种。

赵永（2014）在此基础上将玻璃杯的年代划定为公元 3—4 世纪。因为气候极端干燥，新疆不少墓地中保留有织物。陈元生等（2000）对扎滚鲁克墓群出土的毛织物上的染料进行了系统的鉴定，明确了织物上的蓝色染料为靛蓝，而织物上的绿色是由黄色和靛蓝套染得出的。针对扎滚鲁克和山普拉西周至东汉时期墓葬中出土的毛织物，研究人员通过组织形态分析，明确其羊毛出自新疆本地羊（贾应逸等，2008）。

于田圆沙古城和墓地

1993 年、1994 年和 1996 年，中法联合考古队连续对克里雅河下游进行了较为深入的考古调查。考古队首先以此前已经熟知的喀拉墩古城为据点，继续往北调查，发现了圆沙古城以及附近的一些墓葬，继而又以新发现的圆沙古城为起点，继续沿克里雅河的老河床向北行进，又发现了一些新的遗址点。除了调查外，联合考古队还对喀拉墩古城进行了简单的发掘清理，明确了城内民居的建造方式为木骨泥墙，房屋内有不同的功能分区等。他们还对古城内的佛寺进行了发掘，根据建造方式、壁画风格等推断佛寺的建造年代应为公元 3—4 世纪。此外，他们还发掘了灌渠，推测当时灌溉农业盛行。圆沙古城的发现和发掘是调查最重要的收获。首先，联合考古队对圆沙古城现存的城墙进行了测量，发现其形制为极不规整的四边形，城内散落的遗物数量多，种类丰富，有陶片、石器、铜器、铁器以及料珠等。另外有大量的动物骨骼，能辨别种属的有羊、牛、骆驼、马、驴、狗、猪、鹿、兔、鼠、鱼、鸟等，表明当时畜牧和渔猎发达。陶器中可见察吾呼文化标志性的单耳带流罐，说明其有一定的联系。在圆沙古城周边分布着大量的墓葬，联合考古队对其中的 20 座墓葬进行了发掘，最主要的特点在于大量采用胡杨做棺或椁。随葬器物类型与古城中捡拾到的类似，推测墓葬与古城应为同时期的产物，时代应不晚于西汉。除了古城与墓葬外，在城外还发现有密集的灌溉系统,结合城内发现的规整的袋状坑、坑内出土的谷物,以及发现的数量较多的马鞍形磨盘等,联合考古队认为沟渠的存在促进了当时农牧业的繁荣。在圆沙古城以北地区的调查还发现一些遗址点,虽未发掘,但是依调查所见判断,时代亦为早期铁器时代(伊弟利斯·阿不都热苏勒和张玉忠,1997;伊弟利斯·阿不都热苏勒等,1998)。高诗珠(2008)对采自圆沙古城附近墓葬的人骨进行了线粒体DNA分析。结果显示,在汉代,生活在圆沙古城周边的人群遗传来源接近于现代的中亚南部人群。此外,还与印度河流域的人群有比较近的遗传关系。结合本区域大致同时期其他几个遗址的数据,该研究团队认为,尽管来源复杂,但大概在汉晋时期,新疆南部居民已经是一个内部高度融合的人群,与现代这一地区人群的遗传结构十分接近,表明早期铁器时代是新疆现代人群形成的重要时期(崔银秋等,2009)。结合对新疆现代人群的遗传信息研究(段然慧等,2004)和古代居民的体质研究,他们提出新疆青铜时代以来人群的来源、迁徙以及分布模式(张全超和崔银秋,2006;朱泓和张全超,2003;朱泓和周慧,2006;李春香等,2007,2017)。

(九)塔里木盆地东部

且末加瓦艾日克墓地

为了抢救且末县一处遭到严重破坏的墓地,中国社会科学院新疆队领衔的考古工作团队于1995年对加瓦艾日克墓地尚存的12座墓葬进行了发掘和清理。根据现场情况,墓葬均无地表标识,但多数墓葬墓口有棚盖,材料有木头、柳席和芦苇,有些棚盖下方还保留了木支柱。墓葬形制均为竖穴土坑,墓口形状不一,葬式有多人一次葬和二次葬。从未扰乱的骨骼判断,一次葬的葬式为仰身屈肢葬,有些墓葬保留有葬具,一般是在木质尸床上铺设芦苇或柳条编的草席。随葬器物的种类有陶、木、铜、铁、骨、石、金等材质器皿,其中陶器均为素面,单把带流器较常见。根据上述考古发现,发掘人员认为该墓地的使用主要有两个时期。椭圆形、圆角长方形为主的墓口结构代表了早一些时段,年代为青铜时代晚期至早期铁器时代,文化面貌与察吾呼文化晚期接近。刀把形墓口的为晚期墓葬,可能为东汉时期。但是早晚两期有明显的延续,他们推断加瓦艾日克墓地可能是一处长期使用的家族墓地(龚国强和覃大海,1997)。张帆等(Zhang et al., 2010)利用提取线粒体DNA的方法对且末加瓦艾日克早期铁器时代墓地出土的人骨进行了来源分析,结果显示在塔里木盆地的南缘,东西方人群的混合至少在2 500年前就已经发生。

三、新疆汉代以来的考古发现和研究

(一) 天山中部地区

吐鲁番交河故城和故城沟北、沟西墓地

以联合国教科文组织资助重要古迹保护项目为契机,新疆考古所于1993—1996年对交河故城及其周边进行了较为系统的调查和发掘。在本次调查中,工作人员发现了故城沟西的一处旧石器地点,并且找到了旧石器的埋藏地层。此前新疆虽然发现过多处旧石器地点,但多数暴露在地表,无法获取准确的年代信息。本次发现显然有助于丰富新疆旧石器时代文化的研究材料。另外,考古工作团队还在故城沟北发现了车师贵族的墓地,发掘出土了一批精美的文物。这一发现除了能与历史记载相吻合,还能提供很多记载未涉及的史实,为研究古代西域的文化、艺术、信仰等提供新的材料。考古工作团队还选择了故城沟西墓地进行发掘,共发掘墓葬45座,墓葬形制有带斜坡墓道的洞室墓、竖穴土坑墓和竖穴偏室墓,墓葬中出土的材料显示了汉唐时期中原文化以及周边其他文化对吐鲁番地区居民的强烈影响,证实了这一时期文化

交流的频仍和深入。除了故城周边的调查和发掘,考古工作团队的工作重心放在了对故城本身的探索上。他们发掘清理了城内西北小寺,厘清了当时盛行的佛教寺院的建筑布局。对于西北小寺本身,则通过发掘明确了它的始建、改建以及之后的废弃。除了寺院,交河故城城内还保留了与中原城市相仿的街巷,不同之处在于它的街道是下挖形成的。城内民居的发掘以及城墙、城门的清理进一步明确了当时交河故城的几个显著特征。一是建筑从设计之初就强调了其防御性能,从侧面反映了当时动荡不安的社会形势。二是佛教在当时社会中的重要性,表现为即使是普通城市家庭,也有其自己的佛堂专供礼佛(李文瑛和王宗磊,1997;联合国教科文组织驻中国代表处等,1997)。

1994年,新疆考古所组织工作人员对交河故城沟北一号台地上的墓葬进行了调查和发掘,共发掘墓葬55座,其中15座小墓以及22座殉马坑围绕中心一座大墓修建,推测应为大墓的祔葬墓。另有9座小墓以及23座殉马坑中间有两座大墓,推测小墓同样为祔葬墓,大墓地表保留有低矮的石堆。墓葬形制有竖穴土坑和竖穴偏室两种,墓室内多数情况下葬一人,也有葬多人的情况。葬具有墓底铺草、使用木棺或尸床三种情况。墓地流行陪葬马或骆驼,且为整匹陪葬。出土的器物有陶器、骨器、木器、铁器、铜器、金器、银器、漆器以及丝毛制品等。依据出土器物、墓葬形制等,发掘人员判断这些墓葬时代应不晚于西汉,属于苏贝希文化晚期墓地(羊毅勇,1999),并认为该处墓地反映了当地土著车师文化传统,而上述大墓可能正是车师贵族阶级的墓葬(羊毅勇,1996)。崔银秋等(2002a、b、c,2004)对比吐鲁番和罗布泊地区出土的古代人骨线粒体DNA,结果显示来自吐鲁番地区交河故城一号台地、苏贝希墓地和洋海墓地的早期铁器时代人骨为混合来源,遗传结构与现代新疆维吾尔族人群相近,而来自罗布泊地区古墓沟墓地的青铜时代人骨则显示与欧洲人接近。不同时段人群来源的差异可能暗示东西两股势力在新疆的角逐,青铜时代西方东进的势头较猛,而汉代及以后东方人群占了上风(崔银秋,2003;崔银秋和周慧,2004;崔银秋等,2005)。

　　交河故城沟西墓地是一处大型墓地。1994年至1996年,新疆考古研究所联合日本早稻田大学对交河故城沟西墓地进行了系统的调查、编号和发掘,共发掘清理墓葬32座。依据墓葬形制和出土遗物判断,该批墓葬分汉晋和麴氏高昌—唐西州两个时期,其中汉晋时期的墓葬23座,唐代的墓葬9座。汉晋时期的墓葬形制主要为竖穴土坑和竖穴偏室,流行二次扰乱葬。发掘的唐代墓葬形制均为带斜坡墓道的洞室墓,流行单人仰身直肢葬(赵静等,1997;王宗磊等,1997)。2004年至2005年,吐鲁番文物局又一次对沟西墓地遭到盗扰的,以及因强烈的风化剥蚀而严重破坏的墓葬进行了发掘和清理,共清理墓葬36座,其中33座位于康氏家族的茔院内。33座墓葬中,除了3座为竖穴偏室墓外,剩余的30座均为带斜坡墓道的洞室墓。根据发掘出土的大量文书记载,该康姓家族应为汉化的粟特人(李肖等,2006a;于海琴和李辉朝,2011)。

吐鲁番高昌故城

　　继交河故城的大规模发掘工作之后,2005年至2009年,新疆考古所研究人员对高昌故城进行了连续5年的勘探和发掘,发掘地点和遗迹包括外城西门、大佛寺、大佛寺东北和东南的联排房屋以及以北的佛塔、外城西门两侧城墙以及内城的西墙、小佛寺、护城河、窑址以及内城南门附近城墙等。系统的发掘工作为认识高昌故城的修建、布局规划以及各时期的使用等提供了丰富的材料。其中最明确的认识是,高昌故城为一处纯粹的土结构的城址,不同于绝大多数的此类遗址,高昌故城的内城墙和外城墙均为减地法修建,在预定的城墙周围开挖深槽,使得城墙成为突出的部分,因此城墙底部为原生堆积,其上采用人工夯筑的方法加高加固。外墙有马面等防御设施,内墙不见此类附属结构。此外,对城内房屋等建筑的发掘也为了解当时高昌城内的建筑布局、房内结构等提供了新的认识。根据发掘出土的材料以及年代学证据,明确了高昌故城的使用年代为距今 1 800—400 年,其中佛塔可能是最早一批建筑(吴勇等,2011;田小红等,2012)。除了对高昌故城的发掘,2008 年,该团队还发掘了台藏塔遗址,清理了佛塔,并对附近的 2 座墓葬进行了发掘。通过发掘,他们厘清了台藏塔的建筑、使用和废弃过程,证实这座大型的佛塔建于唐宋时期,毁弃于蒙元时期。在建寺之前,这里可能是一处墓地,与阿斯塔纳墓地相连,时代应同属于魏晋十六国时期(吴勇等,2012)。

吐鲁番阿斯塔纳和哈拉和卓墓地

1959—1960 年,新疆考古所的工作人员曾经在吐鲁番阿斯塔纳戈壁滩上进行过系统的调查,发现了数量众多的石器,绝大多数为各类打制石器,有石片、石核、细石器等,另发现少量磨盘、石球等。与石制品相比,调查发现的陶器数量较早,且均为残片,有素面也有彩陶。依据上述发现,调查人员认为这是一处细石器文化遗址(吴震,1964)。因为吐鲁番自汉唐以来的墓地多为家族聚族埋葬,地表有明显的茔院,因此多遭盗扰。为了抢救大量遭到破坏的文物,多个考古部门几十年来多次组织人员对这一区域的古墓葬进行抢救性发掘,包括 1963—1965 年发掘的阿斯塔纳墓地和哈拉和卓墓地,1959 年以及之前的工作(新疆维吾尔自治区博物馆,1960)。在本次发掘工作中,阿斯塔纳墓地发掘墓葬 37 座,哈拉和卓墓地发掘墓葬 8 座,因两处墓地相距不远,墓葬形制相同或相近,因此这里描述时不对其作区分。墓葬形制有带斜坡墓道的竖穴洞室墓、竖井墓道土洞墓和斜坡墓道带天井的洞室墓。墓室中大多葬一人，也有多人合葬现象，多数为仰身直肢葬。从出土器物以及墓葬形制的变化判断，发掘者认为这些墓葬的时代从晋延续至中唐时期，并指出早期不见茔院，至后期逐渐流行（李征，1973）。1975 年和 1976 年，研究人员又一次发掘了哈拉（喇）和卓墓地，本次发掘的主要是张氏、贾氏以及宋氏茔院中遭到盗扰的墓葬，共发掘墓葬 40 座，出土各类文物 500 余件，时代同为十六国至唐西州时期（穆舜英，1978）。这一次大规模的发掘之后，研究人员还对阿斯塔纳墓地进行了多次抢救性发掘，如 1966 年（柳洪亮，1991）、1979 年（柳洪亮，1983）等。1986 年，研究人员又一次对阿斯塔纳墓地进行了发掘，共发掘墓葬 8 座，其中 6 座位于张姓茔院内。墓葬形制有竖穴偏室和带斜坡墓道的洞室墓两种，并以后一种居多。根据出土文书和有纪年的墓志，发掘的墓葬时代为公元 6 至 7 世纪（柳洪亮，1992）。因为盗掘活动猖獗，2004 年至 2006 年间，吐鲁番文物局不得不多次组织人力对这一地区的墓葬进行集中清理。阿斯塔纳古墓群西区的几十座墓葬即属本次集中清理的墓葬，墓葬均为带斜坡墓道的洞室墓，有单人葬、多人葬等，甚至还发现葬单人的墓室中有稻草捆扎的人形陪葬物。这些墓葬虽经破坏或盗掘，但依然出土了大量的文物，根据出土器物判断，这些墓葬的时代为十六国至唐西州时期（李肖和张永兵，2006；张永兵和鲁礼鹏，2010；肖国强等，2014；张永兵等，2014；鲁礼鹏，2016）。

李晓岑等（2012）对阿斯塔纳和哈拉和卓墓地出土的纸张进行了分析。首先，确认了它们的原材料均为苎麻、大麻和构皮；其次，了解了它们的制作方法，包括浇纸法和抄纸法，加工方法包括单面施胶、双面施胶、浆内施胶、填染色技艺等多种方法。这批纸张展现了晋唐时期吐鲁番地区成熟的造纸工艺。阿斯塔纳墓地还出土有唐代的彩塑，研究人员采用了显微激光拉曼光谱，结合剖面观察和能量色散 X 射线荧光光谱等手段对彩塑的制作工艺和所用的染料成分进行了分析。结果显示,彩塑为泥胎上裹石膏打底,石膏上涂抹染料,所采用的颜料中有无机质来源的铅丹、密陀僧、朱砂、土红、雌黄、炭黑、硬石膏和氯铜矿等,另有来自植物的靛蓝(司艺等,2013;郑会平等,2013)。除了上述对染料的关注外,陈涛等(2019)对泥塑马尾装饰物所用材料的研究显示,其所用的纤维是原产于中东的亚麻。陈涛等(Chen et al.,2012,2014)采用了淀粉粒、植硅石、大植物遗存鉴定等方法对阿斯塔纳晋唐时期的墓葬中出土的食物类遗存进行了分析,经鉴定,出土的作物类遗存有小麦、大麦、黍、粟、大麻以及水稻,发现的加工好的食物面包由小麦制成,饺子为小麦和粟的混合产物,而粥样的食物中发现了黍。李亚等(2013)总结了吐鲁番地区洋海墓地、胜金店墓地以及阿斯塔纳墓地的植物考古研究成果,结合博物馆的植物类藏品研究,认为吐鲁番地区的农业发展经历了从青铜时代晚期至早期铁器时代的游牧业为主,农业和园艺业为辅的混合经济类型,至唐代,则发展出了典型的绿洲农业,并且提出丝绸之路的兴起以及坎儿井的建造对这一地区历史时期农业的发展起到了非常大的推动作用。

吐鲁番木纳尔墓地

吐鲁番文物局还于 2004 年至 2005 年对木纳尔墓地进行了发掘和清理,共清理墓葬 42 座,均遭盗扰。墓葬形制主要为带斜坡墓道的洞室墓,另有一座竖穴偏室墓和一座有天井的斜坡墓道洞室墓。因盗扰严重,根据残留的人骨摆放方式判断,流行仰身直肢葬。发掘出土了大量的文物,其中有一些是墓志,因为墓志的出土,使得这些墓葬的年代较为明确,应当都是公元 7 世纪中叶(李肖等,2006b)。

吐鲁番巴达木墓地

与木纳尔墓地相似的还有巴达木墓地。2004 年,吐鲁番文物局组织考古工作人员对遭盗扰的79座墓葬进行了发掘清理,其中有76座墓葬形制为带斜坡墓道的洞室墓,剩余3座为斜坡墓道带天井的洞室墓,依据体量、出土文物以及先前周边地区的发现,发掘人员认为第二种墓葬等级地位较高。一些墓葬出土了文书以及墓志铭等,所显示的时代均为公元7世纪中后期。巴达木墓地出土的文字资料除汉语外,还有粟特文等,文字记录中也提及各个来源的人群,这些文字记录真实地再现了唐代前期吐鲁番地区不同地域、民族甚至种族的人群生活、往来的盛况(李肖等,2006c)。高昌时期吐鲁番地区多个墓葬发现陪葬有鸭形木质的明器,冯广平等(2013)对其中巴达木墓地出土的鸭形器所用木材进行了鉴定,证实该类赤嘴潜鸭和疣鼻天鹅明器采用了柳木制作,结合其他的研究结果,他们认为当时吐鲁番地区可能有湿地或湖泊分布,野鸭和天鹅在当时的环境中当不稀奇。

吐鲁番在唐代及以前是丝绸之路上的重镇,以交河故城和高昌故城为中心,周边生活了大量不同来源的人群。考古发掘能够为这一时期的辉煌提供各方面的证据。除了常见的考古发现,因为极端干燥的环境,吐鲁番汉唐时期的墓葬中还保存了大量文书,这些文书记录不仅提供了当时人群日常生活的细节,而且部分文书对于当时的社会制度、农业生产方式等做了详细的记载,为了解当时的生业经济等提供了不可多得的材料(唐长儒,1978;柳洪亮,1985,1986;宋晓梅,1997;文欣,2007)。而保存完好的木俑及其身上的服饰则为我们展示了1 000多年前生活在此的人群的穿着打扮(王乐和朱桐莹,2019)。

除了上述发掘和研究,研究人员还在吐鲁番晋唐时期的吐峪沟石窟中发现了一些当时的植物,包括小麦、粟、黍、黑豆、青稞以及薏苡,作物的种类远超同一区域更早一些时段的发现(荆磊等,2020)。除了上述农作物遗存或食物资料外,吐鲁番木尔吐克萨依唐代戍堡中还发现了桃子遗存（赵美莹等，2020），将桃树在这一地区的栽培历史前推至唐代。姚一飞等（Yao et al.，2020）对柏孜克里克千佛洞出土的土坯中的植物进行了分析，研究显示唐后期至元代，柏孜克里克附近出产的作物有黍、小麦和青稞，此外葡萄种植在这一时期非常盛行。结合孢粉和植硅石中的植物组合，研究者认为这一时期吐鲁番地区气候暖湿，非常适合农业的发展，这种有利条件一定程度上促进了佛教在这一时期的繁荣兴盛。

奇台石城子遗址

石城子遗址位于奇台县南部天山北坡的一处山梁上，三面临深涧，位置险要，相传是耿公驻守的疏勒城。新疆考古所自2014年以来连续多年对该遗址进行了详细的测绘和调查，并针对该遗址几个重要的功能区进行发掘。根据目前的发掘情况判断，石城子遗址保存有城墙、城门、马面、护城壕等城市外围结构，城内发现有房屋、水井等生活设施。建筑风格、出土遗物等均指向中原汉式，一系列的^{14}C测年数据进一步证实石城子遗址为一处距今约2000年（汉代）的遗址。结合文献材料，基本能够确认该城即为历史上的戍边要塞——疏勒城（田小红等，2016）。为了明确这一特殊性质的遗址与周边同时期普通遗址居民生活的差异，王伟等（2020）和生膨菲等（Sheng et al.，2020）相继利用植硅石和大植物遗存浮选的办法揭示石城子遗址居民的植物利用状况，可能是由于方法或取样区域的不同，结论稍有区别，利用植硅石恢复出的植物遗存中有比较多的黍，而浮选挑选出的种子以大麦为主，但是可以确定的是石城子居民的植物选择中有大麦、小麦、黍和粟。同位素食谱重建研究表明羊等畜产资源是石城子居民生活的重要来源，显示了对当地环境的适应，但是区别于新疆同时期的其他人群，石城子居民保持了一定的汉式饮食传统（王伟等，2020；Sheng et al.，2020；董惟妙等，待刊）。

奇台唐朝墩古城

奇台县东北不远处有一处残破的城址,历次的文物普查在城中采集到一些陶瓷器以及钱币。根据出土物可以判断这是一处唐代的城址,蒙元时期可能也有人类活动。2018年和2019年,中国人民大学和新疆考古所联合对唐朝墩古城进行了发掘,发掘主要在城的东北部展开,发现各类遗迹单位数量巨大,有灰坑(沟)、房址、水井、墓葬等,以及陶器、铁器、铜器、骨器等众多遗物。依据叠压打破关系、遗物组合变化等,发掘人员认为唐朝墩古城建于公元6—7世纪。根据古城的结构、规模等,结合文献记载,研究人员初步确认了关于唐朝墩古城即为唐代蒲类县治所的推断,出土器物大多反映了中原文化在新疆的盛行,表明中央政府在边疆的影响力,但是城址的修建像同时期的吐鲁番盆地城址一样采用了减地法,说明了对本地土著文化的吸纳和借鉴。发展至高昌回鹘时期,器型有了显著的变化,中亚以及西方的文化传统在器物和建筑类型上均有体现,甚至还发现了罗马风格的澡堂,表明这一时期东西文化交流的继续和深入。至蒙元时期,该城彻底丧失了其政治、军事功能,仅作为一处普通的居民点被使用,遗迹、遗物均较为简单。除了上述发现外,动物骨骼数量和种属的变化似乎也能说明一些变化。在城址唐代地层中动物骨骼数量较少,但发现了家猪的骨骼,至高昌回鹘时期,动物骨骼数量变多,发现数量较多的骨器,至蒙元时期,骨骼、骨器数量进一步增多。与动物骨骼变化同步变化的还有形状规整的袋状坑的变化,唐代最多,高昌回鹘时期变少,蒙元时期消失。依据上述发现,发掘人员推断唐朝时期农业兴盛,后来畜牧业逐渐取代了农业的地位(任冠和戎天佑,2019;任冠和于柏川,2020)。

和静莫呼查汗沟口遗址

因强烈的剥蚀作用,新疆能够保留的古代地表建筑相对较少,当然也与人口规模长期较小、缺少大规模建筑设施等有关。李宇奇和王忻(2018)在和静县莫呼查汗沟口大型遗址群附近展开广泛调查,除了发现常见的房址、墓葬外,还发现有一定规模的拦水坝、沉淀池、灌渠、石围农田等。以上各功能区构成了一个相对比较初级的灌溉设施,通过进一步与中原以及中亚、西亚等地的水利设施构成对比,研究者认为莫呼查汗沟口魏晋时期的石构灌溉技术可能借鉴了其西部中亚以及西亚的相关经验。研究者认为,在今后的研究中,除了关注植物本身外,还应该关注农业生产技术的传播(Li et al., 2017)。近期对附近哈尔莫墩汉晋时期的城址的调查进一步证实了其形制与建造方法等均与西亚有明显的联系(Li et al., 2021)。正是在上述扎实的工作的基础上,该研究团队还发现汉晋时期莫呼查汗沟口人群为了发展农业,采用拦截的方式蓄积土壤,种植了粟、黍、小麦、青稞以及葡萄,但是可能由于土壤盐碱化问题严重,导致农业活动持续的时间不长(Li et al., 2019)。

(二) 塔里木盆地北缘

库车友谊路墓地

2007年,库车县城友谊路附近施工过程中发现一批砖室墓,新疆考古所的研究人员随即对其进行了清理和发掘,共发掘墓葬10座,其中竖穴墓3座,砖室墓7座(于志勇等,2008)。2010年,在修建保护上述发现的墓葬的博物馆的过程中又有新的墓葬暴露,考古人员再次对其进行了发掘保护,共发掘5座墓葬,均为砖室墓。因上述共15座墓葬处在同一区域,且反映的文化类型相同或相近,因此这里一同描述。3座竖穴墓[注:其中一座改为瓮棺墓(于志勇等,2015)]墓主人的葬式均为单人仰身直肢,随葬有龟兹小五铢、银耳环等。砖室墓被盗严重,从保存较好的几座判断,有长方形竖穴单室和斜坡墓道单室或双室等,一些墓室中还有耳室、腰坑等附属结构,部分墓葬还保留了拱券。墓室内一般葬有多人,多者可达几十人,仰身直肢为主。砖室墓中随葬器物种类多,数量大,有各类陶器、铜器、铁器、银器、金器等,以及大量动物骨骼。出土物中包括大量有明确纪年的钱币,包括半两、五铢、龟兹小钱等,据此推断这批墓葬的年代应为西晋至十六国时期。从墓葬的建筑复杂程度、随葬品的多寡程度等判断,这一时期人群组成非常复杂。汉室风格的墓葬及随葬器物的大量出现可能与当时生活在这里的汉人有关,或者是当地有势力的人群吸纳了汉文化的结果(于志勇等,2015)。针对友谊路晋十六国时期墓葬中出土的人骨,王博(2012)对其进行了种系分析,认为他们分属于蒙古、欧罗巴和尼格罗人,其中蒙古人种占多数,显示了这一时期新疆人群构成的复杂性。

库车库俄铁路沿线遗址和墓地

2009年,为了配合库俄铁路建设,新疆考古所工作人员对库车县境内铁路沿线的遗址和墓葬进行了抢救性发掘,共发掘遗址点4处,包括提克买克铜冶炼遗址及墓地、贝迪勒克冶铁遗址、可可沙依冶铁遗址和苏巴什佛寺墓地。提克买克遗址发掘出土了大量的陶管、流管、炼渣等冶炼相关的遗物和废弃物,从残留的矿物含铜量高判断,这个冶炼遗址主要用于冶铜。遗址周边还有墓葬,与遗址出土器物有一定的相似性,且墓葬填土中亦有矿渣,推测应为同一时期的遗存。年代测试结果显示这一遗址和墓地的时代约为距今2 200年,为西汉早期的遗存,但是遗址中和墓葬中均出土有察吾呼文化典型器物——单耳带流罐,显示其与察吾呼文化有一定的关系。贝迪勒克遗址规模较小,出土的材料也远不及提克买克遗址多,但是以流管为例,贝迪勒克出土的流管质量明显高于提克买克,一方面显示了技术的进步,另一方面可能也暗示时代有早晚。贝迪勒克遗址出土冶炼工具上铁元素残留较多,推断其为冶铁遗址。从出土遗物特征来判断,时代应为魏晋时期。可可沙依遗址同样为冶铁遗址,时代上可能一直从汉代延续到魏晋时期。整体而言,这几个冶炼遗址均为就地取材,附近即有铜矿、铁矿的分布,而冶炼活动也促进了这一地区经济的繁荣。苏巴什佛寺墓地即属于该地区在魏晋经济繁荣时期的遗存(王永强和阮秋荣,2016)。

库车穷特音墩遗址

龟兹故城位于现今的库车县。2017年,新疆考古所的工作人员对龟兹故城外围的穷特音墩遗址进行了系统的发掘,清理出的遗迹包括房址、墙、灰坑、排水沟、墓葬等。出土器物种类多,数量巨大,包括陶、铜、铁、石、骨、玻璃等各类材质器物,其中尤以陶器数量最多。依据上述发现,结合年代测试结果,发掘者认为穷特音墩遗址主体年代为南北朝至唐代(冯志东等,2020)。

(三)帕米尔高原

阿克陶克孜勒加依墓地

2012年,新疆考古所的研究人员在昆仑山深处的克孜勒加依墓地发现多个墓葬,多数为竖穴土坑墓,且有葬具,葬具多为各种形式的木棺。尤其引人注意的是发现有数量较多的大小不一的葫芦,尚不清楚其存在的意义,根据木质葬具的结构等,研究人员判断这处墓地的时代约为唐代(艾涛,2013)。

(四)塔里木盆地南部

民丰尼雅墓地

尼雅遗址发现较早,但系统的研究工作搁置多年(李遇春,1960)。1995年,中日联合组成的考察队在民丰县尼雅遗址北部的沙漠深处发现一处新的墓地,并对其进行了清理发掘,共发掘墓葬8座。因深入沙漠风沙侵蚀严重,这些墓葬多数都已破坏,棺材暴露地表。依据棺木的形制,有箱式和独木掏挖两种,其中箱式木棺一般葬多人,而独木掏挖形成的木棺葬一人或两人。这批墓葬中 M8 随葬器物种类、数量均最多，最具代表性。M8 为男女合葬，随葬器物有各类生活用具，如单耳带流陶罐、单耳木杯、木盆、木纺轮、木箭杆、木梳、铜镜、铁刀等，更重要的发现在于墓主人身上的衣物等，其中护臂为织锦材质，织锦上书"五星出东方利中国"。锦枕同样为织锦，上书"安乐如意长寿无极""延年益寿长葆子孙""千秋万岁宜子孙"等汉字。此外还发现了一些佉卢文文书。依据上述发现，发掘人员推断该处墓地的时代约为汉晋时期。而对于 M8，其年代应为魏晋前凉时期。依据历史文献记载和考古发现，发掘人员认为尼雅墓地的墓主人应为汉晋时期尼雅绿洲统治阶级，而大量的汉式元素、器物的出现反映出当时中原政权对西域的强烈影响。大量毛织品、弓、箭等的发现表明当时尼雅人群的主要生计模式依然是畜牧业，然而墓葬中也发现了小麦和黍的籽粒和秸秆，证实他们可能同时从事农业生产（于志勇，1997，2000；刘文锁，2002，2003）。甚至也有学者指出，现今尼雅遗址所在地区深入荒漠，有迹象表明即使是在尼雅辉煌的汉晋时期这里的生态环境也算不上优良，然而尼雅人群依然因地制宜地发展了园圃式农业，种植各类粮食作物和蔬果，在应对不良生存环境时体现了优秀的生存智慧（阮秋荣，1999）。崔静等（2000）对尼雅墓地出土的汉晋时期的人骨进行了人种学分析，颅骨形态显示尼雅人群既表现出欧罗巴人种的大部分特征，又有蒙古人种的许多特征，认为这是一群混合人种。谢承志等（2007a）采集了尼雅墓地出土的人骨，对其进行线粒体 DNA 分析，结果显示，尼雅墓地人群的母系遗传结构与现代分布在近东和伊朗地区的人群比较相似。与新疆同时期的人群对比，尼雅墓地的人群与山普拉墓地的人群较为相似，两个人群可能有基因交流。1996 年，中日尼雅遗址学术考古队又一次进入尼雅遗址北部地区进行地面踏查，相继发现一些遗迹和遗物。遗迹仅有损毁严重的建筑一处，发现的遗物数量较多，有石器、陶器、铜器、骨器、料器等。石器有磨盘、镰刀、穿孔石器、纺轮等。陶器有双耳圜底罐、双耳筒形罐等,不少器物口部有压印或刻画纹饰,一般为三角纹、折线纹等。发现的器物体现了多个文化的影响,有安德罗诺沃、古墓沟等,但是可以明确的是这些遗物应该都属于青铜时代的遗物(岳峰和于志勇,1999)。

策勒斯皮尔古城

2012—2014 年,多家单位联合深入策勒县以北的塔克拉玛干沙漠进行古城调查,发现了斯皮尔、斯皮尔东以及丹丹乌里克北三处城址,并对其中的斯皮尔城进行了重点观察。斯皮尔城呈规整的矩形,东西长,南北稍窄,当地盛行东北风,城的东半部保存较差,城门开在西墙中央。墙体像塔克拉玛干沙漠中其他古城墙体一样,采用了木骨泥墙的方式修建。城内中央发现有一处大型房屋建筑,面积近 300 平方米,房屋的走势与城墙完全一致,门同样朝西,不同之处在于房屋的墙是由土坯垒砌的,除了城中央的大型房屋外,城内西北角还有一座小型房屋。城外发现有一圈芦苇围成的篱笆墙。依据城内发掘和捡拾的器物,发掘人员认为这是一处汉晋时期的城址,年代测试结果进一步将城址的年代范围缩小到魏晋时期(巫新华等,2015a)。

洛浦山普拉墓地

洛浦县山普拉墓地位于昆仑山北侧的戈壁滩上,1983 年起,分别有多家单位在山普拉墓地进行了发掘,共计发掘墓葬 68 座。依据墓葬形制,这批墓葬可分为刀形竖穴土坑墓和长方形竖穴土坑墓。墓室中一般保留有木质葬具,有尸床、原木棺、半圆木棺、箱式棺等。除了葬具外,一些尸体身上或尸床上还铺盖有毛毡、毛毯、草席等。一般一个墓室中葬一人,多数情况下是未成年人,多数成年人流行丛葬形式,个别墓室中甚至可能埋葬几十人、上百人。因为环境干燥,山普拉墓地除了保存了较多的木质材料外,还出土了大量精美的织物，其中不乏丝织品。依据上述考古发现，结合年代测试结果，发掘者认为山普拉墓地应为汉晋时期的遗存，推测当时处于阗国统治之下（新疆博物馆，2001）。邵兴周等（1984，1988）对山普拉遗址出土的古人颅骨进行了研究，结果显示山普拉居民的体质特征非常复杂，既有蒙古人种的特征，又有欧罗巴人种的特征，显示出混合态，而韩康信（1985，1988）则认为该人群属于欧洲人种的地中海类型。谢承志等（2007b）对山普拉墓地出土的人骨进行了线粒体 DNA 分析，结果显示，山普拉先民同时携带亚欧大陆东端和西端的遗传信息，是一个高度混合的人群。山普拉墓地保存了大量的有机质，其中包括植物遗存，蒋洪思等（Jiang et al.，2008）对这些植物遗存进行了鉴定，发现有黍、青稞以及薏苡，其中薏苡被串成项链作为装饰品得以保存，一方面展示了汉朝时期山普拉人群的审美情趣，另一方面由于其在佛教中的意义，可能也是一种宗教方面的反映。山普拉墓地还出土了织金织物片金棉布枕，研究人员采用超景深三维显微光学系统、扫描电子显微镜（SEM）、傅里叶红外光谱（FT-IR）以及电子探针-波谱仪（EPWDS）等技术对其进行了深入分析，研究结果显示，片金棉布枕的枕首是绢，枕身是织金罽，而织金罽上的金线是以亚麻纤维作芯线的捻金线，金线上金箔为金银合金，结合它的风格等，研究人员认为它属于新疆本地生产的织金织物（柏小剑等，2013）。

洛浦比孜里墓地

新疆文物考古研究所研究人员于 2016 年对洛浦县比孜里墓地进行了发掘，共发掘墓葬 40 座，形制有长方形竖穴土坑墓和刀把形竖穴土坑墓，有些含有木质葬具，包括箱式木棺和独木棺，其中箱式木棺中又有翻盖式和四足式。墓葬中普遍葬有多人且随葬有羊骨，出土的器物类型包括陶、木、铁、石等材质器皿，植物类遗存有杏核、核桃以及葫芦。根据出土器物和葬俗葬式，发掘人员认为这是一处汉晋时期的墓地(胡兴军和阿里甫,2017)。比孜里墓地出土了疑似食物遗存的残块,红外光谱结果显示其主体为淀粉,同位素数据揭示它的制作原料应为C_4植物,植硅石分析显示该C_4植物为黍,淀粉粒分析表明它的制作方式应为烤制,而蛋白质组学分析进一步检测出其中添加了大麦和肉,研究者推测该食物的原型类似现在新疆的肉馕(肖琪琪等,2020)。墓地中发现有彩绘木棺,研究人员从木棺的年代、染料、胶结物等方面入手,利用测年、电镜、光谱、能谱、质谱等办法,结果显示木棺的年代与先前的判断一致,染料的成分中检测出靛蓝,其余为新疆本地常见的矿物原料,包括石膏、铁红和炭黑等,所用的胶粘剂为干性油、鸡蛋清和安息香树脂(蒋建荣等,2020)。

(五) 塔里木盆地东部

尉犁营盘墓地

新疆考古所的工作人员分别于1995年和1999年对尉犁县营盘墓地展开了系统的发掘,并对这一大型墓地中已遭严重损毁的墓葬进行了清理。两次共发掘墓葬112座,清理被盗墓葬120座。这些墓葬形制相对统一,地表一般竖立有胡杨木作为标记,墓葬形制有竖穴土坑墓、竖穴生土二层台和竖穴偏室墓。因气候干燥,木质葬具保存较好,一般有带四个腿的箱式棺、胡杨木掏挖形成的槽形棺以及与槽形棺制作方法类似但是形状像小舟的船形棺。但是更多情况下,墓室中不见葬具。葬式一般为单人仰身直肢。除了墓主人身上穿戴的大量衣物、装饰品等得以保存外,还出土了大量的随葬器物,主要是数量巨大、种类丰富的木器,另外也有少量铜器、银器、铁器、金器等,主要是装饰品。此外,营盘墓地多见随葬粮食作物及其制成品的现象,可鉴定的植物种类有黍、大麦、棉花、稻、核桃等,结合大量保存的衣物有棉麻织品、毛织品以及丝织品等,推测营盘墓地的人群主要从事农牧结合的生产,兼营狩猎。依据上述发现,发掘者认为营盘墓地的时代应为西汉至魏晋时期,通过地望,推测该人群即来自文献记载中的山国。而墓地中大量来自周边地区的日用品、装饰品等也证实了山国作为丝路上的重要成员,在沟通东西方面起到了重要的作用(李文瑛,1999;周金玲,1999;周金玲等,1999;周金玲和李文瑛,2002;吴勇等,2002)。研究人员对营盘墓地出土的汉晋时期的纺织品进行研究,首先通过形貌观察,确认其为丝织品(郭丹华等,2009),其后通过物理和化学方法,进一步辨认出这批丝织品中同时有桑蚕丝和野桑蚕丝(郭丹华等,2010)。对营盘墓地出土古人的颅骨的观察和测量分析结果显示,尽管欧洲因素显著,但混入了一些蒙古人种的体质特征,如颅型从长颅向短颅的变化(陈靓,2002),下颌圆枕发育,显示人群生活压力较大,食物较硬或杂质较多(李海军,2012)。从牙齿磨耗情况判断,与洋海墓地差别不大,营盘人群的生业经济应为狩猎采集(刘武等,2005;李海军和戴成萍,2011)。陈涛等(Chen et al.,2016)对营盘墓地出土的植物性材料进行了大植物遗存和微体观察,结果显示汉晋时期营盘居民利用的作物包括黍、小麦、大麦,并且可以确定的是这一时期人群就已经掌握了将小麦磨粉制成面食的技巧,除上述作物外,还发现有种植葡萄等水果类植物的证据。营盘墓地还出土了玻璃珠,研究人员对其中人面纹玻璃珠的科学分析显示,其可能的来源除了中亚和西亚外,还有南亚。对于深居内陆的营盘墓地,这一认识意义深远,表明当时世界各地交往的深入程度高出以往的认识(刘念等,2020)。

尉犁咸水泉古城

2017年,新疆文物考古研究所领衔的考古调查团队在尉犁县咸水泉发现一处汉晋时期的古城,将其定名为咸水泉古城,并在城周发现几处分属于青铜时代和汉晋时期的墓地。研究人员对古城和同时代的墓地进行了发掘,明晰了咸水泉古城的建造方法,采集和发掘出土了一批重要的文物,为揭示汉晋时期丝绸之路上人群的生活提供了重要的资料(胡兴军和何丽萍,2017)。

若羌楼兰古城和墓地

为了明确楼兰古城址的位置、城内的设施、布局等,研究人员于1979—1980年分三次进入罗布泊,对附近的遗迹进行了系统的调查和发掘:明确了楼兰城址的位置,对城址的四边进行了测量,辨识出了水道、佛塔、房屋等城市功能设施和建筑,在城内采集到了大量的石器、陶器、铜器、铁器、铅器、木器、骨角器、玻璃器以及钱币等,在对城内中心部位的试掘中发现各类木器、织物、陶片以及动物骨骼,初步辨认有羊、牛和马,此外还发现黍壳、大麦和小麦花(侯灿,1985)。在楼兰城址的郊区,研究人员也进行了系统的调查,除了佛塔、烽燧等相对晚期的遗迹外,还发现有大量的打制石器和磨制石器,以及陶器、各类木器、铜器、铁器、铅器、玻璃器、金器、银器、骨器等,另有织物和大量的钱币。根据上述发现,研究人员认为楼兰附近人类活动的历史至少可以追溯到石器时代,至汉代前后,该地区成为丝绸之路上的重镇,城内外捡拾到的大量中原汉王朝以及中亚和西亚的钱币即是其昔日辉煌的见证(侯灿,1988a)。除了上述广泛的调查外,研究人员还有针对性地对楼兰古城东北新发现的一处墓地和一个世纪前斯坦因(Stein)曾经发掘过的一处墓地进行了发掘,两处墓地共发掘墓葬9座,墓葬形制主要为竖穴土坑,仅一座墓葬为带斜坡墓道的甲字形墓葬。墓内一般葬多人,出土器物中有陶、木、铜、铁、金等各类材质器物,尤其以大量保存的丝织品为重要发现,该批墓葬的发现为研究汉晋时期罗布泊先民的生活提供了丰富的资料(侯灿,1988b)。韩康信(1986)对楼兰附近的汉代头骨进行了研究,认为所研究的6例个体中有5例带有明显的欧洲人种地中海类型特征,另1例显现出蒙古人种南西伯利亚类型特征。

2015年,中国科学院地质与地球物理研究所等多家单位的研究人员组成科考团再一次进入罗布泊地区,对楼兰古城周边的地质、地貌、水文、文化遗迹等展开了拉网式的深入调查。本次调查主要在楼兰古城东南部展开,新发现房屋2处、墓地2处。房屋倒塌严重,根据残断的墙体,科考人员判断墙体本来应该是木骨泥墙,中间羼杂了芦苇加固墙体。科考人员还在房屋附近采集到铜、银、木、玻璃等各类材质的遗物。墓葬损毁严重,仅能从墓室底部找到一些木头,可能曾经有木棺存在。墓地周边散落遗物较多,其中木质或骨质的梳子数量较多,此外还有各类生产、生活用具,如弓、纺轮等。另外,像之前的几次调查一样,本次科考同样发现很多石器,有石核、石叶、石片、砍砸器等。根据上述发现,本此科考确认了楼兰地区至少有两个人类活动集中的时期,分别在距今4 000年左右和距今1 600年左右,前一个时期可能与小河墓地的人群有一定的文化关联,而后一个时期就是众所周知的文化繁荣昌盛的汉晋时期(于志勇等,2017)。在本次科考中,研究人员采集了大量的年代样品,序列的测年结果显示,楼兰古城附近自公元前350年左右开始有人活动,公元1世纪至4世纪期间人类活动强度较大,至公元600年左右,古城几乎完全废弃,与先前的测年结果基本一致(Lu et al.,2010)。结合环境重建结果,研究人员认为影响楼兰古城兴亡的主要因素是水源补给情况(Xu et al.,2017)。这一重建结果与基于另外一个剖面的重建基本一致(Liu et al.,2016),且先前的工作还显示全新世以来罗布泊地区最湿润的时期应该是距今8 700年至5 100年。尽管不是常规的植物考古研究,但是李康康等(2019)在对罗布泊地区进行考古和古环境调查的时候,发现这里在更新世晚期曾有稳定的水体存在,并在原生堆积中发现了一些石制品。科考人员对其表面进行淀粉粒提取,结果证实早在1万3千年前,生活在罗布泊地区的先民就在采集小麦族植物,并且利用石器加工过一些块根块茎类植物。现代同样处在沙漠中的楼兰和米兰遗址曾经都有过辉煌,张健平等(Zhang et al.,2013)对采自楼兰和米兰城址中的骆驼粪便进行了植硅石和硅藻提取,结果显示在汉唐时期,楼兰地区曾经是一个绿洲,周边环境中生长有黍族和早熟禾亚科植物,可能还有一些灌木,同时还发现有一些微咸水硅藻类型,可能来自附近的罗布泊水域,研究认为这一时期人群的主要粮食作物是黍,同时也有少量的粟和青稞。李康康等(Li et al.,2019)则是从罗布泊西岸多个楼兰王国的废墟中寻找植物遗存,在一些建筑材料中发现了胡杨、红柳以及芦苇,显示这些植物当时应该就生长在遗址周边,表明当时楼兰附近应该有水域,岸边生长有耐旱的乔木和灌木。李康康等(Li et al.,2021)新近对楼兰地区古墓葬的选址以及环境重建进行了研究,结果显示,楼兰地区在公元前后曾经有过水乡泽国时期,为了防止突发的水流侵袭,当时的人倾向于将墓地建造于突出地表的雅丹地貌上,同样支持上述关于当时环境显著优于现代的结论。魏东等(2020)在本次考察中观察了楼兰周边的一系列汉晋时期的墓葬,以孤台墓地出土的人骨为例,从其颅骨特征简单地判断,认为这些人与新疆早期铁器时代以来的人群中的营盘墓地人群最为接近,但两个人群可能并不存在基因交流。王学烨等(Wang et al.,2020)采集了本次考察发现的一处被盗墓葬中出土的木材和人骨,首先对木材进行了种属鉴定,发现这些木材其中一部分非本地生长的品种,推测应该是流动的人群携带而来。另外,研究人员对人的牙釉质进行了锶和氧同位素测试,结果显示这是一个具有高度流动性的人群,结合文献记载,认为罗布泊地区汉晋时期文化繁荣昌盛,东来西往的人群络绎不绝,促进了该地区文化的发展。

因为新疆地域辽阔,植被覆盖情况整体较差,GIS(地理信息系统)和 RS(遥感)等相关空间分析技术与考古学的深入结合在新疆大有可为。除了上述调查、发掘和研究工作,刘建国等(1997)首先对轮台至库尔勒这一丝绸之路要道上的古城址进行了遥感调查,除了找出8座史书中记载的城址外,还发现了十多座未见记载的新城,证实了遥感手段在寻找古代城址方面的独特优势。克力木·买买提等(2015)利用GIS空间分析技术对吐鲁番不同时期的遗址分布规律进行分析后认为,首先各时期的遗址选址均在缓坡且近河流和道路,其次遗址分布似乎有向两个中心城镇交河和高昌聚集的特征。另有研究团队则利用卫星影像,在罗布泊南侧米兰戍堡附近发现了规则的沟渠等,对影像进行深入解读后,研究团队认为这是过去屯田遗迹(Luo et al.,2017)。

第二节 新疆考古学文化发展脉络

一、新疆考古遗址分布特征

自20世纪早期第一批外国探险家进入新疆寻找遗址开始算起(马思中和陈星灿,2004),新疆的考古学发展已逾百年。但是早些时期的考古发掘和研究多属零星开展。20世纪末,尤其是进入21世纪之后,研究才得以系统和全面展开,尤其是几次文物普查的深入开展,为我们全面了解新疆史前及不同历史时期各类遗迹的分布和保存状况奠定了良好的基础(王鹏辉,2005;邵会秋,2018)。

随着考古发掘工作的陆续展开,关于新疆地区先民生活越来越多的信息得以揭示。受困于资料收集、整理的难度,本书在尽量涵盖所有公开发表的资料的基础上有所取舍,并根据最新的研究,加入了自己的判断。如对于早些时候调查或发掘过,但未进行年代测试,仅根据出土器物判断时代约为新石器时代或铜石并用时期的遗址,在本书中根据具体情况,将其划入了青铜时代。另,在新疆,不同时代的人群生活或埋葬在同一个小区域的现象非常多见。如,吐鲁番阿斯塔纳既有青铜时代人类活动的遗迹,又有大量唐代前后的墓葬,在提取遗址空间分布信息时,本书将这一类遗存视作一处遗迹。另有部分墓葬或墓地分布较零散,故不提取。

新疆的考古遗址具有小聚拢大分散的特征。首先,多数遗址分布在天山沿线,一般为山前沟谷地带或绿洲附近,且这一基本规律同样适用于分布在阿尔泰山、昆仑山沿线的遗址;其次,根据现有资料,可见几个遗存集中分布的区域,均在天山沿线,从东到西依次为哈密、吐鲁番和伊犁;最后,塔里木盆地的遗址尽管依现在的环境观察均分布在沙漠中,但当时人类活动时期,这些遗址周边均有河流或湖泊分布(张峰等,2011)。因此,可以看出,尽管新疆地域广大,但由于自然环境的因素,过去人类活动被限制在了其中极其有限的区域内(姚付龙等,2019),且这种分布特征深刻地影响了过去人群的生计选择。此外,广阔的沙漠、高大的山脉等自然屏障严重阻碍了史前人群的交流,使得新疆各时期虽然发展出了带有显著特点的区域文化,但这些文化的影响力均有限,且多数情况下持续时间较短,文化与文化的承继关系不明显。除此之外,因为新疆地处中国最西端,是沟通亚欧大陆东西两端的重要通道,新疆的考古学文化发展是多股力量共同影响的结果。

二、新疆考古文化圈

除旧石器文化遗存外,目前新疆有测年数据支持的最早的文化遗迹为公元前4千纪末,已进入考古学文化中的铜石并用时代或称青铜时代早期,但是目前仅有一处明确的发现(于建军等,2018;Zhou et al.,2020),即位于新疆北部的通天洞遗址。由于是洞穴遗址,保存的材料相对较少,目前尚无法判断其所属的考古学文化。即使进入公元前3千纪后,新疆发现的史前人群活动的痕迹依然属零星,目前发表明确属于青铜时代早期的遗址仅有阿依托汗一号墓地(胡兴军,2017;Qu et al.,2020),根据其出土陶器的形态,研究认为其与来自境外西伯利亚的阿凡那谢沃文化关系密切(李水城,2018)。

从多年的考古发掘材料和年代学的研究来看,新疆最早一批史前文化大致流行的时期为公元前3千纪晚期至公元前2千纪前半叶。这一时期,整个新疆地区考古遗址数量较少,分布也相对比较分散,发现的遗址主要分布在准格尔盆地北缘、罗布泊地区和天山东部地区,分别属于切木尔切克文化、小河文化和天山北路文化(Betts et al.,2020)。属于该时段的已发掘的典型遗址和墓地有若羌古墓沟(王炳华,1983a)、若羌小河(伊弟利斯等,2007)、哈巴河托干拜2号(于建军和胡兴军,2014)、哈密天山北路(潜伟等,2001;Tong et al.,2021)、和硕新塔拉(吕恩国,1988)、阿勒泰切木尔切克(易漫白,1981)等。近年的研究表明,这一时期各文化几乎独立发展,之间联系较少,除天山北路文化具有甘青地区河西走廊青铜时代早中期部分文化特征,例如双耳器数量较多,流行平底彩陶器外,其余各文化均流行具有明确西方属性的圜底卵形器和筒形平底器,可能为受欧亚草原中期青铜文化影响发展而来。这一时期天山东部的哈密盆地以天山北路文化为代表,其中以天山北路墓地早中期为代表,这一时期哈密盆地受到向西扩散和迁徙的河西走廊西城驿文化(4.0—3.7 cal ka BP)以及四坝文化(3.7—3.4 cal ka BP)的影响,其中陶器多加砂红陶,有少量的灰陶,平底器居多,器型主要有双耳罐、单耳罐、腹耳壶等,流行彩陶器,出土的少量铜器都是小件的工具和装饰品。上述遗址文化特征很明显受到河西走廊地区同时期文化的影响,其中平底筒形器和卵形深腹罐等文化特征可能受到塔里木盆地土著文化的影响(邵会秋,2018)。

第三章 新疆考古学相关研究背景

在公元前 2 千纪后半叶到公元前 1 千纪初,这一时期相当于欧亚草原青铜时代晚期,与前一时期相比,新疆各地史前文化进入繁荣发展时代,文化类型、遗存较多,分布范围进一步扩大,主要分布在准格尔西北地区、伊犁河谷地带、塔什库尔干地区、塔里木盆地的西北地区、吐鲁番盆地和哈密盆地,文化属性上分为焉不拉克早期文化、水泥厂类型、半截沟类型、南湾类型等,其中已发掘的属于该时期的典型文化遗址有塔什库尔干下坂地(吴勇,2012)、巴里坤南湾(贺新,1987)、鄯善洋海(李肖等,2011)、温泉阿敦乔鲁(丛德新等,2013)、萨恩萨伊(新疆文物考古研究所,2013)、萨伊吐尔(胡望林等,2014)、吉仁台沟口(阮秋荣和王永强,2017)等。这一时期各地区文化交流非常密切,同时受到域外文化影响很明显,比如最为显著的是新疆存在大量的含有安德罗诺沃(Andronovo)文化特征的遗存(Mei,1999;邵会秋,2009;阮秋荣,2013)。但是这些遗存之间的关系尚不明确,可以确定的是,它们之间本身就存在显著的区别,可能有不同的源头(邵会秋和张文珊,2019)。哈密地区的文化依然明显地吸收和发展了来自河西走廊甚至河湟地区稍早或同时期文化的因素,伊犁河谷及塔什库尔干地区则明显地受到辛塔什塔-彼得罗夫卡(Sintashta-Petrovka)、埃拉库(Alakul)-安德罗诺沃文化系统的影响(杨建华和张盟,2010),近年来新的考古发现帮助我们认识到这种文化系统在新疆的影响范围可能甚至抵达了更东部的地区(邵会秋,2018;Zhu et al.,2021)。尽管该文化体系的提出和建立更多地依赖了早期的发现和测年数据,而在现阶段显然已不再能够满足研究精度的需要,有不少学者依据新的考古发现和高精度的测年数据就此文化体系脉络和时空框架提供了新的见解(Krause et al.,2019),但这不改变我们对安德罗诺沃文化体系对新疆中西部地区青铜时代文化发展产生深远影响的基本认识。阿勒泰地区更多地受到其北方奥库涅夫-卡拉苏克-塔加尔（Okunevo-Karasuk-Tagar）文化系统的影响（马健，2006；邵会秋，2016，2017，2018；张盟，2109）。而塞伊玛-图尔宾诺（Seima-Turbino）文化的典型代表——倒钩铜矛以及有銎战斧等在中国北方大范围地区的普遍发现更是北方草原青铜文化与中原本土文化长期广泛交流的证据（邵会秋和杨建华，2011，2013；杨建华和邵会秋，2017；林梅村，2020）。总之，除哈密地区外，新疆其他地区的史前文化较少受来自中原文化系统的影响，哈密盆地发现了大量该时期的遗存，这一时期文化遗存继承了天山北路文化的主要特征，以加砂红陶和灰黄陶为主，双耳罐、单耳罐和无耳罐是常见的器型，彩陶数量较少，铜器特征有很大的变化，具有北疆地区文化的特征，说明这一时期东疆哈密地区受到了北方游牧文化的影响。

公元前1千纪后到汉朝，中原势力进入，新疆步入早期铁器时代，遗址分布于整个新疆地区。这一时期遗址数量在各时段中最多，且分布最为密集。主要包括分布于天山东部的焉不拉克文化（陈戈，1991；任瑞波，2017），中部天山的苏贝希文化（陈戈，2002b；邵会秋，2012；张良仁等，2016；孙少轻，2018），塔里木盆地北缘的察吾呼沟口文化（陈戈，2001；邵会秋，2008），伊犁河谷地区的索墩布拉克文化（陈戈，2002a；任瑞波，2018）等。除此之外，在北疆发现了大量该时期的文化遗存。其中已发掘的属于该时期的典型文化遗址有焉不拉克（张平等，1989）、五堡水库（王炳华和张玉忠，1992）、艾斯克霞尔（周金玲等，2002）、寒气沟（郭建国，1997）、察吾呼沟口（新疆文物考古研究所，1999）、苏贝希（吕恩国和郑渤秋，2002）、洋海（李肖等，2011）、加依（王龙等，2014）、索墩布拉克（王玉忠，1999）、穷科克（李卫，2002）、喀拉苏（于建军和胡望林，2015）等。这一时期新疆各地区文化交流密切，其中东疆哈密盆地的焉不拉克文化、中部天山的苏贝希文化和察吾呼沟口文化受到强大的来自东方的文化影响，而南疆地区的文化则很少见到东方文化的彩陶的影响,可能受到东进的中亚文化因素的影响,而整个北疆的伊犁河谷地区受到多支西来的草原游牧人群的影响。这一时期东疆的焉不拉克文化几乎遍布整个哈密盆地,延续了焉不拉克早期阶段的文化因素。在文化的发展过程中,也受到了察吾呼沟口文化的影响,同时可能与甘肃河西走廊的沙井文化有一定的联系。此外在强势的游牧文化影响下,哈密盆地可能还受到了北方巴里坤草原地区游牧文化的强烈影响。

三、哈密盆地考古文化发展与周围的关系

相较于新疆其他地区史前考古学文化,仅有哈密盆地的天山北路-焉不拉克文化构成了从青铜时代至早期铁器时代同一区域的文化传承,阿勒泰地区切木尔切克文化之后再无统一的文化类型。罗布泊地区小河文化虽然影响深远,但是小河之后是很长一段时期的文化断档,其之后虽有楼兰、营盘之类的有广泛影响力的遗址,但很难说它们就是小河文化的直接继承者。至于苏贝希、察吾呼、索墩布拉克等天山沿线著名的早期铁器时代文化,至今尚未找到它们所在区域更早时期的先行者。以青铜时代和早期铁器时代遗存均有较多发现的伊犁河谷地区为例,尽管近些年发现了众多安德罗诺沃文化遗存,但这一类遗存往往仅占墓葬中的极少部分,很难说它们对这些地区后世文化的发展起到了关键的作用。

哈密作为新疆较早开展考古发掘和研究的地区,哈密盆地因处在甘青地区文化系统和北方草原文化系统交汇的前沿阵地,而不可避免地同时受到来自东方的中原农耕文明和来自西方草原文明的影响。来自东部的影响主要通过河西走廊传至东天山地区,而来自西方和北方的草原文化通过什么线路、何时传播至此目前还未形成明确的认识(韩建业,2007;郭物,2012;邵会秋,2018)。

近期研究人员在巴里坤白格托别墓地发现有安德罗诺沃文化墓葬,他们对其中个别墓葬中埋葬的个体进行测年,显示其生活于3 500年以前。DNA分析表明这些个体来自天山中部地区,或更往西的中亚七河地区乃至更远。这一发现至少证实,最晚在3 500年前,来自西部的文化影响就已经抵达了哈密盆地周边地区(Zhu et al.,2021)。

目前哈密地区已知最早的,同时也最具有代表性的考古学文化以天山北路墓地为代表。该墓地位于哈密市天山北路,故名天山北路墓地,又名林雅墓地。在1988年至1997年的发掘中,共清理墓葬700余座,出土了作为陪葬品的铜器、陶器、骨器等各类文物3 000余件,极大地丰富了关于青铜时代哈密盆地文化发展水平的材料和认识。墓葬密集地分布于整个墓地,墓葬的形制分竖穴土坑和竖穴土坯两种,葬式以侧身屈肢葬为主,陪葬品较少。总之,天山北路墓地所代表的是一支活跃于公元前2千纪前半叶的青铜文化。该文化的人群掌握了先进的彩陶制作技术,拥有类型丰富的铜质工具,成就了哈密地区青铜文化时代的辉煌。根据所出土的陶器类型及彩绘特征等判断,天山北路墓地的彩陶可能是地理上与其邻近的河西走廊西部马厂晚期——四坝文化或西城驿文化西进的产物(陈国科等,2014;李水城,2009;邵会秋,2018),而其铜器则最早可能间接地来源于欧亚草原(韩建业,2007;张良仁,2017)。近期西城驿铜冶炼实物遗迹的发现可能会改变这种认识,哈密盆地早期青铜器可能同样受到西城驿-四坝文化系统的影响。骨骼测量数据显示,天山北路人群的主体属于蒙古人种,另有少量古欧洲人种(魏东,2009)。来自mtDNA的证据亦支持天山北路人群同时受到来自东方和西方的基因贡献,二者之间东方的贡献居主导地位(Gao et al.,2015),关于人群来源的研究结果与对于器物源头的认识吻合。综上所述,随着河西走廊人群和文化不断向西迁徙和扩散,天山北路文化吸收和继承了来自河西走廊西部的较早的文化和人群,并与当地土著文化结合,形成独具特色的青铜文化,在此基础上可能还借鉴了来自周围其他土著文化系统的因素,创造出了适应当地环境的新的文化类型。

哈密盆地目前还未发现早于天山北路或与天山北路墓地大概同时期、文化面貌相近的其他遗址,需要以后更多的考古调查和发掘来补充。

公元前2千纪后半叶,哈密盆地遗址分布较少,位于哈密市南部花园乡萨伊吐尔墓地的发掘工作,对认识哈密盆地公元前2千纪后半叶的文化演进提供了为数不多的材料。萨伊吐尔墓地共清理墓葬14座,以竖穴土坑墓为主,墓葬平面呈椭圆形,墓口有棚木,葬式以单人侧身屈肢葬为主,另有少量合葬墓,葬制以一次葬为主,另有部分二次扰乱葬。出土陶器有双耳罐、缸形器、单耳罐、单耳钵等,多数为素面夹砂红陶。根据器物类型,发掘者认为该遗址时代与天山北路晚期、南湾墓地同期(胡望林等,2014)。

公元前1千纪以后,东疆的焉不拉克文化几乎遍布整个哈密盆地,形成了以焉不拉克文化为特征的一系列农牧兼营的绿洲聚落遗存。

哈密盆地目前经过发掘,且有较深入认识的遗存来自焉不拉克墓地。1986年发掘的焉不拉克墓地位于哈密盆地西部三堡乡焉不拉克村,墓地的主体文化属于早期铁器时代。根据墓地出土的遗物及墓葬整体面貌,研究者认为焉不拉克是在继承天山北路文化主体的基础上,少量借鉴甘青地区较早时期的辛店、卡约或"唐汪式"遗存的产物(邵会秋,2018)。焉不拉克墓地墓葬排列非常紧密,流行的墓葬形式为竖穴生土或土坯二层台墓和竖穴墓,既有单人葬又不乏多人葬,葬式主要为侧身屈肢葬。出土器物有陶器、铜器、铁器、金器、木器等。与其继承的天山北路墓地相同,焉不拉克的居民亦主要来自东方（韩康信，1990），与墓葬体现出的文化来源一致。

焉不拉克文化是哈密盆地铁器时代的主流文化,现已发现的、经过发掘的属于该文化类型的还有五堡水库墓地（王炳华和张玉忠，1992）、艾斯克霞尔墓地（周金玲等，2002）、寒气沟墓地（郭建国，1997）、上庙儿沟一号墓地（新疆文物考古研究所和哈密地区文物管理所，2004）、拉甫却克、哈拉墩（陈戈，1991）等。一般认为，焉不拉克文化主要继承了天山北路文化，但是发展势力更大，分布范围更广（张良仁，2017；邵会秋，2018）。如，目前尚无可靠的证据显示天山北路文化能够越过天山抵达盆地以北的地区，山北的拜其尔墓地却有明确的属于焉不拉克文化遗物的发现，且两个时期遗址数量相差较大。本研究所涉及的艾斯克霞尔南墓地亦为该文化类型的典型墓地（王永强和党志豪，2011），比如在焉不拉克墓地中发现的头骨穿孔现象（陈星灿和傅宪国，1996），在艾斯克霞尔南墓地中也有体现。时代较早的柳树沟遗址则兼有天山北路和焉不拉克文化的特性，又有自己的独特之处（王永强和张杰，2015）。

第四章　哈密天山北路墓地居民食谱重建

第一节　哈密天山北路墓地考古背景

一、哈密天山北路墓地考古发现和研究

天山北路墓地位于哈密市区天山北路两侧。发掘初期,这一区域属于雅满苏矿和林场办事处,因此最初称这处墓地为林雅墓地。随着发掘的深入,考古人员发现这处墓地规模非常之大,后统一称为天山北路墓地。从1988年至1997年,天山北路墓地的发掘持续多年,共发掘墓葬700余座,尚未发掘的墓葬数量更大。因天山北路墓地发掘报告尚未出版,墓地的发掘情况目前只能根据一些相关的研究论文获得。墓葬普遍不见地面标识,墓葬形制多为竖穴土坑,其中部分墓室内有土坯垒砌的二层台,此外还有竖穴偏室墓等。绝大多数墓室中仅葬一人,流行侧身屈肢葬,其他葬式数量较少,还有一部分因骨骼扰动严重,已无法判断葬式。随葬品有陶器、骨器、石器、铜器、银器、金器、海贝等。其中出土的陶器数

量最多,而这些陶器中彩陶占了很大比例,常见的器型有双耳罐、单耳罐、单耳杯等,纹饰有直线纹、三角纹、网格纹、叶脉纹等。此外,绝大多数墓葬中陪葬有羊,包括绵羊和山羊,此外还有牛等动物(潜伟,2006;张全超等,2010a;魏东等,2012)。根据葬俗、葬式、陪葬器物等,天山北路墓地属于青铜时代墓地的认识得到普遍认可,且认为其发展与河西走廊地区的青铜时代文化有密切的关系。但是,关于墓地的沿用时间却有不同的看法,主要是因为缺乏可信的年代数据(李水城,2009;张良仁,2017;邵会秋,2018)。近期关于天山北路墓地年代框架的研究解决了这一问题。对41个人骨的 AMS ^{14}C 测年显示,天山北路墓地的沿用时间为距今4 000年至距今3 000年,并且可以分为四期,明确了其作为东天山地区时代最早的遗址的地位(Wang et al.,2019;Tong et al.,2021)。

天山北路墓地出土了大量的人骨,王博等(2003)最早对其中的小部分颅骨进行了研究,认为人群中既有蒙古人种,又有欧罗巴人种。魏东等(2012)对天山北路墓地出土的24个人骨头颅进行了补充研究,测量结果显示该人群颅骨性状中既有欧罗巴人群的特性又有蒙古人种的特征,且人群内部有比较明显的分异,与早先王博等(2003)的结论一致,认为这种人群属性是天山北路墓地的地理位置和欧亚地区长期存在的人群和文化交流的结果,显示出多种文化来源在这个地区长期博弈得到的动态平衡。此外,研究人员还对天山北路墓地中保存情况较好、有明确埋葬信息的个体进了年龄、性别鉴定,发现女性个体明显多于男性个体,人群平均预期寿命约32岁,男性个体低于女性个体。由于鉴定的样本量远小于墓地出土的总体数量,这一结果只能是初步的判断(魏东和邵会秋,2012)。高诗珠等(Gao et al.,2015)成功提取天山北路墓地出土部分个体的Y染色体和线粒体DNA,结果显示这一人群同时携带东方和西方的基因,结合考古学的认识,他们认为早在青铜时代，就有来自河西走廊的氐羌人群抵达了哈密盆地。因为天山北路墓地代表了东天山地区一支非常重要的青铜时代文化——天山北路文化，且天山北路墓地规模巨大，埋葬个体众多，因此先后有两个团队对该墓地出土的骨骼进行了同位素分析。张全超等（2010）采集天山北路墓地出土的10个人骨个体对其进行了碳、氮稳定同位素分析，认为该墓地居民整体摄入较多肉食资源，而$\delta^{13}C$值变幅较大则表明这一时期不同的个体对食物的选择存在个人喜好问题，可能也反映了人群非单一组成，来自不同文化背景的人群在食物选择方面显示一定的习惯差异（张全超等，2010）。王婷婷等（Wang et al.，2019）大量（110例）采集天山北路墓地出土的人骨个体并补充一例羊骨样品进行骨骼同位素测试，认为人群食谱差异主要体现在植物性食物的来源。该墓地居民普遍摄入了C_4来源的食物，但是摄入比例差异明显，可能显示了人群文化属性或来源的不同。在此基础上研究人员梳理欧亚大陆各地发表的青铜时代人骨同位素数据，指出青铜时代人骨碳同位素反映的C_4来源食物摄入构成了小米西传之路，是青铜时代东西文化交流的重要组成。天山北路墓地出土了逾1 000件各类铜器，潜伟等（2001）对其进行冶金学相关分析，认为该墓地多种合金的铜共存。不仅如此，多种铸造工艺并在，综合周边各地出土铜器的相关结果，研究人员认为哈密地区的铜器制造同时受到河西走廊和高加索地区的影响。之后，研究人员对哈密地区其他出土青铜器的遗址进行深入的分析，包括焉不拉克、南湾、上庙尔沟、黑沟梁和拜其尔（潜伟，2004），对比附近其他地区的结果，研究人员认为哈密地区古代铜器的使用和发展经历了三个时段。分别是以天山北路为代表的第一阶段，此时铜器组成以红铜和锡青铜为主，为铜器冶炼初始时期；第二阶段铜器成分中出现砷铜，显示铜器冶炼技术的提高，然而仍然以锡青铜为主，代表性的遗址包括焉不拉克和南湾墓地；至黑沟梁时期,铜器发展进入第三个阶段,技术更加进步,出现铅铜和铜锌合金。综合以上发现,对比周边文化中铜器的组成,研究人员认为哈密地区史前铜器的早期发展跟河西走廊关系密切,而晚期可能还受到来自西伯利亚的卡拉苏克文化的影响(潜伟,2006)。梅建军等(2002)综合分析天山北路、焉不拉克、五堡、腐殖酸厂、庙尔沟墓地以及巴里坤的黑沟梁墓地出土的28件各类铜器,确认了锡青铜在新疆东部青铜时代和早期铁器时代的铜器中均居主导。另外砷铜的发现也明确了哈密地区与河西走廊的密切联系。此外,一件铜砷铅三元合金铜器的发现可能证实了新疆最东部地区与新疆西部伊犁河谷地区奴拉塞铜矿的早期联系。除了青铜器外,林怡娴等(Lin et al.,2019)对天山北路墓地出土的料珠,即费昂丝(faience)的成分分析显示,这些费昂丝可能来源于西亚,这进一步证实了青铜时代东西方文化交流的广度和深度。

二、哈密天山北路墓地年代

天山北路墓地发掘时代较早,当时考古学界对于^{14}C测年的重视程度远低于现在。因此,尽管发掘的墓葬数量众多,但是关于整个墓地的年代却仅公布了6个^{14}C数据(见表4-1)。当时使用的测年技术是传统的液体闪烁计数方法,所用的材料均为人骨,误差较大。在这6个数据中,其中一个经校正之后距今8 000年以上,应该是严重污染后的数据,另外5个数据也都严重晚于预期(中国社会科学院考古研究所考古科技实验研究中心,1996)。在很长一段时间内,因可靠年代数据的缺失,考古学界无法就天山北路墓地的使用时间达成共识。据推断,该墓地的使用时间跨越7个世纪,从距今3 900年到3 300年(潜伟,2006;邵会秋,2018),另说从距今4 000年至3 500年(李水城,2009)。

表 4-1　传统方法测得的天山北路墓地 ^{14}C 年代数据
(中国社会科学院考古研究所考古科技实验研究中心,1996)

墓葬编号	实验室编号	^{14}C 绝对年代	误　差
M81	ZK-2788	2 398	135
M128	ZK-2789	2 038	170
M416	ZK-2790	2 790	83
M228	ZK-2791	2 902	86
M198	ZK-2792	7 385	110
M214	ZK-2794	2 618	101

近年来,一方面是因为研究的需要,另一方面也得益于技术的进步,关于天山北路墓地年代框架的研究迈出了一大步。王婷婷等(Wang et al.,2019)在研究天山北路墓地食谱特征时提取了100多个个体的骨胶原,并对其中4个个体进行了 AMS ^{14}C 测年。测年结果显示,这些个体生活在 4 000—3 200 年前,明显早于先前的测年结果。佟建一等(Tong et al.,2021)在对墓葬材料有较好把握的基础上,为了更好地理解天山北路墓地的使用历史,为相关的研究建立可信的年代框架,首先对墓地进行分区,然后随机选择了 37 座墓葬出土的人骨进行测年,再根据墓葬的叠压打破关系与测年结果相印证。年代结果显示,天山北路墓地的使用开始于距今约 4 000 年,结束于距今约 3 000 年(见表 4-2、图 4-1)。其间墓地一直在使用,并未中断。结合依据考古材料建立的关于墓地分期的认识,研究人员认为天山北路墓地可以分为四期,一期的大致年代为距今 4 000—3 700 年,二期的大致年代为距今 3 700—3 400 年,三期的大致年代为距今 3 400—3 200 年,四期的大致年代为距今 3 200—3 000 年。因为近来公布的年代数据与早些时候的差异明显,本书中关于天山北路墓地和天山北路文化年代的认识以新数据为准。本书仅从年代分布的角度,尝试对天山北路墓

地进行了新分期,依然分为四期,第一期为距今 3 900—3 600 年,墓葬数量较少,第二期为距今 3 600—3 400 年,第三期为距今 3 400—3 300 年,第四期为距今 3 300—3 000 年,与佟建一等(Tong et al.,2021)的分期差别主要体现在对 M268 的处理上(见图 4-1)。根据大量的可靠的年代测试结果,天山北路墓地大多数的墓葬年代都在距今不超过 3 500 年。

表 4-2　天山北路墓地出土人骨 AMS ^{14}C 年代数据
(Wang et al.,2019;Tong et al.,2021)

墓葬编号	实验室编号	^{14}C 绝对年代	误　差
M354	Beta-419186	3 040	30
M290	Beta-416251	3 230	30
M315	Beta-416252	3 190	30
M599	Beta-429482	3 530	30
M017	Beta-441978	3 030	30
M018	Beta-441979	2 950	30
M047	Beta-441980	3 050	30
M053	Beta-441981	2 870	30
M076	Beta-441983	3 170	30
M084	Beta-441984	3 130	30
M101	Beta-441985	3 310	30
M103	Beta-441986	3 060	30
M111	Beta-441987	3 070	30
M122	Beta-441988	3 040	30
M125	Beta-441989	3 080	30
M126	Beta-441990	3 050	30
M132	Beta-441991	3 100	30

续 表

墓葬编号	实验室编号	^{14}C 绝对年代	误 差
M167	Beta-441993	3 270	30
M210	Beta-441994	3 080	30
M219	Beta-441995	3 290	30
M223	Beta-441996	3 190	30
M224	Beta-441997	2 880	30
M230	Beta-441998	3 090	30
M241	Beta-441999	3 050	30
M244	Beta-442000	3 250	30
M247	Beta-442001	3 050	30
M249	Beta-442002	3 320	30
M253	Beta-442003	3 010	30
M263	Beta-442004	3 310	30
M267	Beta-442005	3 000	30
M268	Beta-442006	3 390	30
M280	Beta-442007	3 060	30
M288	Beta-442008	3 210	30
M384	Beta-442009	2 930	30
M445	Beta-442010	3 080	30
M476	Beta-442011	3 250	30
M481	Beta-442012	2 910	30
M500	Beta-442013	2 990	30
M556	Beta-442014	2 970	30
M682	Beta-442015	2 930	30
M683	Beta-442016	3 200	30

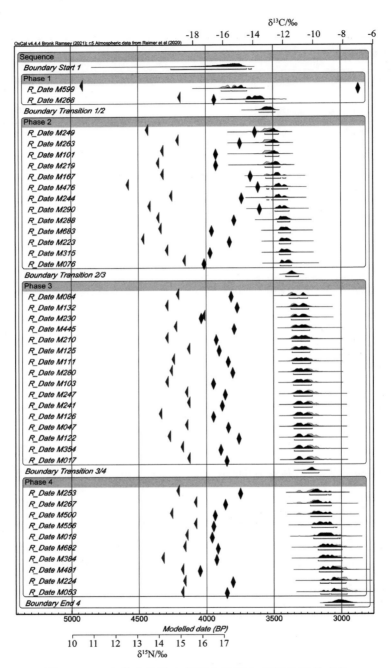

图 4-1 天山北路墓地人骨测年数据与碳同位素值变化
（菱形为碳同位素值，三角形为氮同位素值）

第二节　哈密天山北路墓地居民食性

一、哈密天山北路墓地骨骼同位素分析结果

如前所述，天山北路文化是东天山地区已知最早的考古学文化，其影响力大，延续时间长。天山北路墓地是天山北路文化的典型墓地，墓葬数量多，葬式葬俗多样。为了厘清天山北路墓地先民的食物结构，先后有两个团队采集了该墓地出土的 100 余例骨骼样品进行稳定同位素分析。其中，张全超等(2010a)率先对天山北路墓地出土的 10 个人骨个体进行了碳、氮稳定同位素分析。在此基础上，王婷婷等(Wang et al.，2019)补充采样，测试了 110 例人骨和 1 例羊骨，其中有 4 例人骨样品为先前测试过的同一批个体。佟建一等(Tong et al.，2021)对天山北路墓地出土的人骨进行年代测试，虽然主要目的并非进行食谱分析，但同时获得了 37 组碳、氮同位素数据，除去与此前重复的 4 个个体外，至此，关于天山北路墓地先民同位素食谱共产生 157 组数据，涉及 149 个个体(见表 4-3、图 4-2)。三批数据的碳、氮同位素平均值相当，可能由于样品量的关系，变化范围差距稍大(见表 4-4)。在此情况下，对于重复样品的同位素组成，考虑到技术的不断进步，分析时优先选择最新测得的数据。除了人骨外，王婷婷等(Wang et al.，2019)的研究中还测试了一例羊骨样品，其 $\delta^{13}C$ 为 $-17.8‰$，$\delta^{15}N$ 为 $8.7‰$。

表 4-3　天山北路墓地已发表人骨碳、氮稳定同位素数据

墓葬编号	$^{13}C(‰)$	$^{15}N(‰)$	参考文献
M426	−15.2	15.3	张全超等，2010a
M481**	−15.1	15.5	

续 表

墓葬编号	$^{13}C(‰)$	$^{15}N(‰)$	参考文献
M494	−14.0	14.3	张全超等,2010a
M620	−15.0	14.9	
M530:1*	−15.9	16.5	
M556***	−16.1	15.9	
M643	−15.2	15.7	
M500***	−16.1	15.2	
M682**	−14.6	15.5	
M473:1*	−16.4	14.8	
T3M3	−16.7	13	Wang et al., 2019
T3M12B	−14.5	13.5	
T3M15:B	−13.5	14.8	
T10M2	−15.7	15	
T10M2:1	−15.7	14.9	
T12M5	−15	13.9	
T12M11	−15.1	15.3	
T14M5	−15.8	15.1	
T14M7	−15.7	15	
T14M8	−16.9	14.8	
T14M14	−15.1	14.4	
T14M16	−15.7	14.5	
T16M2:A	−15.4	15.4	
T16M11	−15.3	14.8	
T16M12	−15.7	15	
T16M18	−16.9	16.1	
T18M15	−15.4	14.6	

续 表

墓葬编号	$^{13}C(‰)$	$^{15}N(‰)$	参考文献
T18M17	−15.5	14.9	
M290	−16.8	15.4	
T25M8	−15.3	14.4	
T25M45	−15.6	15.6	
T30M1	−16.5	14.8	
T30M2	−15.5	15.1	
T33M1	−16.1	14.7	
T33M2	−16.5	14.7	
T34M8	−15.4	14.4	
T35M1	−15.2	13.6	
T35M2	−15.6	13.6	
T35M4	−13.6	13.6	
M9	−16.4	14.2	Wang et al.，2019
M13A	−16.4	14.9	
R14	−15.5	14.9	
M17	−16.2	14.3	
M12	−16.5	15.3	
M84	−14.6	14.9	
M206	−15.6	15.1	
M219	−16.2	14.2	
M230B	−17.6	15.7	
M253	−14.3	15.2	
M284	−12.8	13.4	
M311	−16.1	15.4	
M312A	−15.9	15.1	

续 表

墓葬编号	$^{13}C(‰)$	$^{15}N(‰)$	参考文献
M315	−16.9	14.4	
M316	−16.8	14.6	
M317	−15.9	15.5	
M321	−14.8	13.1	
M323	−15.5	13.9	
M329	−15.4	14.3	
M330	−14.9	15.2	
M336	−16.2	14.5	
M337	−15.6	15.1	
M358	−16	14.1	
M354	−16.2	15.1	
M371	−15.8	15	
M377	−16.1	14.6	Wang et al., 2019
M390	−16.6	14	
M391	−14.9	14.3	
M394	−15.6	14.5	
M425	−15.5	16.1	
M429	−14.7	15.9	
M436A	−15.8	15.7	
M446：A	−16.5	13	
M448：A	−15.8	15.1	
M455	−15.7	14.7	
M450：A	−15.6	14.7	
M459	−16.3	15	
M460	−14.2	14.8	

续 表

墓葬编号	$^{13}C(‰)$	$^{15}N(‰)$	参 考 文 献
M471：A	−14.1	14.3	
M472	−15.1	15.9	
M473*	−14.8	15.5	
M474	−13.5	14.6	
M475	−15.1	15.2	
M479	−14.4	13.6	
M480	−15.1	14.5	
M483	−16.5	15.5	
M487：A	−16.1	14.6	
M488	−15.9	14.5	
M492	−15.8	16.7	
M500***	−16.3	15	
M503	−14.6	14.4	Wang et al.，2019
M503：A	−14.6	14.6	
M505	−13.9	14.9	
M511	−14.8	14.1	
M518	−15.9	15.7	
M528	−14.2	14.2	
M529：A	−15.6	15.1	
M530*	−15.2	14.4	
M532	−15.2	15.2	
M542	−14.2	14.5	
M554	−14.9	15	
M554：A	−16.5	15.7	
M556：A***	−15.4	15.8	

续 表

墓葬编号	$^{13}C(‰)$	$^{15}N(‰)$	参考文献
M571	−15.3	16.6	Wang et al., 2019
M588	−15.3	14.7	
M590	−16.3	14.8	
M599	−7	10.5	
M602	−16.3	14.7	
M611	−15.4	13.6	
M612	−15.2	14.9	
M622	−15.5	14.8	
M622：A	−15.8	14.8	
M636	−15.4	14.4	
M652	−16.4	14.8	
M653	−16	15.1	
M660	−14.6	14	
M673	−16.5	15.3	
M676	−15.7	15.4	
M683	−17.4	12.1	
M696	−15.7	15.8	
M703	−15.2	15.4	
M268	−16.6	15	Tong et al., 2021
M249	−13.9	13.5	
M101	−16.5	14.2	
M263	−14.9	14.9	
M219	−16.5	14	
M167	−14.2	14.2	
M244	−14.8	14.6	

续 表

墓葬编号	$^{13}C(‰)$	$^{15}N(‰)$	参 考 文 献
M476	−13.7	12.6	
M288	−15.3	14	
M683	−16.8	14.1	
M223	−15.6	13.3	
M076	−17.3	15.2	
M084	−15.5	14.9	
M132	−15.1	14.4	
M230	−17.5	16.1	
M125	−16.3	15.4	
M210	−16.5	14.4	
M445	−15.3	14.8	
M111	−15.7	14.7	
M103	−16.7	14.4	Tong et al., 2021
M280	−15.4	14.6	
M047	−15.7	15.3	
M126	−16.7	14.1	
M241	−16.1	15.4	
M247	−15.9	15.3	
M122	−15.0	14.5	
M017	−15.8	15.4	
M253	−14.9	14.9	
M267	−15.9	15.7	
M500***	−16.6	14.6	
M556***	−16.7	15.7	
M018	−16.8	15.3	

续 表

墓葬编号	$^{13}C(‰)$	$^{15}N(‰)$	参考文献
M384	−16.5	14.2	Tong et al., 2021
M682**	−16.4	15.2	
M481**	−17.6	15.1	
M224	−15.4	15.2	
M053	−15.8	15.1	

* 张全超等（2010a）与王婷婷等（Wang et al., 2019）测试了同一个个体。

** 张全超等（2010a）与佟建一等（Tong et al., 2021）测试了同一个个体。

*** 张全超等（2010a）与王婷婷等（Wang et al., 2019）以及佟建一等（Tong et al., 2021）测试了同一个个体。

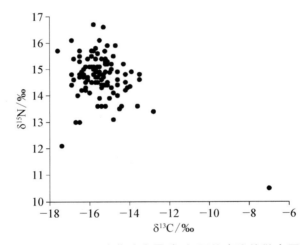

图 4-2 天山北路墓地人骨碳、氮同位素比值散点图
（张全超等，2010a；Wang et al., 2019；Tong et al., 2021）

表 4-4 天山北路墓地人骨同位素统计结果

数据来源	$\delta^{13}C$ ‰				$\delta^{15}N$ ‰				N
	min	max	mean	SD	min	max	mean	SD	
张全超等，2010a	−16.4	−14	−15.4	0.8	14.3	16.5	15.4	0.6	10
Wang et al., 2019	−17.6	−7	−15.5	1.2	10.5	16.7	14.7	0.8	110
Tong et al., 2021	−17.6	−13.7	−15.9	0.9	12.6	16.1	14.7	0.7	37
所有数据（去除重复）	−17.6	−7	−15.6	1.1	10.5	16.7	14.7	0.8	149

二、哈密天山北路墓地居民食谱构成及特征

研究显示，新疆自然植被以 C_3 类植物占绝对优势（Wang，2006），诸如玉米一类的后世普遍利用的 C_4 类农作物在本研究阶段尚未传入此地，故动物骨骼中反映出的 C_4 信号可归因于跟粟、黍有关的植物的引入，而 C_3 信号却不能简单地指向食用了麦类作物。

此前对哈密地区现代小麦种子的稳定同位素测试结果显示，该地区现代小麦的 $δ^{13}C$ 平均值约为 $-26.3‰$，$δ^{15}N$ 平均值约为 $3.5‰$（陈玉凤，2015）。考虑到工业革命以后大量的化石燃料燃烧导致的大气 ^{13}C 值整体较之前偏负约 $1.5‰$（van der Merwe et al.，1981；Tieszen and Fagre，1993），推测史前哈密盆地居民所食小麦的 $δ^{13}C$ 值约为 $-24.8‰$，稍偏负于新疆史前各遗址出土碳化小麦的平均值 $-23.2‰$（Dodson et al.，2013；Sheng et al.，2020；Yang et al.，2020），与河西走廊西城驿遗址出土麦类作物的 $δ^{13}C$ 平均值 $-24.4‰$ 接近（张雪莲等，2015）。有研究表明，大麦与小麦的 $δ^{13}C$ 值和 $δ^{15}N$ 值均相仿（Lightfoot et al.，2012；Sheng et al.，2020），而德尼罗和哈斯托夫（Deniro and Hastorf，1985）的研究结果表明，植物种子在埋藏过程中 $δ^{13}C$ 和 $δ^{15}N$ 值变化不大，本研究涉及麦类作物的同位素值时对大麦、小麦不作区分，仍以 $-24.8‰$ 和 $3.5‰$ 作为考古出土麦类作物 $δ^{13}C$、$δ^{15}N$ 的参考值。

由前文所作推断，研究时段内，哈密地区 C_4 类谷物仅可能是粟或黍。根据对黄土高原大量现代粟、黍样品的同位素分析，现代粟、黍种子的 $δ^{13}C$ 平均值分别为 $-12.3‰$ 和 $-12.8‰$，$δ^{15}N$ 平均值分别为 $1.1‰$ 和 $1.3‰$，差别并不明显，其中 $δ^{13}C$ 值与古代样品相对比时，考虑 $1.5‰$ 的整体偏差后分别为 $-10.8‰$ 和 $-11.3‰$，略偏负于黄土高原史前样品的实测数据（An et al.，2015a），与河西走

廊史前粟、黍样品的 $\delta^{13}C$ 平均值 $-10.9‰$ 接近（张雪莲等，2015），明显高于黄河下游地区的 $-9.1‰$（Chen et al.，2018）。因粟、黍样品的 $\delta^{13}C$、$\delta^{15}N$ 值差异小，且与 C_3 类植物的 $\delta^{13}C$ 差异明显，故涉及考古样品中 C_3、C_4 类植物混合时，不再细致区分粟、黍，以 $\delta^{13}C$、$\delta^{15}N$ 平均值为 $-11.0‰$ 和 $1.0‰$ 计。

根据骨骼同位素数据，天山北路墓地出土的人骨除一个个体（M599）植物性食物几乎全部来自 C_4 外，其余 148 个个体均表现出 C_3-C_4 混合模式，其中多数个体 C_3 来源食物占明显优势。不仅如此，在动物性食物的摄入水平上，M599 也表现出与其余个体明显的差异。对 M599 个体进行测年，结果显示该个体明显早于其他个体，属于天山北路墓地最早一批入葬者。如前所述，天山北路墓地葬式流行侧身屈肢，然而 M599 的葬式却是罕见的仰身直肢。根据出土器物、葬俗葬式等，研究人员认为 M599 代表了最早一批从河西走廊抵达哈密盆地的人群（Wang et al.，2019），该个体的食物构成表现出明显的粟食传统，与河西走廊同时期人群类似。显然，M599 个体的食谱并不代表天山北路墓地先民的主流食谱，其代表的是早期开拓者依然携带有其来源地饮食习惯，在下文的分析中我们将其排除。

将 M599 个体排除后，天山北路墓地先民的 $\delta^{13}C$ 值变化范围为 $-17.6‰$——$-12.8‰$，平均值为 $-15.6‰$，$\delta^{15}N$ 的变化区间是 $12.1‰$—$16.7‰$，均值为 $14.8‰$。

虽然在墓葬中未见粟、黍或麦类植物种子或秸秆，甚至在随葬器物中也不见与农业生产或加工直接相关的器物类型，但是，根据天山北路墓地所处的环境、墓葬的规模、大量随葬的陶器、土坯的使用等，不难推测该人群是定居在周边的。骨骼同位素证据显示该人群除了大量摄入 C_3 来源食物外，C_4 来源食物也是重要的食物补充。因为大麦和小麦是 C_3 植物，碳同位素分析无法将其与自然

界其他 C_3 植物相区分,因此,不能明确地说天山北路墓地先民食物中的 C_3 信号来自大麦或小麦,或两者皆有。但因为新疆同时期甚至更早一些时期的遗址中已经发现有大麦和小麦,因此天山北路先民食用了大麦和小麦也是完全有可能的。然而,主要粮食作物中粟、黍是 C_4 植物,其碳同位素值区别于自然界中的绝大多数植物,加之越来越多的证据显示至少在 4 000 年前,起源于中国北方的粟、黍已经抵达中亚(Frachetti and Benecke,2009;Doumani et al.,2015;Miller et al.,2016;Zhou et al.,2020)。天山北路墓地位于新疆的东部,以东即是有粟、黍种植传统的河西走廊,且两地之间交往密切,有理由相信天山北路墓地人骨 C_4 信号来自粟、黍。因粟、黍均属于生长期短,对水分、温度等环境因素要求较低的植物种类,按照现在哈密盆地的环境条件,完全能够满足粟、黍生长的需要。该区域的古气候重建结果显示,晚全新世,哈密周边地区整体气候波动较小,环境条件变化不大,可以推知天山北路墓地先民在居址附近种植粟、黍应当不是难事,且在稍晚于天山北路墓地的五堡水库墓地发现过谷穗,更加消除了疑虑。虽然骨骼同位素分析仅涉及墓葬中随葬的一例羊骨,但是,天山北路墓地墓葬中随葬羊骨是比较普遍的现象,一些墓葬中还随葬有牛骨,另有数量较多的骨器出土。由此可见,动物资源,尤其是牛羊等动物资源在天山北路墓地先民的生活中扮演了重要的角色。天山北路墓地人群骨骼氮同位素数据显示该人群食谱中摄入了大量的动物来源食物,墓葬中随葬的羊和牛可能是重要的组成,同时不应该忽视墓葬中随葬的箭镞等,指示狩猎获得的野生动物同样可能构成了该人群重要的食物来源。尽管该墓地随葬羊的墓葬数量较多,但是发掘时未注意系统收集骨骼材料,导致如今无法大量获得随葬羊骨的同位素数据。目前仅有 1 例采自 M425 的羊骨,其碳同位素值为 −17.8‰,氮同位素值为 8.7‰。由下文关于柳树沟和艾斯克霞尔南的大量羊骨样品同位素组成可知,羊的食谱构成同样可能复杂多变,因此仅1例羊样品无法提供坚实可信的动物同位素基础数据,但聊胜于无,这里权且将这一组数据视作天山北路墓地附近生活的普通草食性动物的同位素水平。一般认为营养级每升高一级,氮同位素值富集3‰—5‰(Hedges and Reynard,2007),然而天山北路墓地人骨的氮同位素平均值却在羊的基础上富集了6.1‰。水产品的摄入会导致偏高的$\delta^{15}N$值出现(Schoeninger et al.,1983),然而哈密盆地位于内陆干旱区,远离海洋,可排除天山北路先民大量摄入海产品的可能,淡水鱼类亦较大多数陆生动物拥有偏高的$\delta^{15}N$值(Vander Zanden et al.,1997),长期大量食用也会导致消费者$\delta^{15}N$值的跃升,但对于天山北路墓地,其周边不见适合淡水鱼类生存的大型水体,且墓地发掘过程中也未发现鱼骨或与渔猎活动有关的工具。不仅如此,周围其他遗址也未见相关报道,尽管不能完全排除能吃到鱼的可能性,但对于长期食鱼导致天山北路先民氮同位素值异常高的解释,本研究认为还需要更有力的证据支持。除了摄入属于另一个生态系统的水产品外,水分胁迫和高盐度的环境也被认为会使该陆地生态系统中的植物$\delta^{15}N$产生富集(Heaton,1987;Hartman,2011),再通过食物链传输至更高级别的食用者。然而这也仅能解释干旱环境下食物网内所有参与者的氮同位素同步升高,对于氮同位素值沿食物链富集程度增大却无济于事。不仅天山北路墓地如此,五堡水库(Wang et al.,2021)和柳树沟(Dong et al.,2021)同样如此。对此,保守的解释可以是先民摄入了一些营养等级更高的食物,而这些食物遗存未能保存或发现,不排除鱼。如果大胆一些,目前我们采用的氮同位素沿营养级富集的数据均来自欧洲的研究结果,而欧洲与中国,尤其是中国西北干旱区环境差异明显,这是否会使得上述规律不适用于干旱区相关研究?如果真如此,那应该建立适用于不同环境的富集规律。

因为天山北路墓地墓葬数量多,延续时间长,从早期到晚期该墓地生活的先民食物构成会否一成不变?本书将41个进行过年代测试的样本的年代校正结果与碳、氮同位素值一一对应(见图4-1)。从图中似乎可以发现,第一期和第二期先民的植物性食物构成变化较大,表现为部分个体摄入了大量 C_4 来源食物,而到第三期和第四期,先民的植物性食物来源趋于稳定,不见大量摄入 C_4 来源食物的个体。而氮同位素组成同样可以分为两个阶段,在第一期和第二期,氮同位素值整体偏低且变化稍大,至第三期和第四期,氮同位素值升高,且较为稳定。对于上述现象,在第一期和第二期,可能是天山北路墓地早期的先民依然保持了与河西走廊地区较高频率的沟通,食谱特征也明显受到河西走廊地区的影响,而到第三期和第四期,天山北路墓地这一人群趋于稳定,形成了自身的特征,内部食物构成趋于统一。

总之,天山北路墓地先民的碳同位素分布特征表明这一人群食谱中普遍既包含 C_3 来源的食物,也包含一定量的 C_4 来源的食物。可能因为饮食偏好差异,不同个体对两种来源食物的依赖程度不同,但是因为如此显著的 C_4 摄入比例超过一般自然环境所能提供的正常范围,推测天山北路人群食谱中的 C_4 信号来自粟、黍,且应该为本地种植。又因为天山北路墓地先民拥有极高的氮同位素值,表明这一人群长期大量摄入动物蛋白,符合一般畜牧业人群的饮食习惯。结合墓葬中的发现,本研究认为天山北路墓地先民是一支农牧兼营的定居人群,狩猎可能也是其生活来源的重要补充。

第五章　哈密柳树沟遗址居民食谱重建

第一节　哈密柳树沟遗址考古背景

一、哈密柳树沟遗址考古发现和研究

柳树沟遗址位于哈密市西北约 100 千米处柳树沟乡亚喀墩村东北部,地处天山南北向出山口的坡地,北距巴里坤湖直线距离约 30 千米。该遗址的发掘为配合水库修建进行的抢救性发掘,前后分别由西北大学文化遗产学院和新疆文物考古研究所主导进行,发掘从 2013 年 6 月开始,持续近 6 个月(王永强和张杰,2015)。整个遗址由两处居址和墓葬区组成,主要分布在山前坡地之上,其中,房屋分布在南北两侧的缓坡,墓葬区密集地分布在中间的陡坡上(见图 5-1)。

其中遗址区内发现有石砌房址、灶址、灰坑、储藏坑等遗迹单位,出土有陶片、石器、石磨盘、研磨器等遗物。遗址南侧的居址石构房屋依山顺地势而建,坐南朝北,其建筑方式比较特殊,一般是下挖生土呈半地穴式建筑,然

第五章 哈密柳树沟遗址居民食谱重建

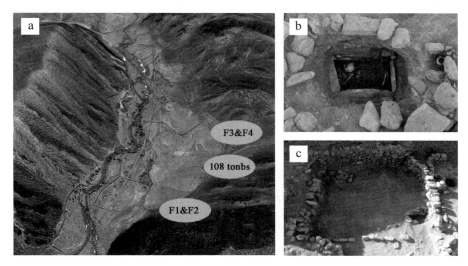

图 5-1 柳树沟遗址。a. 房址、墓葬空间分布（卫星图片，下载自 google earth，方向为从南向北）；b. 典型竖穴石棺墓（照片为正方向，王永强提供）；c. 石构房址 F2（照片为从北向南，王永强提供）

后修整出活动面或居住面，其后沿下挖的生土壁垒砌石墙，房址有多次居住修葺的痕迹。主要有房址两座，房子保存较好，编号为 F1 和 F2，F1 和 F2 由垒砌石墙分隔为两间，房址内有储藏坑、灶等建筑设施，其中窖穴 5 个、灶 5 个。房址内文化层较薄，内部堆积有大量的石块，清理房址内后期的堆积之后，活动面之上散落数量丰富的动物骨骼、石制品、陶片等遗物，兽骨中以羊距骨居多，石制品中包括磨盘、研磨器和石杵等，其中清理出土石磨盘 10 余件（王永强和张杰，2015）。测年结果显示 F1、F2 与墓地整体处在同一时期，可以将墓地的使用者与房屋的使用者视为同一批人（Dong et al.，2021）。遗址北部亦发现一处居址，由两个房屋建筑构成，编号 F3、F4，因为保存较差，出土遗物较少，且根据测年结果判断，北区的两座房屋使用时间明显晚于墓葬和南区房屋，为铁器时代的遗存。为了保证时代的统一性，本研究所选取的材料仅涉及南区的 F1 和 F2。

墓葬区发掘清理墓葬共计 108 座，墓葬由墓上建筑和墓穴组成，其中墓上建筑主要是圆形石堆和石围。根据墓室内有无葬具可以将墓葬分为两类，一类为竖穴石棺或木棺墓，使用木棺、石棺作为葬具；另一类为竖穴土坑墓，不使用葬具。其中竖穴石棺或木棺墓是该墓地墓葬的主要类型，竖穴土坑墓仅发现 3 座。根据对该墓地各墓葬葬俗葬式、出土遗物的判断，绝大多数墓葬属于青铜时代遗存，上述提及的 3 座竖穴土坑墓所属时代稍晚。本书仅涉及竖穴石棺或木棺墓，即青铜时代墓葬，共计 105 座。其中，竖穴石棺墓主要分布于墓地西北部，相对集中，石棺四壁用卵石或石板构筑，没有底板，墓口有石板和原木纵向棚盖封口。竖穴木棺墓主要分布在墓地的东、南两侧，木棺一般呈梯形或长方形，使用松树或胡杨树，将原木劈成两半加工而成，无榫卯结构。大多数墓葬在石围外侧东面或南面有一小龛，小龛由石块垒砌成方形或 U 形，龛内放置陶器 1 件，可能用作祭祀。墓室多呈圆角长方形，少数为圆角梯形，墓向与石围或石堆方向一致，墓室均较小。葬式多为单人葬，有少量的合葬，流行单人侧身屈肢葬，墓内有二次扰乱的现象，骨骸保存较差，缺失较多。墓葬内随葬羊骨、铜器、陶器和少量的骨器和石器，陶器主要出土于祭祀坑内，墓室内极少。器型有单耳罐、双耳罐、觚形杯、钵等，大部分为夹砂红陶，有少量的彩陶，墓室内多随葬羊骨，铜器以小件器物为主，有扣、锥、刀、管及佩饰等（王永强和张杰，2015）。

从墓葬形制、出土陶器和铜器分析，柳树沟墓地与天山北路文化天山北路墓地中晚期墓葬年代接近，如墓地整体布局规整，墓葬分布密集有序，墓室一般较小，流行屈肢葬；随葬品中多见小型铜器，夹砂红陶为主，其中部分彩陶与天山北路文化晚期的器物接近。该墓地跟焉不拉克文化的墓地也存在不少的共性，如腹耳壶、单耳杯在焉不拉克文化墓葬中常见，墓葬地面建筑一般都有一个附属祭祀坑,坑内放置 1 件陶器,这与焉不拉克文化墓葬中有相似性。该墓地位于天山山麓附近,特殊的地理位置,以及居址中灶址多,灶坑壁和底部的红烧土层薄,说明灶址使用时间可能并不长。同时,在 F1 内东南角,发现了厚 1 米以上的草木灰堆积,推测该处居址可能是作为季节性的居所使用,对于探讨天山山脉与哈密盆地交叉地带早期居民生活方式、经济形态共性和差异具有重要意义。

柳树沟遗址发现了不少铜器,为了探讨其成分和矿料的来源,苏贝·乃比等(2019)利用多种方法对柳树沟出土的 23 件铜器进行了研究。数据显示柳树沟遗址出土的铜器以锡青铜为主,夹杂少量砷,对铜器成分的溯源分析显示铜料来源可能是新疆西部、哈密本地或河西走廊地区。从铜器本身来讲,与天山北路墓地发现的较为一致,证实了柳树沟遗址与天山北路文化的密切联系,同时也说明柳树沟遗址在沟通东西方物质、文化方面有重要的作用。

二、哈密柳树沟遗址年代

但就柳树沟遗址和墓地的考古学发现而言,天山北路文化和焉不拉克文化均对其有一定的影响。为了明确柳树沟遗址的时代范围,界定其所属的文化类型,发掘人员选择典型墓葬和房址内出土的材料进行了 AMS ^{14}C 测年,共计获得 20 个有效测年数据(见表 5-1),显示该遗址和墓地的时代非常相近,可视为同一时期的遗存,时代约为距今 3 500—2 900 年(Dong et al.,2021)。单从时间范围来看,约相当于天山北路墓地的第三期、第四期,亦相当于焉不拉克墓地的早期。由此可见,柳树沟遗址人群与天山北路墓地和焉不拉克墓地人群长期共存,在柳树沟墓地发现上述两个墓地相近的遗物自然不难理解,但是否就属于上述两个文化类型的遗存尚难定论,毕竟从墓葬形制上看,柳树沟墓地都有明显区别于上述两个墓地的特征。由下文对柳树沟墓地人群食谱的解读,也可看到其与天山北路墓地人群或焉不拉克文化墓地截然不同。

表5-1 柳树沟遗址和墓地 AMS ^{14}C 测年结果

实验室编号	遗迹单位	测年材料	^{14}C Age (BP)	Calibrated range (cal BP) 1σ (68.2%)
BA132232	2013HLM13	人骨	2 975±20	3 205–3 079 cal BP
BA132233	2013HLM15	人骨	3 030±25	3 321–3 179 cal BP
BA132234	2013HLM18	人骨	2 915±20	3 135–3 001 cal BP
BA132235	2013HLM21	棺木	3 005±20	3 218–3 164 cal BP
BA132236	2013HLM25	人骨	3 015±30	3 318–3 163 cal BP
BA132237	2013HLM26	人骨	3 025±30	3 321–3 171 cal BP
BA132238	2013HLM29	棺木	3 125±30	3 383–3 267 cal BP
BA132239	2013HLM34	人骨	2 960±20	3 163–3 077 cal BP
BA132240	2013HLM40	人骨	3 000±20	3 215–3 159 cal BP
BA132241	2013HLM42	人骨	2 875±25	3 056–2 957 cal BP
BA132242	2013HLM59	人骨	2 950±25	3 157–3 074 cal BP
BA132244	2013HLM69	人骨	2 965±25	3 169–3 077 cal BP
BA132245	2013HLM76	人骨	2 945±25	3 156–3 069 cal BP
BA132246	2013HLM95	人骨	3 040±20	3 325–3 209 cal BP
BA132247	2013HLM98	人骨	3 245±25	3 548–3 407 cal BP
BA132248	2013HLH2	兽骨	3 020±25	3 317–3 169 cal BP
BA132249	2013HLH5	兽骨	3 105±20	3 364–3 265 cal BP
BA132251	2013HLM21	人骨	2 985±25	3 210–3 080 cal BP
BA132252	2013HLM67	人骨	3 180±20	3 443–3 379 cal BP
BA132253	2013HLF2	兽骨	3 215±25	3 453–3 400 cal BP

第五章 哈密柳树沟遗址居民食谱重建

除了上述对柳树沟遗址和墓地整体年代的把握外，本书根据年代测试结果尝试对柳树沟遗址进行了分期（见图 5-2）。根据年代分布特征，柳树沟遗址和墓地可大致分为三期。第一期为距今 3 500—3 250 年，这一时期遗存较少。第二期为距今 3 250—3 100 年，多数墓葬和遗迹属于这一个时期。第三期时间较短，距今 3 100—2 950 年，属于柳树沟遗址和墓地衰落的时期，遗存最少。对年代结果进行函数处理并分期后，可见柳树沟遗址和墓地的使用时间相对集中，主体年代约相当于天山北路墓地的第四期。

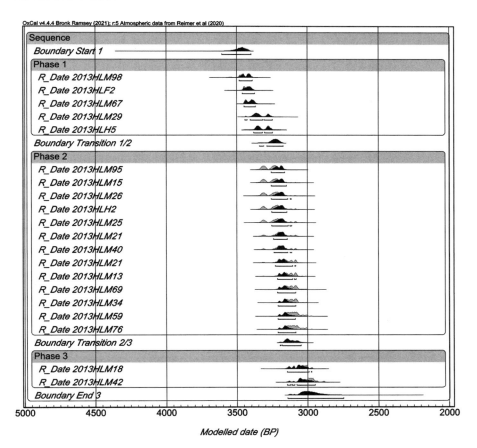

图 5-2 柳树沟遗址和墓地年代分布

第二节　哈密柳树沟遗址居民食性

一、哈密柳树沟遗址骨骼同位素分析结果

碳、氮元素在骨胶原中所占的比例不同。现代骨骼样品中,碳的元素含量约占骨胶原总质量的 41%,氮的约为 15%(Ambrose,1990)。

柳树沟遗址共测试样品 104 例,其中人 46 例,羊 37 例,牛 11 例,马 4 例,野猪 2 例,另有鹿、羚羊、斑羚和兔各 1 例。骨胶原的产率从 0.5% 至 18.8% 不等,原子数 C/N 均为 3.2 或 3.3,落入 2.9—3.6 之间,表明骨胶原未受污染(Deniro,1985)。各样品骨骼同位素分布结果如表 5-2、图 5-3 所示,统计结果见表 5-3。

表 5-2　柳树沟遗址骨骼碳、氮元素和稳定同位素数据

样品编号	种属	采样部位	骨胶原提取率 %	C Amt%	N Amt%	C:N	δ^{13}C ‰	δ^{15}N ‰
M15	人	指骨	9.7	45.71	16.61	3.2	−18.1	13.8
M17	人	指骨	0.8	39.43	15.14	3	−18.3	12.9
M18	人	指骨	10.4	44.53	16.12	3.2	−18	12.4
M20	人	指骨	9.9	44.45	15.83	3.3	−18.1	13.6
M21	人	指骨	4.3	44.51	15.96	3.3	−18.3	12.9
M23	人	尺骨	6.9	44.82	16.26	3.2	−18.4	13.1
M24	人	肱骨	5.2	44.03	15.83	3.2	−17.9	13.7
M25	人	下颌	7.1	45.27	16.32	3.2	−18	13.7
M26	人	指骨	0.7	41.99	15.21	3.2	−18.2	13.9
M28	人	指骨	6.9	33.86	12.28	3.2	−17.8	14.1

续 表

样品编号	种属	采样部位	骨胶原提取率%	C Amt%	N Amt%	C∶N	$\delta^{13}C$ ‰	$\delta^{15}N$ ‰
M29	人	指骨	4.2	41.23	14.97	3.2	−18.2	12.4
M33	人	指骨	1	41.17	14.96	3.2	−18	13.4
M34	人	下颌	1.7	39.84	14.67	3.2	−18.1	13.5
M35	人	尺骨	3.5	42.40	15.41	3.2	−17.3	12.9
M36	人	肋骨	2	40.09	14.46	3.2	−17.4	13.4
M37	人	股骨	6.1	44.21	15.95	3.2	−17.9	13.7
M38	人	股骨	7.1	43.69	15.74	3.2	−19	6.2
M39	人	指骨	1.5	33.83	12.19	3.2	−17.5	12.7
M40	人	指骨	3.3	41.60	15.18	3.2	−18	13.4
M41	人	胫骨	1	41.97	15.03	3.3	−18	13.7
M42A	人	股骨	5.1	42.61	15.52	3.2	−17.9	13.1
M42B	人	股骨	5.8	42.28	15.36	3.2	−18.2	12.7
M44K	人	尺骨	2.7	40.63	14.87	3.2	−18.1	13.2
M45	人	指骨	7.9	42.09	15.31	3.2	−18.3	13.3
M49	人	指骨	5.2	41.91	15.03	3.3	−18	13.6
M58	人	指骨	6.7	45.35	16.40	3.2	−18.2	13.7
M59	人	指骨	0.7	26.91	9.41	3.3	−18.2	13.5
M60	人	指骨	2.4	43.08	15.56	3.2	−17.7	13.5
M66	人	指骨	1	41.68	14.81	3.3	−18	14
M67	人	指骨	3.7	42.27	15.29	3.2	−18.2	13.7
M68	人	指骨	10.5	41.07	14.77	3.2	−17.9	13.4
M69	人	指骨	3.2	41.72	15.20	3.2	−17.2	13.2
M71	人	桡骨	7.8	44.73	16.21	3.2	−18.5	13.7

续 表

样品编号	种属	采样部位	骨胶原提取率%	C Amt%	N Amt%	C∶N	$\delta^{13}C$ ‰	$\delta^{15}N$ ‰
M76	人	指骨	6.9	46.18	16.38	3.3	−18.1	13.1
M80	人	指骨	8.6	35.92	13.01	3.2	−18	12.9
M83	人	指骨	5	26.79	9.77	3.2	−18.3	13.5
M84	人	指骨	7.7	41.09	14.76	3.2	−18	13.7
M92K	人	指骨	6.2	22.98	8.26	3.2	−18.3	13.5
M93	人	指骨	5.7	44.36	15.93	3.2	−18.2	13.1
M94	人	指骨	3.9	44.46	16.00	3.2	−18.4	13.5
M95	人	指骨	7	45.45	16.11	3.3	−18.3	13.8
M98	人	指骨	4.6	45.23	16.09	3.3	−18.2	13
M101	人	指骨	7.7	45.53	16.50	3.2	−18.2	13.4
M103	人	指骨	5.8	44.98	16.25	3.2	−17.6	15.1
M105	人	指骨	5.6	45.24	16.43	3.2	−18.1	13.5
F2F	人	椎骨	9.5	44.80	16.12	3.2	−19.1	7.1
F2	羊	角	7	43.76	15.63	3.3	−19.4	7.3
F2-1	羊	距骨	11.7	45.40	16.04	3.3	−18.1	9.1
F2-2	羊	距骨	12.4	45.09	16.19	3.3	−17.4	8.8
F2-3	羊	距骨	1.9	39.52	14.14	3.3	−17.8	7.6
F2	羊	盆骨	7.3	44.46	16.07	3.2	−17.5	9.1
F2-1	羊	角	4.7	46.20	16.40	3.3	−18.1	9.9
F2	羊	指骨	5	24.18	8.62	3.3	−17.9	7.8
F2-2	羊	角	3.5	45.36	16.26	3.3	−18.8	9.6
F2	羊	距骨	10.8	45.12	16.14	3.3	−17.3	6.7
M15	羊	距骨	9	46.26	16.74	3.2	−17.7	9.3

续 表

样品编号	种属	采样部位	骨胶原提取率%	C Amt%	N Amt%	C:N	$\delta^{13}C$ ‰	$\delta^{15}N$ ‰
M20	羊	距骨	2.3	44.54	15.86	3.3	−18.2	7.3
M34	羊	胫骨	1.3	42.83	15.50	3.2	−18.3	5.9
M37	羊	距骨	2.8	36.73	13.07	3.3	−13.6	13.4
M38	羊	胫骨	5.3	44.69	16.08	3.2	−18.1	6.7
M44	羊	胫骨	11	45.32	16.32	3.2	−17.5	6.9
M76	羊	胫骨	2.6	43.95	15.86	3.2	−17.9	7.1
F1F	羊	肋骨	9.8	45.02	16.39	3.2	−19.3	7.3
F1	羊	距骨	5	44.75	15.90	3.3	−18.4	10.3
F2	羊	下颌	9.4	45.67	16.36	3.3	−13	12
F2F-1	羊	距骨	18.8	36.22	13.04	3.2	−17.9	9.3
F2F-2	羊	距骨	11.4	46.05	16.57	3.2	−17.9	8.6
F2-1	羊	距骨	5	45.58	16.51	3.2	−18.5	8.1
F2-2	羊	距骨	12.3	45.68	16.37	3.3	−17.7	10.2
F2-3	羊	距骨	13.7	45.45	16.30	3.3	−18.3	8.7
F2-4	羊	距骨	10.8	45.13	16.18	3.3	−18.1	8.6
F2-5	羊	距骨	8.8	44.51	15.85	3.3	−18.9	7.2
F2-6	羊	距骨	0.5	40.95	14.21	3.4	−18	9.5
F2-7	羊	距骨	4.2	45.80	16.56	3.2	−18.2	10.1
F2-8	羊	距骨	13.6	45.72	16.48	3.2	−18	8.7
F2-9	羊	距骨	3.8	45.66	16.57	3.2	−18.3	6.6
F2-10	羊	距骨	12.1	45.26	16.26	3.2	−18.7	7.6
F2	羊	胫骨	4.5	45.36	16.25	3.3	−18	6.2
F2	羊	下颌	10.6	42.88	15.68	3.2	−16.1	8.4
H2	羊	下颌	5.1	45.03	16.06	3.3	−18.1	8

续 表

样品编号	种属	采样部位	骨胶原提取率%	C Amt%	N Amt%	C：N	$\delta^{13}C$ ‰	$\delta^{15}N$ ‰
H4	羊	下颌	7.7	44.41	16.15	3.2	−18.5	8
H5	羊	下颌	7.9	44.48	15.98	3.2	−18.2	6.6
H5	羊	距骨	3.4	44.44	15.94	3.3	−17.9	5.5
F2-2	牛	距骨	9	45.57	16.32	3.3	−19	7.1
F2-3	牛	距骨	4.7	43.85	15.52	3.3	−19.3	11.5
F2-1	牛	距骨	17.5	45.45	16.40	3.2	−20	7.4
F2	牛	胫骨	10.6	45.44	16.45	3.2	−18.9	10.6
F2	牛	指骨	2.6	42.55	15.47	3.2	−19.6	9.5
F2-1	牛	角	7	44.57	16.07	3.2	−18.8	9.9
F2	牛	跗骨	7.2	43.66	15.75	3.2	−19.5	5.8
F2-2	牛	角	10.8	41.72	14.80	3.3	−17.5	9.1
F2-4	牛	距骨	8.2	45.19	16.10	3.3	−19	7.2
F2	牛	胫骨	16.7	43.26	15.74	3.2	−18.9	9.8
H5	牛	头骨	9.7	43.35	15.72	3.2	−19	10.2
F1F	马	肋骨	10.9	46.02	16.54	3.2	−19.3	6
F2	马	肩胛骨	13	45.36	16.52	3.2	−19.8	6.8
F2	马	胫骨	13.9	45.92	16.60	3.2	−19.9	7.5
H2	马	胫骨	18.2	28.99	10.49	3.2	−15.8	8
F2F	鹿	距骨	12.5	46.64	16.88	3.2	−19.1	7.5
F2	羚羊	角	9.1	46.02	16.19	3.3	−9.7	11.6
F2	斑羚	距骨	8.4	45.58	16.23	3.3	−18.4	8.3
F2	兔子	头骨	9.2	44.41	16.14	3.2	−17.6	7.4
F2	野猪	肱骨	7.9	45.93	16.38	3.3	−17.5	8.7
F2F	野猪	股骨	7.1	36.29	13.08	3.2	−19	8.2

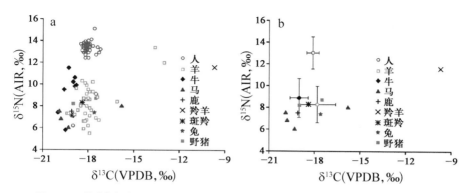

图 5-3　柳树沟遗址骨骼碳、氮稳定同位素比值散点图(a)和误差棒图(b)

表 5-3　柳树沟遗址骨骼同位素统计结果

种属	δ¹³C‰				δ¹⁵N‰				N
	min	max	mean	SD	min	max	mean	SD	
人	−19.1	−17.2	−18.1	0.4	6.2	15.1	13.1	1.5	46
羊	−19.4	−13	−17.8	1.2	5.5	13.4	8.3	1.7	37
牛	−20	−17.5	−19	0.6	5.8	11.5	8.9	1.8	11
马	−19.9	−15.8	−18.7	2.0	6.0	8.0	7.1	0.9	4
野猪	−19	−17.5	−18.3	1.1	8.2	8.7	8.5	0.4	2
鹿	—	—	−19.1	—	—	—	7.5	—	1
羚羊	—	—	−9.7	—	—	—	11.6	—	1
斑羚	—	—	−18.4	—	—	—	8.3	—	1
兔	—	—	−17.6	—	—	—	7.4	—	1

除同位素分析外,研究人员还对采自房址灰坑(H5)和窖穴(Z5)的两份土样进行了浮选。根据浮选和鉴定结果,植物种子分属青稞、麦仁珠、狗尾草、滨藜、苍耳、黎科。另有一粒种子疑似小麦,因缺乏特征部位,无法进一步明确。尽管浮选样品量小,但是发现比较多的青稞,至于是否为本地种植,因未发现穗轴,尚不能确定。具体鉴定结果见表 5-4。

表 5-4 柳树沟遗址试浮选结果

遗迹单位	土样量	鉴定结果								
		青稞	麦仁珠	黎	狗尾草	酸模	滨黎	苍耳	小麦?**	未知
Z5	1L	10+*	3	4	6	3	5	3	1	2
H5	1L	1	—	1	—	—	—	—	—	3

* 另有种子残缺不全，未计入个数。
** 特征部位未保留，无法明确。

二、哈密柳树沟遗址居民食谱构成及特征

从人骨样品的同位素组成看，$\delta^{13}C$ 平均值为 $-18.1\pm0.4‰$（n=46），表明柳树沟墓地绝大多数居民的植物性食物几乎全部来自 C_3 类作物，与试浮选土样中仅有大麦而未发现粟、黍类植物的结果一致。$\delta^{15}N$ 平均值为 $13.1\pm1.5‰$（n=46），显示居民食物中动物类资源占绝对优势，反映了该人群整体以畜牧业经济为主要生产经营方式的事实（王永强和张杰，2015）。此外，人群 $\delta^{15}N$ 值整体偏高除可能大量食用了动物及其副产品如奶制品等，可能还受到干旱环境的影响，使得该地食物链中各个营养级参与者 $\delta^{15}N$ 值普遍偏高（Hartman，2011）。类似的在极端干旱环境中动物和人氮同位素均表现出明显的富集的现象多有报道（e.g. Schwarcz et al.，1999）。进一步观察发现，人骨样品中的两例（分别采自 M38 和 F2），落入了草食性动物的主要分布范围内（见表 5-1）。除 $\delta^{15}N$ 值明显低于其他人骨样品甚至羊骨样品外，其 $\delta^{13}C$ 值也低于其余人骨样品，显示这两个个体生前很长一段时间内都食用了完全不同于其他群体成员的食物类型。值得注意的是，M38 个体与其他墓葬一样随葬有羊骨，进一步证实了随葬羊骨为该群体显著的葬俗之一。而另一个个体采自房址 F2 地面，所采样品来自

第一胸椎。考虑到这个样品极为特殊的埋葬环境,我们不得不想到该个体可能是暴力受害者。众所周知,青铜时代欧亚大陆人群之间交往密切,存在相当广度和深度的基因交流(Allentoft et al.,2015)。哈密以及周围其他相近的遗址中经鉴定的人骨往往显示人种的混合杂居现象(魏东,2009;韩康信,1990)。有理由相信不同人群相遇,存在对地盘、资源的抢夺性竞争,双方人群之间、群内个体之间爆发激烈的冲突应不为意外。无独有偶,魏东(2012)对巴里坤黑沟梁墓地出土人骨的形态、病理等分析发现当时人群内部或不同人群之间激烈的肢体冲突当不鲜见的证据。柳树沟以西吐鲁番盆地三个遗址的骨骼创伤研究亦证实当时人群暴力冲突并不罕见,且骨骼证据表明,暴力带来的骨骼损伤并不局限于男性,女性以及未成年人中也观察到了相当比例的骨骼暴力损伤证据,证实当时人群中肢体暴力广泛存在(Zhang et al.,2020)。当然,考虑到柳树沟墓地葬俗中流行二次扰乱葬,可能是待埋入的个体白骨化后打开坟墓,扰乱骨骼的生理位置,甚至取出部分骨骼,使得墓里存留的人骨普遍散乱不全,甚至所剩无几。而F2地面发现的人骨样品相对比较小,尤其是两个样品的同位素组成非常相近。因此,不能排除取自F2的胸椎来自M38墓主人的可能,可能是在扰乱M38时带出的(Dong et al.,2021),尚需其他证据进一步确认。如果这一猜测成立,那么很有可能该个体生前很长一段时间都生活在另一个以C_3植物为主食的区域,几乎不摄入任何动物蛋白,在去世之前刚刚回到或新抵达柳树沟,去世之后采用了柳树沟本地人群的葬俗,墓底铺满木板作椁(棺),随葬品中包括羊。

除以上讨论的两例样品外,柳树沟遗址人骨样品的同位素值分布相对集中,显示了在人群内部不同性别、年龄组中相对均一的食物构成,不因社会分工、食物获取难易程度不同而变化,推测该遗址人群的组成相对稳定。因其所处的位置环境较为严酷、封闭,导致该人群与其他人群的交流相对较少,人群间因贸易、婚姻等产生的人口交流还不甚明显。尤其重要的是,这两例样品体现了社会成员地位的平等,可能尚未产生阶级分化。

柳树沟遗址共测试 37 个羊骨样品,$\delta^{13}C$ 平均值为 $-17.8\pm1.2‰$,但其主体变化范围为 -19.4——$-17.4‰$,显示羊群主要摄取 C_3 类植物。样品中有两例 $\delta^{13}C$ 值明显区别于其他同类,分别来自 M37 和 F2,显示了 C_4 植物为主导的食物选择。与此同时,这两例样品的 $\delta^{15}N$ 值也为同类样品中最高,进一步证明了其不同于其他同类的取食策略,可能是来自较远的与该遗址完全不同的生境,或者得因于接触了较多的 C_4 类食物,可能是人工饲喂粟、黍的秸秆,或长期活动于种植粟、黍的农田的周边。这一方面解释了其骨骼碳同位素中明显的 C_4 信号的来源,另一方面不同于自然生长的野草,人类对农作物的管理中往往会涉及动物粪便、血液、骨骼等有机肥料的添加等,导致农作物较野草富集^{15}N(Bogaard et al., 2007)。因此,食用了农作物的羊会显示出高于其他同类的 $\delta^{15}N$ 值。总之,羊群的同位素体现了相对多样的取食习惯,与其在广阔的空间迁移的生活习性相吻合。

牛和羊构成了柳树沟居民主要的经济来源,同时也是最主要的肉食资源供应者。牛的碳同位素组成体现了绝对的、均一的 C_3 性食物来源。由于牛的移动性较差,且对水源的要求较高,因此活动范围往往限于遗址周围距离水源较近的地域,而羊并不受限于此,其活动范围比牛大得多。柳树沟遗址中牛骨胶原的 $\delta^{13}C$ 值全部指示 C_3 性植物的摄入,说明遗址周边植被类型以 C_3 类植物为绝对主导。而羊骨胶原的 $\delta^{13}C$ 值组成显示某些个体少量地摄入了 C_4 类植物,可能是来自距离遗址较远的地区的 C_4 植物信号。有限的 C_4 信号也有可能是干旱环境下水分胁迫导致的 C_3 植物 $\delta^{13}C$ 值变高(Flohr et al., 2011)所致。总之,牛和羊 $\delta^{13}C$ 值的差异体现了其在日常生活中活动范围和进食策略的区别(见图 5-3b、表 5-3)。而两者 $\delta^{15}N$ 值并未显示出统计意义上的差别,变幅较大的牛的 $\delta^{15}N$ 值则可能是处在不同的营养状况、年龄阶段等差异造成(见表 5-5)。此外,与既广泛用于墓葬陪葬又出现于居址的羊不同,样品中所有的牛骨均来自居住遗址。墓葬中并无用牛陪葬的现象,表明其不具备像羊一样的祭祀属性,仅作生活用途。对采自居住区和墓葬的羊样品同位素组成进行对比,发现二者并无明显的差异(见表 5-5)。可见用于祭祀的羊与日常生活中的羊在食物组成上并无二致,是随机选择的结果。

表 5-5　柳树沟墓地牛和羊样品同位素差异性检验(Mann-Whitney 秩合检验)

	牛 vs 羊		居住区羊 vs 随葬羊	
	$\delta^{13}C$ (‰)	$\delta^{15}N$ (‰)	$\delta^{13}C$ (‰)	$\delta^{15}N$ (‰)
U	622	712	76	75
W	6 400	6 490	541	103
Z	−2.969	−2.37	−1.128	−1.164
Asymp	0.003	0.018	0.259	0.244
Preci	0.003	0.017	0.276	0.259

4 例来自居住遗址的马骨样品体现了两种差异明显的食物构成,其中 3 例有相似的食物组成,显示 C_3 植物主导其食物构成,而另一例马 $\delta^{13}C$ 值则体现了其食物中有少量的 C_4 类植物,可能指示其有区别于其他 3 例的来源。马具有相较于牛和羊更低的 $\delta^{15}N$ 值,可能是非反刍类动物和反刍类动物不同的消化体系决定的(Ventresca Miller et al., 2019),可能由于样品量太小,未通过显著性检验(Mann-Whitney U test, p=0.113)。马和牛、羊类似的食性差异在新疆其他的遗址中也有发现,如哈巴河县喀拉苏遗址(陈相龙等,2017;董惟妙等,2021),可见其普遍性。

野猪、鹿、羚羊、兔等野生动物共同构成了柳树沟居民的补充性肉食资源。值得注意的是，作为杂食性动物的野猪在 $\delta^{15}N$ 值组成上与草食性动物并无明显的区别。一方面指示其食物组成以植物为主，另一方面暗示该区域动物性食物资源的匮乏。结合现今该遗址周边的环境，这一现象不难理解。此外，一例羚羊样品碳同位素组成表明其食物中以 C_4 性植物占绝对优势地位，与自然环境中 C_3 类植物占主导的普遍现象不符，说明其生长过程中长期处在生产 C_4 类的粟、黍食物（秸秆）的地区周边，又因柳树沟浮选结果中未发现粟、黍类遗存，动物骨骼同位素也指示周边环境中 C_3 植物主导植被类型，且人骨样品中也未检测到明显的食用粟、黍的信号，故推断该羚羊样品并非柳树沟本地生活，而是来源于周边某个有粟黍农业活动的区域，比如河西走廊地区（Atahan et al.，2011；Liu et al.，2014；张雪莲等，2015），或哈密盆地（张全超等，2010a；Wang et al.，2019）。

综合以上分析，可以大体推断柳树沟遗址的居民主要从事牛、羊的放牧，兼营狩猎，虽然在居住遗迹中发现石磨盘、石磨棒等与粮食加工有关的工具，且试浮选中也明确地发现碳化大麦种子，然而缺乏石刀、石镰、石锄一类有明确农业生产活动指示意义的工具或代表农作物本地生产的穗轴，因而并不能断定该遗址的人群直接从事粮食种植。根据对现代柳树沟周边自然环境的观察，附近主要为高大裸露的山体或隔壁，缺乏明显的土壤发育，恐难进行农业种植活动，更不可能依靠种植谷物为生。试浮选发现的少量青稞可能与同位素指示的异地来源的动物一样来自与周边部族的交换，反映了当时人群之间的日常物品往来，虽然并不能保证每次都是和平进行的。此外，在发掘过程中观察到该墓地出土的保存较好的人骨普遍显示较厚的骨壁，反映出该人群普遍拥有较为粗壮的体格，是长期生活的山地环境发展出的生理性适应，进一步支持放牧、狩猎活动是该人群的主要生产、经营方式的结论。

与上述天山北路墓地人群的食谱构成相比,尽管同样处在哈密盆地,且相距不远,但柳树沟人群却显示出明显不同的食物组成特征。即使是与天山北路墓地同时期的人群食谱特征相比,也有显著差异。这种差异究竟是因为所处生活环境的不同,还是因为人群饮食偏好或生计选择的不同呢?近期莫图扎特-马图泽维丘特等(Motuzaite Matuzeviciute et al.,2019,2020)在吉尔吉斯斯坦天山沿线青铜时代晚期至早期铁器时代过渡时期的遗址 Chap 做了系统的工作,包括卫星影像解读、地面调查、植物浮选以及动物考古等工作,认为 Chap 遗址距今约 3 000 年的居民可能利用周围的水利设施种植和加工大麦小麦,动物组成显示典型的畜牧特征。尽管处在海拔约 2 000 米高度,但是综合分析发现,Chap 人群可能从事相对定居的农牧混合生产模式。该团队此前在吉尔吉斯斯坦另一处海拔同样处在约 2 000 米的 Aigyrzhal-2 遗址的工作也证实,在公元前 2 千纪中期,该地区的人群就种植和加工大麦和小麦(Motuzaite Matuzeviciute et al.,2017)。上述两处遗址与柳树沟海拔相当,时代相当,但是却采用了截然不同的生存策略。可见,在青铜时代晚期的欧亚大陆内部,即使是面对相似的生活环境,不同人群的生计方式也可能截然不同。

第六章 哈密艾斯克霞尔南墓地居民食谱重建

第一节 哈密艾斯克霞尔南墓地考古背景

一、哈密艾斯克霞尔南墓地考古发现和研究

艾斯克霞尔南墓地位于哈密市西南约 100 千米处南湖戈壁的腹地，因处于早先发掘的艾斯克霞尔墓地之南而得名，东北距五堡水库墓地约 30 千米，在当时同样处在白杨河的尾闾，现今白杨河仅能到达五堡一带。墓地因受到严重盗扰，2010 年新疆文物考古研究所组织对其进行抢救性发掘，共计清理墓葬 151 座，以及大概与墓葬同时期的残破的城堡式建筑遗迹一座，出土有石磨盘等（王永强和党志豪，2011）（见图 6-1）。

从墓葬地表建筑可以分为两种，分为墓垣墓和无墓垣墓。墓垣用土坯建造而成，墓垣（东）南侧多有祔葬坑，随葬动物、木质工具、陶罐等。墓垣墓主要集中分布于墓地中部和南部，墓室一般位于墓垣内近中部位置，墓口多

第六章 哈密艾斯克霞尔南墓地居民食谱重建

图 6-1 艾斯克霞尔南墓地墓葬分布和墓室结构。a. 墓葬分布(照片为从南向北,远处突出的土台为艾斯克霞尔南城堡所在位置,王永强提供);b. 典型墓葬—墓垣墓(照片为正方向,王永强提供);c. 典型墓葬—无墓垣墓,墓室中保存有明显的木头及青稞秸秆(照片为正方向,王永强提供);d. 墓垣墓及其所属的衬葬坑(从南向北,王永强提供)

铺草层(青稞秸秆),草层下为纵向棚木,棚木均为胡杨圆木。无墓垣墓分布在墓地边缘地带,没有地面建筑,墓口铺草和棚木,墓室平面多呈椭圆形。墓葬形制有竖穴墓和土坯墓,尸体置于木质尸盘或尸床上,所用木材均为胡杨木。婴儿墓中尸体一般用陶罐或木桶盛敛。由于墓葬处在极端干燥少雨的沙漠戈壁环境,故而骨骼保存状况较好,流行合葬,少一次葬,多扰乱葬,侧身屈肢为主要葬式,仰身直肢葬仅在年龄极小的幼儿墓葬中见到。

墓地随葬品丰富,以陶器和木器为主,纺织品次之。另外还有铜器、铁器、骨器、石器、金器和皮革制品等。该墓地出土大量的随葬动物,有铁器发现,断定该墓地已进入铁器时代。该墓地以加砂灰褐陶为主,多素面陶,彩陶次之,主要饰有黑彩,器型以单耳罐、单耳豆、双耳罐、双系罐为代表。该墓地出土了5件犬类干尸,颈部系有绳索,以及碳化食物、谷物穗、木质箜篌、箭镞等。

艾斯克霞尔南墓地有铁器出土,且部分彩陶豆和彩陶罐与焉不拉克墓地极为相似,推断应当是一处属于焉不拉克文化的遗存,时代上可能要晚于艾斯克霞尔墓地,与焉不拉克相当或稍晚,属早期铁器时代文化。哈密白杨河流域的艾斯克霞尔南墓地与早年发掘的五堡水库墓地、艾斯克霞尔墓地等相距均不远,葬俗、葬式以及随葬品等存在很多共同因素,白杨河流域的众多遗址和墓葬共同组成了一处大型聚落群,成就了白杨河流域公元前1千纪繁荣的焉不拉克铁器时代文化。艾斯克霞尔南是荒漠绿洲聚落文化的典型代表,墓葬中有大量的随葬动物,并发现大量的箭镞遗物,随葬品中也有面食出土,加之石磨盘等加工谷物的遗物,发掘者认为该墓地人群属于焉不拉克文化系统中一支农牧兼营的绿洲聚落(王永强和党志豪,2011)。张贵林等(Zhang et al.,2019)系统地采集了艾斯克霞尔南墓地保存的植物材料,对其进行种属鉴定,发现的作物种类仅有青稞,这些青稞脱粒后剩余的秸秆主要用作墓葬的建筑材料,如铺盖在墓口或作为羼和料被加入土坯。因发现的秸秆、麦穗等数量较多,研究者认为青稞可能就是在墓地周边种植的作物。除了青稞外,还发现了多种乔木,主要是胡杨,此外还有柽柳等。上述发现说明先民为了适应当地干旱的生态环境,采用了多种生态资源。

艾斯克霞尔南墓地发现了数量比较多的箜篌,基本上处在箜篌发现地点中的最东部,且年代较早(王子初,1999;王永强,2019),这是丝绸之路开通之前东西文化交流非常直观的证据,贺志凌和王永强(2018)从制作工艺、材质、演奏方式等角度对其进行了比较系统的研究。

二、哈密艾斯克霞尔南墓地年代

从出土的遗物、墓葬结构等均可以看出艾斯克霞尔南墓地与其周边其他焉不拉克文化墓葬有显著的共性,但是焉不拉克文化本身延续时间较长,且除了五堡水库墓地外,多数墓地缺乏系统可信的年代学结果,如艾斯克霞尔墓地甚至完全没有年代数据发表。为了明确艾斯克霞尔南墓地的年代,发掘人员选取多个墓葬出土的不同材料进行了 AMS ^{14}C 年代测试。年代测试结果显示这些墓葬的时代为距今 2 700—1 900 年(见图 6-2)。由于这些年代校正后多数集中在距今 2 700—2 400 年。而这一时期正好属于年代校正曲线上的"哈尔施塔特平台期"。这一平台期上的数据校正后误差可长达 400 年,对于精准的年代判断影响非常大。为了克服

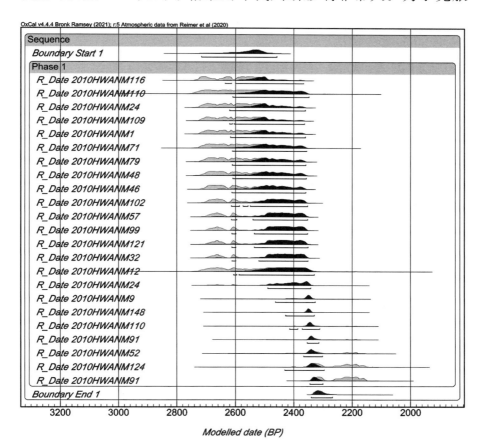

图 6-2　艾斯克霞尔南墓地年代

这一影响,本书尝试对这些数据进行处理,将这一墓地的年代视为同一相近时段,在此基础上进行运算得到的结果可以大大地提高年代的精度,运算之后艾斯克霞尔南墓地的年代为距今 2600—2300 年。由此可见,相对于其他焉不拉克文化墓地,艾斯克霞尔南墓地的使用时代明显更晚,且延续的时间更短,属于焉不拉克文化晚期墓地。

第二节　哈密艾斯克霞尔南墓地居民食性

一、哈密艾斯克霞尔南墓地骨骼同位素分析结果

艾斯克霞尔南墓地共计测试 109 例样品。2 例 C/N 值落在 2.9—3.6 之外,表明埋藏过程中受到污染(Deniro,1985),不再讨论。剩余的 107 份样品中有 43 份属于人,62 份属于羊,另有 1 例马和 1 例鹿。各样品骨骼同位素结果如图 6-3 所示,统计结果见表 6-1。

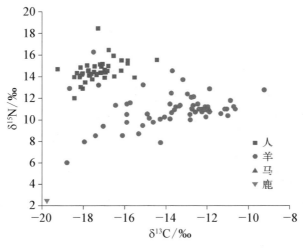

图 6-3　艾斯克霞尔南遗址骨骼碳、氮稳定同位素比值散点图

表 6-1 艾斯克霞尔南墓地骨骼同位素统计结果

种属	$\delta^{13}C‰$				$\delta^{15}N‰$				N
	min	max	mean	SD	min	max	mean	SD	
人	−19.2	−14.4	−17.3	0.9	12.0	18.5	14.5	1.0	43
羊	−18.8	−9.2	−13.7	2.1	6.0	16.3	11.0	1.6	62
鹿	—	—	−19.8	—	—	—	2.5	—	1
马	—	—	−11.9	—	—	—	10.9	—	1

二、哈密艾斯克霞尔南墓地居民食谱构成及特征

艾斯克霞尔南墓地人骨样品 $\delta^{13}C$ 平均值为 $-17.3‰±0.9‰$（n=43），变化范围为 $-19.2‰$ — $-14.4‰$，整体显示以 C_3 类食物为主的植物性食物摄入，部分个体摄入了比较大量的 C_4 类食物。$\delta^{15}N$ 平均值为 $14.5‰±1‰$（n=43），变化范围为 $12‰—18.5‰$，指示较多的动物蛋白摄入。

人群的同位素组成较为分散，反映了食谱构成的多样性（Drucker and Bocherens，2004），可能指示阶级已经分化，另外存在频繁的人口交流。

与其他焉不拉克文化墓地一样，艾斯克霞尔南墓地流行双人或多人合葬，且合葬形式也有同层或多层分批次埋入等。本书选择 9 组合葬墓中的个体对比其同位素组成（见图 6-4a、b），结果显示，艾斯克霞尔南墓地合葬墓中的不同个体同位素组成较为相近，代表其食物结构类似，可能是来自同一个家庭，即艾斯克霞尔南墓地的合葬墓较有可能为以家庭为单位的埋葬形式，并且进一步证实以家庭为单位的食物构成的差异以及其所反映的贫富、地位分化。

人骨样品中除一个因 $\delta^{15}N$ 值明显高于其他样品，被视为异常

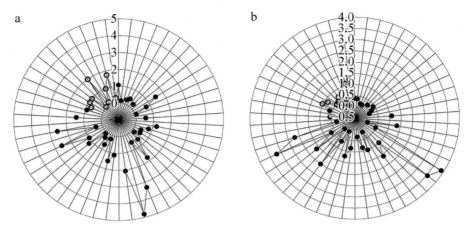

图 6-4 艾斯克霞尔南墓地合葬墓中个体骨骼同位素值差异

（其中 a 表示相邻编号个体间 $\delta^{13}C$ 值差异的绝对值，b 表示相邻编号个体间 $\delta^{15}N$ 值差异的绝对值，空心圆圈表示合葬墓个体，实心原点表示非合葬墓个体）

值外，其余 42 个样品的 $\delta^{13}C$、$\delta^{15}N$ 值在 0.01 水平上显示明显的相关性。另外，从散点图还可以看出，有 3 个羊骨样品的同位素值落入人骨样品的范畴，视为异常值，其余的 59 个样品的 $\delta^{13}C$ 值和 $\delta^{15}N$ 值在 0.01 水平上显著相关（见表 6-2）。线性拟合结果显示人群同位素值的变化趋势为：$\delta^{13}C$ 值每升高 1‰，$\delta^{15}N$ 值相应地升高 0.44‰。羊的同位素值变化趋势为：$\delta^{13}C$ 值每升高 1‰，$\delta^{15}N$ 值富集 0.38‰（见图 6-5）。

已知母-婴哺乳行为会导致婴儿显示出高于母亲约一个营养级的现象（Fuller et al.，2006）。然而该处分析的羊样品均来自墓地，首先未成年个体作为随葬动物的可能性较低，另外采样过程中未观察到明显的幼年个体的存在。故此，将全部样本视作成年个体，排除以上所说的干扰，其同位素值，尤其是 $\delta^{13}C$ 值反映的是食物中 C_3、C_4 两类植物各自的比重，从散点图中可以很明显地看出羊群中有很大比例的个体记录了食物中或多或少的 C_4 类食物，以现代全球范围内 C_4 类植物的 $\delta^{13}C$ 平均值为 $-12.5‰$ 计（Sealy，

2001),消除工业革命以来的空气 $\delta^{13}C$ 值变负约 1.5‰(van der Merwe et al.,1981；Tieszen and Fagre,1993),得知工业革命以前全球范围内 C_4 植物的 $\delta^{13}C$ 值约为-11‰,动物摄取植物,其骨胶原 $\delta^{13}C$ 值会在植物的基础上增加约 5‰(Lee-Thorp et al.,1989)。即是说,在理想状况下,100%的 C_4 植物摄取者骨骼胶原记录的 $\delta^{13}C$ 应为约-5‰。同理,以 C_3 类植物 $\delta^{13}C$ 值约为-26.5‰的现代全球平均水平计,100%的 C_3 植物摄取者骨胶原的 $\delta^{13}C$ 约为-20‰。可见,艾斯克霞尔南墓地羊骨样品中绝大多数个体食用了 C_3-C_4 两种混合的植物类型,而且有相当一部分羊的食物中 C_4 植物占了更大的比例,而自然界中95%以上的植物为 C_3 类(Still et al.,2003)。尽管有研究显示干旱区 C_4 植物的比例相对较高(Winter et al.,1981),然而不管是山羊还是绵羊抑或是盘羊,其全年食物摄入中最主要的部分都属灌木和蕨类植物(Li et al.,2018),而新疆本地灌木和蕨类植物多数属于 C_3 植物(陈拓等,2002a、b；孙惠玲等,2007a、b；Liu and Chen,2017)。可见羊样品食物中的 C_4 成分并非来自自然的野外取食,而是来自人为的有意识的饲喂 C_4 类作物。已知典型的 C_4 类作物在早期铁器时代的哈密盆地已广为流传,与艾斯克霞尔南墓地地域相近、时代稍早的五堡水库墓地就曾发现"小米饼"(王炳华,1983b)。系统的植物考古研究表明五堡水库墓地既有粟、黍又有麦类作物,且粟、黍的数量多于麦类作物(Wang et al.,2021)。然而艾斯克霞尔南墓地发现的农作物却仅有青稞(Zhang et al.,2019)。这与人和羊碳同位素普遍揭示的 C_4 来源食物摄入相悖,可能是由于墓葬中未能全面保存先民生活的多方面信息所致,或者取样时未能全部涉及,如艾斯克霞尔南墓地 M91 中就保留了面食,推测可能是黍饼。遗憾的是目前尚未对该材料进行更深入的研究。由于艾斯克霞尔南墓地当时的环境较为干旱(Zhang et al.,2019),相对粟而言,黍可能更适合这样的生境。已有的研究结果显示,黄土高原的现代黍样品叶片 $\delta^{13}C$ 值约为 $-13.7‰$,较种子偏负约 $1‰$(An et al., 2015a)。假设黄土高原的结果同样适用于哈密盆地,100%食用黍叶片的羊的骨胶原结果应为 $-6.2‰$。根据白杨河流域其他焉不拉克文化墓葬中的保存的大量食用粟、黍的证据,可合理推断,艾斯克霞尔南墓地随葬的羊生前食用了大量的粟黍秸秆等。此外,因为艾斯克霞尔南墓地出土的大量的羊的同位素值差异明显,指示其活动空间可能较大,与当时较为干旱的生活环境相吻合。同时,艾斯克霞尔南墓地所处的时代欧亚大陆内部已经进入游牧时代,这一时期的典型特征就是人群和畜群频繁的长距离的迁徙,羊群多样的碳同位素值可能反映其取食的环境千差万别。而人骨同位素结果显示较明显的 C_3 性食物摄入,暗示黍并不是其主要植物性食物来源。结合墓口大量铺陈的青稞秸秆,猜测艾斯克霞尔南的人群较多地食用了青稞以及其他 C_3 性食物,因此骨骼碳同位素值整体偏负。

表6-2 艾斯克霞尔南墓地骨骼同位素相关性分析

	人 $\delta^{13}C$ vs $\delta^{15}N$		羊 $\delta^{13}C$ vs $\delta^{15}N$	
	全部样本	去除异常值后	全部样本	去除异常值后
pearson 相关系数	0.393	0.499	0.213	0.527
显著性	0.009	0.001	0.097	0.000
N	43	42	62	59

除了上述碳同位素值组成反映的艾斯克霞尔南墓地先民植物性食物主要来自 C_3,艾斯克霞尔南墓地先民的氮同位素平均值 $14.5‰$ 指示其食物中含有大量动物蛋白,与墓葬中大量随葬羊暗示的牧业经济属性相吻合。与天山北路、柳树沟墓地人群一样,艾斯克霞尔南墓地的先民同样可能在羊以外还摄入了其他营养级更高的食物。在畜牧业社会中,奶作为重要的副产品,因其含有丰富

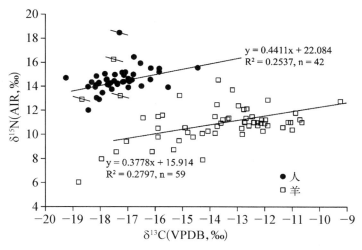

图 6-5 艾斯克霞尔南墓地骨骼同位素的线性拟合结果

的蛋白质、脂肪、维他命-D、钙和碳水化合物——乳糖,成为必不可少的资源。但是,度过婴儿期后,人群中很大比例的人,他们的小肠不再分泌能够消化乳糖的酶,变得乳糖不耐受,此时摄入奶会产生腹泻、胃胀气、便秘等症状。乳糖耐受/不耐受人群分布有很强的地域性,不同研究均证实欧亚大陆内部的居民从青铜时代起即有良好的乳糖耐受性,也有实物证据证明他们掌握了制造奶酪的技术(Yang et al., 2014;Jeong et al., 2018;Orlando, 2018)。因此,不排除艾斯克霞尔南以及上述柳树沟甚至天山北路墓地人群偏高的氮同位素值与长期饮食牛奶和奶制品有关。

根据墓葬中保存的材料和上述研究,本书认为,艾斯克霞尔南墓地人群可能采用了农牧兼营的生计策略,狩猎对于该人群的生计同样重要。相对于其他同时期或稍早时期白杨河流域的人群而言,艾斯克霞尔南墓地的人群对农业的依赖程度相对更低一些。这一方面可能是艾斯克霞尔南墓地处于白杨河尾闾地带,生活较大程度地依赖农业种植难度较大;另一方面艾斯克霞尔南墓地年代较晚,欧亚草原地带游牧化进程的深入可能对于该墓地人群的生业选择也有比较大的影响。相对于其他焉不拉克文化墓地,艾斯克霞尔南墓地使用的时间也较短,墓葬数量和埋葬个体也相对较少,也许表明这一时期聚落小型化,甚至定居的程度也不似以往。尽管自青铜时代以来,哈密地区不同来源人群混居的现象就非常多见,但是经过长期的发展,至早期铁器时代,这一地区遗址数量明显增加,人口密度显然也有一定的增加,人群对资源的争夺更加激烈。艾斯克霞尔南墓地处焉不拉克文化分布区的边缘地带,也是白杨河流域绿洲的边缘地带,可能这也是竞争下艾斯克霞尔南墓地人群不断向边缘环境更差地带扩张或退守的体现。

第七章　哈密盆地史前居民食谱结构特征

对于中亚干旱区而言，气候环境无疑是影响文化发生、发展的重要因素（Tan et al., 2021）。本章先是对哈密盆地过去环境背景做一简要介绍，在此基础上探讨哈密盆地青铜和早期铁器时代先民的食物结构特征，结合新疆其他地区所做的关于先民食谱和生业的工作，探讨他们之间的共性和独特性。

考虑到时代的差异可能是影响先民生计选择的一个重要因素，在进行对比分析时，本章依然按照传统的考古年代分期将涉及的遗址分为三个时期，分别为距今3 000年的青铜时代、距今3 000—2 200年的早期铁器时代和汉代及以后。

第一节　哈密盆地自然环境和气候背景

一、哈密盆地地质、地貌

新疆位于亚洲干旱区中部，地形为"三山夹两盆"，自南向北分别横亘着昆仑山脉、天山山脉和阿尔泰山脉。中部天山山脉大致将新疆分为准格尔盆地和塔里木盆地。哈密盆地位于天山东部的哈密地区,盆地整体呈北高南低、由东北向西南倾斜,盆地北部即天山南坡为洪积倾斜平原;东部和西部是丘陵和戈壁,南部为库木塔格沙漠;中部为地势平缓、土地肥沃的洪积平原,哈密绿洲分布其中。南北跨越150千米,东西绵延300余千米,盆地总面积约53 500平方千米。全区海拔高度53—1 700米,地势相对平坦,景观整体以戈壁沙漠为主,间或有地下水或河流形成的绿洲,又有高耸的天山,有以巴里坤草原为代表的良好的高山牧场以及巴里坤湖、托勒库勒湖等为代表的湖泊生态景观。

  由于地处欧亚大陆的腹地,哈密盆地远离海洋,受地形影响,距离最近的携带大量水汽的南亚季风被天然高耸的青藏高原阻隔而不能到达,东亚季风亦不能深入到此,导致该地区的降水主要依赖西风带来的少量水汽,年均降水量仅38毫米,且多集中在夏季(6、7、8月),年均温10℃,1月为最冷月,极端历史最低气温为-32℃,7月为最热月,极端历史最高气温43.9℃。气温日较差、年较差大,其中年均气温日较差14.8℃,最大可达26.7℃。日照条件良好,年日照时数超过3 300小时,年蒸发量超过3 000 mm,无霜期约180天。全年多大风天气,春夏尤盛,风力可达8级以上,最高风力可超12级,某些监测点年平均风速可至9.3 m/s,非常适宜发展风电产业。

  由于缺乏水源,境内无大江大河,主要河流有石城子河、榆树沟、五道沟、白杨河等,河流的补给主要来自天山南坡的冰川融水,季节性差异明显,河流具有明显的丰枯水季。河流出山以后坡度放缓,流速减慢,携带的碎屑物质大量淤积在山前,形成近似扇形的山前冲积扇。自出山口起,淤积的物质颗粒越来越细,从扇顶到扇缘依次为砾石、粗砂、细沙、土壤和黏土,土质在冲积扇的偏外缘倾向于变好,加之扇缘地带一般有较多的地下水渗出,因此往往能在这一区域形成天然的绿洲。不同于扇顶部位的寸草不生,绿洲附近植被覆盖良好,后期人类定居首先选择绿洲附近。直至今日,绿洲仍然养活了这一地区的绝大多数人口。

二、哈密盆地现代植被

哈密盆地整体植被覆盖差,自然植被以耐寒、耐瘠、耐盐、耐石膏的荒漠植被为主,主要有禾本科的无芒雀麦属、碱茅属、冰草属、大麦草属、赖草属、新麦草属、看麦娘属、芨芨草属、针茅属、獐茅属、芦苇属,莎草科的蒿草属、扁穗草属、莩茅属,豆科的骆驼刺属、苜蓿属,百合科的葱属,柽柳科的琵琶属、柽柳属等。目前主要种植的粮食、经济作物有小麦、玉米、棉花、大枣、哈密瓜、葡萄等。哈密盆地野生动物资源有野骆驼、野驴、鹅喉羚等,家养动物有绵羊、山羊、牛、马、骆驼、驴等。哈密盆地的农业活动主要分为两类,一类是依赖灌溉在盆地中部绿洲地区发展出的粮食、经济作物种植产业以及畜产饲养,另一类是在山区进行的放牧活动。其中绿洲地区的农业主要种植的粮食作物有小麦、大麦、高粱、荞麦、玉米、粟、黍、豆类等,经济类作物有哈密瓜、西瓜、大枣、棉花、葡萄、杏、梨、葡萄等,畜产有牛、羊、马、骆等。山区牧民主要放养羊、牛、马等,植物性食物摄入以交换所得的青稞为主。

三、哈密盆地过去环境背景

从空间和地理大背景角度而言,哈密盆地位于亚洲内陆干旱区,其南部是巨大的青藏高原,阻止来自印度洋的水汽的北进,而东亚季风止于河西走廊东部,其携带的水汽也很难抵达哈密盆地,因此该地区目前的水汽多依赖长途跋涉的西风带来的少量水汽。

亚洲内陆干旱区在全球环境变化研究中占有重要的地位,其释放的大气粉尘是海洋微生物重要营养源,在碳循环过程中具有重要的作用(Rea and Leinen,1988)。同时也影响高纬度、高海拔冰川,对于吸收太阳辐射以及对日照的反馈机制起重要作用(Biscaye et al.,1997)。

从大气环流角度看,哈密盆地位于"西风亚洲"核心区东部(Chen et al.,2019),早期的研究突出了在间冰期/冰期的轨道和亚轨道时间尺度上中国西北干旱区与东南季风区的气候变化模式差异。根据有限的测年技术和当时可用的古环境代用指标,研究人员认为中国西北地区发生了"冷湿"或"暖干"的气候关联(韩淑媞和袁玉江,1990),与末次冰期/间冰期的季风气候"冷干"或"暖湿"模式存在明显区别。然而随后的研究发现,在冰期-间冰期尺度上,中亚地区的黄土-古土壤序列研究表明存在和中国黄土高原的黄土剖面研究一致的结果。两者在轨道尺度上均存在冰期冷干、间冰期气候相对暖湿的现象,其变化主要受全球冰量控制(Ding et al.,2002)。全新世的工作则存在争议。早期研究都认为西风区气候受季风的影响,季风强盛时期能到达西风区内部,并极大影响西风区的湿度模式,表现为施雅风先生提出的"全新世大暖期"气候现象(Shi et al.,1994)。程海等(Cheng et al.,2012)对天山西部克桑洞不连续石笋的同位素研究发现其氧同位素信号在全新世与东部地区石笋一致,据此认为西风区气候变化和东部季风区可能存在同源驱动作用,其气候变化基本与季风区一致。近期,刘小康等(Liu et al.,2020)发现附近的巴鲁克洞石笋微量元素 Sr/Ca、Ba/Ca 等序列清晰地反映了研究区从早全新世到中晚全新世逐渐变湿的环境。然而,陈发虎等(Chen et al.,2008)综合西风区多个湖泊的研究发现该区域水汽来源和环境变化与季风区存在不同的模式变化,在全新世,西风区湿度与以石笋为代表的季风区湿度变化呈现"错位相"(out of phase)的模式(Cai et al.,

2008),即早全新世时期,当季风区处于季风最强盛且湿度最大的时候,西风区正好处于干旱的阶段,导致该区域多数湖泊甚至出现干涸的现象,并持续到 8 ka 左右。随后的中全新世则出现了水文学意义上的湿润阶段,干旱区湖泊增多,水域面积不断扩张,一直持续到 4 ka 均保持着湿润的状态,随后尽管湿度有所下降,但仍要比早全新世湿润。不仅全新世如此,在近千年的气候变化格局中也存在这种错位相的变化(Chen et al.,2010)。在东部季风区公认的小冰期表现为冷干的时候,西风区却展现出明显的冷湿特征。最近的研究认为,太阳辐射驱动导致的副热带高压的南北向转移和西风带强度的变化,共同控制了全新世西风区气候变化模式(Chen et al.,2019)。

聚焦到本研究区,哈密盆地现有的环境记录多以湖泊为载体,主要以对巴里坤湖的研究最为深入(Zhao et al.,2017)。巴里坤湖位于哈密盆地北侧的巴里坤县,处在天山山脉东缘山地之间,是一个封闭的超咸水湖(盐度 93.8—126.4 g/L)(Zhao et al.,2015),当前水位仅为 20—40 厘米,对环境变化响应敏感,为理想的环境记录载体,且为距离研究区最近的湖泊,其环境记录可以很好地指示研究区几千年甚至几万年来的环境变化状况。对巴里坤湖沉积物生物标志化合物重建的夏季水温显示,早全新世温度仍处在与冰期类似的冷期,直到距今约 8 000 年开始,随着劳伦泰德冰盖的突然崩塌,温度也突然上升,尽管在距今 4 000 年出现降温事件,但在距今 3 800 年以后的温度则相对较为稳定,总体呈现缓慢的降温趋势(Zhao et al.,2017)。同时期的孢粉、粒度分析结果显示,深海氧同位素 2 阶段(MIS 2)以来,巴里坤湖周边的植被环境经历了早期的荒漠草原类型、末次盛冰期的荒漠类型、Bølling-Allerød 事件期间的草原植被类型,再至后来的荒漠草原直至 1 阶段重新变为荒漠环境。与之相对应的湖泊面积发生多次改变(An et al.,2013；Zhao et al.,2015)。早全新世(11.5—8.6 cal ka BP)延续了之前的环境状况,花粉浓度低,以黎科和菊科为主,指示整体属于极端干旱的沙漠环境。之后(8.6—7.9 cal ka BP)逐渐转向湿润,整个中全新世(7.9—4.3 cal ka BP)气候整体湿润,花粉中黎科比例降低,艾属花粉增多,甚至出现木本植物花粉,指示草原植被类型。之后经历了气候的转干事件(4.3—3.8 cal ka BP),黎科花粉比例大幅度提升,相应的其他种属花粉比例降低,显示这一阶段沙漠环境的扩张。距今3 800年之后(3.8—2.3 cal ka BP),黎科花粉比例逐渐降低,艾属和莎草科花粉比例增加,指示草原植被开始恢复。距今2 300年以来,艾属和莎草科花粉比例显著增加,指示草原植被的全面恢复,气候整体保持湿润(An et al.,2012)。总体来说,尽管在本区域内存在距今4 000年的冷事件,并可能对史前文化产生重大影响,但在本书研究的时段内,即距今约4 000年以来,区域内环境未发生较明显的恶化,气候整体趋于良好,研究各遗址居民所经历时段的植被状况稍差于现今环境,处在植被恢复期。

第二节 哈密盆地青铜时代居民食谱结构特征

相较于全球大多数地方而言,新疆因为气候整体干燥,非常有利于骨骼等有机质材料的保存,极端情况下甚至能以干尸状况保存下来,如小河墓地。因此,整体而言,新疆非常适合通过骨骼稳定同位素分析进行古代居民食谱重建。近20年来,新疆已有逾20个遗址或墓地开展过稳定同位素食谱分析工作,为我们深入认识新疆各时期居民的饮食构成、生业模式、社会结构等提供了非常多的证据。

除了同位素食谱分析,遗址中保留的动物和植物遗存同样可

第七章 哈密盆地史前居民食谱结构特征

以反映先民的食物构成和生计形态。依据考古发现,张玉忠(1989)和吴震(1996)对新疆各时期的狩猎、畜牧、游牧经济发展做了概括,基于细石器工具的发现,认为农业生产在新疆的出现时间晚于狩猎,而狩猎的证据则几乎遍及新疆全境,集中分布的区域有天山东部和中部地区,时代可能为1万年前至西周时期。西周至春秋时期,新疆畜牧经济发达,遗址中发现的主要的畜类有牛、羊、马和狗,野生动物主要为鹿,此外也偶有捕鱼的证据发现。战国至两汉时期,畜牧业进一步强盛,在前一个阶段动物种类的基础上又增加了骆驼和驴。值得注意的是尼雅遗址中首次出现了鸡和猪,推测猪为野猪,此外还有雁,甚至出现比较多作为装饰品的珊瑚(吴勇,1998)。魏晋至隋唐时期,主要的发现来自高昌故城,有木质的猪、鸟、鸭等,指示这一时期养猪业可能比较盛行。北疆各时期的岩画中有关狩猎的动物中除了上述提及的,尚有野牛、狼及各种飞禽。以上资料说明动物资源在新疆各时期均非常重要,尤其是对北疆地区而言,农业生产相对较少,相对来说更加依赖动物资源的开发和利用。

得益于新疆多数地区干燥的自然环境,植物类遗存能够比较好地得到保存,甚至经过几千年的埋藏后,依然保留原本的光泽。不同于中国大多数地区开展植物考古工作需要对土样进行浮选,在新疆的遗址中,一些植物遗存肉眼即可轻松发现。正是因为优秀的保存条件,早在1980年,研究人员在对楼兰附近汉晋时期遗迹的考古调查中,就发现了一些保存比较好的植物遗存,经鉴定有黍、大麦和小麦花(侯灿,1985)。王炳华(1983b)主要基于自己多年的研究工作,罗列和总结了在新疆发现的植物遗存、农业相关工具、水利遗存以及屯田遗迹。其中,帕米尔东部山前地带的几个新石器时代遗址中发现有石质农业生产工具,因此可以认定有农业生产活动。此外,在哈密盆地、焉耆盆地、罗布泊地区的青铜时代文化遗存中都发现过植物种子或农业生产工具。至早期铁器时代,在巴里坤以及乌鲁木齐附近也发现过相关的遗存。这些遗址中发现的农作物有小麦、粟、黍、高粱、青稞、蚕豆、黑豆、胡麻、棉花、大麻、葡萄、核桃、梨、酸梅、桃、杏、芝麻、巴旦木、苜蓿、葫芦、蔓菁等。贺菊莲(2007)则主要依据时代的不同,总结了新疆各时期与食物获取相关联的工具类的发现,总结了新疆不同阶段不同地域特征下人群饮食构成的差异。

但遗憾的是,在新疆的考古遗址中,动物考古工作开展较少,难以形成比较全面的认识。另外,新疆已经开展的考古发掘工作多数是墓葬,其性质决定了所能提供的动物利用信息是不全面的。最后,不同于中原地区,新疆的自然环境决定了其生业方式始终是在保持畜牧业处在绝对优势地位的情况下,一些环境相对优越的地区不同程度地发展农业种植(安成邦等,2020)。与此相对应的是,由本书第三章的梳理可知,新疆各地植物考古工作开展相对较多,不同区域、不同时段的先民所利用的植物种类和组合都表现出比较明显的差异。因此,除了重点关注骨骼同位素重建的食谱信息,本章还通过收集遗址中出土的农作物信息,并且结合其他考古发现来推断新疆各时期不同遗址农业的有无以及发展程度等。

除了本书主要讨论的天山北路墓地、柳树沟遗址和墓地以及艾斯克霞尔南墓地外,哈密盆地此前做过同位素食谱分析的还有焉不拉克墓地和五堡水库墓地。但是焉不拉克墓地共测试得出2个人的碳同位素数据和2个人的氮同位素数据,五堡水库墓地仅涉及一例人骨样品和一例羊骨样品(张雪莲等,2003;Wang et al.,2021)。因样本量太小,恐难以代表整个墓地的情况,因此不做深入讨论。此外,根据发掘者对焉不拉克墓地所属时代的判断,应为早期铁器时代,五堡水库墓地与焉不拉克墓地文化面貌相当,却无铁器出土,最新的年代测试结果显示其年代下限已至距今2 400

年前后,这就使得对这两个墓地的时代的认识更加混乱,只能寄希望于今后更加系统、精确的年代测试。在本书中,还是将这两个遗址归入早期铁器时代。

过去关于哈密地区出土植物遗存的报道,仅有少量研究性文章涉及,多数仅在发掘报告中略有提及。在近几年进行比较系统的植物考古工作之前,哈密盆地出土农作物或其食物制品的遗址见于报道的有:五堡水库墓地出土的小米饼和青稞(王炳华,1983b;王炳华等,1989),后对五堡水库M152号墓葬出土的谷穗和麦穗进行鉴定,认为其为粟和大麦(于喜风,1993),艾斯克霞尔墓地发掘简报中称发现有粟类作物制成的食物(周金玲等,2002),艾斯克霞尔南墓地发掘简报中提及墓地中发现面食和用作墓葬棚草的谷穗(王永强和党志豪,2011)。张成安(1997)总结了哈密盆地以及巴里坤、伊吾青铜时代遗址和墓地中出土的植物以及农业生产、加工工具,认为这一时期已经进入定居农业阶段。以上植物相关食物、工具等保存和研究均为粗略提及,难以窥得全貌,尤其是缺乏具体的数字。近几年随着研究的投入,哈密盆地史前人类的植物利用历史越来越清晰。

关于哈密盆地考古遗址中出土的动物骨骼的报道,多数散见于考古报告,且往往仅提及,并不对具体的个数作进一步交代,因此关于哈密盆地史前居民的动物利用信息我们掌握的情况并不完整。通常能看到的是墓葬中多数随葬有羊,有些墓葬大量随葬羊距骨,另有少部分墓葬随葬有牛、马、狗等。

一、哈密盆地青铜时代居民食谱构成

根据现有材料和研究认识,哈密盆地内已知的青铜时代遗存有天山北路墓地、柳树沟遗址及墓地以及萨伊吐尔墓地。其中萨伊吐尔墓地墓葬数量较少,依据发掘简报可知该墓地墓葬中普遍随葬羊胫骨,且多数胫骨骨骺未完全愈合,一定程度上可能暗示当时先民饲养羊群主要目标不是获得其次级产品,而是直接吃肉。当然,因为材料较少,以上仅为推论。目前除了发掘简报外,未见关于萨伊吐尔墓地相关的其他研究。天山北路墓地发掘完成于20世纪末,因时代和认识的限制,很多现在已经成为常规的研究材料未能收集保存。关于天山北路墓地出土的动植物遗存,目前仅知有不少墓葬中随葬有绵羊、山羊和牛,另有大量的骨器出土,对于植物遗存则全然不知。所幸,天山北路墓地出土的人骨材料可以弥补上述遗憾。关于柳树沟遗址和墓地先民食谱相关的研究,既有来自动植物组成的,又有基于骨骼同位素的,相对来说证据比较完整和可信。

根据上述几个遗址出土材料和进行的相关研究,依稀可见这一时期哈密盆地内部各个人群食谱尚难称得上统一。天山北路墓地人群可能定居在盆地中水资源相对较充沛的绿洲中,主要从事畜牧业,兼营粟黍以及麦类的种植,食物中既包含了大量的肉类蛋白,又包含了一定比例的植物,且人群内部食谱差异明显,指示天山北路先民食物来源较为多样。而柳树沟遗址尽管同样处在哈密盆地,但是其所在位置海拔较高,几乎不太可能在周边发展农业生产,这一人群可能主要从事季节性的移牧,遗址中发现的少量麦类作物可能是与周边从事农业生产人群交换所得,其食谱中几乎不见 C_4 来源食物的贡献,且人群内部食物组成高度统一,可能暗示他们日常能够接触的食物种类相对单一。两个人群结合,可见青铜时代,哈密盆地的先民就已经各自发展出了适应于所处环境的生存策略。

二、新疆同时期居民食谱和生业模式特征

在青铜时代,新疆先民已显示出差异化的饮食习惯,虽然食物中普遍包含了大量的动物蛋白($\delta^{15}N$,13.9‰±1.4‰,n=287),显示出整体强势的牧业属性,但是在对植物性食物的选择方面,各

遗址人群表现出较明显的差异（见图7-1）。具体而言，在11个有人骨同位素数据的遗址中，托干拜2号（董惟妙等，2021）、古墓沟（张全超和朱泓，2011；屈亚婷等，2013）、下坂地（张昕煜等，2016）、小河（Qu et al.，2018）、汤巴勒萨伊（Wang et al.，2021）和柳树沟（Dong et al.，2021）居民食物中几乎不见C_4来源食物；阿依托汗1号（Qu et al.，2020）、天山北路（张全超等，2010；Wang et al.，2017；Tong et al.，2021）、洋海（司艺等，2013）墓地居民食物中包含了少量的C_4来源食物；而沟口（Wang et al.，2018，2021）和十户窑（Wang et al.，2021）居民食谱中含有比较大量C_4来源食物成分。王伟等（Wang et al.，2021）采集天山沿线沟口、汤巴勒萨伊、小喀拉苏、下喀浪古尔、十户窑、五堡几个青铜时代遗址的动物和人骨进行同位素分析，认为某个遗址C_4植物——粟、黍的摄入与否以及摄入量主要受控于所处的海拔高度。赵海燕等（Zhao et al.，2020）对天山沿线各遗址的研究也强调了区域环境对当地区民食物构成的重要影响。

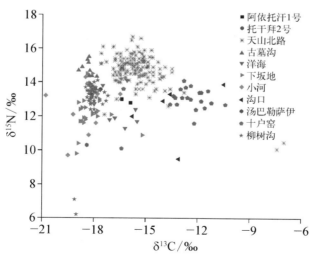

图7-1 新疆青铜时代人骨、头发、牙齿碳、氮稳定同位素比值散点图

由于上述进行过同位素食谱重建工作的遗址分布几乎遍及全新疆,而新疆地域辽阔,各区域的环境差异明显。为此,本书尝试将不同地区的同位素组成进行对比。观察可知,上述遗址点基本可划分到4个区域,分别是北疆的阿尔泰山南麓地区、天山沿线、帕米尔高原地区以及罗布泊地区。根据以上分区,结合各区域内不同人群的同位素组成(见图7-2),可以看出,天山沿线各遗址人群碳同位素值整体偏正,除了汤巴勒萨伊和柳树沟外,其他各遗址先民食谱中均有比较可观的C_4来源食物摄入。在这些遗址中,尤其以天山中部地区的十户窑遗址先民C_4来源食物摄入比例最高,较为普遍且相对大量的粟、黍来源食物摄入可能指示当时天山沿线有比较普遍的粟黍农业。由于涉及的遗址多为墓地,一般不见农业生产工具,但是早些年研究人员曾在天山沿线的木垒(羊毅勇,1982)、焉耆盆地等地发现过各类农业生产工具(王炳华,1983b),推测在青铜时代,天山沿线一些条件较好的区域生活有经营粟黍种植的人群。然而由于这些遗址先民的氮同位素比值差异不大,因此,推测即使是这些农业人群,其生计方式中畜牧业的比重依然显著。与天山沿线地区粟黍农业相对普及形成显著对比的是,阿尔泰山南麓地区、帕米尔高原地区和罗布泊地区几个遗址人群碳同位素比值显示其食谱中C_4来源食物的贡献微乎其微,仅有个别个体显示其食谱中包含少量C_4来源的食物。相对于天山地区而言,阿尔泰山地区纬度更高,年均温度过低可能是影响青铜时代农业发展的重要限制因素,帕米尔高原地区尽管纬度低,但过高的海拔显然也不利于农业活动的大规模开展。至于罗布泊地区,从小河墓地不同时期的棺椁均掩埋在沙里即可看出当时这个地区就已经严重沙化,且不管是粟、黍还是麦类作物,生长期内对水资源配给均有一定的要求,罗布泊地区恐难满足水分的要求。因此,从先民对粟、黍来源食物的摄入情况判断,在青铜时代,新疆的粟黍农业发展程度是很不平衡的。

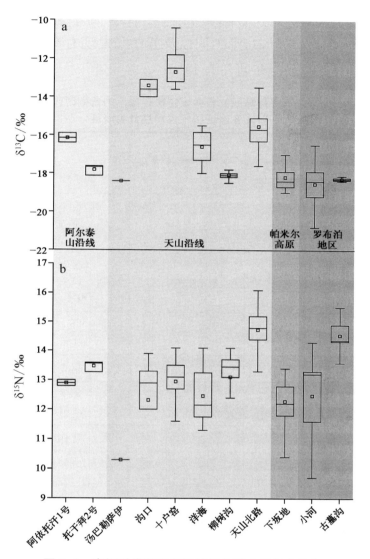

图 7-2 青铜时代新疆各区域同位素食谱组合特征

随着研究的需要,近些年来,越来越多的研究团队开始在新疆的考古遗址中开展系统的植物考古工作,方法包括大植物鉴定、植硅石、淀粉粒分析等。在新疆青铜时代的遗址中,目前共有 13 个遗址进行过比较全面的植物考古工作,其中古墓沟和柳树沟仅见

C_3 类植物,其余的乱葬岗子、新塔拉、洋海、萨恩萨伊、北方、小河、阿敦乔鲁、沟口、乌帕尔、通天洞以及五堡既发现有 C_3 类的大麦小麦,又有 C_4 类的粟、黍(见表 7-1)。

表 7-1 骨骼同位素和植物遗存揭示的青铜时代新疆各遗址居民植物性食物消耗

遗址编号	考古遗址	人骨 $\delta^{13}C$ 信号(样本量)	粟	黍	青稞	小麦	参 考 文 献
1	古墓沟	C_3,N=11	×	×	×	√	张全超、朱泓,2009;屈亚婷等,2013;Zhang et al.,2017
2	天山北路	C_3-C_4,N=149	N/A	N/A	N/A	N/A	张全超等,2010a;Wang et al.,2019;Tong et al.,2021
3	乱葬岗子	N/A	√	√	√	√	Jia et al.,2011;Zhang et al.,2017
4	新塔拉	N/A	×	√	√	√	赵克良等,2012
5	洋海	C_3-C_4,N=8	×	√	√	√	司艺等,2013;Zhao et al.,2019
6	萨恩萨伊	N/A	√	√	×	√	贾伟明,2013
7	北方	N/A	√	√	×	√	解明思等,2014
8	小河	C_3,N=9	×	√	×	√	Yang et al.,2014;Qu et al.,2018
9	下坂地	C_3,N=27	N/A	N/A	N/A	N/A	张昕煜等,2016
10	阿敦乔鲁	N/A	√	√	√	√	邵孔兰等,2019
11	沟口	C_3-C_4,N=1	√	√	√	√	Wang et al.,2018
12	乌帕尔	N/A	√	√	√	√	Yang et al.,2020
13	通天洞	N/A	√	√	√	√	Zhou et al.,2020

续 表

遗址编号	考古遗址	人骨 $\delta^{13}C$ 信号（样本量）	粟	黍	青稞	小麦	参 考 文 献
14	阿依托汗1号	$C_3 - C_4$, N=2	N/A	N/A	N/A	N/A	Qu et al., 2020
15	托干拜2号	C_3, N=3	N/A	N/A	N/A	N/A	董惟妙等,2021
16	汤巴勒萨伊	C_3, N=1	N/A	N/A	N/A	N/A	Wang et al., 2021
17	十户窑	$C_3 - C_4$, N=22	N/A	N/A	N/A	N/A	Wang et al., 2021
18	柳树沟	C_3, N=46	×	×	√	×	Dong et al., 2021

同时，考古团队进行骨骼同位素分析并在植物浮选的遗址中发现，古墓沟、洋海、沟口和柳树沟遗址采用两种方法得到的结果吻合度较高，凡是浮选中同时发现 C_3 和 C_4 类作物的遗址，人骨同位素都显示出 C_3-C_4 混合的食物摄入模式。但是，在小河墓地中，骨骼同位素显示这一人群中的大部分个体食谱中不包含 C_4 来源的食物，但是植物遗存中却发现了黍。这一发现说明墓葬材料中保存的植物并不一定代表其在日常生活中被食用，可能有一些特殊的用途。

根据上述共计 18 个遗址揭示的新疆各地的粟、黍遗存保存或消耗情况，共有 12 个遗址有比较明确的粟、黍，另外 5 个遗址不见粟、黍类植物遗存或骨骼同位素显示该人群几乎不摄入 C_4 类食物。小河墓地情况比较特殊，因为骨骼真实记录食物摄入情况，而小河墓地绝大多数个体未见明显 C_4 类食物消耗，所以将小河墓地归入后面一类。依据现有证据，粟、黍类遗存在青铜时代就已经几乎遍及新疆各地。但是，需要指出的是，即使是同时期的相距较近的人群，在粟、黍遗存保存或日常食用方面也可能表现出完全不同的状况。如阿依托汗1号和托干拜2号，汤巴勒萨伊和吉仁台沟口，乌帕尔和下坂地。结合前文根据同位素食谱所做的判断，这一时期，新疆各地以及各遗址间先民生计形态依然保持在相对独立的状态，农业发展状况差异明显。

第三节 哈密盆地早期铁器时代居民食谱结构

一、哈密盆地早期铁器时代居民食谱构成

陈戈（1991）从哈密盆地多个焉不拉克文化墓地规模均较大，且在墓地周边发现有城堡甚至地面起建土坯房屋的一类现象，推测在早期铁器时代，哈密盆地的先民是定居于此的，从这一时期的墓葬中发现普遍有作物种子以及食物，并且将作物的秸秆用作墓口棚草的现象也非常多见，且多个墓地中都发现有不同材质不同用途的农具，推测这一时期定居于此的人群从事相当规模的农业生产。但是陈戈同时也注意到这一时期的墓葬中普遍发现有羊骨，另有少量牛骨和马骨，且保存了大量的毛制品、皮制品等，都表明这一时期的人群同样从事畜牧业生产，甚至已经有了一定程度的分工，表现为一些人群可能更多地从事农业耕种，而另一些人群主要依赖畜产，在盆地内进行小范围的移牧。如果说这种推论成立，依据目前盆地内已经发表的焉不拉克（张雪莲等，2003）和五堡水库墓地（Wang et al.，2021）少量的同位素数据，以及五堡水库墓地（Wang et al.，2021）和艾斯克霞尔南墓地（Zhang et al.，2019）的植物报告，似乎可以认为，在焉不拉克和五堡水库人群中，

农业种植的比重是远远大过艾斯克霞尔南人群的。在前两个墓地中，人骨碳同位素均反映其生前长期摄入一定程度的 C_4 来源食物，且在五堡水库墓地中发现有粟、黍和大麦小麦。不仅如此，粟、黍相对于大麦小麦还具有显著的数量优势。但是在艾斯克霞尔南墓地中，作物类遗存仅发现了青稞，人骨碳同位素比值也显著低于焉不拉克和五堡水库墓地所测试的个体。这一发现证实，尽管时代相近，所处环境相近，且都属于焉不拉克文化范畴，但是哈密盆地早期铁器时代的人群对农业种植，尤其是对粟黍类作物的种植的依赖程度有显著差异。由于五堡水库墓地和焉不拉克墓地所测试个体数均太少，目前尚无法判断这种趋势是否与时代变迁有关。盆地内部保持统一的是，这一时期发现的墓葬中均有大量的土坯，另外还能见到一些残存的土坯建筑，证实这一时期哈密盆地的先民至少在一年的一段时期内是定居在墓地周边的。此外，墓葬中普遍随葬有羊骨，另有少数墓葬中还可以见到马、牛、骆驼等的骨骼，可见这些家养动物资源在人群生活中扮演了重要的角色，一些墓葬中还保存了毛织物、皮革制品等，进一步证实了动物资源的重要性。氮同位素数据也表明，这一时期先民普遍大量摄入肉类蛋白。一系列的证据显示，早期铁器时代，哈密盆地先民集群定居，经济方式农牧并重，同时还会狩猎野生动物。相较于这一地区青铜时代的人群，食谱趋同的趋势明显。

二、新疆同时期居民食谱和生业模式特征

早期铁器时代，新疆各地居民均保持了先前的大量摄入动物蛋白的习惯（$\delta^{15}N$，12.6‰±1.3‰，n=205），表明牧业成分在新疆各地居民生计模式中依然强劲，但肉食资源在整个食物中的比重可能较先前有所降低，区别仍然主要体现在植物性食物的摄入（见图7-3）。在12个早期铁器时代遗址中，黑沟梁（张全超等，

2009;Wang et al.,2016)、东黑沟(凌雪等,2013)、吉尔赞喀勒(Guo et al.,2020)和图瓦新村(董惟妙等,2021)墓地主体人群骨骼碳同位素数据未见明显的 C_4 信号;其余的焉不拉克(张雪莲等,2003)、穷科克1号(张全超等,2006)、洋海(司艺等,2013)、多岗(张雪莲等,2014)、喀拉苏(陈相龙等,2017;董惟妙等,2021)、沟口和五堡(Wang et al.,2021)以及艾斯克霞尔南墓地人群显示不同程度的 C_4 来源食物摄入。

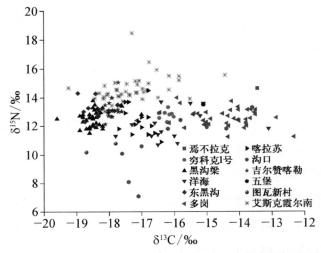

图 7-3　新疆早期铁器时代人骨、牙齿碳、氮稳定同位素比值散点图

相较于青铜时代而言,这一时期开展过同位素食谱分析的遗址数量更多,但涉及的多数遗址依然集中分布在天山沿线。在天山沿线的9个遗址中,仅有东黑沟和黑沟梁墓地先民食谱中未见明显的 C_4 来源成分(见图7-4),研究人员推测较青铜时代,早期铁器时代天山沿线的粟黍农业也有一定程度的扩张。与天山沿线相比,阿尔泰山南麓地区和帕米尔高原地区基本延续青铜时代的状态,这两个地区先民对粟、黍的依赖程度依然有限。至少可以肯定的是,这两个地区所涉及的遗址附近可能依然不见成规模的粟黍

农业。另外,从氮同位素数据(见图 7-4b)可以看出,这一时期新疆各地先民依然表现出对动物资源的强烈依赖。

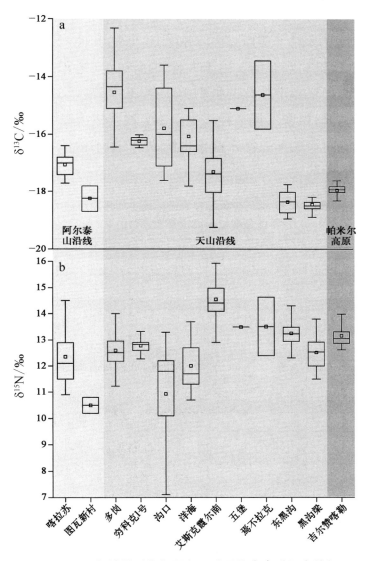

图 7-4 早期铁器时代新疆各区域同位素食谱组合特征

除了上述同位素食谱分析工作,另有一些遗址开展了植物考古工作。在新疆早期时代的遗址中,共有 9 个遗址有比较系统的植物考古工作。其中仅有艾斯克霞尔南墓地中见 C_3 类的青稞,其余 8 个遗址中均既发现有 C_4 作物,又有 C_3 作物(见表 7-2)。在洋海、沟口、艾斯克霞尔南和五堡四个同时有植物构成和同位素食谱数据的遗址中,除了艾斯克霞尔南墓地以外,其他三个墓地两种研究得出的结论是吻合的。由于人骨同位素如实地记录其所摄入的食物来源,而墓葬中保存的植物类遗存却不尽显示其作用为食物,有时候墓葬材料中不见某种作物也不见得代表人群不食用该种作物。因此,对于艾斯克霞尔南墓地的人群,本书依然认为其食物中是包含粟、黍的。

表 7-2　骨骼同位素和植物遗存揭示的早期铁器时代新疆各遗址居民植物性食物消耗

遗址编号	考古遗址	人骨 $\delta^{13}C$ 信号(样本量)	粟	黍	青稞	小麦	参 考 文 献
1	察吾呼沟口	N/A	√	×	√	√	于喜凤,1999
2	焉不拉克	$C_3 - C_4$,N=2	N/A	N/A	N/A	N/A	张雪莲等,2003
3	穷科克一号	$C_3 - C_4$,N=8	N/A	N/A	N/A	N/A	张全超和李溯源,2006
4	洋海	$C_3 - C_4$,N=14	×	√	√	√	蒋洪恩等,2007;司艺等,2013
5	黑沟梁	C_3,N=36	N/A	N/A	N/A	N/A	张全超等,2009;Wang et al.,2016
6	苏贝希	N/A	×	√	√	×	Gong et al.,2011;Shevchenko et al.,2014
7	鱼儿沟	N/A	√	√	√	√	Jiang et al.,2013
8	东黑沟	C_3,N=11	N/A	N/A	N/A	N/A	凌雪等,2013

续 表

遗址编号	考古遗址	人骨 δ^{13}C 信号（样本量）	粟	黍	青稞	小麦	参 考 文 献
9	多岗	C_3-C_4, N=39	N/A	N/A	N/A	N/A	张雪莲等,2014
10	胜金店	N/A	√	√	√	√	Jiang et al.,2015
11	喀拉苏	C_3-C_4, N=15	N/A	N/A	N/A	N/A	陈相龙等,2017;董惟妙等,2021
12	石人子沟	N/A	√	√	√	×	Tian et al.,2018
13	沟口	C_3-C_4, N=10	√	√	√	√	Wang et al.,2018
14	艾斯克霞尔南	C_3-C_4, N=10	×	×	√	×	Zhang et al.,2019
15	吉尔赞喀勒	C_3, N=24	N/A	N/A	N/A	N/A	Guo et al.,2020
16	五堡	C_3-C_4, N=1	√	√	√	√	Wang et al.,2021;Wang et al.,2021
17	图瓦新村	C_3, N=3	N/A	N/A	N/A	N/A	董惟妙等,2021

在上述共计 17 个早期铁器时代遗址中,共有 13 个遗址有比较明确的粟、黍消耗或有种子保存下来,另外 4 个遗址不见粟、黍类植物遗存或骨骼同位素显示该人群几乎不摄入 C_4 类食物。但从出现的比例来说,相较于青铜时代,新疆早期铁器时代的粟黍农业似乎有所发展。但是,人骨碳同位素组成却显示相对于青铜时代(−16.1‰±1.9‰,n=287),早期铁器时代(−16.9‰±1.6‰,n=205)人群食用了更多的 C_3 来源食物。因为不同遗址测试的样本数量差异较大,这可能会导致碳同位素平均值不能如实地反映两个时期粟黍农业或粟、黍食用方面的真实情况。相比较而言,整

体比例变化可能更能真实反映粟黍农业在早期铁器时代是相对扩张的,或更为普遍的,但大量的从事少量农业种植的聚落可能依然主要分布在天山沿线地带。

但是由于新疆环境面积太大,不同区域环境各异,在如此大的空间里仅依靠十多个研究点的情况得出的结论可能不见得反映各地区真实的变化情况。如尽管上述研究点多数分布在天山沿线,但与考古人员基于考古学发现所认识到的昌吉地区各时期的生计形态的转变仍然有明显的差异。杜淑琴和任萌(2017)主要根据近年来在昌吉地区的考古调查和发掘,介绍了昌吉地区青铜时代以来的墓葬和居址类型。根据有无地面标识以及材质结构等,研究者将墓葬分为了几类,另外根据建筑材料将居址分为了土结构和石结构建筑。根据以上认识,研究者认为青铜时代昌吉地区的聚落主要分布在海拔较低的区域,多采用木结构半地穴式建筑,主要经营农业,至早期铁器时代及以后的匈奴时期,石结构建筑成为主流,分布也更为广泛,这一时期畜牧和游牧经济的成分明显增强。综合周边各区域的考古发现,主要通过典型器物比较,研究者认为昌吉地区地处天山中部,除受到了天山沿线各地区考古学文化的影响外,还明显地受到了来自欧亚草原和阿尔泰山地区考古学文化的影响,甚至还有来自中原地区的文物发现,至匈奴时期,该地区处在匈奴的控制之下,受到了蒙古草原文化的影响。因此,今后相关工作仍然任重而道远。

新疆汉代以来的骨骼同位素分析工作开展不多,数据量较小,因此并入本部分简要介绍。属于这一时期的仅有4个遗址的18组人骨同位素数据(司艺等,2013;陈相龙等,2017;Wang et al., 2018;Sheng et al., 2020)(见图7-5)。同位素数据显示上述四个遗址居民食物中均包含了少量C_4来源食物($\delta^{13}C$,$-16.0‰±1.1‰$),同时,依然有比较大量的动物蛋白摄入($\delta^{15}N$,$12.5‰±1.4‰$)。

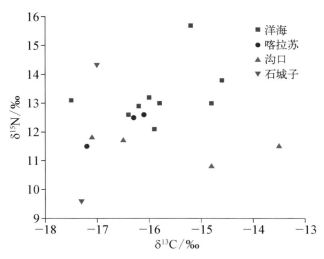

图 7-5 新疆汉代以来人骨碳、氮稳定同位素比值散点图

新疆汉代以来的遗址中,植物考古工作开展相对较多。这一时期,共有 10 个遗址有植物考古数据发表,均既有 C_4 作物,又有 C_3 作物发现(见表 7-3)。在同时进行过植物考古工作和同位素食谱重建工作的遗址中,结论均吻合。表现为新疆汉代以来的人群食物中均包含一定量的 C_4 来源食物。

表 7-3 骨骼同位素和植物遗存揭示的汉代以来新疆各遗址居民植物性食物消耗

遗址编号	考古遗址	人骨 $\delta^{13}C$ 信号（样本量）	粟	黍	青稞	小麦	参 考 文 献
1	洋海	$C_3 - C_4$，N=9	×	√	√	√	蒋洪恩等,2007;司艺等,2013
2	山普拉	N/A	×	√	√	×	Jiang et al.,2008
3	阿斯塔纳	N/A	√	√	√	√	Chen et al., 2012; 2014
4	营盘	N/A	×	√	√	√	Chen et al.,2016

续 表

遗址编号	考古遗址	人骨 δ^{13}C 信号（样本量）	粟	黍	青稞	小麦	参 考 文 献
5	喀拉苏	C_3-C_4, N=3	N/A	N/A	N/A	N/A	陈相龙等，2017
6	沟口	C_3-C_4, N=4	√	√	√	√	Wang et al., 2018
7	莫呼查汗沟口	N/A	√	√	√	√	Li et al., 2019
8	石城子	C_3-C_4, N=2	√	√	√	√	Sheng et al., 2020
9	比孜里	N/A	×	√	√	×	肖琪琪等，2020
10	吐峪沟石窟	N/A	√	√	√	√	荆磊等，2020
11	柏孜克里克千佛洞	N/A	×	√	√	√	Yao et al., 2020

与青铜时代和早期铁器时代相比，这一时期粟、黍的传播利用更为广泛。丝绸之路的开通，生产技术的进步、社会组织形式的变革（侯甬坚，2020）等可能都是这种现象出现的原因。但同时也应该注意到，上述遗址点依然主要集中在天山沿线，新疆其他地区是否同样如此尚待更多的研究去揭示。

第八章 结 语

　　本书首先从人类文明演化的生业模式角度展开讨论，引申出东西方文化交流所内含的生业模式特征和传播、扩散特征，并引申到新疆地区史前至青铜再至早期铁器时代生业模式研究的进展和规律。第二章重点围绕"我即我食"的古代生业模式重建构思，所采用的骨骼同位素分析原理方法和应用。第三章则系统性地梳理了新疆地区青铜时代以来的考古发现和研究。第四章至第六章分别以哈密盆地天山北路墓地、柳树沟遗址和墓地，以及艾斯克霞尔南墓地所做的同位素食谱工作为重点，讨论了各个遗址骨骼同位素反映的先民食谱信息以及生业模式特征。第七章以上述讨论为基础，结合哈密盆地以及新疆其他地区所做的生业相关的研究，系统地梳理了新疆青铜时代和早期铁器时代乃至历史时期各地区先民的食谱特征。本章在上述研究的基础上，重点总结哈密盆地内部，以及相较于新疆其他地区，先民食谱构成所反映的生计特征，探讨研究中发现的问题并提出未来努力的方向。

第一节 哈密盆地史前居民食物构成及生计特点

通过前文的论述,本书系统性地对哈密盆地三个处在不同环境中的青铜至早期铁器时代遗址进行同位素食谱分析,较为全面地揭示了研究点人群和动物的食谱构成,探讨了食谱反映的各研究点生业模式和社会复杂化程度,尝试用环境差异解释不同遗址人群的食物组成变化,以地理学视角分析和解决考古学中的问题。

现有研究结果均显示,不管是青铜时代的天山北路、柳树沟人群,还是进入早期铁器时代后的艾斯克霞尔南人群,哈密盆地内部各时期先民均表现出对动物资源的强烈依赖,尽管在焉不拉克墓地和五堡水库墓地同位素食性分析工作浅尝辄止,但得出的认识与上述结论无异。更重要的是,通过骨骼同位素分析得出的结论印证了以往仅通过考古材料所做的判断,进一步证实了哈密盆地青铜至早期铁器时代,牧业经济一直处在非常强势的地位。

在本书重点分析的三个人群中,天山北路和艾斯克霞尔南人群食谱中均包含了一定量的 C_4 来源食物,结合当时农作物的传播利用情况,该 C_4 信号应该来自粟、黍,但是柳树沟人群食谱中几乎不见该组分,浮选也未见粟、黍。由此可见,尽管同样处在哈密盆地,人群仍然可能有不同的生计选择,而这可能与人群所处的微环境有关。天山北路墓地和艾斯克霞尔南墓地均位于盆地中心海拔较低的位置,人群生活的时代周边应该是绿洲环境,有利于谷物种植,而柳树沟遗址位于天山南麓出山口,海拔较高,温度较低,周围多为裸露的山体,加之常年大风,在周边进行农业种植难度较大。这体现了环境对于先民的生计选择具有非常重要的作用。

就骨骼同位素的组成特征而言,不同环境下人群食物构成的多样性有明显的差异,以柳树沟为代表的山区居民显示了明显低于以天山北路和艾斯克霞尔南为代表的绿洲混合型经济下的居民的食物构成变化,而前者是为以畜牧为主,兼营狩猎的半定居人群,后者为农、牧兼顾,同时又有狩猎的定居人群,这不仅反映了环境条件决定的经济形态对于食谱构成的影响,而且体现了不同生业模式下社会复杂化程度的不同。

三个遗址中,包括人和动物骨胶原 $\delta^{15}N$ 值普遍偏高的现象与新疆其他遗址观察到的结论一致,可能是干旱环境中食物链整体 $\delta^{15}N$ 值偏高驱动下的普遍现象,不能简单地与全球其他地区的 $\delta^{15}N$ 值高低作为判断其动物性食物摄入多寡的依据和基准。然而涉及人和动物骨骼同位素对干旱的生理适应以及对同位素富集程度等还需要更加深入的工作。

第二节 展 望

本书在尽可能全面利用可掌握资料的基础上,详尽讨论哈密盆地史前居民的生活状况和生业模式,然而仍有不足之处,如,发现研究区动物和人均表现出明显的 ^{15}N 值富集,且研究区极端干燥少雨,按照一般的解释,出现此种情况应来源于干旱的环境,而现有的植物氮同位素的值却没有明显的富集,显然需要考虑更合理的解释。再有,分析中偶有发现在同一遗址、同一物种的同位素组成中存在异常值,单从碳、氮稳定同位素的角度解释,只能猜测这些异常个体可能有不同的生活经历,却不能肯定其有区别于其他个体的来源。如能结合反映来源的 Sr、^{18}O 同位素数据,结论将会更加可信。

除了对哈密盆地的探讨,本书还梳理了新疆各地的考古发现和研究,重点关注新疆各地已经开展的同位素食谱分析工作。现有的对新疆出土人骨同位素的研究均表明人群肉食资源的摄入量居高不下,植物性食物普遍以 C_3 类植物为主,环境以及时代不同人群的 C_3、C_4 植物摄入的比例会产生变化。但是我们也注意到了以往工作中一些有待提高的方向。现阶段新疆已经开展过同位素食谱分析工作的遗址主要集中在天山和阿尔泰山沿线,其他区域研究点较为分散,不利于对新疆过去居民饮食构成的整体把握,尤其是新疆地域辽阔,各地区环境差异明显,仅凭现有的数据积累尚难得出清晰的认识;先前的研究主要关注青铜时代和早期铁器时代的遗址,对进入历史时期以后的遗址关注度不高,难以觅得生活在同一区域的人群饮食结构的历时性变化及其原因;早些年的同位素食谱分析工作数据量相对较小,且多数仅涉及人骨,未将动物和植物所能提供的同位素本底值纳入考虑,所得结果稍显单薄。总之,新疆的骨骼同位素分析工作仍然有大量开展的必要,同时,亦应该注重植物、动物等相关材料的研究积累。

  针对以上问题,未来的改进工作包括:注意对遗址中生计相关的所有材料的收集,尽可能多地采集研究区古代和现代的植物和动物样品,测试其同位素组成,观察同位素值是否存在时间上的变化,以及不同的自然环境下植物和动物的同位素组成差异;在上述工作的基础上,建立适用于新疆的氮同位素值沿食物链富集规律,细化对于氮同位素值反映的肉食摄入程度的解读。

参考文献

中文期刊文章

阿里甫江,阿米娜,张铁男,等. 新疆和静县莫呼查汗墓地发掘简报[J]. 考古与文物,2014,(5):3-24.

阿里甫江·尼亚孜,王永强. 新疆和静县巴仑台—伊尔根铁路沿线考古调查与发掘[J]. 西域研究,2015,(1):133-136.

艾克拜尔·尼牙孜. 吐鲁番洋海墓地出土的马衔与马镳[J]. 吐鲁番学研究,2012a,(1):70-75.

艾克拜尔·尼牙孜. 吐鲁番盆地洋海墓地出土的马具及相关问题研究[J]. 新疆大学学报(哲学人文社会科学版),2012b,40(3):76.

艾尼瓦尔·艾山,鲁礼鹏,阿布来提·吐尔逊,等. 新疆温宿博孜墩古墓2008年发掘简报[J]. 文物,2012,(5):23-31.

艾涛. 新疆阿克陶县克孜勒加依墓地考古新发现[J]. 西域研究,2013,(2):132-133.

安成邦,王伟,段阜涛,等. 亚洲中部干旱区丝绸之路沿线环境演化与东西方文化交流[J]. 地理学报,2017,72(5):875-891.

安成邦,王伟,刘依,等. 新疆全新世环境变迁与史前文化交流[J]. 中国科学:地球科学,2020a,50(5):766-687.

安成邦,张曼,王伟,等. 新疆地理环境特征以及农牧格局的形成[J]. 中国科学:地球科学,2020b,50(2):295-304.

安家瑗,袁靖. 新疆和静县察吾乎沟口一、三号墓地动物骨骼研究报告[J]. 考古,1998,(7):63-67.

柏小剑,龚德才,郭金龙,等. 山普拉墓地出土汉晋时期织金织物的分析与研究[J]. 考古人类学刊,2013,79:105-120.

蔡莲珍,仇士华. 碳十三测定和古代食谱研究[J]. 考古,1984,(10):949-955.

常喜恩. 鄯善县苏贝希考古调查[J]. 考古与文物,1983,(2).

陈爱东. 略论切木尔切克类型石人特征及其文化渊源[J]. 吐鲁番学研究,2012,(2):105-112.

陈潘,陈坤龙,潜伟. 新疆伊犁博物馆藏史前时期铜器的初步科学研究[J]. 中国文物科学研究,2016,(3):49-53.

陈戈. 帕米尔高原古墓[J]. 考古学报,1981a,(2):199-216.

陈戈. 新疆奇台县半截沟新石器时代遗址[J]. 考古,1981b,(6):552-553.

陈戈. 关于新疆新石器时代文化的新认识[J]. 考古,1987,(4):343-351.

陈戈. 关于新疆地区的青铜时代和早期铁器时代文化[J]. 考古,1990,(4):366-374.

陈戈. 略论焉不拉克文化[J]. 西域研究,1991,(1):81-96.

陈戈. 新疆史前文化[J]. 西北民族研究,1995,(1):39-50.

陈戈. 察吾乎沟口文化的类型划分和分期问题[J]. 考古与文物,2001,(5):30-39,48.

陈戈. 苏贝希文化的源流及与其它文化的关系[J]. 西域研究,2002b,(2):11-18.

陈国科,王辉,李延祥,等. 甘肃张掖市西城驿遗址[J]. 考古,2014,(7):3-17.

陈洪海,吕恩国. 新疆特克斯恰甫其海A区XV号墓地发掘简报[J]. 文物,2006,(9):32-38.

陈建立,梅建军,王建新,等. 新疆巴里坤东黑沟遗址出土铁器研究[J]. 文物,2013,(10):77-84.

陈坤龙,梅建军,潜伟. 丝绸之路与早期铜铁技术的交流[J]. 西域研究,2018,(2):127-137.

陈靓. 新疆尉犁县营盘墓地古人骨的研究[J]. 边疆考古研究,2002a,(1):336-354.

陈靓. 新疆石河子南山石堆墓人骨的种系研究[J]. 考古与文物,2002b,(1): 69-80.

陈靓. 新疆察布查尔县索墩布拉克墓地出土人头骨研究[J]. 考古,2003,(7): 79-94.

陈靓,马健,景雅琴. 新疆巴里坤县石人子沟遗址人骨的种系研究[J]. 西部考古,2017,(1):112-123.

陈靓,汪洋. 新疆拜城克孜尔墓地人骨的人种学研究[J]. 人类学学报,2005, 24(3):188-197.

陈涛,贺婧婧,姚书文,等. 新疆阿斯塔那古墓群出土彩塑马尾装饰物的科学分析[J]. 第四纪研究,2019,39(1):258-263.

陈拓,马健,冯虎元,等. 阜康典型荒漠 C_3 植物稳定碳同位素值的环境分析[J]. 干旱区地理,2002a,25(4):342-345.

陈拓,冯虎元,徐世建,等. 荒漠植物叶片碳同位素组成及其水分利用效率[J]. 中国沙漠,2002b,22(3):288-291.

陈相龙. 碳、氮稳定同位素分析方法与农业考古研究新进展[J]. 农业考古, 2017,(6):6-25.

陈相龙,方燕明,胡耀武,等. 稳定同位素分析对史前生业经济复杂化的启示：以河南禹州瓦店遗址为例[J]. 华夏考古,2017,(4):70-79.

陈相龙,郭小宁,胡耀武,等. 陕西神木木柱柱梁遗址先民的食谱分析[J]. 考古与文物,2015,211(5):112-117.

陈相龙,郭小宁,王炜林,等. 陕北神圪垯墚遗址4000a BP前后生业经济的稳定同位素记录[J]. 中国科学:地球科学,2017,47(1):95-103.

陈相龙,李悦,刘欢,等. 陕西淳化枣树沟脑遗址马坑内马骨的C和N稳定同位素分析[J]. 南方文物,2014,(1):82-85.

陈相龙,李志鹏,赵海涛. 河南偃师二里头遗址1号巨型坑祭祀遗迹出土动物的饲养方式[J]. 第四纪研究,2020,(2):407-417.

陈相龙,罗运兵,胡耀武,等. 青龙泉遗址随葬猪牲的C、N稳定同位素分析[J]. 江汉考古,2015,140(5):107-115.

陈相龙,吕鹏,金英熙,等. 从渔猎采集到食物生产：大连广鹿岛小珠山遗址动物驯养的稳定同位素记录[J]. 南方文物,2017,(1):142-149.

陈相龙,吴业恒,李志鹏. 从中沟与王圪垱遗址看公元前三千纪前后洛阳盆地的生业经济[J]. 第四纪研究,2019,39(1):197-208.

陈相龙,尤悦,吴倩. 从家畜饲养方式看新郑望京楼遗址夏商时期农业复杂化进程[J]. 南方文物,2018,(2):200-207.

陈相龙,于建军,尤悦. 碳、氮稳定同位素所见新疆喀拉苏墓地的葬马习俗[J]. 西域研究,2017(4):89-98+143.

陈相龙,袁靖,胡耀武,等. 陶寺遗址家畜饲养策略初探:来自碳、氮稳定同位素的证据[J]. 考古,2012,73(9):76-83.

陈新儒,任萌,王建新,等. 新疆巴里坤东黑沟遗址调查[J]. 考古与文物,2006,(5):16-26.

陈新勇. 胜金店墓地出土腰机研究[J]. 吐鲁番学研究,2013,(2):100-108.

陈新勇. 吐鲁番鄯善洋海墓地出土皮铠甲[J]. 吐鲁番学研究,2019,(1):24-33.

陈星灿,傅宪国. 史前时期的头骨穿孔现象研究[J]. 考古,1996,(11):62-74.

陈玉珍,赵静. 吐鲁番胜金店墓地15号墓葬出土毛织品的修复与研究[J]. 吐鲁番学研究,2018,(2):103-111.

陈元生,解玉林,熊樱菲,等. 扎滚鲁克墓群出土毛织品上蓝色染料的分析鉴定研究[J]. 上海博物馆集刊,2000,(00):700-706.

成倩,郭金龙,王博,等. LA-ICP-AES分析丝绸之路且末出土玻璃器成分特点[J]. 光谱学与光谱分析,2012,32(7):1955-1960.

成倩,王博,郭金龙. 新疆且末扎滚鲁克墓地出土玻璃杯研究[J]. 文物,2011,(7):88-92.

成倩,王博,郭金龙,等. 丝绸之路且末古国墓地出土玻璃器成分特点研究[J]. 玻璃与搪瓷,2012,(2):21-29.

丛德新,陈戈. 新疆轮台县群巴克墓葬第二、三次发掘简报[J]. 考古,1991,(8):684-703.

丛德新,何德修,陈戈. 新疆和静县察吾乎沟口二号墓地发掘简报[J]. 考古,1990a,(6):511-518.

丛德新,贾伟明. 史前生业模式的环境考古学观察——以新疆温泉阿敦乔鲁遗址为例[J]. 第四纪研究,2019,39(1):218-227.

丛德新,贾伟明. 欧亚草原史前游牧考古研究述评——以史前生业模式为视角[J]. 西域研究,2020,(4):59-78.

丛德新,贾伟明,艾莉森·贝茨,等. 阿敦乔鲁:西天山地区青铜时代遗存新类型[J]. 西域研究,2017,(4):15-27.

丛德新,贾笑冰,郭物,等. 新疆温泉县阿敦乔鲁遗址与墓地[J]. 考古,2013,7:25-32.

丛德新,贾笑冰,贾伟明,等. 新疆博尔塔拉河流域青铜时代山顶遗存的发现与初步认识[J]. 西域研究,2018,(2):138-145.

丛德新,刘辉,陈戈. 新疆和静县察吾乎沟口三号墓地发掘简报[J]. 考古,1990b,(10):882-889.

崔静,王博. 新疆哈密寒气沟墓地出土颅骨的研究[J]. 人类学学报,1999,18(1):75-77.

崔静,王博,吐尔逊江,等. 新疆和田民乐县尼雅遗址墓葬出土颅骨种族人类学研究[J]. 解剖学杂志,2000,23(1):84-86.

崔亚平,胡耀武,陈洪海,等. 宗日遗址人骨的稳定同位素分析[J]. 第四纪研究,2006,26(4):604-611.

崔银秋,段然慧,季朝能,等. 交河故城古车师人的线粒体DNA分析[J]. 高等学校化学学报,2002a,23(8):1510-1514.

崔银秋,段然慧,周慧,等. 新疆古代居民的遗传结构分析[J]. 高等学校化学学报,2002b,23(12):2278-2280.

崔银秋,段然慧,朱泓,等. 吐鲁番古墓葬人骨遗骸的线粒体DNA分析[J]. 边疆考古研究,2002c,(00):365-369.

崔银秋,高诗珠,谢承志,等. 新疆塔里木盆地早期铁器时代人群的母系遗传结构分析[J]. 科学通报,2009,(19):2912-2919.

崔银秋,许月,杨亦代,等. 新疆罗布诺尔地区铜器时代古代居民mtDNA多态性分析[J]. 吉林大学学报(医学版),2004,30(4):650-652.

崔银秋,张全超,段然慧,等. 吐鲁番盆地青铜至铁器时代居民遗传结构研究[J]. 考古,2005,(7):83-88.

崔银秋,周慧. 从MtDNA研究角度看新疆地区古代居民遗传结构的变化[J]. 中央民族大学学报(哲学社会科学版),2004,31(5):34-36.

戴良佐. 新疆木垒县出土的石制农具[J]. 农业考古,1989,(2):226-227.

党志豪,索琼. 新疆昌吉州阜康市西沟墓地、遗址发掘简报[J]. 考古与文物,2016,217(5):3-30.

董广辉,杨谊时,韩建业,等. 农作物传播视角下的欧亚大陆史前东西方文化交流[J]. 中国科学:地球科学,2017,(5):530-543.

董惟妙,安成邦,于建军,等. 阿勒泰地区青铜-早期铁器时代居民生业模式及其启示——骨骼同位素证据[J]. 西域研究,2021.(已接收)

董豫,胡耀武,张全超,等. 辽宁北票喇嘛洞遗址出土人骨稳定同位素分析[J]. 人类学学报,2007,26(1):77-84.

董豫,栾丰实. 大汶口文化晚期社会组织形态的思考——来自DNA和稳定同位素的证据[J]. 考古,2017,(7):98-107.

杜淑琴,任萌. 新疆昌吉地区青铜时代至早期铁器时代考古学文化遗存初探[J]. 西域研究,2017,(2):48-56.

段然慧,崔银秋,周慧,等. 塔克拉玛干沙漠腹地隔离人群线粒体DNA序列多态性分析[J]. 遗传学报,2004,30(5):437-44.

冯广平,李春长,李肖,等. 吐鲁番巴达木墓地鸭形木明器分类位置、用材类型及其环境指示意义[J]. 科学通报,2013,(S1):35-39.

冯虎元,安黎哲,王勋陵. 环境条件对植物稳定碳同位素组成的影响[J]. 植物学通报,2000,17(4):312-318.

冯志东,田小红,吴勇. 新疆库车龟兹故城穷特音墩遗址2017年发掘简报[J]. 文物,2020,(8):29-52.

付昶,阮秋荣,胡兴军,等. 乌鲁木齐萨恩萨依墓地出土头骨的人种学研究[J]. 人类学学报,2010,29(4):405-415.

付昶,王博. 乌鲁木齐萨恩萨依墓地出土人牙齿及骨损伤的研究[J]. 吐鲁番学研究,2009,(1):5-20.

付昶,王博. 且末县扎滚鲁克一号墓地M64出土颅骨研究[J]. 吐鲁番学研究,2018,(2):77-102.

付巧妹,靳松安,胡耀武,等. 河南淅川沟湾遗址农业发展方式和先民食物结构变化[J]. 科学通报,2010,55(7):589-595.

干福熹,李青会,顾冬红,等. 新疆拜城和塔城出土的早期玻璃珠的研究[J]. 硅酸盐学报,2003,31(7):663-668.

龚国强,覃大海. 新疆且末县加瓦艾日克墓地的发掘[J]. 考古,1997,(9):21-32.

管理,胡耀武,胡松梅,等. 陕北靖边五庄果墚动物骨的C和N稳定同位素分析[J]. 第四纪研究,2008,(6):1160-1165.

管理,胡耀武,汤卓炜,等. 通化万发拨子遗址猪骨的C,N稳定同位素分析[J]. 科学通报,2007,52(14):1678-1680.

管理,胡耀武,王昌燧,等.食谱分析方法在家猪起源研究中的应用[J].南方文物,2011,(4):122-130.

管理,林留根,侯亮亮,等.环太湖地区马家浜文化早期家猪驯养信息探讨——以江苏骆驼墩遗址出土猪骨分析为例[J].南方文物,2019,(1):151-158+297.

郭丹华,吴子婴,刘剑,等.新疆营盘出土丝纤维品种及其老化状况分析[J].纺织学报,2010,31(4):11-14.

郭丹华,吴子婴,周旸,等.新疆营盘出土丝纤维的形貌分析[J].浙江理工大学学报,2009,26(5):682-686.

高诗珠,崔银秋,杨亦代,等.新疆克里雅河下游圆沙古城古代居民线粒体DNA多态性研究[J].中国科学(C辑:生命科学),2008,38(2):136-146.

高星,裴树文,彭菲,等.2004年新疆旧石器考古调查简报[J].人类学学报,2018,37(4):3-13.

葛斌文,王海晶,谢承志,等.新疆扎滚鲁克古代人群的线粒体DNA分析[J].吉林大学学报(理学版),2008,46(6):1206-1210.

郭建国.新疆哈密市寒气沟墓地发掘简报[J].考古,1997,(9):33-38.

郭物.欧亚草原东部的考古发现与斯基泰的早期历史文化[J].考古,2012,(4):56-69.

郭物.2015年新疆青河县查干郭勒乡考古新收获[J].西域研究,2016,101(1):141-143+157.

郭物,吕恩国,郑颉,等.新疆青河三海子墓葬及鹿石遗址群考古新收获[J].西域研究,2014,(1):128-131.

郭物,张海龙,吕恩国,等.新疆青河县花海子三号遗址发掘简报[J].考古,2016,(9):25-37.

郭怡,胡耀武,高强,等.姜寨遗址先民食谱分析[J].人类学学报,2011a,30(2):149-157.

郭怡,胡耀武,朱俊英,等.青龙泉遗址人和猪骨的C,N稳定同位素分析[J].中国科学:地球科学,2011b,041(1):52-60.

郭怡,夏阳,董艳芳,等.北刘遗址人骨的稳定同位素分析[J].考古与文物,2016a,(1):115-120.

郭怡,项晨,夏阳,等.中国南方古人骨中羟磷灰石稳定同位素分析的可行性初探——以浙江省庄桥坟遗址为例[J].第四纪研究,2017a,1:143-154.

郭怡,俞博雅,夏阳,等.史前时期社会性质初探——以北刘遗址先民食物结构稳定同位素分析为例[J].华夏考古,2017b,(1):45-53.

郭怡,周杉杉,陈刚,等.江苏盱眙东阳军庄汉墓群出土人骨的稳定同位素分析[J].东南文化,2016b,(6):56-63.

韩建业."彩陶之路"与早期中西文化交流[J].考古与文物,2013,(1):28-37.

韩建业,陈晓露.新疆双河市泉水沟青铜时代遗存的发现及初步认识[J].西域研究,2017,(1):142-143.

韩康信.新疆古代居民种族人类学的初步研究[J].新疆社会科学,1985,(6):61-71.

韩康信.新疆孔雀河古墓沟墓地人骨研究[J].考古学报,1986,(3):361-384.

韩康信.新疆楼兰城郊古墓人骨人类学特征的研究[J].人类学学报,1986,(3):227-242.

韩康信.新疆洛浦山普拉古墓人骨的种系问题[J].人类学学报,1988,(3):239-248.

韩康信.新疆哈密焉不拉克古墓人骨种系成分研究[J].考古学报,1990,(3):371-390.

韩康信.新疆古代居民的种族人类学研究和维吾尔族的体质特点[J].西域研究,1991,(2):1-13.

韩康信,潘其风.新疆昭苏土墩墓古人类学材料的研究[J].考古学报,1987,(4):503-514.

韩淑媞,袁玉江.试论内陆干旱区新疆巴里坤湖晚更新世气候变化格局[J].干旱区资源与环境,1990,(4):22-28.

郝双帆,陈慧敏,刘力铭,等.新疆古代儿童颅骨正面观投影面积的年龄间比较[J].解剖学杂志,2020,43(6):41-45.

何德修.新疆库尔勒市上户乡古墓葬[J].文物,1999,(2):32-40.

何惠琴,金建中,许淳,等.3 200年前中国新疆哈密古人骨的mtDNA多态性研究[J].人类学学报,2003,(4):329-337.

何惠琴,徐永庆.新疆哈密五堡古代人类颅骨测量的种族研究[J].人类学学报,2002,(2):102-110.

贺菊莲.从新疆史前考古初探其古代居民饮食文化[J].中国农史,2007,26

(3)：3-10.

贺乐天,朱泓,李文瑛. 新疆罗布泊小河墓地居民的口腔健康与饮食[J]. 人类学学报,2014,33(4)：497-509.

贺新. 新疆巴里坤南湾95号墓[J]. 考古与文物,1987,(5)：27-30.

贺志凌,王永强. 哈密五堡艾斯克霞尔南箜篌的音乐考古学研究[J]. 中国音乐,2018,(4)：117-122.

洪川,蒋洪恩,杨益民,等. 酶联免疫吸附测定法在古代牛奶残留物检测中的应用[J]. 文物保护与考古科学,2011,(1)：27-30.

侯灿. 楼兰出土糜子、大麦及珍贵的小麦花[J]. 农业考古,1985,(2)：225-227.

侯灿. 楼兰古城址调查与试掘简报[J]. 文物,1988a,(7)：3-24+100.

侯灿. 楼兰城郊古墓群发掘简报[J]. 文物,1988b,(7)：23-39.

侯亮亮. 稳定同位素视角下重建先民生业经济的替代性指标[J]. 南方文物,2019,(2)：165-183.

侯亮亮,古顺芳. 大同地区北魏居民生业经济的考古学观察[J]. 郑州大学学报(哲学社会科学版),2018a,51(6)：115-118.

侯亮亮,古顺芳. 大同地区北魏时期居民食物结构的转变[J]. 边疆考古研究,2018b,(1)：297-313.

侯亮亮,古顺芳,苏俊吉,等. 大同水泊寺北魏墓群人和动物骨骼的稳定同位素：试析北魏女性的地位[J]. 边疆考古研究,2019,(2)：274-290.

侯亮亮,古顺芳,张昕煜,等. 农业区游牧民族饮食文化的滞后性——基于大同东信广场北魏墓群人骨的稳定同位素研究[J]. 人类学学报,2017,36(3)：359-369.

侯亮亮,李素婷,胡耀武,等. 先商文化时期家畜饲养方式初探[J]. 华夏考古,2013,(2)：130-139.

侯亮亮,乔登云. 河北南部两处先商文化遗址动物骨骼的稳定同位素分析[J]. 文物春秋,2020,(3)：3-10.

侯亮亮,王宁,吕鹏,等. 申明铺遗址战国至两汉先民食物结构和农业经济的转变[J]. 中国科学：地球科学,2012,42(7)：1018-1025.

侯亮亮,魏东,Michael P. Richards. 磁县南城墓地先商文化时期人群来源多元化的锶同位素证据[J]. 第四纪研究,2021,41(1)：235-246.

侯亮亮,徐海峰. 河北赞皇南马遗址先商文化时期动物骨骼的稳定同位素分析[J].边疆考古研究,2015,(1):385-397.

侯亮亮,赵杰,邓惠,等.稳定同位素和植物微体化石证据所见山西忻定盆地4000a BP前后的生业经济[J].中国科学:地球科学,2020,50(3):369-379.

侯甬坚.屯田区概念与西域屯垦史研究[J].西域研究,2020,(3):65-79.

侯知军.2015年新疆和硕县红山墓群的考古发现[J].西域研究,2016,(3):132-135.

胡望林,曹斌,王永强.2013年哈密花园乡萨伊吐尔墓地发掘简报[J].中国国家博物馆馆刊,2014,9:24-38.

胡望林,吴勇,于志勇.新疆阿勒泰地区古墓葬发掘简报[J].文物,2013,(3):15-19.

胡兴军,阿里甫.新疆洛浦县比孜里墓地考古新收获[J].西域研究,2017,(1):144-146.

胡兴军.哈巴河县阿依托汗一号墓群考古发掘报告[J].新疆文物,2017,2:19-39.

胡兴军,艾涛.裕民县阿勒腾也木勒水库墓地发掘简报[J].边疆考古研究,2017,(1):13-42.

胡兴军,艾涛,苏玉敏,等.新疆沙湾宁家河水库墓地发掘简报[J].文物,2020,(4):4-30.

胡兴军,何丽萍.新疆尉犁县咸水泉古城的发现与初步认识[J].西域研究,2017,(2):122-125.

胡耀武,James H. Burton,王昌燧.贾湖遗址人骨的元素分析[J].人类学学报,2005,24(2):158-165.

胡耀武,何德亮,董豫,等.山东滕州西公桥遗址人骨的稳定同位素分析[J].第四纪研究,2005,25(5):561-567.

胡耀武,李法军,王昌燧,等.广东湛江鲤鱼墩遗址人骨的C、N稳定同位素分析:华南新石器时代先民生活方式初探[J].人类学学报,2010,(3):264-269.

胡耀武,栾丰实,王守功,等.利用C,N稳定同位素分析法鉴别家猪与野猪的初步尝试[J].中国科学:地球科学,2008,38(6):693-700.

胡耀武,张昕煜,王婷婷,等.陕西华阴兴乐坊遗址家养动物的饲养模式及对先民肉食资源的贡献[J].第四纪研究,2020,40(2):399-406.

黄小江,戴良佐. 新疆木垒县发现古代游牧民族墓葬[J]. 考古,1986,(6):572-573.

贾伟明. 史前游牧生业的考古学观察——新疆西天山史前聚落分析[J]. 西域研究,2018,(3):63-75.

贾笑冰. 信息技术支持的博尔塔拉河流域考古调查[J]. 考古,2017,(4):113-120.

贾笑冰. 新疆温泉县呼斯塔遗址发掘的主要收获[J]. 西域研究,2019,(1):139-141.

贾应逸,陈元生,解玉林,等. 新疆扎滚鲁克、山普拉墓群出土(西周至东汉)毛织品的鉴定[J]. 文物保护与考古科学,2008,20(1):18-23.

蒋洪恩,李肖,李承森. 新疆吐鲁番洋海墓地出土的粮食作物及其古环境意义[J]. 古地理学报,2007,9(5):551-558.

蒋建荣,尚玉平,胡兴军,等. 新疆洛浦县比孜里墓地出土彩棺的科学研究[J]. 光谱学与光谱分析,2020,(7):2296-2300.

金海燕,张全超,宇博. 新疆青铜时代古代人骨中痕量元素的ICP—AES法测定[J]. 吉林大学学报(理学版),2003,(2):228-230.

金海燕,张全超,朱泓. ICP-AES法测定古代车师人肋骨中的痕量元素[J]. 光谱学与光谱分析,2004,24(2):223-225.

荆磊,王龙,蒋洪恩. 吐鲁番晋唐时期的农业活动研究——以吐峪沟石窟作物遗存为例[J]. 农业考古,2020,(1):16-21.

克力木·买买提,丁建丽,杜培军. 基于GIS的吐鲁番地区古遗址空间分布及其影响因素分析[J]. 文物保护与考古科学,2015,27(3):90-95.

黎珂,王睦,李肖,等. 裤子、骑马与游牧——新疆吐鲁番洋海墓地出土有裆裤子研究[J]. 西域研究,2015,(2):48-62.

李春长,徐桂玲,曹洪勇,等. 试论新疆鄯善洋海墓地出土的早期土坯[J]. 吐鲁番学研究,2017,20(2):109-119.

李春香. 从遗传学角度初探史前东西方人群对新疆地区的影响[J]. 西域研究,2017,(4):28-34.

李春香,崔银秋,周慧. 利用分子遗传学方法探索新疆地区人类起源和迁徙模式[J]. 自然科学进展,2007,17(6):817-821.

李春香,周慧. 小河墓地出土人类遗骸的母系遗传多样性研究[J]. 西域研究,2016,101(1):50-55.

李法军,金海燕,朱泓,等.姜家梁新石器时代遗址古人类的食谱[J].吉林大学学报(理学版),2006,44(6):1001-1007.

李海军.青铜—铁器时代新疆人群下颌圆枕研究[J].边疆考古研究,2012,(1):433-438.

李海军,戴成萍.青铜铁器时代新疆、内蒙古人群下颌磨牙的磨耗[J].解剖学报,2011,42(4):558-561.

李晶静,张勇,张永兵,等.新疆吐鲁番胜金店墓地小麦遗存加工处理方式初探[J].第四纪研究,2015,(1):218-228.

李康康,秦小光,杨晓燕,等.新疆罗布泊地区晚更新世末期人类活动新证据[J].中国科学:地球科学,2019,49(2):50-59.

李水城.从新疆阿依托汗一号墓地的发现谈阿凡纳谢沃文化[J].新疆文物,2018,(1-2):105-121.

李溯源.伊犁河流域上游地区考古述略[J].伊犁师范学院学报(社会科学版),2006,(2):52-55.

李溯源.伊犁河谷阿尕尔森类型青铜器[J].边疆考古研究,2014,(2):99-110.

李溯源,吕恩国,刘学堂,等.新疆尼勒克县加勒克斯卡茵特墓地发掘简报[J].考古与文物,2011,(5):20-29.

李溯源,吴立,李枫.伊犁河谷铜鍑研究[J].文物,2013,(6):82-91.

李卫.新疆尼勒克穷科克台地考古发掘重要发现[J].文明,2002,(1):14.

李文瑛.营盘遗址相关历史地理学问题考证——从营盘遗址非"注宾城"谈起[J].文物,1999,(1):43-51.

李文瑛,王宗磊.近年来交河故城考古的新成果[J].西域研究,1997,(3):22-28.

李肖,吕恩国,张永兵.新疆鄯善洋海墓地发掘报告[J].考古学报,2011,1:99-166.

李肖,张永兵.新疆吐鲁番地区阿斯塔那古墓群西区408、409号墓[J].考古,2006,(12):3-11.

李肖,张永兵,张振峰.新疆吐鲁番地区交河故城沟西墓地康氏家族墓[J].考古,2006a,(12):12-26.

李肖,张永兵,张振峰.新疆吐鲁番地区木纳尔墓地的发掘[J].考古,2006b,(12):27-46.

李肖,张永兵,张振峰.新疆吐鲁番地区巴达木墓地发掘简报[J].考古,2006,(12):2+49-74.

李晓岑,郑渤秋,王博.吐鲁番阿斯塔那—哈拉和卓古墓群出土古纸研究[J].西域研究,2012,(1):62-68.

李雪欣,钟燕丽.新疆巴里坤东黑沟遗址石筑高台、石围建筑与墓葬关系研究[J].西域研究,2016,101(1):66-72.

李亚,李肖,曹洪勇,等.新疆吐鲁番考古遗址中出土的粮食作物及其农业发展[J].科学通报,2013,58(S1):40-45.

李延祥,谭宇辰,贾淇,等.新疆哈密两处古绿松石矿遗址初步考察[J].考古与文物,2019,(6):22-27.

李延祥,于建军,先怡衡,等.新疆若羌黑山岭古代绿松石矿业遗址调查简报[J].文物,2020,(8):4-13.

李宇奇,王忻.从莫呼查汗沟口遗址群看新疆的早期水利灌溉技术[J].西部考古,2018,(1):224-231.

李遇春.新疆民丰县北大沙漠中古遗址墓葬区东汉合葬墓清理简报[J].文物,1960,(6):9-12.

李遇春.博尔塔拉自治州石人墓调查简记[J].文物,1962,(Z2):109-111.

李遇春,柳洪亮.新疆吐鲁番艾丁湖古墓葬[J].考古,1982,(4):365-372.

李悦,马健,张成睿,等.中国古代牧业社会骨制品的初步考察:以新疆巴里坤石人子沟遗址为例[J].第四纪研究,2020,40(2):331-342.

李悦,尤悦,刘一婷,等.新疆石人子沟与西沟遗址出土马骨脊椎异常现象研究[J].考古,2016,(1):108-120.

李征.阿勒泰地区石人墓调查简报[J].文物,1962,(Z2):103-108.

李征.吐鲁番县阿斯塔那—哈拉和卓古墓群发掘简报(1963—1965)[J].文物,1973,(10):7-27.

梁一鸣,杨益民,伊弟利斯·阿不都热苏勒,等.小河墓地出土草篓残留物的蛋白质组学分析[J].文物保护与考古科学,2012,24(4):81-85.

凌雪,陈靓,田亚岐,等.陕西凤翔孙家南头秦墓出土人骨中 C 和 N 同位素分析[J].人类学学报,2010a,29(1):54-61.

凌雪,陈靓,薛新明,等.山西芮城清凉寺墓地出土人骨的稳定同位素分析[J].第四纪研究,2010b,30(2):415-421.

凌雪,陈曦,孙秉君,等.韩城梁带村芮国墓地出土西周晚期人骨的稳定同位素分析[J].西部考古,2017,(2):249-258.

凌雪,陈曦,王建新,等.新疆巴里坤东黑沟遗址出土人骨的碳氮同位素分析[J].人类学学报,2013,32(2):219-225.

凌雪,何静.稳定同位素在考古学研究中的应用进展[J].西部考古,2017,(3):282-290.

凌雪,兰栋,陈曦,等.新疆巴里坤东黑沟遗址出土动物骨骼的碳氮同位素分析[J].西部考古,2016,(2):289-299.

凌雪,王望生,陈靓,等.宝鸡建河墓地出土战国时期秦人骨的稳定同位素分析[J].考古与文物,2010c,(1):95-98.

凌雪,王奕舒,岳起,等.陕西关中监狱战国秦墓出土人骨的碳氮同位素分析[J].文博,2019,(3):69-73.

凌雪,周弈辰,马健,等.巴里坤东黑沟遗址出土串饰玻璃珠材质与制作工艺的初步分析[J].硅酸盐通报,2018,37(3):175-180+190.

凌勇.新疆史前时期金属技术研究述评[J].广西民族大学学报(自然科学版),2008,014(3):8-15,46.

凌勇,梅建军,李肖,等.新疆吐鲁番地区出土金属器的科学分析[J].广西民族大学学报(自然科学版),2008a,14(1):15-20.

凌勇,梅建军,吕恩国.新疆伊犁地区出土史前铜器的科学分析[J].自然科学史研究,2008b,27,(3):359-369.

刘建国,古方,丛德新.新疆库尔勒至轮台间古代城址的遥感探查[J].考古,1997,(7):67-77.

刘念,崔剑锋,李文瑛.新疆营盘墓地出土人面纹玻璃珠来源新探[J].文物,2020,(8):89-96.

刘瑞俊.新疆巴里坤岳公台—西黑沟遗址群初步认识[J].西北大学学报(哲学社会科学版),2009,39(2):48-52.

刘文锁.尼雅遗址古代植物志[J].农业考古,2002,(1):63-67.

刘文锁.尼雅遗址古代动物志[J].农业考古,2003,(3):76-78+85.

刘武,张全超,吴秀杰,等.新疆及内蒙古地区青铜—铁器时代居民牙齿磨耗及健康状况的分析[J].人类学学报,2005,24(1):32-53.

刘晓迪,胡耀武.华南地区新石器早中期动物骨中羟磷灰石的污染鉴别及机制——以广西桂林甑皮岩遗址为例[J].第四纪研究,2021,41(1):189-200.

刘晓迪,王婷婷,魏东,等.小河沿文化先民生活方式初探:以河北姜家梁遗址为例[J].人类学学报,2017,(2):280-288.

刘学堂.新疆地区早期火葬墓及相关问题试析[J].西北民族研究,1997,(2):120-127.

刘学堂,关巴.新疆伊犁河谷史前考古的重要收获[J].西域研究,2002,(4):106-108.

刘学堂,李溯源.新疆伊犁河流域考古新发现[J].西域研究,2002,(1):109-110.

刘学堂,李文瑛.新疆史前考古研究的新进展[J].新疆大学学报(哲学·人文社会科学版),2012,(1):7-13.

刘学堂,李文瑛.史前"青铜之路"与中原文明[J].新疆师范大学学报(哲学社会科学版),2014,035(2):79-88.

刘学堂,托呼提.新疆额敏河流域发现早期游牧民族的墓葬[J].西域研究,2002,(3):115-115.

刘学堂,托呼提,阿里甫.新疆尼勒克县别特巴斯陶墓群全面发掘获重要成果[J].西域研究,2004,(1):106-108.

刘依,刘露雨,张曼,等.新疆萨恩萨伊和洋海墓地不同时代人口规模估算初探[J].第四纪研究,2021,41(1):267-275.

刘政,高扬,张全超,等.新疆洋海墓地青铜时代居民错殆畸形患病率及构成分析[J].吉林大学学报(医学版),2006,32(1):165-167.

柳洪亮.吐鲁番出土十六国时期的文书——吐鲁番阿斯塔那382号墓清理简报[J].文物,1983,(1):19-25.

柳洪亮.吐鲁番出土文书中所见十六国时期高昌郡的水利灌溉[J].中国农史,1985,(4):93-96.

柳洪亮.略谈十六国时期高昌郡的水利制度——吐鲁番出土文书研究[J].新疆大学学报(哲学人文社会科学版),1986,(2):31-34.

柳洪亮.新疆鄯善县苏巴什古墓群的新发现[J].考古,1988,(6):502-506.

柳洪亮.吐鲁番阿斯塔那古墓群360号墓出土文书[J].考古,1991,(1):33-37.

柳洪亮.1986年新疆吐鲁番阿斯塔那古墓群发掘简报[J].考古,1992,(2):143-156.

柳洪亮,阿不里木.新疆鄯善苏巴什古墓葬[J].考古,1984,(1):41-50.

柳洪亮,张永兵. 新疆托克逊县英亚依拉克古墓群调查[J]. 考古,1985,(5): 478-479.

柳洪亮,张永兵,徐新民. 新疆托克逊县喀格恰克古墓群[J]. 考古,1987,(7): 597-603.

鲁礼鹏,万洁. 且末扎滚鲁克一号墓地出土梳子及其墓葬形制演变初探[J]. 西部考古,2007,(1):149-164.

鲁礼鹏. 新疆吐鲁番阿斯塔那古墓群西区考古发掘报告[J]. 考古与文物,2016,217(5):31-50.

罗丰. 吐鲁番洋海墓地出土的飞去来器[J]. 考古与文物,2009,(3):85-91.

吕恩国. 新疆和硕新塔拉遗址发掘简报[J]. 考古,1988,(5):399-407.

吕恩国,王龙,郭物. 洋海墓地分期与断代研究[J]. 吐鲁番学研究,2017,(1): 1-18.

吕恩国,张永兵,祖里皮亚,等. 新疆鄯善县洋海墓地的考古新收获[J]. 考古,2004,(5):3-7.

吕恩国,郑渤秋. 新疆鄯善县苏贝希遗址及墓地[J]. 考古,2002,(6):42-57.

马健,程晓伟,王远之,等. 新疆哈密巴里坤西沟遗址1号墓发掘简报[J]. 文物,2016,(5):15-31.

马健,王建新,赵汗青,等. 2009年新疆巴里坤石人子沟遗址F2发掘报告[J]. 考古与文物,2014,(5):25-36.

马健,习通源,任萌,等. 新疆巴里坤红山口遗址2008年调查简报[J]. 文物,2014,(7):17-30.

马健,习通源,亚合甫·江. 2008年新疆伊吾峡沟墓地发掘简报[J]. 考古与文物,2016,213(1):2+19-27+131.

马志坤,刘舒,任萌,等. 新疆东天山地区巴里坤石人子沟遗址储粮坑分析[J]. 第四纪研究,2021,41(1):214-223.

梅建军,凌勇,陈坤龙,等. 新疆小河墓地出土部分金属器的初步分析[J]. 西域研究,2013,(1):39-49.

梅建军,刘国瑞,常喜恩. 新疆东部地区出土早期铜器的初步分析和研究[J]. 西域研究,2002,(2):6-15.

梅建军,王博,李肖. 新疆出土铜鍑的初步科学分析[J]. 考古,2005,(4): 78-84.

米夏艾勒·舒勒茨,泰德·H.施米特·舒勒茨,巫新华,等. 新疆于田县流水墓地 26 号墓出土人骨的古病理学和人类学初步研究[J]. 考古,2008,(3):86-91.

磨占雄. 新疆巴里坤黑沟梁墓地与东黑沟墓地的考古类型学比较研究[J]. 考古与文物,2010,(5):51-56.

穆舜英. 吐鲁番哈喇和卓古墓群发掘简报[J]. 文物,1978,(6):1-14.

聂颖,朱泓,李文瑛,等. 小河墓地古代人群颅骨的人类学特征[J]. 西域研究,2020,(3):115-125+172.

聂忠智,王明辉,张旭,等. 新疆于田流水墓地古代居民颅骨测量性状研究[J]. 边疆考古研究,2019,(2):265-278.

潘建才,胡耀武,潘伟斌,等. 河南安阳固岸墓地人牙的C、N稳定同位素分析[J]. 江汉考古,2009,(4):114-120.

裴德明,胡耀武,杨益民,等. 山西乡宁内阳垣遗址先民食物结构分析[J]. 人类学学报,2008,27(4):379-384.

齐乌云,梁中合,高立兵,等. 山东沭河上游史前文化人地关系研究[J]. 第四纪研究,2006,26(4):580-588.

齐乌云,王金霞,梁中合,等. 山东沭河上游出土人骨的食性分析研究[J]. 华夏考古,2004,(2):41-47.

潜伟. 新疆哈密及其邻近地区史前时期铜器的检验与分析[J]. 广西民族学院学报(自然科学版),2004,10(2):21-27.

潜伟,孙淑云,韩汝玢,等. 新疆哈密天山北路墓地出土铜器的初步研究[J]. 文物,2001,(6):79-89.

屈亚婷,胡珂,杨苗苗,等. 新石器时代关中地区人类生业模式演变的生物考古学证据[J]. 人类学学报,2018,37(1):96-109.

屈亚婷,杨益民,胡耀武,等. 新疆古墓沟墓地人发角蛋白的提取与碳、氮稳定同位素分析[J]. 地球化学,2013,42(5):447-453.

屈亚婷,易冰,胡珂,等. 我国古食谱稳定同位素分析的影响因素及其蕴含的考古学信息[J]. 第四纪研究,2019,39(6):1487-1502.

任冠,戎天佑. 新疆奇台县唐朝墩古城遗址考古收获与初步认识[J]. 西域研究,2019,113(1):147-150.

任冠,于柏川. 新疆奇台县唐朝墩城址 2018~2019 年发掘简报[J]. 考古,2020,(5):38-64.

任萌. 从黑沟梁墓地、东黑沟遗址看西汉前期东天山地区匈奴文化[J]. 西部考古,2011,00:260-298.

任萌,马健,习通源,等.新疆巴里坤海子沿遗址 2017 年发掘简报[J].文物,2020,(12):21-36.

任瑞波.试论焉不拉克文化的分期、年代和源流[J].边疆考古研究,2017,(2):125-140.

任瑞波.新疆索墩布拉克文化的分期、年代和源流[J].边疆考古研究,2018,(2):237-250.

阮秋荣.试探尼雅遗址聚落形态[J].西域研究,1999,(2):51-60.

阮秋荣.2010 年新疆伊犁河流域考古新收获[J].西域研究,2011,(2):130-133.

阮秋荣.新疆伊犁尼勒克汤巴勒萨伊墓地发掘简报[J].文物,2012a,(5):13-22.

阮秋荣.新疆新源县别斯托别墓地 2010 年的发掘[J].考古,2012b,(9):30-36.

阮秋荣.新疆发现的安德罗诺沃文化遗存研究[J].西部考古,2013,125-154.

阮秋荣,张杰,胡望林,等.新疆尼勒克乌吐兰墓地发掘简报[J].文物,2014,(12):50-63.

阮秋荣,胡兴军,梁勇,等.新疆乌鲁木齐萨恩萨依墓地发掘简报[J].文物,2012,(5):4-12.

阮秋荣,王永强.新疆尼勒克县吉仁台沟口遗址[J].考古,2017,(7):2+59-72.

阮秋荣,王永强,阿里甫·尼亚孜.新疆特克斯县阔克苏西 2 号墓群的发掘[J].考古,2012,(9):3-16.

邵会秋.新疆扎滚鲁克文化初论[J].边疆考古研究,2008,(1):170-183.

邵会秋.试论新疆阿勒泰地区的两类青铜文化[J].西域研究,2008,(4):59-65.

邵会秋.新疆地区安德罗诺沃文化相关遗存探析[J].边疆考古研究,2009,(1):81-97.

邵会秋.新疆苏贝希文化研究[J].边疆考古研究,2012,(2):193-220.

邵会秋.欧亚草原中部区早期游牧文化动物纹装饰研究[J].边疆考古研究,2016,(1):229-256.

邵会秋.巴泽雷克文化在新疆的扩张与影响[J].边疆考古研究,2017,(1):

179-195.

邵会秋. 中国北方、新疆和欧亚草原文化的交往——以动物纹装饰为视角[J]. 西域研究,2018,(2):43-56.

邵会秋,杨建华. 塞伊玛—图尔宾诺遗存与空首斧的传布[J]. 边疆考古研究,2011,(1):73-92.

邵会秋,杨建华. 欧亚草原与中国新疆和北方地区的有銎战斧[J]. 考古,2013,(1):69-86.

邵会秋,张文珊. 新疆安德罗诺沃文化研究综述[J]. 西域研究,2019,(2):113-121.

邵孔兰,张健平,丛德新,等. 植物微体化石分析揭示阿敦乔鲁遗址古人生存策略[J]. 第四纪研究,2019,39(1):37-47.

邵兴周,崔静,王博,等. 新疆洛浦县山普拉人下颌骨的研究(一)[J]. 新疆医学院学报,1984,(2):153-154.

邵兴周,崔静,杨振江,等. 洛浦县山普拉出土颅骨的初步研究[J]. 人类学学报,1988,(1):26-38.

舒涛,魏兴涛,吴小红. 晓坞遗址人骨的碳氮稳定同位素分析[J]. 华夏考古,2016,(1):48-55.

水涛. 青铜时代阿尔泰山地区交互作用圈的形成与影响——以中国的发现为主线[J]. 古代文明(辑刊),2016,(1):262-267.

司艺,蒋洪恩,王博,等. 新疆阿斯塔那墓地出土唐代木质彩绘的显微激光拉曼分析[J]. 光谱学与光谱分析,2013,33(10):2607-2611.

司艺,李志鹏,胡耀武,等. 河南偃师二里头遗址动物骨胶原的H、O稳定同位素分析[J]. 第四纪研究,2014,34(1):196-203.

司艺,吕恩国,李肖,等. 新疆洋海墓地先民的食物结构及人群组成探索[J]. 科学通报,2013,(15):1422-1429.

宋晓梅. 吐鲁番出土文书所见高昌郡时期的农业活动[J]. 敦煌学辑刊,1997,(2):28-37.

宋亦箫. 新疆青铜时代考古研究现状述评[J]. 西域研究,2009,(1):84-97.

苏贝·乃比,王永强,张杰,等. 哈密柳树沟墓地出土青铜器科技分析[J]. 西域研究,2019,(4):73-82.

孙秉根,陈戈. 新疆轮台群巴克古墓葬第一次发掘简报[J]. 考古,1987,(11):987-996.

孙秉根,陈戈. 新疆和静县察吾乎沟口一号墓地[J]. 考古学报,1988,(1): 75-99.

孙惠玲,马剑英,王绍明,等. 准噶尔盆地荒漠植物碳同位素组成研究[J]. 中国沙漠,2007a,(6):972-976.

孙惠玲,王绍明,马剑英,等. 准噶尔盆地早春短命植物碳同位素组成研究[J]. 干旱区研究,2007b,24(5):652-656.

孙蕾,樊温泉,周立刚,等. 新郑天利两周墓地居民牙齿磨耗及口腔健康状况研究[J]. 第四纪研究,2017,(4):735-746.

孙少轻. 苏贝希文化研究综述[J]. 吐鲁番学研究,2018,22(2):118-127.

谭婧泽,李黎明,张建波,等. 新疆西南部青铜时代欧亚东西方人群混合的颅骨测量学证据[J]. 科学通报,2012,57(28):2666-2673.

谭盼盼,纪娟,杨军昌,等. 新疆哈密巴里坤西沟遗址1号墓出土部分金银器的科学分析[J]. 文物,2016,(5):85-91.

谭玉华. 新疆塔什库尔干县下坂地AⅡ号墓地新识[J]. 西域研究,2011,(3): 83-90.

谭玉华. 新疆加勒克斯卡茵特墓地围沟墓的年代及文化属性[J]. 边疆考古研究,2014,(2):111-122.

唐长孺. 从吐鲁番出土文书中所见的高昌郡县行政制度[J]. 文物,1978,(6): 15-21.

唐淼,王晓毅,侯侃,等. 山西晋中小南庄墓地人骨的C、N稳定同位素:试析小麦在山西的推广[J]. 人类学学报,2018,37(2):162-174.

田成方,周立刚. 古代中国北方粮食种植的历史变迁——基于人骨稳定同位素分析的视角[J]. 郑州大学学报(哲学社会科学版),2020,53(5):102-106.

田小红,王永强,佟文康,等. 高昌故城第五次考古发掘简报[J]. 吐鲁番学研究,2012,(2):1-34.

田小红,吴勇. 新疆拜城多岗墓地考古新收获[J]. 西域研究,2013,(3):141-142.

田小红,吴勇,阿里甫. 乌鲁木齐市鱼儿沟遗址与阿拉沟墓地[J]. 考古,2014,(4):19-35.

田小红,吴勇,多斯江,等. 新疆奇台石城子遗址2016年发掘简报[J]. 文物,2018,744(5):4-25.

田小红,吴勇,佟文康.新疆木垒干沟遗址发掘简报[J].文物,2013,(12):4-21.

田晓四,朱诚,水涛,等.江苏省泗洪县顺山集遗址哺乳动物牙釉质C,O稳定同位素记录的食性特征、生态环境和季节变化[J].科学通报,2013,(30):3062-3069.

田晓四,朱诚,孙智彬,等.长江三峡库区中坝遗址哺乳动物骨骼化石C和N稳定同位素分析[J].科学通报,2010,55(34):3310-3319.

王炳华.新疆阿拉沟竖穴木椁墓发掘简报[J].文物,1981,(1):18-22.

王炳华.孔雀河古墓沟发掘及其初步研究[J].新疆社会科学,1983a,(1):117-128.

王炳华.新疆农业考古概述[J].农业考古,1983b,(1):102-117.

王炳华.新疆地区青铜时代考古文化试析[J].新疆社会科学,1985,(4):50-61.

王炳华,刘杰龙,梅玉祥,等.新疆哈密五堡古墓出土大麦的研究[J].农业考古,1989,(1):70-73.

王炳华,张玉忠.哈密五堡墓地151、152号墓葬[J].新疆文物,1992,3:1-10.

王博.亚欧草原所见青铜鍑及其研究[J].新疆师范大学学报(哲学社会科学版),1995,(4):26-34.

王博,常喜恩,崔静.天山北路古墓出土人颅的种族研究[J].新疆师范大学学报(哲学社会科学版),2003,(1):97-107.

王博,鲁礼鹏,徐辉鸿,等.新疆且末扎滚鲁克一号墓地发掘报告[J].考古学报,2003,(1):89-136.

王超,王龙,曹洪勇,等.新疆吐鲁番早期铁器时代青稞脱粒研究[J].第四纪研究,2018,(2):420-425.

王栋,温睿,王龙,等.新疆吐鲁番胜金店墓地出土仿绿松石玻璃珠研究[J].文物,2020,(8):80-88.

王芬,樊榕,康海涛,等.即墨北阡遗址人骨稳定同位素分析:沿海先民的食物结构[J].科学通报,2012,(12):1037-1044.

王芬,宋艳波,李宝硕,等.北阡遗址人和动物骨的C,N稳定同位素分析[J].中国科学:地球科学,2013,(12):2029-2036.

王建新,刘瑞俊,丁岩,等.新疆巴里坤岳公台——西黑沟遗址群调查[J].考古与文物,2005,(2):3-12+17.

王建新,席琳.东天山地区早期游牧文化聚落考古研究[J].考古,2009,(1):28-37.

王建新,张凤,任萌,等.新疆巴里坤县东黑沟遗址2006～2007年发掘简报[J].考古,2009,(1):3-27.

王乐,朱桐莹.阿斯塔那Ast.vi.4号墓出土的两件木俑——十六国时期服饰研究[J].考古与文物,2019,(2):89-94.

王龙,肖国强,刘志佳,等.吐鲁番加依墓地发掘简报[J].吐鲁番学研究,2014,(1):1-19.

王明辉,张旭,巫新华.新疆塔什库尔干吉尔赞喀勒墓地人骨初步研究[J].北方文物,2019,(4):42-52.

王明哲.论克尔木齐文化和克尔木齐墓地的时代[J].西域研究,2013,(2):69-80.

王明哲,张玉忠.乌鲁木齐乌拉泊古墓葬发掘研究[J].新疆社会科学,1986,(1):70-76.

王宁,胡耀武,侯亮亮,等.古骨可溶性胶原蛋白的提取及其重建古食谱的可行性分析[J].中国科学:地球科学,2014a,44(8):1854-1862.

王宁,胡耀武,宋国定,等.古骨中可溶性、不可溶性胶原蛋白的氨基酸组成和C、N稳定同位素比较分析[J].第四纪研究,2014b,34(1):204-211.

王宁,李素婷,李宏飞,等.古骨胶原的氧同位素分析及其在先民迁徙研究中的应用[J].科学通报,2015,(9):838-846.

王宁,王宇,陶思远,等.晚商中国(1250～1046BC)农业制度的优越性研究:来自考古稳定同位素的新证据[J].中国科学:地球科学,2021,51(1):92-102.

王鹏辉.新疆史前时期考古学研究现状[J].华夏考古,2005,(2):52-62+79.

王璞,梅建军,张玉忠.新疆呼图壁县石门子墓地出土铜器的初步科学分析[J].西域研究,2014,(4):44-55.

王清,马志坤,陈秋荷,等.新疆尼勒克县吉仁台沟口遗址石器功能分析:来自植物微体遗存的证据[J].第四纪研究,2020,40(2):450-461.

王士平,白乃刚,谢瑶芸,等.新疆哈密91HWM152古尸B和C的系列研究[J].新疆医科大学学报,1995,18(4):219-223.

王伟,段阜涛,杨继帅,等.植硅体与稳定同位素分析揭示的新疆汉代驻军多样的农作物利用策略[J].第四纪研究,2020,40(2):428-440.

王忻,李宇奇.新疆和静县莫呼查汗沟口遗址群四号遗址的初步调查[J].边疆考古研究,2017,(1):43-54.

王学烨,唐自华.牙釉质生长结构及其高分辨率同位素分析[J].第四纪研究,2019,39(1):228-239.

王洋,南普恒,王晓毅,等.相近社会等级先民的食物结构差异——以山西聂店遗址为例[J].人类学学报,2014,33(1):82-89.

王奕舒,凌雪,梁云,等.甘谷毛家坪遗址秦人骨的碳氮同位素研究[J].西北大学学报(自然科学版),2019,(5):729-735.

王尹辰,马鹏程,张帆,等.早期铁器时代新疆东天山地区与欧亚草原的基因交流[J].西域研究,2020,(3):106-114.

王永强.新疆艾斯克霞尔南墓地箜篌的发现与研究[J].音乐研究,2019,(2):56-66.

王永强,党志豪.新疆哈密五堡艾斯克霞尔南墓地考古新发现[J].西域研究,2011,(2):134-137.

王永强,阮秋荣.新疆库车县库俄铁路沿线考古发掘简报[J].西部考古,2016,(1):29-50.

王永强,阮秋荣.2015年新疆尼勒克县吉仁台沟口考古工作的新收获[J].西域研究,2016,101(1):132-134.

王永强,田小红.新疆塔城地区白杨河墓地发掘简报[J].考古,2012,(9):17-29.

王永强,袁晓,阮秋荣.新疆尼勒克县吉仁台沟口遗址2015~2018年考古收获及初步认识[J].西域研究,2019,(1):133-138.

王永强,张杰.新疆哈密市柳树沟遗址和墓地的考古发掘[J].西域研究,2015,(2):124-126.

王子初.且末扎滚鲁克箜篌的形制结构及其复原研究[J].文物,1999,(7):50-60.

王宗磊.新疆石河子地区古代墓葬的考古研究[J].石河子大学学报(哲学社会科学版),2006,20(6):19-20+33.

王宗磊,刘文锁,赵静,等.新疆吐鲁番交沟故城沟西墓地麴氏高昌—唐西州时期墓葬1996年发掘简报[J].考古,1997,(9):55-63.

韦莉莉,严重玲,叶彬彬,等.C3植物稳定碳同位素组成与盐分的关系[J].生态学报,2008,28(3):1270-1270.

魏博源,朱文.广西崇左县冲塘新石器时代人骨微量元素的初步研究[J].人类学学报,1994,13(3):260-264.

魏东.新疆焉不拉克文化古代居民人种学研究[J].边疆考古研究,2009,(1):317-326.

魏东,秦小光,许冰,等.楼兰地区汉晋时期墓地的考察与初步认识——兼析楼兰孤台墓地的颅骨形态学特征[J].西域研究,2020,(3):126-132+172.

魏东,邵会秋.哈密天山北路墓地古代居民人口学研究[J].边疆考古研究,2012,(1):463-470.

魏东,王永笛,吴勇.新疆喀什下坂地墓地青铜时代人群颅骨的测量性状[J].人类学学报,2020,39(3):404-419.

魏东,曾雯,常喜恩,等.新疆哈密黑沟梁墓地出土人骨的创伤、病理及异常形态研究[J].人类学学报,2012,31(2):176-186.

魏东,曾雯,托乎提·吐拉洪.新疆哈密拜其尔墓地出土古代人类体质特征初步研究[J].边疆考古研究,2010,(1):258-270.

魏东,赵永生,常喜恩,等.哈密天山北路墓地出土颅骨的测量性状[J].人类学学报,2012,31(4):395-406.

温睿,曹诗媛,刘瑞俊,等.新疆宋元时期也木勒遗址出土玻璃的工艺与成分研究[J].文物保护与考古科学,2019,31(4):47-54.

温睿,赵志强,马健,等.新疆哈密巴里坤西沟遗址1号墓出土玻璃珠的科学分析[J].文物,2016a,(5):92-96.

温睿,赵志强,马健,等.新疆巴里坤石人子沟遗址群出土玻璃珠的成分分析[J].光谱学与光谱分析,2016b,36(9):2961-2965.

文欣.唐代差科簿制作过程——从阿斯塔那61号墓所出役制文书谈起[J].历史研究,2007,(2):43-59.

邬如碧,郭怡.氮稳定同位素分析法在史前施肥问题研究中的应用初探[J].农业考古,2017,(3):7-12.

巫新华.2013年新疆塔什库尔干吉尔赞喀勒墓地的考古发掘[J].西域研究,2014,(1):124-127.

巫新华.浅析新疆吉尔赞喀勒墓群出土蚀花红玉髓珠、天珠的制作工艺与次生变化[J].四川文物,2016,(3):33-55.

巫新华. 新疆吉尔赞喀勒墓群蕴含的琐罗亚斯德教文化元素探析[J]. 西域研究, 2018, (2): 95-107.

巫新华, 艾力. 新疆于田县流水青铜时代墓地[J]. 考古, 2006, (7): 33-40+107-108.

巫新华, 马赛, 艾力江. 新疆于田县流水青铜时代墓地发掘简报[J]. 考古, 2016, (12): 19-36.

巫新华, 覃大海. 新疆塔什库尔干吉尔赞喀勒墓地2014年发掘报告[J]. 考古, 2017, (4): 545-573.

巫新华, 覃大海, 唐自华, 等. 新疆策勒县斯皮尔古城的考古调查与清理[J]. 考古, 2015a, (8): 63-74.

巫新华, 唐自华, 王鹏, 等. 新疆塔什库尔干吉尔赞喀勒墓地发掘报告[J]. 考古学报, 2015b, (2): 229-252.

吴梦洋, 葛威, 陈兆善. 海洋性聚落先民的食物结构: 昙石山遗址新石器时代晚期人骨的碳氮稳定同位素分析[J]. 人类学学报, 2016, 35(2): 246-256.

吴勇. 新疆尼雅遗址出土的珊瑚及相关问题[J]. 西域研究, 1998, (4): 48-54.

吴勇. 新疆喀什下坂地墓地考古发掘新收获[J]. 西域研究, 2005, (1): 109-113.

吴勇. 论新疆喀什下坂地墓地青铜时代文化[J]. 西域研究, 2012, (4): 36-44.

吴勇, 田小红, 佟文康. 新疆吐鲁番市台藏塔遗址发掘简报[J]. 考古, 2012, (9): 38-45+109-114.

吴勇, 田小红, 佟文康, 等. 高昌故城第二次考古发掘报告[J]. 吐鲁番学研究, 2011, (2): 36-54.

吴勇, 托乎提, 李文瑛. 新疆尉犁县营盘墓地1999年发掘简报[J]. 考古, 2002, (6): 2+60-76+104-106.

吴勇, 王永强, 党志豪, 等. 新疆和静哈布其罕萨拉墓群2013年发掘简报[J]. 文物, 2014, (12): 29-49.

吴震. 新疆东部的几处新石器时代遗址[J]. 考古, 1964, (7): 333-341.

吴震. 史前时期新疆地区的狩猎和游牧经济[J]. 西域研究, 1996, (3): 29-35.

武庄, 袁靖, 赵欣, 等. 中国新石器时代至先秦时期遗址出土家犬的动物考古学研究[J]. 南方文物,2016,(3):155-161.

习通源,付一豪,肉孜·买合买提,等. 新疆伊吾阔腊遗址 2017～2018 年调查简报[J]. 文物,2020,(8):14-28.

习通源,马健,王建新. 2009 年新疆伊吾县托背梁墓地发掘简报[J]. 考古与文物,2014,(4):24-36.

夏阳,张敬雷,余飞,等. 中国古代儿童断奶模式与喂养方式初探——以安徽薄阳城遗址人骨的 C、N 稳定同位素分析为例[J]. 人类学学报,2018,37(1):110-120.

先怡衡,樊静怡,李欣桐,等. 巴里坤西沟遗址 1 号墓出土绿松石制品来源初探[J]. 边疆考古研究,2020b,(1):439-448.

先怡衡,李欣桐,周雪琪,等. 新疆两处遗址出土绿松石文物的成分分析和产源判别[J]. 光谱学与光谱分析,2020a,40(3):967-970.

肖国强,王龙,刘耐冬. 吐鲁番阿斯塔那古墓群Ⅱ区 M411 的抢救性发掘简报[J]. 吐鲁番学研究,2014,(2):1-5.

肖琪琪,胡兴军,阿里甫. 新疆洛浦县比孜里墓地出土食物遗存的科技分析[J]. 第四纪研究,2020,40(2):441-449.

谢承志,李春香,崔银秋,等. 尼雅遗址古代居民线粒体 DNA 研究[J]. 西域研究,2007a,(2):51-55.

谢承志,李春香,崔银秋,等. 新疆山普拉古代居民线粒体 DNA 研究[J]. 自然科学进展,2007b,(7):33-39.

谢承志,刘树柏,崔银秋,等. 新疆察吾呼沟古代居民线粒体 DNA 序列多态性分析[J]. 吉林大学学报(理学版),2005,43(4):538-538.

解明思,蒋洪恩,杨益民,等. 新疆克里雅河北方墓地出土食物遗存的植物微体化石分析[J]. 东方考古,2014,360:405-412.

新疆维吾尔自治区博物馆. 新疆吐鲁番阿斯塔那北区墓葬发掘简报[J]. 文物,1960,(6):2-6+15-23.

新疆维吾尔自治区博物馆考古队. 新疆疏附县阿克塔拉等新石器时代遗址的调查[J]. 考古,1977,(2):107-110.

新疆文物考古研究所,哈密地区文物管理所. 哈密—巴里坤公路改线考古调查[J]. 新疆文物,1994,(1):5-12.

新疆文物考古研究所,哈密地区文物管理所. 1996 年哈密黄田上庙儿沟村 1 号墓地发掘简报[J]. 新疆文物,2004,(2):1-28.

邢开鼎,刘宁,郭婧,等. 新疆石河子南山古墓葬[J]. 文物,1999,(8):38-46.

邢开鼎,张永兵. 新疆鄯善三个桥墓葬发掘简报[J]. 文物,2002,553(6):46-56.

杨凡,王青,王芬. 河南博爱西金城遗址人和动物骨的碳氮稳定同位素分析[J]. 第四纪研究,2020,40(2):418-427.

杨建华,邵会秋. 欧亚草原东部金属之路的形成[J]. 文物,2017,(6):3+62-76.

杨建华,张盟. 中亚天山、费尔干纳与帕米尔地区的早期铁器时代研究——与新疆地区的文化交往[J]. 边疆考古研究,2010,(1):85-104.

羊毅勇. 新疆木垒县四道沟遗址[J]. 考古,1982,(2):113-120.

羊毅勇. 试析新疆古代葬俗[J]. 新疆社会科学,1990,(4):93-101.

羊毅勇. 交河故城沟北一号台地墓葬所反映的车师文化[J]. 西域研究,1996,(2):15-22.

羊毅勇. 吐鲁番交河故城沟北1号台地墓葬发掘简报[J]. 文物,1999,(6):18-25.

姚付龙,朱诚,马春梅. 新疆地区全新世环境考古研究进展及未来趋势[J]. 山地学报,2019,37(4):8-20.

伊弟利斯·阿不都热苏勒,高亨娜·迪班娜·法兰克福,刘国瑞,等. 新疆克里雅河流域考古调查概述[J]. 考古,1998,(12):28-37.

伊弟利斯·阿不都热苏勒,李文瑛,胡兴军. 新疆罗布泊小河墓地2003年发掘简报[J]. 文物,2007,(10):4-42.

伊弟利斯·阿不都热苏勒,李文瑛,胡兴军,等. 罗布泊地区小河流域的考古调查[J]. 边疆考古研究,2008,(1):371-407.

伊弟利斯·阿不都热苏勒,刘国瑞,李文瑛. 2002年小河墓地考古调查与发掘报告[J]. 边疆考古研究,2004,(1):338-398.

伊弟利斯·阿不都热苏勒,张玉忠. 1993年以来新疆克里雅河流域考古述略[J]. 西域研究,1997,(3):39-42.

仪明洁. 新疆北部旧石器时代遗存的年代及相关问题[J]. 西域研究,2019,(4):64-72+144.

易冰,刘祥宇,原海兵,等. 四川大邑县高山古城遗址宝墩文化先民牙本质序列的碳氮稳定同位素分析[J]. 四川文物,2020,(1):96-106.

易漫白. 新疆克尔木齐古墓群发掘简报[J]. 文物,1981,(1):23-32.

尹粟,胡耀武."我非我食":人骨稳定同位素分析的新认识[J].南方民族考古,2018,(2):308-317.

尹粟,李恩山,王婷婷,等.我即我食vs.我非我食——稳定同位素示踪人体代谢异常初探[J].第四纪研究,2017,37(6):1464-1471.

尹若春,张居中.锶同位素分析技术在考古学中的应用研究[J].东南文化,2007,(1):55-60.

尹若春,张居中,杨晓勇.贾湖史前人类迁移行为的初步研究——锶同位素分析技术在考古学中的运用[J].第四纪研究,2008,28(1):50-57.

尤悦,吕鹏,王建新,等.新疆地区家养绵羊的出现及早期利用[J].考古,2016a,(12):104-114.

尤悦,王建新,赵欣,等.新疆石人子沟遗址出土双峰驼的动物考古学研究[J].第四纪研究,2014,34(1):173-186.

尤悦,于建军,陈相龙,等.早期铁器时代游牧人群用马策略初探——以新疆喀拉苏墓地M15随葬马匹的动物考古学研究为例[J].西域研究,2017,(4):99-111.

尤悦,钟华,余翀.新疆巴里坤县石人子沟遗址生业考古的民族学调查与研究[J].南方文物,2016b,(2):116-122.

于海琴,李辉朝.交河沟西粟特康氏家族的汉元素[J].吐鲁番学研究,2011,(2):72-78.

于建军.新疆阿勒泰加朗尕什、哈拜汗墓地发掘成果[J].西域研究,2013,(2):136-137.

于建军.2016~2017年新疆吉木乃县通天洞遗址考古发掘新发现[J].西域研究,2018,(1):132-135.

于建军,阿里甫.新疆昌吉努尔加墓地2012年发掘简报[J].文物,2013,(12):22-36.

于建军,胡兴军.新疆哈巴河托干拜2号墓地发掘简报[J].文物,2014a,(12):18-28.

于建军,胡兴军.新疆布尔津喀纳斯下湖口图瓦新村墓地发掘简报[J].文物,2014b,(7):4-16.

于建军,胡望林.2014年新疆哈巴河县喀拉苏墓地考古发掘新收获[J].西域研究,2015,(1):131-132.

于建军,党志豪,胡望林.新疆哈巴河东塔勒德墓地发掘简报[J].文物,2013,

(3):2-3+6-16+99.

于建军,马健.新疆哈巴河东塔勒德墓地初步研究[J].文物,2013,(3):53-57.

于建军,王幼平,何嘉宁,等.新疆吉木乃县通天洞遗址[J].考古,2018,610(7):2+5-16.

于喜风.新疆哈密市五堡152号古墓出土农作物分析[J].农业考古,1993,(3):185-189.

于志勇.新疆尼雅遗址95MNIM8概况及初步研究[J].西域研究,1997,(1):1-10.

于志勇.新疆民丰县尼雅遗址95MNI号墓地M8发掘简报[J].文物,2000,(1):1-2+6-42.

于志勇,党志豪,田小红,等.新疆库车友谊路魏晋十六国墓葬2010年发掘报告[J].考古学报,2015,199(4):537-563.

于志勇,吴勇,傅明方.新疆库车县发现晋十六国时期汉式砖室墓[J].西域研究,2008,(1):142-143.

于志勇,吴勇,田小红,等.新疆古楼兰交通与古代人类村落遗迹调查2015年度调查报告[J].西部考古,2017,(2):1-35.

袁晓,罗佳明,阮秋荣.新疆尼勒克县吉仁台沟口遗址2019年发掘收获与初步认识[J].西域研究,2020,(1):120-125.

岳峰,于志勇.新疆民丰县尼雅遗址以北地区1996年考古调查[J].考古,1999,(4):11-17.

张成安.浅析青铜时代哈密的农业生产状况[J].农业考古,1997,(3):45-48+54.

张川.论新疆史前考古文化的发展阶段[J].西域研究,1997,(3):50-54+86.

张峰,王涛,海米提·依米提,等.2.7~1.6 ka BP塔克拉玛干沙漠腹地克里雅河尾间绿洲的变迁[J].中国科学:地球科学,2011,(10):1495-1504.

张凤.新疆东黑沟遗址石筑高台,居址研究[J].西部考古,2009,(1):181-195.

张凤.新疆东部地区古文化探微[J].西域研究,2010,(2):44-52.

张国文.墓葬所体现社会等级分化的碳氮稳定同位素分析[J].南方文物,2015,(3):161-168.

张国文.拓跋鲜卑农业发展的古食谱分析[J].北方文物,2017,49(4):33-

37.

张国文. 内蒙古东北部地区早期鲜卑生计方式探讨[J]. 东方考古,2018,(1):149-161.

张国文,陈凤山,孙祖栋,等. 早期鲜卑人和动物骨骼的稳定同位素分析[J]. 人类学学报,2017,36(1):110-118.

张国文,胡耀武,Olaf Nehlich,等. 关中两汉先民生业模式及与北方游牧民族间差异的稳定同位素分析[J]. 华夏考古,2013,(3):131-141.

张国文,胡耀武,裴德明,等. 大同南郊北魏墓群人骨的稳定同位素分析[J]. 南方文物,2010,(1):127-131.

张国文,蒋乐平,胡耀武,等. 浙江塔山遗址人和动物骨的C、N稳定同位素分析[J]. 华夏考古,2015,(2):138-146.

张建波,巫新华,李黎明,等. 新疆于田流水墓地青铜时代人类颅骨的非连续性特征研究[J]. 人类学学报,2011,(4):379-404.

张杰,白雪怀. 新疆沙湾县大鹿角湾墓群的考古收获[J]. 西域研究,2016,(3):136-139.

张林虎,朱泓. 新疆鄯善洋海青铜时代居民颅骨创伤研究[J]. 边疆考古研究,2009,(1):327-335.

张林虎,朱泓. 伊犁吉林台库区墓葬出土古代人类颅骨测量学性状的研究[J]. 边疆考古研究,2013,(1):293-308.

张盟. 公元前一千纪欧亚草原东部地区与中国北方地区的文化互动——以图瓦,阿尔泰和天山七河地区为中心[J]. 辽宁师范大学学报(社会科学版),2019,42(6):164-168.

张平,艾尔肯·米吉提,田早信,等. 新疆哈密焉不拉克墓地[J]. 考古学报,1989,(3):325-362.

张平,张铁男. 新疆拜城县克孜尔吐尔墓地第一次发掘[J]. 考古,2002,(6):2+16-31+99-100.

张全超. 云南澄江县金莲山墓地出土人骨稳定同位素的初步分析[J]. 考古,2011,(1):30-33.

张全超,常喜恩,刘国瑞. 新疆巴里坤县黑沟梁墓地出土人骨的食性分析[J]. 西域研究,2009,(3):328-333.

张全超,常喜恩,刘国瑞. 新疆哈密天山北路墓地出土人骨的稳定同位素分析[J].西域研究.2010a,(2):38-43.

张全超,陈靓. 新疆喀什地区晋唐时期古代居民的人种学研究[J]. 边疆考古研究,2003,(00):374-383.

张全超,崔银秋. 新疆地区古代居民的人种地理变迁[J]. 社会科学战线,2006,(6):270-273.

张全超,郭林,朱泓. 内蒙古察右前旗呼和乌素汉代墓地出土人骨的稳定同位素分析[J]. 草原文物,2012a,(2):99-101.

张全超,韩涛,张群. 新疆鄯善洋海墓地出土人骨的牙齿微磨耗痕迹研究[J]. 西域研究,2018a,111(3):88-93+150-151.

张全超,韩涛,张群,等. 辽宁营口鲅鱼圈汉代贝壳墓出土人骨的稳定同位素分析[J]. 边疆考古研究,2018b,(2):341-347.

张全超,胡延春,魏坚,等. 内蒙古巴彦淖尔市纳林套海汉墓出土人骨的稳定同位素分析[J]. 人类学学报,2012b,31(4):407-414.

张全超,Jacqueline T.ENG,王立新,等. 内蒙古林西县井沟子西区墓地人骨的稳定同位素分析[J]. 边疆考古研究,2008,(1):322-327.

张全超,Jacqueline T.ENG,魏坚,等. 内蒙古察右前旗庙子沟遗址新石器时代人骨的稳定同位素分析[J]. 人类学学报,2010b,29(3):270-275.

张全超,李溯源. 新疆尼勒克县穷科克一号墓地古代居民的食物结构分析[J]. 西域研究,2006a,(4):78-81.

张全超,汤卓炜,王立新,等. 吉林白城双塔遗址一期动物骨骼的稳定同位素分析[J]. 边疆考古研究,2012c,(1):355-360.

张全超,王明辉,金海燕,等. 新疆和静县察吾呼沟口四号墓地出土人骨化学元素的含量分析[J]. 人类学学报,2005,24(4):328-333.

张全超,王伟,朱泓,等. 新疆汉晋时期古尸人发中多元素 ICP-AES 法的同时测定[J]. 吉林大学学报(理学版),2010c,48(4):704-706.

张全超,张群,彭善国,等. 内蒙古赤峰市大山前遗址夏家店上层文化"祭祀坑"出土人骨稳定同位素分析[J]. 考古与文物,2015,(4):107-110.

张全超,张雯欣,王龙,等. 新疆吐鲁番加依墓地青铜—早期铁器时代居民牙齿的磨耗[J]. 人类学学报,2017,36(4):438-456.

张全超,周蜜,朱俊英. 湖北青龙泉遗址东周时期墓葬出土人骨的稳定同位素分析[J]. 江汉考古,2012d,(2):93-97.

张全超,朱泓. 新疆鄯善洋海青铜时代居民眶顶板筛孔样病变的调查[J]. 人类学学报,2006,25(2):102-105.

张全超,朱泓. 新疆古墓沟墓地人骨的稳定同位素分析——早期罗布泊先民饮食结构初探[J]. 西域研究,2011,(3):91-96.

张全超,朱泓. 内蒙古察右中旗七郎山墓地人骨的稳定同位素分析[J]. 草原文物,2012,(1):87-89.

张全超,朱泓,胡耀武,等. 内蒙古和林格尔县新店子墓地古代居民的食谱分析[J]. 文物,2006b,(1):87-91.

张全超,朱泓,金海燕. 新疆罗布淖尔古墓沟青铜时代人骨微量元素的初步研究[J]. 考古与文物,2006c,(6):99-103.

张昕煜,魏东,吴勇,等. 新疆下坂地墓地人骨的C、N稳定同位素分析:3 500年前东西方文化交流的启示[J]. 科学通报,2016,61(32):3509-3519.

张昕煜,张旭,索明杰,等. 东周时期内蒙古中南部人群和文化融合进程中的农业经济——以和林格尔大堡山墓地人骨C、N稳定同位素分析为例[J]. 中国科学:地球科学,2018,48(2):200-209.

张旭,朱泓,王明辉,等. 新疆于田流水墓地青铜时代人类牙齿非测量性状[J]. 人类学学报,2014,33(4):460-470.

张雪莲,刘国祥,王明辉,等. 兴隆沟遗址出土人骨的碳氮稳定同位素分析[J]. 南方文物,2017a,(4):185-195.

张雪莲,仇士华,张君,等. 新疆多岗墓地出土人骨的碳氮稳定同位素分析[J]. 南方文物,2014,(3):79-91.

张雪莲,仇士华,钟建,等. 中原地区几处仰韶文化时期考古遗址的人类食物状况分析[J]. 人类学学报,2010,(2):197-207.

张雪莲,仇士华,钟建,等. 山东滕州市前掌大墓地出土人骨的碳、氮稳定同位素分析[J]. 考古,2012,(9):83-96.

张雪莲,王金霞,洗自强,等. 古人类食物结构研究[J]. 考古,2003,(2):62-75.

张雪莲,徐广德,何毓灵,等. 殷墟54号墓出土人骨的碳氮稳定同位素分析[J]. 考古,2017b,(3):102-111.

张雪莲,叶茂林. 喇家遗址先民食物的初步探讨——喇家遗址灾难现场出土人骨的碳氮稳定同位素分析[J]. 南方文物,2016,(4):197-202.

张雪莲,张君,李志鹏,等. 甘肃张掖市西城驿遗址先民食物状况的初步分析[J]. 考古,2015,(7):110-120.

张雪莲,赵春青. 新砦遗址出土部分动物骨的碳氮稳定同位素分析[J]. 南方文物,2015,(4):232-240.

张永兵,陈新勇,舍秀红. 新疆吐鲁番阿斯塔那墓地西区2004年发掘简报[J]. 文物,2014,(7):31-53.

张永兵,李肖. 新疆吐鲁番胜金店墓地2号墓发掘简报[J]. 文物,2013,(3):20-24.

张永兵,李肖,丁兰兰,等. 新疆吐鲁番市胜金店墓地发掘简报[J]. 考古,2013,(2):29-55.

张永兵,鲁礼鹏. 2006年阿斯塔那古墓Ⅱ区607号墓清理简报[J]. 吐鲁番学研究,2010,(2):3-6.

张玉忠. 新疆新源铁木里克古墓群[J]. 文物,1988,(8):59-66.

张玉忠. 新疆狩猎、畜牧业考古概述[J]. 农业考古,1989,(1):335-349.

张玉忠. 新疆察布查尔县索墩布拉克古墓群[J]. 考古,1999,(8):17-28.

张玉忠,李功仁,董佔. 新疆吉木萨尔县大龙口古墓葬[J]. 考古,1997,(9):39-45.

张玉忠,文康,张元,等. 新疆呼图壁石门子墓地发掘简报[J]. 文物,2014,(12):4-17.

赵春燕. 嵩山地区二里头文化时期牛和羊来源蠡测——以二里头遗址与望京楼遗址为例[J]. 华夏考古,2018,128(6):79-86.

赵春燕. 锶同位素分析技术追踪古人类迁移活动的研究[J]. 北方文物,2019,(3):43-49.

赵春燕,方燕明. 禹州瓦店遗址出土部分人类牙釉质的锶同位素比值分析[J]. 华夏考古,2014,(3):123-127.

赵春燕,何驽. 陶寺遗址中晚期出土部分人类牙釉质的锶同位素比值分析[J]. 第四纪研究,2014,34(1):66-72.

赵春燕,胡松梅,孙周勇,等. 陕西石峁遗址后阳湾地点出土动物牙釉质的锶同位素比值分析[J]. 考古与文物,2016a,(4):128-133.

赵春燕,李志鹏,袁靖. 河南省安阳市殷墟遗址出土马与猪牙釉质的锶同位素比值分析[J]. 南方文物,2015,(3):83-86+118.

赵春燕,李志鹏,袁靖,等. 二里头遗址出土动物来源初探——根据牙釉质的锶同位素比值分析[J]. 考古,2011a,(7):68-75.

赵春燕,吕鹏,朔知. 安徽含山凌家滩与韦岗遗址出土部分动物遗骸的锶同位素比值分析[J]. 南方文物,2019,(2):184-190.

赵春燕,吕鹏,袁靖,等. 河南禹州市瓦店遗址出土动物遗存的元素和锶同位素比值分析[J]. 考古,2012a,(11):89-96.

赵春燕,王明辉,叶茂林. 青海喇家遗址人类遗骸的锶同位素比值分析[J]. 人类学学报,2016b,35(2):212-222.

赵春燕,杨杰,袁靖,等. 河南省偃师市二里头遗址出土部分动物牙釉质的锶同位素比值分析[J]. 中国科学:地球科学,2012b,42(7):1011-1017.

赵春燕,袁靖,何驽. 山西省襄汾县陶寺遗址出土动物牙釉质的锶同位素比值分析[J]. 第四纪研究,2011b,31(1):22-28.

赵春燕,赵志军. 河南二里头遗址出土陶容器内残留物的碳氮稳定同位素分析[J]. 第四纪研究,2018,38(6):1424-1430.

赵丹,程军回,刘耘华,等. 荒漠植物梭梭稳定碳同位素组成与环境因子的关系[J]. 生态学报,2017,37(8):2743-2752.

赵静,郭建国,刘文锁,等. 1996年新疆吐鲁番交河故城沟西墓地汉晋墓葬发掘简报[J]. 考古,1997,(9):46-54.

赵克良,李小强,周新郢,等. 新疆新塔拉遗址农业活动特征及其影响的植物指标记录[J]. 第四纪研究,2012,32(2):219-225.

赵美莹,王龙,党志豪,等. 唐西州时期吐鲁番的桃树栽培——从出土文书及实物证据谈起[J]. 中国科学院研究生院学报,2020,37(3):405-415.

赵欣,东晓玲,韩雨,等. 新疆木垒县平顶山墓群出土马骨的DNA研究[J]. 南方文物,2017,(3):187-191.

赵欣,Antonia T Rodrigues,尤悦,等. 新疆石人子沟遗址出土家马的DNA研究[J]. 第四纪研究,2014,(1):189-197.

赵永. 新疆且末扎滚鲁克49号墓出土玻璃杯的年代问题[J]. 考古与文物,2014,(4):77-80.

赵志军. 中国古代农业的形成过程——浮选出土植物遗存证据[J]. 第四纪研究,2014,34(1):73-84.

郑会平,何秋菊,姚书文,等. 新疆阿斯塔那唐墓出土彩塑的制作工艺和颜料分析[J]. 文物保护与考古科学,2013,(2):33-40.

郑会平,杨益民,宋国定,等. 河南淅川龙山时代陶鼎炭化残留物的碳、氮稳定同位素分析[J]. 第四纪研究,2012,32(2):236-240.

郑晓瑛. 中国甘肃酒泉青铜时代人类股骨化学元素含量分析[J]. 人类学学报,1993,12(3):241-250.

中国社会科学院考古研究所考古科技实验研究中心.放射性碳素测定年代报告(二三)[J].考古,1996,(7):70.

周金玲.新疆考古发掘的新收获——和静县察吾乎沟古墓群发掘情况简介[J].新疆社会科学,1988,(3):121-124.

周金玲.新疆察吾呼沟古墓发掘及其研究[J].西域研究,1998,(2):38-45.

周金玲.新疆尉犁县营盘古墓群考古述论[J].西域研究,1999,(3):59-66.

周金玲,李文瑛.新疆尉犁县营盘墓地1995年发掘简报[J].文物,2002,(6):4-45.

周金玲,李文瑛,尼加提,等.新疆尉犁县营盘墓地15号墓发掘简报[J].文物,1999,(1):4-16.

周金玲,于建军,张成安,等.新疆哈密市艾斯克霞尔墓地的发掘[J].考古,2002,(6):30-41.

周立刚.稳定碳氮同位素视角下的河南龙山墓葬与社会[J].华夏考古,2017,(3):145-152.

周立刚.信阳城阳城等地东周贵族人骨稳定同位素分析[J].华夏考古,2020,139(5):62-67.

周立刚,韩朝会,孙蕾,等.河南淇县宋庄东周墓地人骨稳定同位素分析——东周贵族与殉人食谱初探[J].人类学学报,2021,40(1):63-74.

周立刚,孙凯,孙蕾.明代周懿王墓地出土人骨稳定碳氮同位素分析[J].华夏考古,2019,(2):48-52.

周小明.新疆尼勒克县加勒格斯哈音特和铁木里克沟口墓地考古发掘成果简述[J].西域研究,2004,(4):102-104.

朱思媚,周亚威,朱泓,等.华北民族融合进程中人群生存方式及对健康的影响——以北京延庆西屯村墓地为例[J].人类学学报,2020,(1):127-134.

朱泓,张全超.中国边疆地区古代居民DNA研究[J].吉林大学社会科学学报,2003,(3):86-92.

朱泓,周慧.中国边疆地区汉代以后古人骨的研究[J].史学集刊,2006,(4):118-123.

朱之勇,张鑫荣,刘冯军,等.新疆骆驼石遗址石制品研究[J].西域研究,2020,(3):55-64.

专著中析出文献

陈戈. 新疆伊犁河流域文化初论[C]//中国社会科学院历史研究所欧亚学研究中心. 欧亚学刊(第2辑). 中华书局, 2002a: 1-92.

陈相龙. 从家畜饲养方式看距今4000年前后中原与甘青地区生业经济的分化[C]//北京联合大学考古研究中心. 早期中国研究(第3辑). 文物出版社, 2018: 99-118.

戴青云. 新疆察吾乎沟口墓地群人口分析——以四号墓地为例[C]//北京联合大学文化遗产保护协会. 文化遗产与公众考古(第一辑). 北京联合大学出版社, 2015: 45-46.

付昶, 张铁男, 王博. 莫呼查汗墓地出土人骨的人种学研究[C]//新疆维吾尔自治区文物考古研究所. 新疆莫呼查汗墓地. 科学出版社, 2016: 354-396.

韩康信, 张君, 赵凌霞. 察吾呼三号、四号墓地人骨的体质人类学研究[C]//新疆文物考古研究所. 新疆察吾呼——大型氏族墓地发掘报告. 东方出版社, 1999: 299-337.

贾伟明. 萨恩萨伊墓地淀粉残留物分析报告[C]//新疆文物考古研究所. 新疆萨恩萨伊墓地. 文物出版社, 2013: 224-235.

刘学堂. 新疆地区史前墓葬的初步研究[C]//西安半坡博物馆. 史前研究. 三秦出版社, 2000: 451-476.

马健. 公元前8~前3世纪的萨彦—阿尔泰——早期铁器时代欧亚东部草原文化交流[C]// 中国社会科学院历史研究所欧亚学研究中心. 欧亚学刊(第八辑). 中华书局, 2006: 38-84.

王博. 2007年库车古墓出土人颅的种族研究[C]// 新疆龟兹学会. 龟兹学研究(第四辑). 新疆大学出版社, 2012: 117-151.

王璞. 萨恩萨伊墓地出土金属器检测分析报告[C]// 新疆文物考古研究所编. 新疆萨恩萨伊墓地. 文物出版社, 2013: 239-258.

伊弟利斯·阿不都热苏勒, 张平, 潜伟. 拜城克孜尔水库墓地出土铜器的冶金学研究[C]// 新疆龟兹学会. 龟兹学研究(第一辑). 新疆大学出版社, 2006: 92-103.

尤悦, 于翀, 李悦. 拜其尔墓地出土动物骨骼鉴定报告[C]//新疆文物考古研究所, 西北大学文化遗产学院, 哈密市文物局, 等. 新疆拜其尔墓地——2004~2005年度发掘报告. 科学出版社, 2020: 234-245.

于喜风. 察吾呼文化墓葬出土陶容器内残存食物的研究鉴定[C]// 新疆文物考古研究所. 新疆察吾呼——大型氏族墓地发掘报告. 东方出版社,1999.

张良仁,凌勇,陈建立,等. 哈密地区史前考古[C]//中国社会科学院历史研究所欧亚学研究中心. 欧亚学刊(第十五辑). 中华书局,2017:1-18.

张良仁,吕恩国,张勇. 吐鲁番地区早期铁器时代考古[C]//北京联合大学考古研究中心. 早期中国研究(第2辑). 文物出版社,2016:116-155.

张林虎. 新疆北部青铜至铁器时代古代人群的颅骨测量学研究[C]// 中国人民大学北方民族考古研究所,中国人民大学历史学院考古文博系. 北方民族考古(第1辑). 科学出版社,2014:113-133.

张平,潜伟,李青会. 拜城克孜尔墓地出土的玻璃珠及其相关问题[C]//新疆龟兹学会. 龟兹学研究(第一辑). 新疆大学出版社,2006:104-113.

中文专著

崔银秋. 新疆古代居民线粒体DNA研究[M]. 吉林大学出版社,2003.

郭物. 鍑中乾坤：青铜鍑与草原文明[M]. 上海社会科学院出版社,2003.

郭物. 新疆史前晚期社会的考古学研究[M]. 上海古籍出版社,2012.

韩建业. 新疆的青铜时代和早期铁器时代文化[M]. 文物出版社,2007.

韩康信. 丝绸之路古代种族研究[M]. 新疆人民出版社,2009.

黄文弼. 新疆考古发掘报告(1957—1958)[M]. 文物出版社,1983.

李水城. 东风西渐——中国西北史前文化之进程[M]. 文物出版社,2009.

联合国教科文组织驻中国代表处,新疆文物事业管理局,新疆文物考古研究所. 交河故城——1993、1994年度考古发掘报告[M]. 东方出版社,1998.

林梅村. 塞伊玛-图尔宾诺文化与史前丝绸之路[M]. 上海古籍出版社,2020.

马思中,陈星灿. 中国之前的中国[M]. 东方博物馆,2004.

潜伟. 新疆哈密地区史前时期铜器及其与邻近地区文化的关系[M]. 知识产权出版社,2006.

屈亚婷. 稳定同位素食谱分析视角下的考古中国[M]. 科学出版社,2019.

邵会秋. 新疆史前时期文化格局的演进及其与周邻文化的关系[M]. 科学出版社,2018.

吐鲁番市文物局,新疆文物考古研究所,吐鲁番学研究院,等. 新疆洋海墓地[M]. 文物出版社,2019.

王明珂. 游牧者的抉择：面对汉帝国的北亚游牧部族[M]. 广西师范大学出版社, 2008.

魏东. 青铜时代至早期铁器时代新疆哈密地区古代人群的变迁与交流模式研究[M]. 科学出版社, 2017.

新疆博物馆. 中国新疆山普拉[M]. 新疆人民出版社, 2001.

新疆文物考古研究所. 新疆察吾呼——大型氏族墓地发掘报告[M]. 东方出版社, 1999.

新疆文物考古研究所. 新疆下坂地墓地[M]. 文物出版社, 2012.

新疆文物考古研究所. 新疆萨恩萨伊墓地[M]. 文物出版社, 2013.

新疆维吾尔自治区文物考古研究所. 新疆莫呼查汗墓地[M]. 科学出版社, 2016.

新疆文物考古研究所, 西北大学文化遗产学院, 哈密市文物局, 等. 新疆拜其尔墓地——2004～2005年度发掘报告[M]. 文物出版社, 2020.

郑淑蕙, 郑斯成, 莫志超. 稳定同位素地球化学分析[M]. 北京大学出版社, 1986.

中国社会科学院. 拜城多岗墓地[M]. 文物出版社, 2014.

中国社会科学院考古研究所. 中国考古学中碳十四年代数据集[M]. 文物出版社, 1991.

周立刚. 举箸观史：东周到汉代中原先民食谱研究[M]. 科学出版社, 2020.

中文学位论文

陈玉凤. 中国西北地区现代小麦、赖草的稳定碳氮同位素组成及其与气候的关系[D]. 兰州大学, 2015.

英文期刊文章

Adams M A, Grierson P F. Stable isotopes at natural abundance in terrestrial plant ecology and ecophysiology: An update [J]. Plant Biology, 2001, 3(4): 299-310.

Allentoft M E, Martin S, Karl-Goran S, et al. Population genomics of Bronze Age Eurasia [J]. Nature, 2015, 522(7555): 167-172.

Ambrose S H. Preparation and characterization of bone and tooth collagen for isotopic analysis [J]. Journal of Archaeological Science, 1990, 17(4):

431-451.

Ambrose S H. Effects of diet, climate and physiology on nitrogen isotope abundances in terrestrial foodwebs [J]. Journal of Archaeological Science, 1991, 18(3): 293-317.

Ambrose S H, Buikstra J, Krueger H W. Status and gender differences in diet at Mound 72, Cahokia, revealed by isotopic analysis of bone [J]. Journal of Anthropological Archaeology, 2003, 22(3): 217-226.

Ambrose S H, Deniro M J. The isotopic ecology of East Africa mammals [J]. Oecologia, 1986, 69(3): 395-406.

Amundson R, Austin A T, Schuur E A G, et al. Global patterns of the isotopic composition of soil and plant nitrogen [J]. Global Biogeochemical Cycles, 2003, 17(1): 1031-1041.

An C B, Dong W M, Li H, et al. Variability of the stable carbon isotope ratio in modern and archaeological millets: Evidence from northern China [J]. Journal of Archaeological Science, 2015a, 53: 316-322.

An C B, Dong W M, Chen Y F, et al. Stable isotopic investigations of modern and charred foxtail millet and the implications for environmental archaeological reconstruction in the western Chinese Loess Plateau [J]. Quaternary Research, 2015b, 84(1): 144-149.

An C B, Lu Y B, Zhao J J, et al. A high-resolution record of Holocene environmental and climatic changes from Lake Balikun (Xinjiang, China): Implications for central Asia [J]. The Holocene, 2012, 22(1): 43-52.

An C B, Tao S C, Zhao J, et al. Late Quaternary (30.7-9.0 cal ka BP) vegetation history in Central Asia inferred from pollen records of Lake Balikun, northwest China [J]. Journal of paleolimnology, 2013, 49(2): 145-154.

Ananyevskaya E, Aytqaly A K, Beisenov A Z, et al. Early indicators to C4 plant consumption in central Kazakhstan during the Final Bronze Age and Early Iron Age based on stable isotope analysis of human and animal bone collagen [J]. Archaeological Research in Asia, 2018, 15: 157-173.

Aranibar J N, Otter L, Macko S A, et al. Nitrogen cycling in the soil-plant system along a precipitation gradient in the Kalahari sands [J]. Global

Change Biology, 2004, 10(3): 359-373.

Atahan P, Dodson J, Li X Q, et al. Subsistence and the isotopic signature of herding in the Bronze Age Hexi Corridor, NW Gansu, China [J]. Journal of Archaeological Science, 2011, 38(7): 1747-1753.

Badr A, Muller K, Schafer-Pregl R, et al. On the origin and domestication history of barley (Hordeum vulgare) [J]. Molecular Biology and Evolution, 2000, 17(4): 499-510.

Balasse M. Reconstructing dietary and environmental history from enamel isotopic analysis: Time resolution of intra-tooth sequential sampling [J]. International Journal of Osteoarchaeology, 2002, 12(3): 155-165.

Balasse M, Tresset A. Early weaning of Neolithic domestic cattle (Bercy, France) revealed by intra-tooth variation in nitrogen isotope ratios [J]. Journal of Archaeological Science, 2002, 29(8): 853-859.

Barnosky A D, Koch P L, Feranec R S, et al. Assessing the causes of Late Pleistocene extinctions on the continents [J]. Science, 2004, 306(5693): 70-75.

Barquete V, Strauss V, Ryan P G. Stable isotope turnover in blood and claws: A case study in captive African Penguins [J]. Journal of Experimental Marine Biology & Ecology, 2013, 448: 121-127.

Barton L, An C B. An evaluation of competing hypotheses for the early adoption of wheat in East Asia [J]. World Archaeology, 2014, 46(5): 775-798.

Barton L, Newsome S D, Chen F H, et al. Agricultural origins and the isotopic identity of domestication in northern China [J]. Proceedings of the National Academy of Sciences of the United States of America, 2009, 106 (14): 5523-5528.

Bar-Yosef O. Climatic fluctuations and early farming in west and east Asia [J]. Current Anthropology, 2011, 52(S4): S175-S193.

Bar-Yosef O, Belfer-Cohen A. The origins of sedentism and farming communities in the Levant [J]. Journal of World Prehistory, 1989, 3(4): 447-498.

Bataille C P, Von Holstein I C C, Laffoon J E, et al. A bioavailable strontium isoscape for Western Europe: A machine learning approach [J]. Plos One, 2018, 13(5): e0197386.

Bateman A S, Kelly S D. Fertilizer nitrogen isotope signatures [J]. Isotopes in Environmental and Health Studies, 2007, 43(3): 237-247.

Beaumont J, Gledhill A, Lee-Thorp J, et al. Childhood diet: a closer examination of the evidence from dental tissues using stable isotope analysis of incremental human dentine [J]. Archaeometry, 2013, 55: 277-295.

Beja-Pereira A, England P R, Ferrand N, et al. African origins of the domestic donkey [J]. Science, 2004, 304(5678): 1781-1781.

Benson S, Lennard C, Maynard P, et al. Forensic applications of isotope ratio mass spectrometry-a review [J]. Forensic science international, 2006, 157(1): 1-22.

Bentley R A. Strontium isotopes from the earth to the archaeological skeleton: A review [J]. J Arch Method Theory, 2006, 13: 135-187.

Betts A, Jia P, Abuduresule I. A new hypothesis for early Bronze Age cultural diversity in Xinjiang, China [J]. Archaeological Research in Asia, 2020, 18: 204-213.

Betts A, Jia P W, Dodson J. The origins of wheat in China and potential pathways for its introduction: A review [J]. Quaternary International, 2014, 348(20): 158-168.

Biraben J N. The rising numbers of humankind [J]. Population and Societies, 2003, (394): 1-4.

Biscaye P E, Grousset F E, Revel M, et al. Asian provenance of glacial dust (stage 2) in the Greenland Ice Sheet Project 2 ice core, Summit, Greenland [J]. Journal of Geophysical Research: Oceans, 1997, 102(C12): 26765-26781.

Blumenthal S A, Chritz K L, Rothman J M, et al. Detecting intraannual dietary variability in wild mountain gorillas by stable isotope analysis of feces [J]. Proceedings of the National Academy of Sciences of the United States of America, 2012, 109(52): 21277-21282.

Bocherens H, Drucker D. Trophic level isotopic enrichment of carbon and nitrogen in bone collagen: Case studies from recent and ancient terrestrial ecosystems [J]. International Journal Osteoarchaeology, 2003, 13(1-2): 46-53.

Bocherens H, Drucker D G, Madelaine S. Evidence for a ^{15}N positive excursion in terrestrial foodwebs at the Middle to Upper Palaeolithic transition in south-western France: Implications for early modern human palaeodiet and palaeoenvironment [J]. Journal of Human Evolution, 2014, 69: 31-43.

Bocherens H, Mashkour M, Drucker D G, et al. Stable isotope evidence for palaeodiets in southern Turkmenistan during historical period and Iron Age [J]. Journal of Archaeological Science, 2006, 33(2): 253-264.

Bocquet-Appel J P. When the world's population took off: The springboard of the Neolithic demographic transition [J]. Science, 2011a, 333(6042): 560-561.

Bocquet-Appel J P. The agricultural demographic transition during and after the agriculture inventions [J]. Current anthropology, 2011b, 52(S4): S497-S510.

Bocquet-Appel J P, Naji S, Vander Linden M, et al. Understanding the rates of expansion of the farming system in Europe [J]. Journal of Archaeological Science, 2012, 39(2): 531-546.

Bogaard A, Fraser R, Heaton T H E, et al. Crop manuring and intensive land management by Europe's first farmers [J]. Proceedings of the National Academy of Sciences of the United States of America, 2013, 110 (31): 12589-12594.

Bogaard A, Heaton T H E, Poulton P, et al. The impact of manuring on nitrogen isotope ratios in cereals: Archaeological implications for reconstruction of diet and crop management practices [J]. Journal of Archaeological Science, 2007, 34(3): 335-343.

Bol R, Eriksen J, Smith P, et al. The natural abundance of ^{13}C, ^{15}N, ^{34}S and ^{14}C in archived (1923-2000) plant and soil samples from the Askov long-term experiments on animal manure and mineral fertilizer [J]. Rapid Communications in Mass Spectrometry, 2005, 19(22): 3216-3226.

Bonafini M, Pellegrini M, Ditchfield P, et al. Investigation of the "canopy effect" in the isotope ecology of temperate woodlands [J]. Journal of Archaeological Science, 2013, 40(11): 3926-3935.

Bowles S. Cultivation of cereals by the first farmers was not more productive than foraging [J]. Proceedings of the National Academy of Sciences of the United States of America, 2011, 108(12): 4760-4765.

Bowles S, Choi J K. Coevolution of farming and private property during the early Holocene [J]. Proceedings of the National Academy of Sciences of the United States of America, 2013, 110(22): 8830-8835.

Bramanti B, Thomas M G, Haak W, et al. Genetic discontinuity between local hunter-gatherers and central Europe's first farmers [J]. Science, 2009, 326(5949): 137-140.

Bridault A, Hobson K A, Szuma E, et al. Can carbon-13 in large herbivores reflect the canopy effect in temperate and boreal ecosystems? Evidence from modern and ancient ungulates [J]. Palaeogeography Palaeoclimatology Palaeoecology, 2008, 266(1-2): 69-82.

Brown T A, Nelson D E, Vogel J S, et al. Improved collagen extraction by modified Longin method [J]. Radiocarbon, 2006, 30(2): 171-177.

Brugnoli E, Lauteri M. Effects of salinity on stomatal conductance, photosynthetic capacity, and carbon isotope discrimination of salt-tolerant (*Gossypium hirsutum* L.) and salt-sensitive (*Phaseolus vulgaris* L.) C_3 non-halophytes [J]. Plant Physiology, 1991, 95: 628-635.

Buchardt B, Bunch V, Helin P. Fingernails and diet: Stable isotope signatures of a marine hunting community from modern Uummannaq, North Greenland [J]. Chemical Geology, 2007, 244(1): 316-329.

Burt N M. Individual dietary patterns during childhood: An archaeological application of a stable isotope microsampling method for tooth dentin [J]. Journal of Archaeological Science, 2015, 53: 277-290.

Burt N M, Garvie-Lok S. A new method of dentine microsampling of deciduous teeth for stable isotope ratio analysis [J]. Journal of Archaeological Science, 2013, 40(11): 3854-3864.

Cai Y J, Chiang J C H, Breitenbach S H M, et al. Holocene moisture evolution in arid central Asia and its out-of-phase relationship with Asian monsoon history [J]. Quaternary Science Reviews, 2008, 27(3-4): 351-364.

Cerling T E, Wittemyer G, Rasmussen H B, et al. Stable isotopes in elephant hair document migration patterns and diet changes [J]. Proceedings of the National Academy of Sciences of the United States of America, 2006, 103(2): 371-373.

Chen C J, Jia Y F, Chen Y Z, et al. Nitrogen isotopic composition of plants and soil in an arid mountainous terrain: South slope versus north slope [J]. Biogeosciences, 2018,15(1): 369-377.

Chen F H, Chen J H, Holmes J, et al. Moisture changes over the last millennium in arid central Asia: A review, synthesis and comparison with monsoon region [J]. Quaternary Science Reviews, 2010, 29(7-8): 1055-1068.

Chen F H, Chen J H, Huang W, et al. Westerlies Asia and monsoonal Asia: Spatiotemporal differences in climate change and possible mechanisms on decadal to sub-orbital timescales [J]. Earth-Science Reviews, 2019, 192: 337-354.

Chen F H, Yu Z C, Yang M L, et al. Holocene moisture evolution in arid central Asia and its out-of-phase relationship with Asian monsoon history [J]. Quaternary Science Reviews, 2008, 27(3-4): 351-364.

Chen K T, Hiebert F T. The late prehistory of Xinjiang in relation to its neighbors [J]. Journal of World Prehistory, 1995, 9(2): 243-300.

Chen S T, Yu Q W, Gao M K, et al. Dietary evidence of incipient social stratification at the Dawenkou type site, China [J]. Quaternary International, 2019, 521: 44-53.

Chen T, Wang B, Power R C, et al. The first archaeobotanical evidence of Medicago sativa L. in China: Hay fodder for livestock [J]. Archaeological and Anthropological Sciences, 2020, 12(1): 1-7.

Chen T, Wang X, Dai J, et al. Plant use in the Lop Nor region of southern Xinjiang, China: Archaeobotanical studies of the Yingpan cemetery (25-420 AD) [J]. Quaternary International, 2016, 426: 166-174.

Chen T, Wu Y, Zhang Y, et al. Archaeobotanical study of ancient food and cereal remains at the Astana Cemeteries, Xinjiang, China [J]. PLoS ONE, 2012, 7(9): e45137.

Chen T, Yao S, Merlin M, et al. Identification of Cannabis fiber from the Astana Cemeteries, Xinjiang, China, with reference to its unique decorative utilization [J]. Economic Botany, 2014, 68(1): 59-66.

Chen X L, Fang Y M, Hu Y W, et al. Isotopic reconstruction of the Late Longshan Period (ca. 4200-3900 BP) dietary complexity before the onset of state-level societies at the Wadian site in the Ying River Valley, Central Plains, China [J]. International Journal of Osteoarchaeology, 2016a, 26(5): 808-817.

Chen X L, Hu S M, Hu Y W, et al. Raising practices of Neolithic livestock evidenced by stable isotope analysis in the Wei River Valley, north China [J]. International Journal of Osteoarchaeology, 2016b, 26(1): 42-52.

Chen X X, Yu S-Y, Underhill A P, et al. Radiocarbon dating and stable carbon isotopic analyses of Neolithic and Bronze Age staple crops in the lower Yellow River area and their paleodietary implications [J]. Geoarchaeology, 2018, 33(3): 307-313.

Chen Z X, Wang G A, Jia Y F. Foliar $\delta^{13}C$ showed no altitudinal trend in an arid region and atmospheric pressure exerted a negative effect on plant $\delta^{13}C$ [J]. Frontiers in Plant Science, 2017, 8: 1070.

Cheng H, Zhang P Z, Spötl C, et al. The climatic cyclicity in semiarid-arid central Asia over the past 500,000 years [J]. Geophysical Research Letters, 2012, 1: L01705-L01709.

Cheng S L, Fang H J, Yu G R, et al. Foliar and soil ^{15}N natural abundances provide field evidence on nitrogen dynamics in temperate and boreal forest ecosystems [J]. Plant & Soil, 2010, 337(1-2): 285-297.

Cherel Y, Hobson K A, Hassani S. Isotopic discrimination between food and blood and feathers of captive penguins: implications for dietary studies in the wild [J]. Physiological & Biochemical Zoology, 2005, 78(1): 106-115.

Chessa B, Pereira F, Arnaud F, et al. Revealing the history of sheep domestication using retrovirus integrations [J]. Science, 2009, 324(5926):

532-536.

Cheung C, Jing Z, Tang J G, et al. Examining social and cultural differentiation in early Bronze Age China using stable isotope analysis and mortuary patterning of human remains at Xin'anzhuang, Yinxu [J]. Archaeological and Anthropological Sciences, 2017a, 9: 799-816.

Cheung C, Jing Z, Tang J G, et al. Social dynamics in early Bronze Age China: A multi-isotope approach [J]. Journal of Archaeological Science: Reports, 2017b, 16: 90-101.

Cheung C, Jing Z, Tang J, et al. Diets, social roles, and geographical origins of sacrificial victims at the royal cemetery at Yinxu, Shang China: New evidence from stable carbon, nitrogen, and sulfur isotope analysis [J]. Journal of Anthropological Archaeology, 2017c, 48: 28-45.

Chisholm B S, Nelson D E, Schwarcz H P. Stable-carbon isotope ratios as a measure of marine versus terrestrial protein in ancient diets [J]. Science, 1982, 216(4550): 1131-1132.

Choi W J, Chang S X, Allen H L, et al. Irrigation and fertilization effects on foliar and soil carbon and nitrogen isotope ratios in a loblolly pine stand [J]. Forest Ecology and Management, 2005, 213(1): 90-101.

Choi W J, Lee S M, Ro H M, et al. Natural ^{15}N abundances of maize and soil amended with urea and composted pig manure [J]. Plant & Soil, 2002, 245(245): 223-232.

Choy K, Jeon O R, Fuller B T, et al. Isotopic evidence of dietary variations and weaning practices in the Gaya cemetery at Yeanri, Gimhae, South Korea [J]. American Journal of Physical Anthropology, 2010, 142(1): 74-84.

Choy K, Jung S, Nehlich O, et al. Stable isotopic analysis of human skeletons from the Sunhung Mural Tomb, Yeongju, Korea: Implication for human diet in the Three Kingdoms Period [J]. International Journal of Osteoarchaeology, 2015, 25(3): 313-321.

Christian D. Silk roads or steppe roads? The silk roads in world history [J]. Journal of world history, 2000, 11(1): 1-26.

Clayton F, Sealy J, Pfeiffer S. Weaning age among foragers at Matjes river rock shelter, South Africa, from stable nitrogen and carbon isotope analyses [J]. American Journal of Physical Anthropology, 2001, 129(1): 210-215.

Codron J, Codron D, Lee-Thorp J A, et al. Taxonomic, anatomical, and spatio-temporal variations in the stable carbon and nitrogen isotopic compositions of plants from an African savanna [J]. Journal of Archaeological Science, 2005, 32(12): 1757-1772.

Corr L T, Sealy J C, Horton M C, et al. A novel marine dietary indicator utilising compound-specific bone collagen amino acid $\delta^{13}C$ values [J]. Journal of Archaeological Science, 2005, 32(3): 321-330.

Cucchi T, Hulme-Beaman A, Yuan J, et al. Early Neolithic pig domestication at Jiahu, Henan Province, China: Clues from molar shape analyses using geometric morphometric approaches [J]. Journal of Archaeological Science, 2011, 38(1): 11-22.

Cui Y Q, Song L, Wei D, et al. Identification of kinship and occupant status in Mongolian noble burials of the Yuan Dynasty through a multidisciplinary approach [J]. Philosophical Transactions of the Royal Society of London, 2015, 370(1660): 20130378.

Dai L L, Balasse M, Yuan J, et al. Cattle and sheep raising and millet growing in the Longshan age in central China: Stable isotope investigation at the Xinzhai site [J]. Quaternary International, 2016a, 426: 145-157.

Dai L L, Li Z P, Zhao C Q, et al. An isotopic perspective on animal husbandry at the Xinzhai site during the initial stage of the legendary Xia Dynasty (2070-1600 BC) [J]. International Journal of Osteoarchaeology, 2016b, 26(5): 885-896.

de Luca A, Boisseau N, Tea I, et al. $\delta^{15}N$ and $\delta^{13}C$ in hair from newborn infants and their mothers: A cohort study [J]. Pediatric research, 2012, 71(5): 598-604.

Deniro M J. Postmortem preservation and alteration of *in vivo* bone collagen isotope ratios in relation to palaeodietary reconstruction [J]. Nature, 1985, 317(6040): 806-809.

Deniro M J, Hastorf C A. Alteration of $^{15}N/^{14}N$ and $^{13}C/^{12}C$ ratios of plant matter during the initial stages of diagenesis: Studies utilizing archaeological specimens from Peru [J]. Geochimica Et Cosmochimica Acta, 1985, 49(1): 97-115.

Deschner T, Fuller B T, Oelze V M, et al. Identification of energy consumption and nutritional stress by isotopic and elemental analysis of urine in bonobos (*Pan paniscus*) [J]. Rapid Communications in Mass Spectrometry, 2012, 26(1): 69-77.

Diamond J. Evolution, consequences and future of plant and animal domestication [J]. Nature, 2002, 418(6898): 700-707.

Di Cosmo N. Ancient Inner Asian nomads: Their economic basis and its significance in Chinese history [J]. Journal of Asian Studies, 1994, 53(4): 1092-1126.

Ding Z L, Derbyshire E, Yang S L, et al. Stacked 2.6-Ma grain size record from the Chinese loess based on five sections and correlation with the deep-sea $\delta^{18}O$ record [J]. Paleoceanography, 2002, 17(3): 5-1-5-21.

Dodson J R, Li X Q, Zhou X Y, et al. Origin and spread of wheat in China [J]. Quaternary Science Reviews, 2013, 72(2): 108-111.

Dong W M, An C-B, Fan W J, et al. Stable isotopic detection of manual intervention among the faunal assemblage from a Majiayao site in NW China [J]. Radiocarbon, 2016, 58(2): 311-321.

Dong W M, An C-B, Wang Y Q, et al. Bone collagen stable isotope analysis of a Bronze Age site of Liushugou and its implication for subsistence strategy in arid northwest China [J]. The Holocene, 2021, 31(2): 194-202.

Dong Y, Chen S T, Ambrose S H, et al. Social and environmental factors influencing dietary choices among Dawenkou culture sites, Late Neolithic China [J]. The Holocene, 2021, 31(2): 271-284.

Dong Y, Morgan C, Chinenov Y, et al. Shifting diets and the rise of male-biased inequality on the Central Plains of China during Eastern Zhou [J]. Proceedings of the National Academy of Sciences of the United States of America, 2017, 114(5): 932-937.

Dong Y, Lin L, Zhu X, et al. Mortuary ritual and social identities during the late Dawenkou period in China [J]. Antiquity, 2019, 93(368): 378-392.

Doumani P N, Frachetti M D, Beardmore R et al. Burial ritual, agriculture, and craft production among Bronze Age pastoralists at Tasbas (Kazakhstan) [J]. Archaeological Research in Asia, 2015, (1-2): 17-32.

Drucker D, Bocherens H. Carbon and nitrogen stable isotopes as tracers of change in diet breadth during Middle and Upper Palaeolithic in Europe [J]. International Journal of Osteoarchaeology, 2004, 14(14): 162-177.

Dupras T L, Schwarcz H P, Fairgrieve S I. Infant feeding and weaning practices in Roman Egypt [J]. American Journal of Physical Anthropology, 2001, 115(3): 204-212.

Dupras T L, Tocheri M W. Reconstructing infant weaning histories at Roman period Kellis, Egypt using stable isotope analysis of dentition [J]. American Journal of Physical Anthropology, 2007, 134(1): 63-74.

Dürrwächter C, Craig O E, Collins M J, et al. Beyond the grave: Variability in Neolithic diets in Southern Germany? [J]. Journal of Archaeological Science, 2006, 33(1): 39-48.

Eerkens J W, Berget A G, Bartelink E J. Estimating weaning and early childhood diet from serial micro-samples of dentin collagen [J]. Journal of Archaeological Science, 2011, 38(11): 3101-3111.

Ehleringer J R, Avalos S C, Tipple B J, et al. Stable isotopes in hair reveal dietary protein sources with links to socioeconomic status and health [J]. Proceedings of the National Academy of Sciences of the United States of America, 2020, 117(33): 20044-20051.

Emanuela C, Anita R, Dusan B, et al. Dental calculus and isotopes provide direct evidence of fish and plant consumption in Mesolithic Mediterranean [J]. Scientific Reports, 2018, 8(1): 8147.

Eshed V, Gopher A, Pinhasi R, et al. Paleopathology and the origin of agriculture in the Levant [J]. American Journal of Physical Anthropology, 2010, 143(1): 121-133.

Farquhar G D, Ehleringer J R, Hubick K T. Carbon isotope discrimination and photosynthesis [J]. Annual Reviews of Plant Physiology and Plant Molecular Biology, 1989, 40: 503-537.

Farquhar G D, O'leary M H, Berry J A. On the relationship between carbon isotope discrimination and the intercellular carbon dioxide concentration in leaves [J]. Australian Journal of Plant Physiology, 1982, 9: 121-137.

Federer R N, Hollmén T E, Esler D, et al. Stable carbon and nitrogen isotope discrimination factors from diet to blood plasma, cellular blood, feathers, and adipose tissue fatty acids in Spectacled Eiders (Somateria fischeri) [J]. Canadian Journal of Zoology, 2010, 88: 866-874.

Feng Y, Wen Z B, Gulnur S, et al. Study of the relationship between compositions of shrub plant of stable-carbon-isotope and environmental factors in Xinjiang representatives of Chenopodiaceae [J]. CONTEMP PROBL ECOL+, 2014, 2014, 7(3): 301-307.

Fenner J N, Tumen D, Khatanbaatar D. Food fit for a Khan: Stable isotope analysis of the elite Mongol Empire cemetery at Tavan Tolgoi, Mongolia [J]. Journal of Archaeological Science, 2014, 46: 231-244.

Fernandes R, Millard A R, Brabec M, et al. Food reconstruction using isotopic transferred signals (FRUITS): A Bayesian model for diet reconstruction [J]. PLoS ONE, 2014, 9(2): e87436.

Fernandes R, Nadeau M J, Grootes P M. Macronutrient-based model for dietary carbon routing in bone collagen and bioapatite [J]. Archaeological & Anthropological Sciences, 2012, 4(4): 291-301.

Field J S, Cochrane E E, Greenlee D M. Dietary change in Fijian prehistory: Isotopic analyses of human and animal skeletal material [J]. Journal of Archaeological Science, 2009, 36(7): 1547-1556.

Filipovi D, Meadows J, Corso M D, et al. New AMS 14C dates track the arrival and spread of broomcorn millet cultivation and agricultural change in prehistoric Europe [J]. Scientific Reports, 2020, 10: 13698.

Finucane B C. Mummies, maize, and manure: multi-tissue stable isotope analysis of late prehistoric human remains from the Ayacucho Valley, Peru [J]. Journal of Archaeological Science, 2007, 34(12): 2115-2124.

Finucane B, Agurto P M, Isbell W H. Human and animal diet at Conchopata, Peru: Stable isotope evidence for maize agriculture and animal management practices during the Middle Horizon [J]. Journal of

Archaeological Science, 2006, 33(12): 1766-1776.

Fischer A, Olsen J, Richards M, et al. Coast-inland mobility and diet in the Danish Mesolithic and Neolithic: Evidence from stable isotope values of humans and dogs [J]. Journal of Archaeological Science, 2007, 34(12): 2125-2150.

Flohr P, Müldner G, Jenkins E. Carbon stable isotope analysis of cereal remains as a way to reconstruct water availability: Preliminary results [J]. Water History, 2011, 3(2): 121-144.

Frachetti M D. Multiregional emergence of mobile pastoralism and nonuniform institutional complexity across Eurasia [J]. Current Anthropology, 2012, 53(1): 2-38.

Frachetti M, Benecke N. From sheep to (some) horses: 4500 years of herd structure at the pastoralist settlement of Begash (south-eastern Kazakhstan) [J]. Antiquity, 2009, 83(322): 1023-1037.

Frachetti M D, Smith C E, Traub C M, et al. Nomadic ecology shaped the highland geography of Asia's Silk Roads [J]. Nature, 2017, 543(7644): 193-198.

France R. Carbon isotope ratios in logged and unlogged boreal forests: Examination of the potential for determining wildlife habitat use [J]. Environmental Management, 1996, 20(2): 249-255.

Francey R J, Farquhar G D. An explanation of 13C/12C in tree rings [J]. Nature, 1982, 297(5861): 28-31.

Fraser R A, Bogaard A, Heaton T, et al. Manuring and stable nitrogen isotope ratios in cereals and pulses: towards a new archaeobotanical approach to the inference of land use and dietary practices [J]. Journal of Archaeological Science, 2011, 38(10): 2790-2804.

Froehle A W, Kellner C M, Schoeninger M J. FOCUS: Effect of diet and protein source on carbon stable isotope ratios in collagen: Follow up to Warinner and Tuross (2009) [J]. Journal of Archaeological Science, 2010, 37(10): 2662-2670.

Fuller B T, Fuller J L, Harris D A, et al. Detection of breastfeeding and weaning in modern human infants with carbon and nitrogen stable isotope ratios [J]. American Journal of Physical Anthropology, 2006, 129(2): 279-293.

Fuller B T, Fuller J L, Sage N E, et al. Nitrogen balance and delta ^{15}N: Why you're not what you eat during pregnancy [J]. Rapid Communications in Mass Spectrometry, 2004, 18(23): 2889-2896.

Fuller B T, Fuller J L, Sage N E, et al. Nitrogen balance and delta ^{15}N: Why you're not what you eat during nutritional stress [J]. Rapid Communications in Mass Spectrometry, 2005, 19(18): 2497-2506.

Fuller B T, Richards M P, Mays S A. Stable carbon and nitrogen isotope variations in tooth dentine serial sections from Wharram Percy [J]. Journal of Archaeological science, 2003, 30(12): 1673-1684.

Fuller D Q, Qin L, Zheng Y, et al. The domestication process and domestication rate in rice: Spikelet bases from the Lower Yangtze [J]. Science, 2009, 323(5921): 1607-1610.

Fuller D Q, Willcox G, Allaby R G. Cultivation and domestication had multiple origins: Arguments against the core area hypothesis for the origins of agriculture in the Near East [J]. World Archaeology, 2011, 43(4): 628-652.

Gao S Z, Zhang Y, Wei D, et al. Ancient DNA reveals a migration of the ancient Di-qiang populations into Xinjiang as early as the early Bronze Age [J]. American Journal of Physical Anthropology, 2015, 157(1): 71-80.

Garcia D C, Richards M P, Nehlich O, et al. Dental calculus is not equivalent to bone collagen for isotope analysis: A comparison between carbon and nitrogen stable isotope analysis of bulk dental calculus, bone and dentine collagen from same individuals from the Medieval site of El Raval (Alicante, Spain) [J]. Journal of Archaeological Science, 2014, 47: 70-77.

Garten Jr C, Schwab A B, Shirshac T L. Foliar retention of ^{15}N tracers: Implications for net canopy exchange in low- and high-elevation forest ecosystems [J]. Forest Ecology & Management, 1998, 103(2): 211-216.

Gat J R. Oxygen and hydrogen isotopes in the hydrologic cycle [J]. Annu. rev. earth. planet. sci, 1996, 24(1): 225-262.

Ghannoum O, Caemmerer S V, Conroy J P. Carbon and water economy of Australian NAD-ME and NADP-ME C4 grasses [J]. Australian Journal of Plant Physiology, 2001, 28: 213-223.

Ghannoum O, Caemmerer S V, Conroy J P. The effect of drought on plant water use efficiency of nine NAD-ME and nine NADP-ME Australian C4 grasses [J]. Functional Plant Biology, 2002, 29: 1337-1348.

Gignoux C R, Henn B M, Mountain J L. Rapid, global demographic expansions after the origins of agriculture [J]. Proceedings of the National Academy of Sciences of the United States of America, 2011, 108(15): 6044-6049.

Goñalons G L M. Camelids in ancient Andean societies: A review of the zooarchaeological evidence [J]. Quaternary International, 2008, 185(1): 59-68.

Gong Y W, Yang Y M, Ferguson D K, et al. Investigation of ancient noodles, cakes, and millet at the Subeixi site, Xinjiang, China [J]. Journal of Archaeological Science, 2011, 38(2): 470-479.

Guede I, Ortega L A, Zuluaga M C, et al. Isotope analyses to explore diet and mobility in a medieval Muslim population at Tauste (NE Spain) [J]. PLoS ONE, 2017, 12(5): e0176572.

Guo Y, Fan Y, Hu Y W, et al. Diet transition or human migration in the Chinese Neolithic? Dietary and migration evidence from the stable isotope analysis of humans and animals from the Qinglongquan Site, China [J]. International Journal of Osteoarchaeology, 2018a, 28(2): 85-94.

Guo Y, Lou J, Chen X, et al. Investigating dietary patterns and human mobility in bone apatite at the Zhuangqiaofen site (5000-3700 BP), Zhejiang Province, China [J]. Quaternary International, 2018b, 493: 245-251.

Guo Y, Lou J, Xie S, et al. Isotopic reconstruction of human diet in the Ji'erzankale site, Xinjiang Uyghur Autonomous Region, China [J]. International Journal of Osteoarchaeology, 2020, 30(1): 65-72.

Gupta A K. Origin of agriculture and domestication of plants and animals linked to early Holocene climate amelioration [J]. Current sciencebangalore, 2004, 87: 54-59.

Guthrie R D. New carbon dates link climatic change with human colonization and Pleistocene extinctions [J]. Nature, 2006, 441(7090): 207-209.

Haak W, Balanovsky O, Sanchez J J, et al. Ancient DNA from European early Neolithic farmers reveals their near eastern affinities [J]. PLoS Biol, 2010, 8(11): e1000536.

Handley L L, Austin A T, Stewart G R, et al. The N-15 natural abundance (delta N-15) of ecosystem samples reflects measures of water availability [J]. Australian Journal of Plant Physiology, 1999, 26(2): 185-199.

Harlan J R. Agricultural origins: Centers and noncenters [J]. Science, 1971, 174(4008): 468-474.

Harrison R G, Katzenberg M A. Paleodiet studies using stable carbon isotopes from bone apatite and collagen: Examples from Southern Ontario and San Nicolas Island, California [J]. Journal of Anthropological Archaeology, 2003, 22(3): 227-244.

Hartman G. Are elevated $\delta^{15}N$ values in herbivores in hot and arid environments caused by diet or animal physiology? [J]. Functional Ecology, 2011, 25(25): 122-131.

Hartman G, Danin A. Isotopic values of plants in relation to water availability in the Eastern Mediterranean region [J]. Oecologia, 2010, 162(4): 837-852.

Hatch M D, Kagawa T, Craig S. Subdivision of C_4-pathway species based on differing C_4 acid decarboxylating systems and ultrastructural features [J]. Australian Journal of Plant Physiology, 1975, 2: 111-128.

Hattersley P W. $\delta^{13}C$ Value of C_4 types in grasses [J]. Australian Journal of Plant Physiology, 1982, 9: 139-154.

Haubert D, Langel R, Scheu S, et al. Effects of food quality, starvation and life stage on stable isotope fractionation in Collembola [J]. Pedobiologia, 2005, 49(3): 229-237.

Hayden B. Nimrods, piscators, pluckers, and planters: The emergence of food production [J]. Journal of anthropological archaeology, 1990, 9(1): 31-69.

Hayden B. The proof is in the pudding: Feasting and the origins of domestication [J]. Current Anthropology, 2009, 50(5): 597-601.

Heaton T H E. The $^{15}N/^{14}N$ ratios of plants in South Africa and Namibia: Relationship to climate and coastal/saline environments [J]. Oecologia, 1987, 74(2): 236-246.

Heaton T H E, Vogel J C, Chevallerie G V L, et al. Climatic influence on the isotopic composition of bone nitrogen [J]. Nature, 1986, 322(6082): 822-823.

Hedges R E M. Bone diagenesis: An overview of processes [J]. Archaeometry, 2002, 44(3): 319-328.

Hedges R E M, Clement J G, Thomas C D L, et al. Collagen turnover in the adult femoral mid-shaft: Modeled from anthropogenic radiocarbon tracer measurements [J]. American Journal of Physical Anthropology, 2007, 133(2): 808-816.

Hedges R E M, Reynard L M. Nitrogen isotopes and the trophic level of humans in archaeology [J]. Journal of Archaeological Science, 2007, 34: 1240-1251.

Henry A G, Brooks A S, Piperno D R, et al. Microfossils in calculus demonstrate consumption of plants and cooked foods in Neanderthal diets (Shanidar III, Iraq; Spy I and II, Belgium) [J]. Proceedings of the National Academy of Sciences of the United States of America, 2011, 108(2): 486-491.

Hermes T R, Frachetti M D, Dupuy P, et al. Early integration of pastoralism and millet cultivation in Bronze Age Eurasia [J]. Proceedings of the Royal Society B: Biological Sciences, 2019, 286(1910): 20191273.

Heun M, Schäferpregl R, Klawan D, et al. Site of einkorn wheat domestication identified by DNA fingerprinting [J]. Science, 1997, 278(278): 1312-1314.

Hobson K A, Clark R G. Assessing avian diets using stable isotopes II: Factors influencing diet-tissue fractionation [J]. Condor, 1992, 94: 189-197.

Hobson K A, Welch H E. Determination of trophic relationships within a high Arctic marine food web using δ^{13}C and δ^{15}N analysis [J]. Marine Ecology Progress, 1992, 84: 9-18.

Högberg P. ^{15}N natural abundance in soil-plant systems [J]. Tansley Review No. 95. New Phytologist, 1997, 137: 179-203.

Högberg P, Johannisson C, Hällgren J E. Studies of ^{13}C in the foliage reveal interactions between nutrients and water in forest fertilization experiments [J]. Plant and Soil, 1993, 152(2): 207-214.

Horiuchi A, Miyata Y, Kamijo N, et al. A dietary study of the Kamegaoka culture population during the final Jomon Period, Japan, using stable isotope and lipid analyses of ceramic residues [J]. Radiocarbon, 2015, 57(4): 721-736.

Hou L L, Hu C B, Hu T H, et al. Human subsistence strategy in the Ordos Plateau, Inner Mongolia, China, during the Qin and Han dynasties: Using stable isotope analysis [J]. International Journal of Osteoarchaeology, 2021 [2021-05-08]. doi: 10.1002/oa.2994.

Hou L L, Hu Y W, Zhao X, et al. Human subsistence strategy at Liuzhuang site, Henan, China during the proto-Shang culture (~2000-1600 BC) by stable isotopic analysis [J]. Journal of Archaeological Science, 2013, 40(5): 234-2351.

Hu Y W. Thirty-four years of stable isotopic analyses of ancient skeletons in China: an Overview, Progress and Prospects [J]. Archaeometry, 2018, 60(1): 144-156.

Hu Y W, Ambrose S H, Wang C S. Stable isotopic analysis of human bones from Jiahu site, Henan, China: Implications for the transition to agriculture [J]. Journal of Archaeological Science, 2006, 33: 1319-1330.

Hu Y W, Hu S M, Wang W L, et al. Earliest evidence for commensal processes of cat domestication [J]. Proceedings of the National Academy of Sciences of the United States of America, 2014, 111(1): 116-120.

Hu Y W, Wang S G, Luan F S, et al. Stable isotope analysis of humans from Xiaojingshan site: Implications for understanding the origin of millet agriculture in China [J]. Journal of Archaeological Science, 2008, 35(11): 2960-2965.

Huray J D L, Schutkowski H. Diet and social status during the La Tène period in Bohemia: Carbon and nitrogen stable isotope analysis of bone collagen from Kutná Hora-Karlov and Radovesice [J]. Journal of Anthropological Archaeology, 2005, 24(2): 135-147.

Iacumin P, Bocherens H, Mariotti A, et al. An isotopic palaeoenvironmental study of human skeletal remains from the Nile Valley [J]. Palaeogeography, Palaeoclimatology, Palaeoecology, 1996, 126(1): 15-30.

Jay M, Fuller B T, Richards M P, et al. Iron Age breastfeeding practices in Britain: Isotopic evidence from Wetwang Slack, East Yorkshire [J]. American Journal of Physical Anthropology, 2008, 136(3): 327-337.

Jeong C, Wilkin S, Amgalantugs T, et al. Bronze Age population dynamics and the rise of dairy pastoralism on the eastern Eurasian steppe [J]. Proceedings of the National Academy of Sciences of the United States of America, 2018, 115(48): E11248-E11255.

Jia P W, Betts A. A re-analysis of the Qiemu'erqieke (Shamirshak) cemeteries, Xinjiang, China [J]. Journal of Indo-European Studies, 2010, 38(4): 1-43.

Jia P W, Betts A, Wu X. New evidence for Bronze Age agricultural settlements in the Zhunge'er (Junggar) Basin, China [J]. Journal of Field Archaeology, 2011, 36(4): 269-280.

Jia P W, Caspari G, Betts A, et al. Seasonal movements of Bronze Age transhumant pastoralists in western Xinjiang [J]. PLoS ONE, 2020, 15(11): e0240739.

Jiang H E, Feng G P, Liu X L, et al. Drilling wood for fire: Discoveries and studies of the fire-making tools in the Yanghai cemetery of ancient Turpan, China [J]. Vegetation History & Archaeobotany, 2018, 27(1): 197-206.

Jiang H E, Li X, Ferguson D K, et al. The discovery of Capparis spinosa L. (Capparidaceae) in the Yanghai Tombs (2800 years b.p.), NW China, and its medicinal implications [J]. Journal of Ethnopharmacology, 2007a, 113(3): 409-420.

Jiang H E, Li X, Liu C J, et al. Fruits of Lithospermum officinale L. (Boraginaceae) used as an early plant decoration (2500 years BP) in

Xinjiang, China [J]. Journal of Archaeological Science, 2007b, 34(2): 167-170.

Jiang H E, Li X, Zhao Y X, et al. A new insight into Cannabis sativa (Cannabaceae) utilization from 2500-year-old Yanghai Tombs, Xinjiang, China [J]. Journal of Ethnopharmacology, 2006, 108(3): 414-422.

Jiang H E, Wang B, Li X, et al. A consideration of the involucre remains of Coix lacryma-jobi L. (Poaceae) in the Sampula Cemetery (2000 years BP), Xinjiang, China [J]. Journal of Archaeological science, 2008, 35(5): 1311-1316.

Jiang H E, Wang L J, Merlin M D, et al. Ancient Cannabis Burial Shroud in a Central Eurasian Cemetery [J]. Economic Botany, 2016, 70(3): 1-9.

Jiang H E, Wu Y, Wang H, et al. Ancient plant use at the site of Yuergou, Xinjiang, China: Implications from desiccated and charred plant remains [J]. Vegetation History and Archaeobotany, 2013, 22(2): 129-140.

Jiang H E, Zhang Y, Lü E G, et al. Archaeobotanical evidence of plant utilization in the ancient Turpan of Xinjiang, China: A case study at the Shengjindian cemetery [J]. Vegetation History and Archaeobotany, 2015, 24: 165-177.

Jiang H E, Zhang Y B, Li X, et al. Evidence for early viticulture in China: Proof of a grapevine (Vitis vinifera L. Vitaceae) in the Yanghai Tombs, Xinjiang [J]. Journal of Archaeological Science, 2009, 36(7): 1458-1465.

Jones M, Hunt H, Lightfoot E, et al. Food globalization in prehistory [J]. World Archaeology, 2011, 43(4): 665-675.

Jones S, Quinn R L. Prehistoric Fijian diet and subsistence: Integration of faunal, ethnographic, and stable isotopic evidence from the Lau Island Group [J]. Journal of Archaeological Science, 2009, 36(12): 2742-2754.

Jørkov M L S, Heinemeier J, Lynnerup N. Evaluating bone collagen extraction methods for stable isotope analysis in dietary studies [J]. Journal of Archaeological Science, 2007, 34(11): 1824-1829.

Katzenberg M A, Goriunova O, Weber A. Paleodiet reconstruction of Bronze Age Siberians from the mortuary site of Khuzhir-Nuge XIV, Lake Baikal [J]. Journal of Archaeological Science, 2009, 36(3): 663-674.

Katzenberg M A, Herring D A, Saunders S R. Weaning and infant mortality: Evaluating the skeletal evidence [J]. American Journal of Physical Anthropology, 1996, 101(S23): 177-199.

Katzenberg M A, Lovell N C. Stable isotope variation in pathological bone [J]. International Journal of Osteoarchaeology, 1999, 9(5): 316-324.

Katzenberg M A, Saunders S R, Fitzgerald W R. Age differences in stable carbon and nitrogen isotope ratios in a population of prehistoric maize horticulturists [J]. American Journal of Physical Anthropology, 1993, 90(90): 267-81.

Keenleyside A, Schwarcz H, Stirling L, et al. Stable isotopic evidence for diet in a Roman and Late Roman population from Leptiminus, Tunisia [J]. Journal of Archaeological Science, 2009, 36(1): 51-63.

King C L, Millard A R, Grcke D R, et al. A comparison of using bulk and incremental isotopic analyses to establish weaning practices in the past [J]. STAR: Science and Technology of Archaeological Research, 2017, 3(1): 125-134.

Kjellström A, Storå J, Possnert G, et al. Dietary patterns and social structures in medieval Sigtuna, Sweden, as reflected in stable isotope values in human skeletal remains [J]. Journal of Archaeological Science, 2009, 36(12): 2689-2699.

Knudson K J, Aufderheide A E, Buikstra J E. Seasonality and paleodiet in the Chiribaya polity of southern Peru [J]. Journal of Archaeological Science, 2007, 34(3): 451-462.

Knudson K J, Pestle W J, Torres-Rouff C, et al. Assessing the life history of an andean traveller through biogeochemistry: Stable and radiogenic isotope analyses of archaeological human remains from Northern Chile [J]. International Journal of Osteoarchaeology, 2012, 22(4): 435-451.

Kohn M J. Carbon isotope compositions of terrestrial C_3 plants as indicators of (paleo)ecology and (paleo)climate [J]. Proceedings of the National Academy of Sciences of the United States of America, 2010, 107(46): 19691-19695.

Körner C H, Farquhar G D, Roksandic Z. A global survey of carbon isotope discrimination in plants from high altitude [J]. Oecologia, 1988, 74(4): 623-632.

Körner C H, Farquhar G D, Wong S C. Carbon isotope discrimination by plants follows latitudinal and altitudinal trends [J]. Oecologia, 1991, 88: 30-40.

Krause R, Epimakhov A V, Kupriyanova E V, et al. The Petrovka Bronze Age sites: Issues in taxonomy and chronology [J]. Archaeology Ethnology and Anthropology of Eurasia, 2019, 47(1): 54-63.

Kuijt I, Finlayson B. Evidence for food storage and predomestication granaries 11,000 years ago in the Jordan Valley [J]. Proceedings of the National Academy of Sciences of the United States of America, 2009, 106(27): 10966-10970.

Kuijt I, Goring-Morris N. Foraging, farming, and social complexity in the Pre-Pottery Neolithic of the southern Levant: A review and synthesis [J]. Journal of World Prehistory, 2002, 16(4): 361-440.

Kusaka S, Hyodo F, Yumoto T, et al. Carbon and nitrogen stable isotope analysis on the diet of Jomon populations from two coastal regions of Japan [J]. Journal of Archaeological Science, 2010, 37(8): 1968-1977.

Lambert P M. Health versus fitness: Competing themes in the origins and spread of agriculture? [J]. Current Anthropology, 2009, 50(5): 603-608.

Lanehart R E, Tykot R H, Underhill A P, et al. Dietary adaptation during the Longshan period in China: Stable isotope analyses at Liangchengzhen (southeastern Shandong) [J]. Journal of Archaeological Science, 2011, 38(9): 2171-2181.

Larsen C S. Animal source foods and human health during evolution [J]. The Journal of Nutrition, 2003, 133(11 Suppl 2): 3893S-3897S.

Larsen C S. The agricultural revolution as environmental catastrophe: Implications for health and lifestyle in the Holocene [J]. Quaternary International, 2006, 150(1): 12-20.

Larson G, Fuller D Q. The evolution of animal domestication [J]. Annual Review of Ecology, Evolution, and Systematics, 2014, 45: 115-136.

Larson G, Piperno D R, Allaby R G, et al. Current perspectives and the future of domestication studies [J]. Proceedings of the National Academy of Sciences of the United States of America, 2014, 111(17): 6139-6146.

Lee-Thorp J A. On isotopes and old bones [J]. Archaeometry, 2008, 50(6): 925-950.

Lee-Thorp J A, Sealy J, van der Merwe N J. Stable carbon isotope ratio differences between bone collagen and bone apatite, and their relationship to diet [J]. Journal of Archaeological Science, 1989, 16(6): 585-599.

Leticia M M L, Gerardo H M L, Nicte R P, et al. Effect of diet quality on carbon and nitrogen turnover and isotopic discrimination in blood of a New World nectarivorous bats [J]. Journal of Experimental Biology, 2006, 209 (3): 541-548.

Li B, Xu W X, Blank D A, et al. Diet characteristics of wild sheep (Ovis ammon darwini) in the Mengluoke Mountains, Xinjiang, China [J]. J Arid Land, 2018, (3): 482-491.

Li C X, Li H, Cui Y, et al. Evidence that a West-East admixed population lived in the Tarim Basin as early as the early Bronze Age [J]. BMC biology, 2010, 8(1): 1.

Li C X, Chao N, Hagelberg E, et al. Analysis of ancient human mitochondrial DNA from the Xiaohe cemetery: Insights into prehistoric population movements in the Tarim Basin, China [J]. BMC Genetics, 2015, 16(1): 78.

Li C X, Dong Y, Liu M X, et al. Ancient DNA analysis of Panicum miliaceum (broomcorn millet) from a Bronze Age cemetery in Xinjiang, China [J]. Vegetation History & Archaeobotany, 2016, 25(5): 469-477.

Li C X, Lister D L, Li H J, et al. Ancient DNA analysis of desiccated wheat grains excavated from a Bronze Age cemetery in Xinjiang [J]. Journal of Archaeological Science, 2011, 38(1): 115-119.

Li J F, Idelisi A, Hueber F M, et al. Buried in Sands: Environmental analysis at the archaeological site of Xiaohe Cemetery, Xinjiang, China [J]. PLoS ONE, 2013, 8(7): e68957.

Li K K, Qin X G, Xu B, et al. Palaeofloods at ancient Loulan, northwest China: Geoarchaeological perspectives on burial practices [J]. Quaternary

International, 2021, 577: 131-138.

Li K K, Qin X G, Zhang L, et al. Oasis landscape of the ancient Loulan on the west bank of Lake Lop Nur, Northwest China, inferred from vegetation utilization for architecture [J]. The Holocene, 2019, 29(6): 1030-1044.

Li W, Zhou L G, Lin Y H, et al. Interdisciplinary study on dietary complexity in Central China during the Longshan Period (4.5-3.8 ka BP): New isotopic evidence from Wadian and Haojiatai, Henan Province [J]. The Holocene, 2021, 31(2): 258-270.

Li X, Lu M X, Cui Y F, et al. The integration of farmers and nomads: Archaeological evidence for the human subsistence strategy in northwestern China during the Han Dynasty [J]. Acta Geologica Sinica, 2020a, 94(3): 603-611.

Li X, Zhang S J, Lu M X, et al. Dietary shift and social hierarchy from the Proto-Shang to Zhou Dynasty in the Central Plains of China [J]. Environmental Research Letters, 2020b, 15(3): 035002.

Li Y Q. Agriculture and palaeoeconomy in prehistoric Xinjiang, China (3000-200 bc) [J]. Vegetation History and Archaeobotany, 2021, 30: 287-303.

Li Y Q, Storozum M J, Li H M, et al. Architectural connections between western Central Asia and China: New investigations at Haermodun (cal AD 90-321), a fortified circular settlement in Xinjiang, China [J]. Antiquity, 2021, 95(380): 1-6.

Li Y Q, Storozum M J, Tian D, et al. Farming strategies of 1st millennium CE agro-pastoralists on the southern foothills of the Tianshan Mountains: A geoarchaeological and macrobotanical investigation of the Mohuchahangoukou (MGK) site, Xinjiang, China [J]. PloS ONE, 2019, 14(6): e0217171.

Li Y Q, Storozum M J, Wang X, et al. Early irrigation and agropastoralism at Mohuchahangoukou (MGK), Xinjiang, China [J]. Archaeological Research in Asia, 2017, 12: 23-32.

Li Y, Zhang C, Taylor W T T, et al. Early evidence for mounted horseback riding in northwest China [J]. Proceedings of the National Academy of

Sciences of the United States of America, 2020, 117(47): 29569-29576.

Lightfoot E, Motuzaite Matuzeviciute G, O'Connell T C, et al. How "pastoral" is pastoralism? Dietary diversity in Bronze Age communities in the central Kazakhstan steppes [J]. Archaeometry, 2015, 57(S1): 232-249.

Lightfoot E, Przelomska N, Craven M, et al. Intraspecific carbon and nitrogen isotopic variability in foxtail millet (Setaria italica) [J]. Rapid Communications in Mass Spectrometry, 2016, 30(13): 1475-1487.

Lightfoot E, Stevens R E. Stable isotope investigations of charred barley (*Hordeum vulgare*) and wheat (*Triticum spelta*) grains from Danebury Hillfort: Implications for palaeodietary reconstructions [J]. Journal of Archaeological Science, 2012, 39(3): 656-662.

Lin Y X, Rehren T, Wang H, et al. The beginning of faience in China: A review and new evidence [J]. Journal of Archaeological Science, 2019, 105: 97-115.

Liu C, Liu R, Zhou P, et al. Metallurgy at the Crossroads: New Analyses of Copper-based Objects at Tianshanbeilu, Eastern Xinjiang, China [J]. Acta Geologica Sinica, 2020, 94(3): 594-602.

Liu C L, Zhang J F, Jiao P C, et al. The Holocene history of Lop Nur and its palaeoclimate implications [J]. Quaternary Science Reviews, 2016, 148: 163-175.

Liu L, Lee G A, Jiang L, et al. Evidence for the early beginning (c. 9000 cal. BP) of rice domestication in China: A response [J]. The Holocene, 2007, 17(8): 1059-1068.

Liu N, Yang Y M, Wang Y Q, et al. Nondestructive characterization of ancient faience beads unearthed from Ya'er cemetery in Xinjiang, Early Iron Age China [J]. Ceramics International, 2017, 43(13): 10460-10467.

Liu Q J, Chen Y N. Relationship between the carbon isotope composition of grassland plant communities and altitude in Barkol, Xinjiang province, China [J]. Pakistan Journal of Botany, 2017, 49(6): 2325-2332.

Liu R L, Pollard M, Schulting R, et al. Synthesis of stable isotopic data for human bone collagen: A study of the broad dietary patterns across ancient

China [J]. The Holocene, 2021, 31(2): 302-312.

Liu X K, Liu J B, Shen C C, et al. Inconsistency between records of $\delta^{18}O$ and trace element ratios from stalagmites: Evidence for increasing mid-late Holocene moisture in arid central Asia [J]. The Holocene, 2019, 30(3): 369-379.

Liu X Y, Jones M K, Zhao Z J, et al. The earliest evidence of millet as a staple crop: New light on Neolithic foodways in North China [J]. American Journal of Physical Anthropology, 2012, 149(2): 283-290.

Liu X Y, Jones P J, Motuzaite Matuzeviciute G, et al. From ecological opportunism to multi-cropping: Mapping food globalisation in prehistory [J]. Quaternary Science Reviews, 2019, 206: 21-28.

Liu X Y, Lightfoot E, O'Connell T C, et al. From necessity to choice: Dietary revolutions in west China in the second millennium BC [J]. World Archaeology, 2014, 46(5): 661-680.

Liu X Y, Lister D L, Zhao Z Y, et al. Journey to the east: Diverse routes and variable flowering times for wheat and barley en route to prehistoric China [J]. PLoS ONE, 2017, 12(11): e0187405.

Liu X Y, Reid R E, Lightfoot E, et al. Radical change and dietary conservatism: Mixing model estimates of human diets along the Inner Asia and China's mountain corridors [J]. The Holocene, 2016, 26(10): 1556-1565.

Loftus R T, MacHugh D E, Bradley D G, et al. Evidence for two independent domestications of cattle [J]. Proceedings of the National Academy of Sciences of the United States of America, 1994, 91(7): 2757-2761.

Long T W, Leipe C, Jin G Y, et al. The early history of wheat in China from C-14 dating and Bayesian chronological modelling [J]. Nature Plants, 2018, 4(5): 272-279.

Longin R. New method of collagen extraction for radiocarbon dating [J]. Nature, 1971, 230(5291): 241-242.

Lu H Y, Xia X C, Liu J Q, et al. A preliminary study of chronology for a newly-discovered ancient city and five archaeological sites in Lop Nor,

China [J]. Chinese Science Bulletin, 2010, 55(1): 63-71.

Lu H Y, Zhang J P, Liu K B, et al. Earliest domestication of common millet (*Panicum miliaceum*) in East Asia extended to 10,000 years ago [J]. Proceedings of the National Academy of Sciences of the United States of America, 2009, 106(18): 7367-7372.

Luo L, Wang X, Liu J, et al. Uncovering the ancient canal-based tuntian agricultural landscape at China's northwestern frontiers [J]. Journal of Cultural Heritage, 2017, 23: 79-88.

Ma M M, Dong G H, Jia X, et al. Dietary shift after 3600 cal yr BP and its influencing factors in northwestern China: Evidence from stable isotopes [J]. Quaternary Science Reviews, 2016, 145: 57-70.

Ma M M, Dong G H, Ligihtfoot E, et al. Stable isotope analysis of human and faunal remains in the Western Loess Plateau, Gansu, China, approximately 4000 Cal BP [J]. Archaeometry, 2014, 56(suppl. S1): 237-255.

Ma M M, Dong G H, Liu X Y, et al. Stable isotope analysis of human and animal remains at the Qijiaping site in middle Gansu, China [J]. International Journal of Osteoarchaeology, 2015, 25: 923-934.

Ma Y, Fuller B T, Chen L, et al. Reconstructing Diet of the Early Qin (ca. 700-400 BC) at Xishan, Gansu Province, China [J]. International Journal of Osteoarchaeology, 2016a, 26(6): 959-973.

Ma Y, Fuller B T, Sun W, et al. Tracing the locality of prisoners and workers at the Mausoleum of Qin Shi Huang: First Emperor of China (259-210 BC) [J]. Scientific Reports, 2016b, 6: 26731.

Ma Y, Fuller B T, Wei D, et al. Isotopic perspectives [$\delta(13)C$, $\delta(15)N$, $\delta(34)S$] of diet, social complexity, and animal husbandry during the proto-shang period (ca. 2000-1600 BC) of China [J]. American Journal of Physical Anthropology, 2016c, 160(3): 433-445.

Macko S A, Lubec G, Teschler-Nicola M, et al. The Ice Man's diet as reflected by the stable nitrogen and carbon isotopic composition of his hair [J]. Faseb Journal Official Publication of the Federation of American Societies for Experimental Biology, 1999, 13(3): 559-562.

Madgwick R, Lamb A L, Sloane H, et al. Multi-isotope analysis reveals that feasts in the Stonehenge environs and across Wessex drew people and animals from throughout Britain [J]. Science Advances, 2019, 5(3): eaau6078.

Mai H J, Yang Y M, Abuduresule I, et al. Characterization of cosmetic sticks at Xiaohe Cemetery in early Bronze Age Xinjiang, China [J]. Scientific Reports, 2016, 6(1): 18939.

Makarewicz C A. Winter pasturing practices and variable fodder provisioning detected in nitrogen ($\delta^{15}N$) and carbon ($\delta^{13}C$) isotopes in sheep dentinal collagen [J]. Journal of Archaeological Science, 2014, 41: 502-510.

Mancuso C J, Ehleringer J R. Strontium isotope ratios ($^{87}Sr/^{86}Sr$) of human fingernail clippings reveal multiple location signals [J]. Rapid Communications in Mass Spectrometry, 2018a, 32(22): 1922-1930.

Mancuso C J, Ehleringer J R. Traveling there and back again: A fingernail's tale [J]. Journal of Forensic Sciences, 2018b, 64(1): 69-76.

Mancuso C J, Ehleringer J R. Resident and nonresident fingernail isotopes reveal diet and travel patterns [J]. Journal of Forensic Sciences, 2019, 64(1): 77-87.

Marino B D, McElroy M B. Isotopic composition of atmospheric CO_2 inferred from carbon in C_4 plant cellulose [J]. Nature, 1991, 349: 127-131.

Marshall F B, Dobney K, Denham T, et al. Evaluating the roles of directed breeding and gene flow in animal domestication [J]. Proceedings of the National Academy of Sciences of the United States of America, 2014, 111(17): 6153-6158.

McCutchan J H, Lewis W M, Kendall C, et al. Variation in trophic shift for stable isotope ratios of carbon, nitrogen, and sulfur [J]. Oikos, 2003, 102(2): 378-390.

Medina E, Minchin P. Stratification of $\delta^{13}C$ values of leaves in Amazonian rain forests [J]. Oecologia, 1980, 45(3): 377-378.

Mei J J, Shell C. The existence of Andronovo cultural influence in Xinjiang during the 2nd millennium BC [J]. Antiquity, 1999, 73(281): 570-578.

Mekota A M, Grupe G, Ufer S, et al. Serial analysis of stable nitrogen and carbon isotopes in hair: Monitoring starvation and recovery phases of patients suffering from anorexia nervosa [J]. Rapid Communications in Mass Spectrometry, 2006, 20(10): 1604-1610.

Miller N F, Spengler R N, Frachetti M. Millet cultivation across Eurasia: Origins, spread, and the influence of seasonal climate [J]. The Holocene, 2016, 26(10): 1566-1575.

Moghaddam N, Müller F, Hafner A, et al. Social stratigraphy in Late Iron Age Switzerland: Stable carbon, nitrogen and sulphur isotope analysis of human remains from Münsingen [J]. Archaeological and Anthropological Sciences, 2016, 8: 149-160.

Motuzaite Matuzeviciute G, Hermes T R, Mir-Makhamad B, et al. Southwest Asian cereal crops facilitated high-elevation agriculture in the central Tien Shan during the mid-third millennium BCE [J]. PLoS ONE, 2020, 15(5): e0229372.

Motuzaite Matuzeviciute G, Kiryushin Y F, Rakhimzhanova S Z, et al. Climatic or dietary change? Stable isotope analysis of Neolithic-Bronze Age populations from the Upper Ob and Tobol River basins [J]. The Holocene, 2016, 26(10): 1711-1721.

Motuzaite Matuzeviciute G, Lightfoot E, O'Connell T C, et al. The extent of cereal cultivation among the Bronze Age to Turkic period societies of Kazakhstan determined using stable isotope analysis of bone collagen [J]. Journal of Archaeological Science, 2015, 59: 23-34.

Motuzaite Matuzeviciute G, Preece R C, Wang S Z, et al. Ecology and subsistence at the Mesolithic and Bronze Age site of Aigyrzhal-2, Naryn valley, Kyrgyzstan [J]. Quaternary International, 2017, 437: 35-49.

Motuzaite Matuzeviciute G, Staff R A, Hunt H V, et al. The early chronology of broomcorn millet (*Panicum miliaceum*) in Europe [J]. Antiquity, 2013, 87(338): 1073-1085.

Motuzaite Matuzeviciute G, Tabaldiev K, Hermes T, et al. High-altitude agro-pastoralism in the Kyrgyz Tien Shan: New excavations of the Chap Farmstead (1065-825 cal b.c.) [J]. Journal of Field Archaeology, 2019, 45(1): 29-45.

Mummert A, Esche E, Robinson J, et al. Stature and robusticity during the agricultural transition: Evidence from the bioarchaeological record [J]. Economics and Human Biology, 2011, 9(3): 284-301.

Murphy B P, Bowman D M J S. Kangaroo metabolism does not cause the relationship between bone collagen $\delta^{15}N$ and water availability [J]. Functional Ecology, 2006, 20(20): 1062-1069.

Murphy E M, Schulting R, Beer N, et al. Iron Age pastoral nomadism and agriculture in the eastern Eurasian steppe: Implications from dental palaeopathology and stable carbon and nitrogen isotopes [J]. Journal of Archaeological Science, 2013, 40(40): 2547-2560.

Narasimhan V M, Patterson N, Moorjani P, et al. The formation of human populations in South and Central Asia [J]. Science, 2019, 365(6457): eaat7487.

Nardoto G B, Silva S, Kendall C, et al. Geographical patterns of human diet derived from stable-isotope analysis of fingernails [J]. American Journal of Physical Anthropology, 2006, 131(1): 137-146.

Nelson B K, Deniro M J, Schoeninger M J, et al. Effects of diagenesis on strontium, carbon, nitrogen and oxygen concentration and isotopic composition of bone [J]. Geochimica et Cosmochimica Acta, 1986, 50(9): 1941-1949.

Ning C, Gao S Z, Deng B P, et al. Ancient mitochondrial genome reveals trace of prehistoric migration in the east Pamir by pastoralists [J]. Journal of human genetics, 2016, 61: 103-108.

Ning C, Wang C C, Gao S Z, et al. Ancient genomes reveal Yamnaya-related Ancestry and a potential source of Indo-European speakers in Iron Age Tianshan [J]. Current Biology, 2019, 29(15): 2526-2532.

O'Connell T C, Hedges R E M, Healey M A, et al. Isotopic comparison of hair, nail and bone: Modern analyses [J]. Journal of Archaeological Science, 2001, 28(11): 1247-1255.

O'Connell T C, Kneale C J, Tasevska N, et al. The diet-body offset in human nitrogen isotopic values: A controlled dietary study [J]. American Journal of Physical Anthropology, 2012, 149: 426-434.

O'Leary M H. Carbon isotope fractionation in plants [J]. Phytochemistry, 1981, 20(4): 553-567.

O'Leary M H. Carbon isotopes in photosynthesis [J]. Bioscience, 1988, 38: 328-336.

Orlando L. Late Bronze Age cultural origins of dairy pastoralism in Mongolia [J]. Proceedings of the National Academy of Sciences of the United States of America, 2018, 48: 12083-12085.

Outram A K, Stear N A, Robin B, et al. The earliest horse harnessing and milking [J]. Science, 2009, 323(5919): 1332-1335.

Ovodov N D, Crockford S J, Kuzmin Y V, et al. A 33,000-year-old incipient dog from the Altai Mountains of Siberia: Evidence of the earliest domestication disrupted by the Last Glacial Maximum [J]. PloS ONE, 2011, 6(7): e22821.

Pearce-Duvet J. The origin of human pathogens: Evaluating the role of agriculture and domestic animals in the evolution of human disease [J]. Biological Reviews, 2006, 81(3): 369-382.

Pechenkina E A, Ambrose S H, Ma X L, et al. Reconstructing northern Chinese Neolithic subsistence practices by isotopic analysis [J]. Journal of Archaeological Science, 2005, 32: 1176-1189.

Pederzani S, Britton K. Oxygen isotopes in bioarchaeology: Principles and applications, challenges and opportunities [J]. Earth Science Reviews, 2019, 188: 77-107.

Pellegrini M, Pouncett J, Jay M, et al. Tooth enamel oxygen "isoscapes" show a high degree of human mobility in prehistoric Britain [J]. Scientific Reports, 2016, 6: 34986.

Peters J, Driesch A V D. The two-humped camel (*Camelus bactrianus*): New light on its distribution, management and medical treatment in the past [J]. Journal of Zoology, 1997, 242(242): 651-679.

Pinhasi R, Fort J, Ammerman A J. Tracing the origin and spread of agriculture in Europe [J]. PLoS Biol, 2005, 3(12): e410.

Piperno D R, Flannery K V. The earliest archaeological maize (*Zea mays L.*) from highland Mexico: New accelerator mass spectrometry dates and their implications [J]. Proceedings of the National Academy of Sciences of the United States of America, 2001, 98(4): 2101-2103.

Polley H W, Johnson H B, Marino B D, et al. Increase in C_3 plant water-use efficiency and biomass over glacial to present CO_2 concentrations [J]. Nature, 1993, 361: 61-63.

Pospieszny L, Makarowicz P, Lewis J, et al. Isotopic evidence of millet consumption in the Middle Bronze Age of East-Central Europe [J]. Journal of Archaeological Science, 2021, 126: 105292.

Price T D. Ancient farming in eastern North America [J]. Proceedings of the National Academy of Sciences, 2009, 106(16): 6427-6428.

Privat K L, O'Connell T C, Richards M P. Stable isotope analysis of human and faunal remains from the Anglo-Saxon Cemetery at Berinsfield, Oxfordshire: Dietary and social implications [J]. Journal of Archaeological Science, 2002, 29(7): 779-790.

Prowse T L, Schwarcz H P, Saunders S R, et al. Isotopic evidence for age-related variation in diet from Isola Sacra, Italy [J]. American Journal of Physical Anthropology, 2005, 128(1): 2-13.

Qiu Z W, Yang Y M, Shang X, et al. Paleo-environment and paleo-diet inferred from Early Bronze Age cow dung at Xiaohe Cemetery, Xinjiang, NW China [J]. Quaternary International, 2014, 349: 167-177.

Qu Y T, Hu X J, Wang T T, et al. Early interaction of agropastoralism in Eurasia: New evidence from millet-based food consumption of Afanasyevo humans in the southern Altai Mountains, Xinjiang, China [J]. Archaeological and Anthropological Sciences, 2020, 12(8).

Qu Y T, Hu Y W, Rao H Y, et al. Diverse lifestyles and populations in the Xiaohe culture of the Lop Nur region, Xinjiang, China [J]. Archaeological and Anthropological Sciences, 2018, 10(8): 2005-2014.

Rao H Y, Yang Y M, Abuduresule I, et al. Proteomic identification of adhesive on a bone sculpture-inlaid wooden artifact from the Xiaohe Cemetery, Xinjiang, China [J]. Journal of Archaeological Science, 2015, 53: 148-155.

Rauw W M, Kanis E, Noordhuizen-Stassen E N, et al. Undesirable side effects of selection for high production efficiency in farm animals: A review [J]. Livestock Production Science, 1998, 56(1): 15-33.

Rea D K, Leinen M. Asian aridity and the zonal westerlies: Late Pleistocene and Holocene record of eolian deposition in the northwest Pacific Ocean [J]. Palaeogeography, Palaeoclimatology, Palaeoecology, 1988, 66(1): 1-8.

Reimer P J, Austin W E N, Bard E, et al. The IntCal20 Northern Hemisphere radiocarbon age calibration curve (0-55 kcal BP) [J]. Radiocarbon, 2020, 62(4): 725-757.

Ren L, Dong G, Liu F, et al. Foraging and farming: Archaeobotanical and zooarchaeological evidence for Neolithic exchange on the Tibetan Plateau [J]. Antiquity, 2020, 94(375): 1-16.

Ren L L, Li X, Kang L H, et al. Human paleodiet and animal utilization strategies during the Bronze Age in northwest Yunnan Province, southwest China [J]. PLoS ONE, 2017, 12(5): e0177867.

Ren M, Tang Z H, Wu X H, et al. The origins of cannabis smoking: Chemical residue evidence from the first millennium BCE in the Pamirs [J]. Science Advances, 2019, 5(6): eaaw1391.

Reynard L M, Tuross N. The known, the unknown and the unknowable: Weaning times fromarchaeological bones using nitrogen isotope ratios [J]. Journal of Archaeological Science, 2015, 53: 618-625.

Richards M P, Hedges R E M. Stable isotope evidence for similarities in the types of marine foods used by late Mesolithic humans at sites along the Atlantic coast of Europe [J]. Journal of Archaeological Science, 1999, 26: 717-722.

Richards M P, Mays S, Fuller B T. Stable carbon and nitrogen isotope values of bone and teeth reflect weaning age at the Medieval Wharram Percy site, Yorkshire, UK [J]. American Journal of Physical Anthropology, 2002, 119(3): 205-210.

Richards M P, Pettitt P B, Stiner M C, et al. Stable isotope evidence for increasing dietary breadth in the European mid-Upper Paleolithic [J]. Proceedings of the National Academy of Sciences of the United States

America, 2001, 98(11): 6528-6532.

Richards M P, Pettitt P B, Trinkaus E, et al. Neanderthal diet at Vindija and Neanderthal predation: The evidence from stable isotopes [J]. Proceedings of the National Academy of Sciences of the United States America, 2000, 97(13): 7663-7666.

Richards M P, Schulting R J, Hedges R E M. Archaeology: Sharp shift in diet at onset of Neolithic [J]. Nature, 2003, 425(6956): 366-366.

Richards M P, Taylor G, Steele T, et al. Isotopic dietary analysis of a Neanderthal and associated fauna from the site of Jonzac (Charente-Maritime), France [J]. Journal of Human Evolution, 2008, 55(1): 179-185.

Richards M P, Trinkaus E. Isotopic evidence for the diets of European Neanderthals and early modern humans [J]. Proceedings of the National Academy of Sciences of the United States America, 2009, 106(38): 16034-16039.

Richerson P J, Boyd R, Bettinger R L. Was agriculture impossible during the Pleistocene but mandatory during the Holocene? A climate change hypothesis [J]. American Antiquity, 2001, 66(3): 387-411.

Robbins C T, Felicetti L A, Sponheimer M. The effect of dietary protein quality on nitrogen isotope discrimination in mammals and birds [J]. Oecologia, 2005, 144: 534-540.

Rossel S, Marshall F, Peters J, et al. Domestication of the donkey: Timing, processes, and indicators [J]. Proceedings of the National Academy of Sciences of the United States of America, 2008, 105(10): 3715-3720.

Roth J D, Hobson K A. Stable carbon and nitrogen isotopic fractionation between diet and tissue of captive red fox: Implications for dietary reconstruction [J]. Canadian Journal of Zoology, 2000, 78(5): 848-852.

Rothschild B. Extirpolation of the mythology that porotic hyperostosis is caused by iron deficiency secondary to dietary shift to maize [J]. Advances in Anthropology, 2012, 2(3): 157.

Sage R F, Wedin D A, Li M. The Biogeography of C_4 Photosynthesis: Patterns and controlling factors [J]. C4 Plant Biology, 1999, 313-373.

Salazar-García D C, Aura J E, Olària C R, et al. Isotope evidence for the use of marine resources in the Eastern Iberian Mesolithic [J]. Journal of Archaeological Science, 2014a, 42(1): 231-240.

Salazar-García D C, Richards M P, Nehlich O, et al. Dental calculus is not equivalent to bone collagen for isotope analysis: A comparison between carbon and nitrogen stable isotope analysis of bulk dental calculus, bone and dentine collagen from same individuals from the Medieval site of El Raval (Alicante, Spain) [J]. Journal of Archaeological Science, 2014b, 47(7): 70-77.

Salazar-García D C, Romero A, García-Borja P, et al. A combined dietary approach using isotope and dental buccal-microwear analysis of human remains from the Neolithic, Roman and Medieval periods from the archaeological site of Tossal de les Basses (Alicante, Spain) [J]. Journal of Archaeological Science: Reports, 2016, 6: 610-619.

Schleser G H, Jayasekera R. δ^{13}C- variations of leaves in forests as an indication of reassimilated CO_2 from the soil [J]. Oecologia, 1985, 65(4): 536-542.

Schoeninger M J. Stable isotope analyses and the evolution of human diets[J]. Annual Review of Anthropology, 2014, 1: 413-430.

Schoeninger M J, DeNiro M J. Nitrogen and carbon isotopic composition of bone collagen from marine and terrestrial animals [J]. Geochimica et Cosmochimica Acta, 1984, 48: 625-639.

Schoeninger M J, Deniro M J, Tauber H. Stable nitrogen isotope ratios of bone collagen reflect marine and terrestrial components of prehistoric human diet [J]. Science, 1983, 220(4604): 1381-1383.

Schour I, Massler M. Studies in tooth development: The growth pattern of human teeth [J]. Journal of the American Dental Association, 1940, 27(11): 1778-1793.

Schröder O, Wagner M, Wutke S, et al. Ancient DNA identification of domestic animals used for leather objects in Central Asia during the Bronze Age [J]. The Holocene, 2016, 26(10): 1722-1729.

Schulze E D, Ellis R, Schulze W, et al. Diversity, metabolic types and δ^{13}C carbon isotope ratios in the grass flora of Namibia in relation to growth form, precipitation and habitat conditions [J]. Oecologia, 1996, 106(3): 352-369.

Schurr M R. Stable nitrogen isotopes as evidence for the age of weaning at the Angel site: A comparison of isotopic and demographic measures of weaning age [J]. Journal of Archaeological Science, 1997, 24(10): 919-927.

Schurr M R. Using stable nitrogen isotopes to study weaning behavior in past populations [J]. World Archaeology, 1998, 30: 327-342.

Schurr M R, Powell M L. The role of changing childhood diets in the prehistoric evolution of food production: An isotopic assessment [J]. American Journal of Physical Anthropology, 2005, 126(3): 278-294.

Schurr M R, Schoeninger M J. Associations between agricultural intensification and social complexity: An example from the prehistoric Ohio Valley [J]. Journal of Anthropological Archaeology, 1995, 14(3): 315-399.

Schwarcz H P, Dupras T L, Fairgrieve S I. ^{15}N enrichment in the Sahara: In search of a global relationship [J]. Journal of Archaeological Science, 1999, 26(6): 629-636.

Schwarcz H P, Melbye J, Katzenberg M A, et al. Stable isotopes in human skeletons of Southern Ontario: Reconstructing palaeodiet [J]. Journal of Archaeological Science, 1985, 12(3): 187-206.

Schwarcz H P, White C D. The grasshopper or the ant? Cultigen-use strategies in ancient Nubia from C-13 analyses of human hair [J]. Journal of Archaeological Science, 2004, 31(6): 753-762.

Scott G R, Poulson S R. Stable carbon and nitrogen isotopes of human dental calculus: A potentially new non-destructive proxy for paleodietary analysis [J]. Journal of Archaeological Science, 2012, 39(5): 1388-1393.

Sealy J. Body tissue chemistry and palaeodiet [J]. Handbook of archaeological sciences, 2001: 269-279.

Sealy J, Armstrong R, Schrire C. Beyond lifetime averages: Tracing life histories through isotopic analysis of different calcified tissues from archaeological human skeletons [J]. Antiquity, 1995, 69(263): 290-300.

Sealy J, Johnson M, Richards M, et al. Comparison of two methods of extracting bone collagen for stable carbon and nitrogen isotope analysis: comparing whole bone demineralization with gelatinization and ultrafiltration [J]. Journal of Archaeological Science, 2014, 47(7): 64-69.

Sealy J C, Merwe N J V D, Lee-Thorp J A, et al. Nitrogen isotopic ecology in southern Africa: Implications for environmental and dietary tracing [J]. Geochimica et Cosmochimica Acta, 1987, 51(10): 2707-2717.

Shen H, Wu X H, Tang Z H, et al. Wood usage and fire veneration in the Pamir, Xinjiang, 2500 yr BP [J]. PloS ONE, 2015, 10: e0134847.

Sheng P F, Shang X, Jiang H E. Archaeobotanical evidence for early utilization of cockleburs (Xanthium strumarium L. Asteraceae) in the Xinjiang Uyghur Autonomous Region of China [J]. Archaeological and Anthropological Sciences, 2018, 11: 2027-2038.

Sheng P F, Storozum M, Tian X H, et al. Foodways on the Han dynasty's western frontier: Archeobotanical and isotopic investigations at Shichengzi, Xinjiang, China [J]. The Holocene, 2020, 30(8): 1174-1185.

Shennan S, Downey S S, Timpson A, et al. Regional population collapse followed initial agriculture booms in mid-Holocene Europe [J]. Nature Communications, 2013, 4: 2486.

Shennan S, Edinborough K. Prehistoric population history: From the Late Glacial to the Late Neolithic in Central and Northern Europe [J]. Journal of Archaeological Science, 2007, 34(8): 1339-1345.

Shevchenko A, Yang Y M, Knaust A, et al. Proteomics identifies the composition and manufacturing recipe of the 2500-year old sourdough bread from Subeixi cemetery in China [J]. Journal of Proteomics, 2014, 105: 363-371.

Shi Y, Kong Z, Wang S, et al. The climatic fluctuation and important events of Holocene Megathermal in China [J]. Science in China. Series B, Chemistry, life sciences and earth sciences, 1994, 37(3): 353-365.

Skoglund P, Ersmark E, Palkopoulou E, et al. Ancient wolf genome reveals an early divergence of domestic dog ancestors and admixture into high-latitude breeds [J]. Current Biology, 2015, 25(11): 1515-1519.

Skoglund P, Malmström H, Raghavan M, et al. Origins and genetic legacy of Neolithic farmers and hunter-gatherers in Europe [J]. Science, 2012, 336 (6080): 466-469.

Smith B D, Zeder M A. The onset of the Anthropocene [J]. Anthropocene, 2013, 4: 8-13.

Smith B N, Oliver J, McMillan C. Influence of carbon source, oxygen concentration, light intensity and temperature on $^{13}C/^{12}C$ ratios in plant tissues [J]. Botanical Gazette, 1976, 137: 99-104.

Smith T M, Tafforeau P. New visions of dental tissue research: Tooth development, chemistry, and structure [J]. Evolutionary Anthropology: Issues, News, and Reviews, 2008, 17(5): 213-226.

Spengler R N. Agriculture in the Central Asian Bronze Age [J]. Journal of World Prehistory, 2015, 28(3): 215-253.

Spengler R N, Frachetti M, Doumani P, et al. Early agriculture and crop transmission among Bronze Age mobile pastoralists of Central Eurasia [J]. Proceedings of the Royal Society B: Biological Sciences, 2014, 281(1783): 20133382.

Spengler R N, Miller N F, Neef R, et al. Linking agriculture and exchange to social developments of the Central Asian Iron Age [J]. Journal of Anthropological Archaeology, 2017, 48: 296-308.

Spengler R N, Ryabogina N, Tarasov P E, et al. The spread of agriculture into northern Central Asia: Timing, pathways, and environmental feedbacks [J]. The Holocene, 2016, 26(10): 1527-1540.

Sponheimer M, Robinson T, Ayliffe L, et al. Experimental study of carbon-isotope fractionation between diet, hair, and feces of mammalian herbivores [J]. Canadian Journal of Zoology, 2003a, 81(5): 871-876.

Sponheimer M, Robinson T, Ayliffe L, et al. Nitrogen isotopes in mammalian herbivores: Hair? ^{15}N values from a controlled feeding study [J]. International Journal of Osteoarchaeology, 2003b, 13(1-2): 80-87.

Sponheimer M, Ryder C M, Fewlass H, et al. Saving Old Bones: A non-destructive method for bone collagen prescreening [J]. Scientific Reports, 2019, 9: 13928.

Stewart G R, Turnbull M H, Schmidt S, et al. ^{13}C natural-abundance in plant-communities along a rainfall gradient: A biological integrator of water availability [J]. Australian Journal of Plant Physiology, 1995, 22: 51-55.

Still C J, Berry J A, Collatz G J, et al. Global distribution of C_3 and C_4 vegetation: Carbon cycle implications [J]. Global Biogeochemical Cycles, 2003, 17(1): 1-14.

Stuiver M, Braziunas T F. Tree cellulos ^{13}C/^{12}C isotope ratios and climatic change [J]. Nature, 1987, 328: 58-60.

Susan J, Vicky J, Ambrose S H, et al. Quantifying dietary macronutrient sources of carbon for bone collagen biosynthesis using natural abundance stable carbon isotope analysis [J]. British Journal of Nutrition, 2006, 95(6): 1055-1062.

Svyatko S V, Mertz I V, Reimer P J. Freshwater reservoir effect on redating of eurasian steppe cultures: First results for Eneolithic and early Bronze Age Northeast Kazakhstan [J]. Radiocarbon, 2015, 57(4): 625-644.

Svyatko S V, Polyakov A V, Soenov V I, et al. Stable isotope palaeodietary analysis of the Early Bronze Age Afanasyevo Culture in the Altai Mountains, Southern Siberia [J]. Journal of Archaeological Science: Reports, 2017, 14: 65-75.

Svyatko S V, Schulting R J, Mallory J, et al. Stable isotope dietary analysis of prehistoric populations from the Minusinsk Basin, Southern Siberia, Russia: A new chronological framework for the introduction of millet to the eastern Eurasian steppe [J]. Journal of Archaeological Science, 2013, 40(11): 3936-3945.

Swap R J, Aranibar J N, Dowty P R, et al. Natural abundance of ^{13}C and ^{15}N in C_3 and C_4 vegetation of southern Africa: Patterns and implications [J]. Global Change Biology, 2004, 10(3): 350-358.

Szpak P, Millaire J F, White C D, et al. Small scale camelid husbandry on the north coast of Peru (Virú Valley): Insight from stable isotope analysis [J]. Journal of Anthropological Archaeology, 2014, 36: 110-129.

Szpak P, White C D, Longstaffe F J, et al. Carbon and nitrogen isotopic survey of northern peruvian plants: Baselines for paleodietary and paleoecological studies [J]. PLoS ONE. 2013, 8(1): e53763.

Tan L C, Dong G H, An Z S, et al. Megadrought and cultural exchange along the proto-silk road [J]. Science Bulletin, 2021, 66: 603-611.

Tao D W, Zhang G W, Zhou Y W, et al. Investigating wheat consumption based on multiple evidences: Stable isotope analysis on human bone and starch grain analysis on dental calculus of humans from the Laodaojing cemetery, Central Plains, China [J]. International Journal of Osteoarchaeology, 2020, 30(5): 594-606.

Taylor W T T, Clark J, Bayarsaikhan J, et al. Early pastoral economies and herding transitions in Eastern Eurasia [J]. Scientific Reports. 2020, 10(1): 4536.

Taylor W, Shnaider S, Abdykanova A, et al. Early pastoral economies along the Ancient Silk Road: Biomolecular evidence from the Alay Valley, Kyrgyzstan [J]. PLoS ONE, 2018, 13(10): e0205646.

Tcherkez G, Hodges M. How stable isotopes may help to elucidate primary nitrogen metabolism and its interaction with (photo) respiration in C3 leaves [J]. Journal of Experimental Botany, 2007, 59: 1685-1693.

Thompson A H, Chaix L, Richards M P. Stable isotopes and diet at ancient Kerma, Upper Nubia (Sudan) [J]. Journal of Archaeological Science, 2008, 35(2): 376-387.

Thompson A H, Richards M P, Shortland A, et al. Isotopic palaeodiet studies of ancient Egyptian fauna and humans [J]. Journal of Archaeological Science, 2005, 32(3): 451-463.

Tong J Y, Ma J, Li W Y, et al. Chronology of the Tianshanbeilu cemetery in Xinjiang, northwestern China [J]. Radiocarbon, 2021, 63(1): 343-356.

Tian D, Ma J, Wang J X, et al. Cultivation of naked barley by Early Iron Age Agro-pastoralists in Xinjiang, China [J]. Environmental Archaeology, 2018, 23(4): 416-425.

Tieszen L L. Natural variations in the carbon isotope values of plants-implications for archaeology, ecology, and paleoecology [J]. Journal of Archaeological Science, 1991, 18: 227-248.

Tieszen L L, Fagre T. Carbon isotopic variability in modern and archaeological maize [J]. Journal of Archaeological Science, 1993, 20(1): 25-40.

Tieszen L L, Boutton T W, Tesdahl K G, et al. Fractionation and turnover of stable carbon isotopes in animal tissues: Implications for $\delta^{13}C$ analysis of diet [J]. Oecologia, 1983, 57(1-2): 32-37.

Triantaphyllou S, Richards M P, Zerner C, et al. Isotopic dietary reconstruction of humans from Middle Bronze Age Lerna, Argolid, Greece [J]. Journal of Archaeological Science, 2008, 35(11): 3028-3034.

Tsutaya T, Yoneda M. Reconstruction of breastfeeding and weaning practices using stable isotope and trace element analyses: A review [J]. American Journal of Physical Anthropology, 2014, 156(S59): 2-21.

Tung T A, Dillehay T D, Feranec R S, et al. Early specialized maritime and maize economies on the north coast of Peru [J]. Proceedings of the National Academy of Sciences of the United States of America, 2020, 117(51): 32308-32319.

Turner B L, Edwards J L, Quinn E A, et al. Age-related variation in isotopic indicators of diet at medieval Kulubnarti, Sudanese Nubia [J]. International Journal of Osteoarchaeology, 2007, 17(1): 1-25.

Turner B L, Kamenov G D, Kingston J D, et al. Insights into immigration and social class at Machu Picchu, Peru based on oxygen, strontium, and lead isotopic analysis [J]. Journal of Archaeological Science, 2009, 36(2): 317-332.

Valentin F, Bocherens H, Gratuze B, et al. Dietary patterns during the late prehistoric/historic period in Cikobia island (Fiji): Insights from stable isotopes and dental pathologies [J]. Journal of Archaeological Science, 2006, 33(10): 1396-1410.

van der Merwe N J, Medina E. The canopy effect, carbon isotope ratios and foodwebs in Amazonia [J]. Journal of Archaeological Science, 1991, 18: 249-259.

van der Merwe N J, Roosevelt A C, Vogel A C. Isotopic evidence for prehistoric subsistence change at Parmana, Veneznela [J]. Nature, 1981, 292: 536-538.

van der Merwe N J, Vogel J C. ^{13}C content of human collagen as a measure of prehistoric diet in woodland North America [J]. Nature, 1978, 276 (5690): 815-816.

Vander Zanden M J, Cabana G, Rasmussen J B. Comparing trophic position of freshwater fish calculated using stable nitrogen isotope ratios (δ^{15}N) and literature dietary data [J]. Canadian Journal of Fisheries and Aquatic Sciences, 1997, 54(5): 1142-1158.

Vander Zanden M J, Rasmussen J B. Variation in δ^{15}N and δ^{13}C trophic fractionation: Implications for aquatic food web studies [J]. Limnology & Oceanography, 2001, 46(8): 2061-2066.

Ventresca Miller A R, Bragina T M, Abil Y A, et al. Pasture usage by ancient pastoralists in the northern Kazakh steppe informed by carbon and nitrogen isoscapes of contemporary floral biomes [J]. Archaeological and Anthropological Sciences, 2019, 5: 2151-2166.

Ventresca Miller A, Hanks B K, Judd M, et al. Weaning practices among pastoralists: New evidence of infant feeding patterns from Bronze Age Eurasia [J]. American Journal of Physical Anthropology, 2017a, 162(3): 409-422.

Ventresca Miller A R, Makarewicz C A. Intensification in pastoralist cereal use coincides with the expansion of trans-regional networks in the Eurasian Steppe [J]. Scientific Reports, 2019, 9: e8363.

Ventresca Miller A, Usmanova E, Logvin V, et al. Subsistence and social change in central Eurasia: Stable isotope analysis of populations spanning the Bronze Age transition [J]. Journal of Archaeological Science, 2014, 42(1): 525-538.

Ventresca Miller A R, Winter-Schuh C, Usmanova E R, et al. Pastoralist mobility in Bronze Age landscapes of Northern Kazakhstan: ^{87}Sr/^{86}Sr and δ^{18}O analyses of human dentition from Bestamak and Lisakovsk [J]. Environmental Archaeology, 2017b, 23: 1-15.

Vigne J D, Zazzo A, Saliège J F, et al. Pre-Neolithic wild boar management and introduction to Cyprus more than 11,400 years ago [J]. Proceedings of the National Academy of Sciences of the United States of America, 2009,

106(38): 16135-16138.

Virginia R A, Delwiche C C. Natural ^{15}N abundance of presumed N_2-fixing and non N_2-fixing plants from selected ecosystems [J]. Oecologia, 1982, 54: 317-325.

Vogel J C, van der Merwe N J. Isotopic evidence for early maize cultivation in New York State [J]. American Antiquity, 1977, 42(2): 238-242.

Wagner M, Wu X H, Tarasov P, et al. Radiocarbon-dated archaeological record of early first millennium B.C. mounted pastoralists in the Kunlun Mountains, China [J]. Proceedings of the National Academy of Sciences of the United States of America, 2011, 108(38): 15733-15738.

Walker P L, Deniro M J. Stable nitrogen and carbon isotope ratios in bone collagen as indices of prehistoric dietary dependence on marine and terrestrial resources in southern California [J]. American Journal of Physical Anthropology, 1986, 71(1): 51-61.

Wang L J, Wang Y Q, Li W Y, et al. Inner Asian agro-pastoralism as optimal adaptation strategy of Wupu inhabitants (3000-2400 cal BP) in Xinjiang, China [J]. The Holocene, 2021, 31(2): 203-216.

Wang L, Chen F, Wang Y, et al. Copper metallurgy in prehistoric upper Ili Valley, Xinjiang, China [J]. Archaeological and Anthropological Sciences, 2019, 11: 2407-2417.

Wang N, Li S T, Hu Y W, et al. A pilot study of trophic level and human origins at the Xiaoshuangqiao Site, China (ca. 1400 BC) using δD values of collagen [J]. ACTA GEOLOGICA SINICA English Edition. 2017, 91(5): 1884-1892.

Wang N, Tao S Y, Li S T, et al. Isotopic investigation of dietary patterns and locality at the mid-Shang Dynasty (1400 BC) site of Xiaoshuangqiao, China [J]. International Journal of Osteoarchaeology, 2020[2020-06-11]. doi: 10.1002/oa.2898.

Wang R Z. The occurrence of C_4 plants and their morphological functional types in the vegetation of Xinjiang, China [J]. Photosynthetica, 2006, 44: 293-298.

Wang T T, Fuller B T, Wei D, et al. Investigating dietary patterns with stable isotope ratios of collagen and starch grain analysis of dental calculus at the Iron Age Cemetery Site of Heigouliang, Xinjiang, China [J]. International Journal of Osteoarchaeology, 2016, 26(4): 693-704.

Wang T T, Wei D, Chang X, et al. Tianshanbeilu and the Isotopic Millet Road: Reviewing the late Neolithic/Bronze Age radiation of human millet consumption from north China to Europe [J]. National Science Review, 2019, 6(5): 1024-1039.

Wang W, Liu Y, Duan F, et al. A comprehensive investigation of Bronze Age human dietary strategies from different altitudinal environments in the Inner Asian Mountain Corridor [J]. Journal of Archaeological Science, 2021, 121: 105201.

Wang W, Wang Y, An C, et al. Human diet and subsistence strategies from the Late Bronze Age to historic times at Goukou, Xinjiang, NW China [J]. The Holocene, 2018, 28(4): 240-250.

Wang X, Fuller B T, Zhang P, et al. Millet manuring as a driving force for the Late Neolithic agricultural expansion of north China [J]. Scientific Reports, 2018, 8(1): 5552.

Wang X Y, Roberts P, Tang Z H, et al. The circulation of ancient animal resources across the Yellow River Basin: A preliminary bayesian re-evaluation of Sr isotope data from the early Neolithic to the Western Zhou Dynasty [J]. Frontiers in Ecology and Evolution, 2021, 9: 583301.

Wang X Y, Shen H, Wei D, et al. Human mobility in the Lop Nur region during the Han-Jin Dynasties: A multi-approach study [J]. Archaeological and Anthropological Sciences, 2020, 12(1).

Wang X Y, Tang Z. The first large-scale bioavailable Sr isotope map of China and its implication for provenance studies [J]. Earth-Science Reviews, 2020, 210: 103353.

Wang X Y, Tang Z H, Dong X X. Distribution of strontium isotopes in river waters across the Tarim Basin: A map for migration studies [J]. Journal of the Geological Society, 2018, 175: 967-973.

Wang X Y, Tang Z H, Wu J, et al. Strontium isotope evidence for a highly mobile population on the Pamir Plateau 2500 years ago [J]. Scientific

Reports, 2016, 6: 35162.

Wang Y, Cerling T E. A model of fossil tooth and bone diagenesis: Implications for paleodiet reconstruction from stable isotopes [J]. Palaeogeography Palaeoclimatology Palaeoecology, 1994, 107(94): 281-289.

Warinner C, Hendy J, Speller C, et al. Direct evidence of milk consumption from ancient human dental calculus [J]. Scientific Reports, 2015, 4(1): 7104-7104.

Waterman A J, Tykot R H, Silva A M. Stable isotope analysis of diet-based social differentiation at late prehistoric collective burials in South-Western Portugal [J]. Archaeometry, 2016, 58(1): 131-151.

Waters-Rist A L, Bazaliiskii V I, Weber A W, et al. Infant and child diet in Neolithic hunter-fisher-gatherers from Cis-Baikal, Siberia: Intra-long bone stable nitrogen and carbon isotope ratios [J]. American Journal of Physical Anthropology, 2011, 146(2): 225-241.

Weyrich L S, Duchene S, Soubrier J, et al. Neanderthal behaviour, diet, and disease inferred from ancient DNA in dental calculus [J]. Nature, 2017, 544: 357-361.

White C D. Isotopic determination of seasonality in diet and death from Nubian mummy hair [J]. Journal of Archaeological Science, 1993, 20(6): 657-666.

White C D, Longstaffe F J, Law K R. Seasonal stability and variation in diet as reflected in human mummy tissues from the Kharga Oasis and the Nile Valley [J]. Palaeogeography Palaeoclimatology Palaeoecology, 1999, 147(98): 209-222.

White C D, Nelson A J, Longstaffe F J, et al. Landscape bioarchaeology at Pacatnamu, Peru: Inferring mobility from $\delta^{13}C$ and $\delta^{15}N$ values of hair [J]. Journal of Archaeological Science, 2009, 36(10): 2081-2088.

White C D, Schwarcz H P. Intensive agriculture, social status, and Maya diet at Pacbitun, Belize [J]. Journal of Anthropological Research, 1993, 49(4): 347-375.

White C D, Schwarcz H P. Temporal trends in stable isotopes for Nubian mummy tissues [J]. American Journal of Physical Anthropology, 1994, 93 (2): 165-187.

Wilkin S, Ventresca Miller A, Miller B K, et al. Economic diversification supported the growth of Mongolia's Nomadic Empires [J]. Scientific Reports, 2020a, 10: 3916.

Wilkin S, Ventresca Miller A, Taylor W T T, et al. Dairy pastoralism sustained eastern Eurasian steppe populations for 5,000 years [J]. Nature Ecology and Evolution, 2020b, 4(3): 346-355.

Winter K. C_4 plants of high biomass in arid regions of asia-occurrence of C_4 photosynthesis in Chenopodiaceae and Polygonaceae from the Middle East and USSR [J]. Oecologia, 1981, 48(1): 100-106.

Wolfe N D, Claire Panosian D, Jared D. Origins of major human infectious diseases [J]. Nature, 2007, 447(7142): 279-283.

Wright L E, Schwarcz H P. Correspondence between stable Carbon, Oxygen and Nitrogen isotopes in human tooth enamel and dentine: Infant diets at Kaminaljuyú [J]. Journal of Archaeological Science, 1999, 26 (9): 1159-1170.

Wu X, Miller N F, Crabtree P. Agro-Pastoral strategies and food production on the Achaemenid frontier in Central Asia: A case study of Kyzyltepa in Southern Uzbekistan [J]. Iran, LIII, 2015, 53(1): 93-117.

Xia Y, Zhang J, Yu F, et al. Breastfeeding, weaning, and dietary practices during the Western Zhou Dynasty (1122-771 BC) at Boyangcheng, Anhui Province, China [J]. American Journal of Physical Anthropology, 2018, 165: 343-352.

Xie M S, Shevchenko A, Wang B H, et al. Identification of a dairy product in the grass woven basket from Gumugou Cemetery (3800 BP, northwestern China) [J]. Quaternary International, 2016, 426: 158-165.

Xu B, Gu Z, Qin X, et al. Radiocarbon Dating the Ancient City of Loulan [J]. Radiocarbon, 2017, 59: 1-12.

Yang F, Rehren T, Kang P, et al. On the soldering techniques of gold objects from the Boma site, Xinjiang, China [J]. Journal of Archaeological Science: Reports, 2020, 33: 102572.

Yang Q J, Zhou X Y, Spengler R N, et al. Prehistoric agriculture and social structure in the southwestern Tarim Basin: Multiproxy analyses at Wupaer [J]. Scientific Reports, 2020, 10(1): 14235.

Yang R P, Yang Y M, Li W Y, et al. Investigation of cereal remains at the Xiaohe Cemetery in Xinjiang, China [J]. Journal of Archaeological Science, 2014, 49: 42-47.

Yang X Y, Wan Z, Perry L, et al. Early millet use in northern China [J]. Proceedings of the National Academy of Sciences of the United States of America, 2012, 109(10): 3726-3730.

Yang Y M, Shevchenko A, Knaust A, et al. Proteomics evidence for kefir dairy in Early Bronze Age China [J]. Journal of Archaeological Science, 2014, 45: 178-186.

Yao Y F, Li X, Jiang H E, et al. Pollen and phytoliths from fired ancient potsherds as potential indicators for deciphering past vegetation and climate in Turpan, Xinjiang, NW China [J]. PloS ONE, 2012, 7(6): e39780.

Yao Y F, Wang X, Guo W, et al. Archaeobotanical evidence reveals the human-environment interactions during the 9th-13th centuries at Turpan, Xinjiang on the ancient Silk Road [J]. Vegetation History and Archaeobotany, 2020, 29(5): 1-14.

Yi B, Liu X Y, Yuan H B, et al. Dentin isotopic reconstruction of individual life histories reveals millet consumption during weaning and childhood at the Late Neolithic (4500 bp) Gaoshan site in southwestern China [J]. International Journal of Osteoarchaeology, 2018, 28(6): 636-644.

Yi B, Zhang J, Cai B, et al. Osteobiography of a seventh-century potter at the Oupan kiln, China by osteological and multi-isotope approach [J]. Scientific Reports, 2019, 9(1): 12475.

Yoneda M, Hirota M, Uchida M, et al. Radiocarbon and stable isotope analyses on the Earliest Jomon skeletons from the Tochibara rockshelter, Nagano, Japan [J]. Radiocarbon, 2002, 44(2): 549-557.

Yoneda M, Kisida K, Gakuhari T, et al. Interpretation of bulk nitrogen and carbon isotopes in archaeological foodcrusts on potsherds [J]. Rapid Communications in Mass Spectrometry, 2019, 33(12): 1097-1106.

Yoneda M, Suzuki R, Shibata Y, et al. Isotopic evidence of inland-water fishing by a Jomon population excavated from the Boji site, Nagano, Japan [J]. Journal of Archaeological Science, 2004, 31(1): 97-107.

Zeder M A, Hesse B. The initial domestication of goats (*Capra hircus*) in the Zagros Mountains 10,000 years ago [J]. Science, 2000, 287: 2254-2257.

Zeder M A. The origins of agriculture in the Near East [J]. Current Anthropology, 2011, 52(S4): S221-S235.

Zhan X Y, Mu A J, Chen L, et al. Differential diagnosis of the cranial perforations on the Early Iron Age along the Ancient Silk Road in Xinjiang, China [J]. Archaeological and Anthropological Sciences, 2019, 11(2): 6829-6839.

Zhang F, Xu Z, Tan J Z, et al. Prehistorical East-West admixture of maternal lineages in a 2,500-year-old population in Xinjiang [J]. American Journal of Physical Anthropology, 2010, 142(2): 314-320.

Zhang G L, Wang S Z, Ferguson D K, et al. Ancient plant use and palaeoenvironmental analysis at the Gumugou Cemetery, Xinjiang, China: Implication from desiccated plant remains [J]. Archaeological and Anthropological Sciences, 2017, 9: 145-152.

Zhang G L, Wang Y Q, Spate M, et al. Investigation of the diverse plant uses at the South Aisikexiaer Cemetery (∼ 2700-2400 years bp) in the Hami Basin of Xinjiang, Northwest China [J]. Archaeological and Anthropological Sciences, 2019, 11(2): 699-711.

Zhang G W, Hou X G, Li S Y, et al. Agriculturalization of the Nomad-Dominated Empires of the Northern Wei Dynasty in Pingcheng city (398-494 ad): A stable isotopic study on animal and human bones from the Jinmaoyuan cemetery, China [J]. International Journal of Osteoarchaeology, 2020a, 31(1): 38-53.

Zhang G W, Hu Y W, Wang L M, et al. A paleodietary and subsistence strategy investigation of the Iron Age Tuoba Xianbei site by stable isotopic analysis: A preliminary study of the role of agriculture played in pastoral nomad societies in northern China [J]. Journal of Archaeological Science:

Reports, 2015, 2: 699-707.

Zhang G W, Zhang J H, Zhao L Y, et al. Reconstructing diets and subsistence strategies of the Bronze Age humans from the Central Plains of China: A stable isotopic study on the Nanwa site [J]. International Journal of Osteoarchaeology, 2020b, 30(3): 362-374.

Zhang J P, Lu H Y, Jia P W, et al. Cultivation strategies at the ancient Luanzagangzi settlement on the easternmost Eurasian steppe during the late Bronze Age [J]. Vegetation History and Archaeobotany, 2017, 26: 505-512.

Zhang J P, Lu H Y, Wu N Q, et al. Palaeoenvironment and agriculture of ancient Loulan and Milan on the Silk Road [J]. The Holocene, 2013, 23(2): 208-217.

Zhang Q, Li X Z, Wang Q, et al. Osteological evidence of violence during the formation of the Chinese northern nomadic cultural belt in the Bronze Age [J]. Archaeological and Anthropological Sciences, 2019, 11(12): 6689-6704.

Zhang Q, Wang Q, Kong B Y, et al. A scientific analysis of cranial trepanation from an Early Iron Age cemetery on the ancient Silk Road in Xinjiang, China [J]. Archaeological and Anthropological Sciences, 2018, 36: 438-456.

Zhang Q C, Zhang Q, Han T, et al. An Iron Age skull with a bone neoplasm from Nilka County, Xinjiang, China [J]. International Journal of Osteoarchaeology, 2019, 29(6): 1034-1041.

Zhang W X, Zhang Q C, Mcsweeney K, et al. Violence in the first millennium BCE Eurasian steppe: Cranial trauma in three Turpan Basin populations from Xinjiang, China [J]. American Journal of Physical Anthropology, 2021, 175(1): 81-94.

Zhang X X, Burton J, Jin Z Y, et al. Isotope studies of human remains from Mayutian, Yunnan Province, China [J]. Journal of Archaeological Science, 2014, 50: 414-419.

Zhang X L, Zhao X P, Cheng L Q. Human diets of Yangshao Culture in the Central Plains [J]. Chinese Archaeology, 2011, 11(1): 188-196.

Zhang Y F, Mo D W, Hu K, et al. Holocene environmental changes around Xiaohe Cemetery and its effects on human occupation, Xinjiang, China [J]. Journal of Geographical Sciences, 2017, 27(6): 752-768.

Zhao H Y, Zhou W J, Du H, et al. Human dietary complexity in tianshan region and the influence of climate on human paleodiet [J]. Radiocarbon, 2020, 62(5): 1-14.

Zhao J J, An C-B, Huang Y S, et al. Contrasting early Holocene temperature variations between monsoonal East Asia and westerly dominated Central Asia [J]. Quaternary Science Reviews, 2017, 178: 14-23.

Zhao K L, Li X Q, Dodson J, et al. Climatic variations over the last 4000 cal yr BP in the western margin of the Tarim Basin, Xinjiang, reconstructed from pollen data [J]. Palaeogeography Palaeoclimatology Palaeoecology, 2012, 321-322: 16-23.

Zhao K L, Li X Q, Zhou X Y, et al. Impact of agriculture on an oasis landscape during the late Holocene: Palynological evidence from the Xintala site in Xinjiang, NW China [J]. Quaternary International, 2013, 311: 81-86.

Zhao M Y, Jiang H E, Grassa C J. Archaeobotanical studies of the Yanghai cemetery in Turpan, Xinjiang, China [J]. Archaeological and Anthropological Sciences, 2019, 11: 1143-1153.

Zhao Y T, An C B, Mao L, et al. Vegetation and climate history in arid western China during MIS2: New insights from pollen and grain-size data of the Balikun Lake, eastern Tien Shan [J]. Quaternary Science Reviews, 2015, 126: 112-125.

Zhao Z J. Eastward spread of wheat into China-New data and new issues [J]. Chinese Archaeology, 2009, 9(1): 1-9.

Zheng H P, Jiang H E, Zhang Y B, et al. Early Processed Triticeae Food Remains in The Yanghai Tombs, Xinjiang, China [J]. Archaeometry, 2015, 57(2): 378-391.

Zhou L G, Garvie-Lok S J. Isotopic evidence for the expansion of wheat consumption in northern China [J]. Archaeological Research in Asia, 2015, 4: 25-35.

Zhou L G, Garvie-Lok S J, Fan W, et al. Human diets during the social transition from territorial states to empire: Stable isotope analysis of human and animal remains from 770BCE to 220CE on the Central Plains of China [J]. Journal of Archaeological Science: Reports, 2017, 11: 211-223.

Zhou L G, Hou Y, Wang J, et al. Animal husbandry strategies in Eastern Zhou China: An isotopic study on faunal remains from the Central Plains [J]. International Journal of Osteoarchaeology, 2018, 28: 354-363.

Zhou L G, Yang S G, Han Z H, et al. Social stratification and human diet in the Eastern Zhou China: An isotopic view from the Central Plains [J]. Archaeological Research in Asia, 2019, 20: 100162.

Zhou X Y, Yu J J, Spengler R N, et al. 5,200-year-old cereal grains from the eastern Altai Mountains redate the trans-Eurasian crop exchange [J]. Nature Plants, 2020, 6(2): 78-87.

Zhu H, Zhang X, Li W Y, et al. Bioarchaeological analysis of Bronze Age populations in the Xiaohe cemetery using dental non-metric traits [J]. Asian Archaeology, 2018, 1: 111-121.

Zhu J S, Ma J, Zhang F, et al. The Baigetuobie cemetery: New discovery and human genetic features of Andronovo community's diffusion to the Eastern Tianshan Mountains (1800-1500 BC) [J]. The Holocene, 2021, 31(2): 217-229.

Zhu S M, Li F J, Chen X L, et al. Subsistence and health in Middle Neolithic (9000-7000 BP) southern China: New evidence from the Dingsishan site [J]. Antiquity, 2020, 95(379): 1-14.

英文专著中析出的文献

Ambrose S H, Norr L. Experimental evidence for the relationship of the carbon isotope ratios of whole diet and dietary protein to those of bone collagen and carbonate. In: Lambert J B, Grupe G (Eds.). Prehistoric Human Bone. Springer Berlin Heidelberg, 1993: 1-37.

An Z M. Neolithic communities in eastern parts of Central Asia. In: Dani A H, Masson V M (Eds.). History of civilizations of Central Asia. Vol 1. Motilal Banarsidass, 1999.

Auerbach B M. Reaching great heights: Changes in indigenous stature, body size and body shape with agricultural intensification in North America. In: Pinhasi R, Stock J T (Eds.). Human bioarchaeology of the transition to agriculture. Wiley-Blackwell, 2011: 203-233.

Britton K. Isotope Analysis for Mobility and Climate Studies. In: Richards M P, Britton K (Eds.). Archaeological Science: An Introduction. Cambridge University Press, 2020: 99-124.

Flannery K V. Origins and ecological effects of early domestication in Iran and the Near East. In: Ucko P J and Dimbleby G W (Eds.). The Domestication and Exploitation of Plants and Animals. Aldine Publishing Co., 1969: 73-100.

Frachetti M D. Nomadic mobility, migration, and environmental pressure in Eurasian prehistory. In: Frachetti MD, Spengler Ⅲ R N (Eds.). Mobility and Ancient Society in Asia and the Americas. Springer International Publishing, 2015, 7-16.

Hatch K A. The use and application of stable isotope analysis to the study of starvation, fasting, and nutritional stress in animals. In: McCue M D (Ed.). Comparative Physiology of Fasting, Starvation, and Food Limitation. Springer Berlin Heidelberg, 2012: 337-364.

Lee C. The Population History of China and Mongolia from the Bronze Age to the Medieval Period (2500 bc-ad 1500). In: Pechenkina K, Qxenham M (Eds.). Bioarchaeology in East Asia. University Press of Florida, 2013.

Masson V M. The environment. In: Dani A H, Masson V M (Eds.). History of civilizations of Central Asia. Vol 1. Motilal Banarsidass, 1999: 28-43.

Richards M. Isotope Analysis for Diet Studies. In: Richards M P, Britton K (Eds.). Archaeological Science: An Introduction. Cambridge University Press, 2020: 125-143.

Shearer G, Kohl D H. ^{15}N abundance in N-fixing and non-N-fixing plants. In: Frigerio A (Eds.). Recent Developments in Mass Spectrometry in Biochemistry and Medicine 1. Plenum, 1978: 605-622.

Shearer G, Kohl D H. Information derived from variation in the natural abundance of ^{15}N in complex biological systems. In: Buncel E, Saunders W H J (Eds.). Isotopes in Organic Chemistry: Heavy Atom Isotope Effects. Elsevier, 1996: 191-237.

Tykot R H. Stable isotopes and diet: You are what you eat. In: Martini M, Milazzo M, Piacentini M (Eds.). Physics methods in archaeometry. Proceedings of the International School of Physics "Enrico Fermi" Course CLIV. IOS Press, 2004: 433-444.

英文专著

Anthony D W. The Horse, the Wheel, and Language: How Bronze-Age Riders from the Eurasian Steppes Shaped the Modern World [M]. Princeton University Press, 2010.

Chang C. Rethinking Prehistoric Central Asia: Shepherds, Farmers, and Nomads [M]. Routledge, 2017.

Diamond J. Guns, Germs, and Steel: The Fates of Human Societies [M]. WW Norton & Company, 1999.

Hillson S. Dental Anthropology [M]. Cambridge University Press, 1996.

Hoefs J. Stable Isotope Geochemistry (4th) [M]. Springer, 1997: 1-201.

Khazanov A M. Nomads and the Outside World [M]. University of Wisconsin Press, 1994.

Kuzmina Y Y. The Prehistory of the Silk Road: Contacts Between the Population of Eurasian Steppes and Xinjiang in the Bronze Age [M]. Vestnik Drevnej Istorii, 1999.

Scott G R, Irish J D. Human Tooth Crown and Root Morphology: Upper Premolar Mesial and Distal Accessory Cusps [M]. Cambridge University Press, 2017.

计算机程序

Bronk Ramsey C. OxCal Program, v.4.4.2: Radiocarbon Accelerator Unit, University of Oxford, Oxford, United Kingdom, available at https://c14.arch.ox.ac.uk/oxcal.html (last accessed March 2021).

后　记

　　从第一次赴哈密考古现场算起，这项工作已经陆续开展了 9 年，尽管仍有很多缺失和遗憾，甚至书中的一些观点尚不成熟，但我希望借本书的出版一来阶段性地总结和汇报过去的研究，二来抛砖引玉，希望得到方家指正。

　　不管是在成书过程中，还是在前期漫长的采样、实验以及分析讨论中，都有很多机构和个人给予了我诸多的帮助和支持。感谢新疆维吾尔自治区文物考古研究所的各位老师，总能在我需要的时候不遗余力地提供各种帮助，让我感到踏实。感谢兰州大学西部环境教育部重点实验室的各位师友做我最坚实的后盾，让我无比心安。感谢复旦大学文物与博物馆学系的各位同事精神上的鼓励和行动上的支持，非常暖心。感谢地理学以及考古学界关心和爱护我的前辈们对我的提携和帮助，感谢与我同行的各位学友们的鼓励和支持，也感谢家人和朋友们对我的信任和肯定，谢谢你们给的温暖！

后 记

书稿的出版不是研究的终止,一切刚刚开始。

本书是国家自然科学基金青年项目"新疆东天山地区青铜-铁器时代居民同位素食谱重建及生业模式(41701215)"的成果之一。

图书在版编目(CIP)数据

哈密盆地史前居民食谱/董惟妙著. —上海：复旦大学出版社，2021.9
(复旦科技考古文库)
ISBN 978-7-309-15850-2

Ⅰ.①哈… Ⅱ.①董… Ⅲ.①哈密盆地-石器时代考古-食谱-研究 Ⅳ.①K872.45

中国版本图书馆 CIP 数据核字(2021)第 157861 号

哈密盆地史前居民食谱
HAMI PENDI SHIQIAN JUMIN SHIPU
董惟妙　著
责任编辑/朱　枫

复旦大学出版社有限公司出版发行
上海市国权路 579 号　邮编：200433
网址：fupnet@fudanpress.com　http://www.fudanpress.com
门市零售：86-21-65102580　团体订购：86-21-65104505
出版部电话：86-21-65642845
上海四维数字图文有限公司

开本 787×1092　1/16　印张 22　字数 266 千
2021 年 9 月第 1 版第 1 次印刷

ISBN 978-7-309-15850-2/K·765
定价：68.00 元

如有印装质量问题,请向复旦大学出版社有限公司出版部调换。
版权所有　侵权必究